अनुवाद समीक्षा

("कामायनी" सजातीय और विजातीय भाषाओं के परिप्रेक्ष्य में)

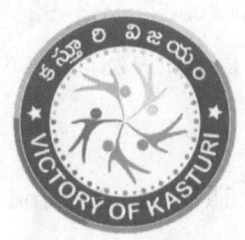

सी. अन्नपूर्णा

ALL RIGHTS RESERVED
in any form by any means may it be electronically, mechanical, optical, chemical, manual, photo copying, recording without prior written consent to the Publisher/ Author.

Kamayani Anuvad Samiksha

कामायनी अनुवाद समीक्षा :-
(सजातीय और विजातीय भाषाओं के परिप्रेक्ष्य में)

उच्च शिक्षा और शोध संस्थान द्वारा स्वीकृत शोध-प्रबन्ध

Author: Dr.C. Annapurna

ISBN (Paperback): 978-925358-479-6
ISBN (E-Book): 978-81-962291-7-7

Print On Demand

Copy Right: Kasturi Vijayam

Ph:0091-9515054998
Email: Kasturivijayam@gmail.com

Book Available
@
Amazon, flipkart, Google Play, ebooks, Rakuten and KOBO

समर्पण
पूज्य गुरुजनों
के श्रीचरणों में
सादर समर्पित

अन्नपूर्णा

प्राक्कथन

अनुवाद विज्ञान ने पिछले कुछ वर्षों में नई दिशाएँ निर्मित की है। अनुप्रयुक्त भाषा विज्ञान की एक शाखा के रूप में उसकी पहचान ने न केवल उसकी सैद्धांतिक सीमाओं की ओर दृष्टिपात करने में हमारी मदद की है, बल्कि व्यावहारिक स्तरपर भी अनुवाद की बहुआयामी एवं बहुमुखी प्रकृति से हमारा साक्षात्कार कराया है।

आज अनुवाद विज्ञान के साथ आधुनिक भाषा विज्ञान की कई उपशाखाएँ संबद्ध हो चुकी हैं। व्यतिरेकी विश्लेषण, समाज भाषा विज्ञान और शैली विज्ञान द्वारा प्रदत्त भाषा-विश्लेषण की अनेकानेक विधियों ने अनुवाद प्रक्रिया तथा अनूदित पाठ के संदर्भ में तार्किक एवं वैज्ञानिक मार्ग तथा निष्कर्ष तक पहुँचा कर अनुवाद के सैद्धांतिक तथा व्यावहारिक दोनों पक्षों को व्यापकता प्रदान की है। इस पुस्तक में 'अनुवाद' से संबंधित इन समस्त अधुनातन चिंतनों का प्रस्तुत करते हुए उनका आकलन-विवेचन किया गया है। देश-विदेश के भाषाविदों तथा अनुवाद वैज्ञानिकों के विचारों को प्रमुख शीर्षों में एक स्थान पर देने से निश्चित ही पुस्तक की उपयोगिता बढ़ी है। इसका लाभ 'अनुवाद' के गंभीर छात्रों एवं अध्यापकों को मिलेगा, ऐसा मेरा विश्वास है।

अनुवाद के साथ 'सामाजिक उद्देश्य' की संकल्पना के जुड़ाव ने उसे 'साहित्यिक पाठ' से भी अधिक 'साहित्येतर पाठ' से लेकर जोड़ा है। इस प्रकार अनुवादक, अनुवाद प्रक्रिया, पाठ-साम्य, भषिक विश्लेषण संबंधी सभी परंपरागत अवधारणाओं में क्रांतिकारी परिवर्तन आया है। ऐसा होने से 'साहित्यिक पाठ' की अनुवाद प्रक्रिया तथा साहित्य के अनूदित पाठ संबंधी चिंतन में भी भारी बदलाव दिखाई देने लगा। अनुवाद चिन्तन में 'प्रतीक सिद्धांत','समतुल्यता का सिद्धांत', 'अनुवादनीयता का सिद्धांत'

व्यापक ढंग से पारिभाषिक एवं व्याख्यायित हुए। इस नवीन वैचारिकता ने अनुवाद संबंधी प्रचलित अवधारणाओं को ही नहीं, अनुवाद संबंधी पूरे 'पैराडाइम' को ही बदल दिया।

इस बदलाव ने अनेक तथ्यों की ओर हमारा ध्यान आकर्षित किया तथा यह सिद्ध किया कि अनुवाद मात्र भाषिक अंतरण नहीं है, अनुवाद प्रक्रिया में यह जानना भी अनुवादक के लिए अनिवार्य है कि किन तत्वों का अनुवाद नहीं करना है तथा अनूदित पाठ को मूल पाठ का समरूपी रूपांतरण नहीं, समतुल्य पुनःसृजन मानकर देखना चाहिए। बदलाव के इन बिंदुओं को इस पुस्तक में विस्तार से विवेचन किया गया है। संभवतः इन सभी स्तरों को इस पुस्तक में एक. साथ पहली बार प्रस्तुत किया गया है अतः पुस्तक की उपादेयता बढ़ गई है।

इस पुस्तक का मूल विषय अनुवाद-समीक्षा है। यह अनुप्रयोग के अनुप्रयोग का क्षेत्र है। अनुवाद सिद्धांत का अनुप्रयोग करते हुए 'अनूदित पाठ' के गुणदोष, सीमा-समस्या को उभारना तथा 'अच्छा और 'आदर्श' अनुवाद की दिशा निर्देशित करना अनुवाद समीक्षा का लक्ष्य है। अनुवाद की विश्वव्यापी अनिवार्यता एवं संपर्क-संबंध निर्माण-निर्वाह में इसकी उपयोगिता ने अब 'अनुवाद को एक गंभीर, दायित्वपूर्ण तथा कौशल-युक्त कार्य के रूप में देखना प्रारंभ किया है। अनुवाद समीक्षा न केवल अनूदित पाठ को विश्लेषणात्मक परख करती है, बल्कि लक्ष्य तथा स्रोत भाषा के व्यतिरेकों, समाज-सांस्कृतिक संदर्भो, भाषिक-अभिव्यक्तिपरक विशिष्टताओं तथा कथन-प्रोक्ति की भंगिमाओं आदि उनका अनेक घरातलों से जोड़कर अनूदित पाठ को सामने लाती है, जिससे अनुवादक को सही दिशा मिलती है तथा वह अनुवाद संबंधी उन रूढ धारणाओं से मुक्त होता है, जिनके कारण वह अनुवाद को 'शाब्दिक रूपांतरण' मानकर मूल पाठ का उल्था करने की और प्रवृत्त होता रहा है। पुस्तक अनुवाद-समीक्षा की पृष्ठभूमि तथा संकल्पना का संपूर्ण परिचय अद्यतन विचारों को रेखांकित करते हुए देती है।

आज 'भाषा शिक्षण' तथा 'अनुवाद' दोनों अनुप्रयुक्त भाषा विज्ञान के सर्वाधिक चर्चित एवं उपादेय क्षेत्र हैं। दोनों की संबद्धता भाषा तथा भाषा से होती है। द्वितीय भाषा के रूप में 'स्वजातीय' एवं 'विजातीय' भाषा की संकल्पना ने एक बड़ी ही साफ-सुथरी दृष्टि हमें दी है। भारतीय संदर्भ में अंग्रेज़ी भाषा संपर्क की गहनता तथा 'भारतीय अंग्रेज़ी' के रूप में अपने विशिष्ट भाषायी स्वरूप के कारण 'द्वितीय भाषा' के रूप में परिभाषित है। इसी प्रकार भारतीय भाषाएँ परस्पर एक-दूसरे के लिए द्वितीय भाषाएँ हैं। पर द्वितीय भाषा होते हुए भी अंग्रेज़ी भाषा ऐतिहासिक, भाषिक एवं समाज-सांस्कृतिक धरातल पर भारतीय भाषाओं से नितांत भिन्न है। यही भिन्नता उसे -विजातीय द्वितीय भाषा' बनाती है और इन धरातलों पर.अधिकाधिक समानता भारतीय भाषाओं को

'स्वजातीय द्वितीय भाषा' सिद्ध करती हैं।

यह पुस्तक हिंदी भाषा को केंद्र में रखकर हिंदी की प्रसिद्ध काव्य कृति 'कामायनी' के अंग्रेज़ी (विजातीय द्वितीय भाषा) तथा तेलुगु (स्वजातीय द्वितीय भाषा) अनुवादों की समीक्षा प्रस्तुत करती है। 'कामायनी' एक विशिष्ट काव्यकृति है, जिसमें भारतीय दर्शन, सांस्कृतिक पृष्ठभूमि तथा पौराणिक संदर्भ अंतर्मुक्त हैं तथा इसकी भाषा इसीलिए तत्सम बहुल और समासयुक्त है। अनुवाद समीक्षा की सैद्धांतिक पृष्ठभूमि में यह समीक्षा हिंदी-अंग्रेज़ी, हिंदी-तेलुगु अनुवादों के संदर्भ में अलग-अलग और फिर अंग्रेज़ी तेलुगु अनुवादों के साथ तुलनीय आधार पर प्रस्तुत की गई है। ऐसा करके लेखिका ने पहली बार अनुवाद समीक्षा की सैद्धांतिकता को व्यावहारिक ६ धरातल प्रदान करने का प्रयास किया है। यह समीक्षा अनूदित पाठों को कई स्तरों पर देखती-परखती है, इसकी विश्लेषणात्मक सीमाएँ भी हैं और व्यापक अध्ययन की दृष्टि से यह स्वाभाविक भी है। फिर भी यह अध्ययन अनुवाद समीक्षा का एक अच्छा प्रारूप (मॉडेल) प्रदान करता है, इसमें संदेह नहीं। इस विवेचन में लक्ष्य भाषा की सीमाएँ भी उभरती हैं, जिनके कारण मूलपाठ के अनेक मंतव्य, अर्थ संदर्भ और अभिव्यक्तियाँ स्वतः

अननुवादनीय बन जाती हैं तथा यह भी सिद्ध होता है कि भारतीय भाषाओं की आंतरिक संवेदना तथा दार्शनिक-वैचारिक पृष्ठभूमि सममूल्य है।

    पुस्तक सी. अन्नपूर्णा द्वारा मेरे निर्देशन में किए गए शोध-कार्य का संपादित-संशोधित रूप है। इसके प्रकाशन के समय मैं लेखिका को बधाई और आशीर्वाद देते हुए यह मानता हूँ कि उनका यह श्रम अनुवाद सिद्धांत और व्यवहार से जुड़े अध्येताओं तथा अनुवादकों को एक नई अवधारणा से परिचित कराने से सफल होगा। मैं यह भी आशा करता हूँ कि इस पुस्तक को आज के संदर्भ में उभर रहे अनुवाद पाठ्यक्रमों में गौरवपूर्ण स्थान मिलेगा तथा इन पाठ्यक्रमों से संबद्ध छात्राध्यापक इसे पर्याप्त स्नेह व स्वीकार्यता प्रदान करेंगे।

प्रो. दिलीप सिंह

आशीः

अनुवाद की अनिवार्य आवश्यकता से अवगत होने के पश्चात पिछले दशकों में अनुवाद प्रक्रिया के सैद्धांतिक पक्ष को पाठ्यक्रम में स्थान दिया गया है। कई विश्वविद्यालयों में अनुवाद के सैद्धांतिक पक्ष को पाठ्यक्रम में स्थान दिया गया है। यह स्वागतार्ह है, क्योंकि अनुवाद के सैद्धांतिक पक्ष से सुपरिचित होने के बाद अनुवादक अपने कार्यको अधिक सुगमता से और से और सफलता से संपन्न कर सकता है।

अनुवाद के सैद्धांतिक पक्ष के गंभीरतापूर्वक अध्ययन करने पर कई समस्याएँ उभरकर सामने आती हैं और साथ ही साथ उनका समाधान ढूँढने के सफल प्रयास होते आ रहे है। उन्हीं में समाजीय और विजातीय अनुवाद की समस्या भी है। एक भाषा परिवार से संबद्ध आथवा एक संस्कृति से संबद्ध भाषाओं में परस्पर आदान-प्रदान और अन्य संस्कृति से संबद्ध भाषाओं के परस्पर अनुवाद की अनेकनेक समस्याएँ सामने आती हैं।

डॉ. सी. अन्नपूर्णा ने अपने शोध प्रबंध में इन्हीं समस्याओं की सजातीय और विजातीय भाषाओं के बीच अनुवाद की समस्याओं की मौलिक और विशद रूप से चर्चा की है। डॉ. अन्नपूर्णा ने अपने सिद्धांत पक्ष के व्यावहारिक निरूपण के लिए आधुनिक हिंदी साहित्य के सर्वोत्कृष्ट महाकाव्य 'कामायनी' के तेलुगु और अंग्रेजी अनुवाद को लिया है।

'कामायनी' के तेलुगु और अंग्रेजी अनुवादों की सामान्य विशेषताओं की संरचना, भाषा और अनुवादनीयता-चर्चा करने के बाद, मूल के साथ तेलुगु और अंग्रेजी अनुवादों का अलग-अलग तुलनात्मक विश्लेषण किया है। यह अध्ययन ध्वनि, शब्द और वाक्य के स्तर पर हुआ है जो अत्यंत गंभीर एंव मार्मिक है। तदनंतर डॉ. अन्नपूर्णा ने दोनों भाषाओं में

किए गए अनुवादों का तुलनात्मक अध्ययन प्रस्तुत किया है। इस प्रकार 'कामायानी' के सजातीय और विजातीय तेलुगु अंग्रेजी अनुवादों के समस्त पक्षों का सर्वांगीण अध्ययन प्रस्तुत कर डॉ. अन्नपूर्णा ने अनुवाद के क्षेत्र में स्तुत्य कार्य किया है। मैं डॉ. अन्नपूर्णा को और सुयोग्य निर्देशक प्रो. दिलीप सिंह को हार्दिक रूप से बधाई देता हूँ।

आशा है, डॉ. अन्नपूर्णा अपनी समर्थ रचनाओं से हिंदी और तेलुगु साहित्य को लाभान्वित करेंगी।

डॉ. भीमसेन निर्मल
पूर्वाध्यक्ष एवं एमिरिटस
प्रोफेसर, हिंदी विभाग,
उस्मानिया विश्वविद्यालय,
हैदराबाद - 500 007

1-1-405/7/1.
गांधी नगर,
हैदराबाद-500 080

पुरोवाक

भारतीय उपखंड में अनुवाद कार्य को महान यज्ञ का गौरव प्राप्त है। भाषा ने मानव को सामाजिक प्राणी बनाया है तो साहित्य ने उसके द्वारा परिकल्पित संस्कारों एवं व्यावहारिक आवश्यकताओं आदि को स्थिरता एवं विकास की दिशाएँ प्रादान की है। इतना ही नहीं जीवन दर्शन, सामाजिक व्यवस्थाओं, धर्म, संस्कृति आदि को अपने भाषिक समुदाय में व्यवस्थित करने में सफल योगदान भी दिया है। अनुवाद ने मानव समुदाय के भावों, विचारों, संचित ज्ञान-विज्ञान आदि समस्त को एक भाषिक समुदाय से दूसरे समुदाय में परिव्याप्त कर विश्व मानव समुदाय को एक बनाने की दिशा में महत्वपूर्ण कार्य किया है। यह यज्ञ अनवरत एवं अक्षुण्ण गति से चला है, चल रहा है और चलता ही रहेगा।

आधुनिक युग एक ओर विज्ञान का युग है तो दूसरी ओर अनुवाद का भी युग है। आज अनुवाद ने साहित्य के क्षेत्र की अपनी सीमा को लांघकर मानव व्यवहार के सभी क्षेत्रों को अपनी सीमा में सम्मिलित कर लिया है। अनुवाद जहाँ समय साध्य और श्रम साध्य भाषा-यज्ञ है, वहीं आधुनिक आवश्यकताओं के कारण द्रुत गति से संपन्न होने की माँग से भी अनुचालित और शासित है। आज अनुवाद भाषिक आवश्यकताओं के क्षेत्र भी असीम हैं। इसीलिए अनुवाद अध्ययन और अनुसंधान आधुनिक युग की पुकार है। आज प्राचीन समय से विकसित पुनः कथन, पुनः सृजन आदि से संबंधित अवधारणाओं से आगे बढ़ कर सोचने और शोधने की आवश्यकता है। किंतु इस दिशा में प्राचीन काल से लेकर आज तक किए गए साहित्यिक अनुवादों का अनुशीलन महत्वपूर्ण साधक है। इससे भाषिक अभिव्यक्तियों की संभावनाओं, उनमें किए गए प्रयोगों, वाक्य संरचनाओं के भाषांतरण में उभरी समस्याओं के समाधानों आदि को समझने, परिष्कृत करने में आशातीत संभावित सूत्र मिल सकते हैं। हो सकता है कि ये सूत्र

समग्र अनुवादशास्त्र के निर्माण में सहायक हो । बहुभाषिक अनुवाद काव्यों का अध्ययन और शोध इन सूत्रों को और पुष्ट करता है।

      डॉ. अन्नपूर्णा का यह शोध प्रबंध इस दिशा में एक महत्वपूर्ण कार्य है। आपने हिंदी के आधुनिक महाकाव्य कामायनी के तेलुगु और अंग्रेजी अनुवादों को लेकर दो भिन्न परिवारों की भाषाओं के बीच के अनुवाद संदर्भों और समस्याओं को वैज्ञानिक मानदंडों पर विवेचित करने का प्रयास किया है। इस कार्य के लिए मैं आपको और आपके निर्देशक आचार्य दिलीप सिंह को साधुवाद देता हूँ और कामना करता हूँ कि डॉ. अन्नपूर्णा अपनी इस शोध दिशा को और संपन्न करेंगी। आशा है यह कार्य आगे के इस प्रकार के कार्यों के लिए सहायक और मार्गदर्शक सिद्ध होगा।

वै. वेंकट रमण राव
पूर्व अध्यक्ष एवं प्रोफेसर, हिंदी विभाग
हैदराबाद (केंद्रीय) विश्वविद्यालय
हैदराबाद - 500 046

आमुख

भारतीय वाङ्मय में कालजयी कृतियों में कामायनी का महत्वपूर्ण स्थान है। कामायनी मानवीय चेतना, दर्शन, संवेदना और कलात्मक अभिव्यक्ति का महाकाव्य है जो भारतीय अस्मिता के साथ-साथ सौंदर्य चेतना का साकार दर्शन कराती है। इस सौंदर्य चेतना की अभिव्यक्ति में भाषा की भूमिका अप्रतिम रही है। शब्द-संस्कार और वाक्य संयोजन से कामायनी की संवेदनात्मक बुनावट अपने-आप में अनेकायामी हो गई है। इस कारण आज भी कामायनी प्रासंगिक है और भविष्य में भी इसकी कालजयता स्वयं सिद्ध होगी, ऐसा हम सब का विश्वास है।

कामायनी की कालजयता और प्रासंगिकता के कारण इसका अनुवाद कई भाषाओं में हुआ है। वास्तव में काव्यानुवाद में मूल पाठ के काव्यार्थ को अनूदित भाषा में संप्रेषित करना अत्यंत जटिल कार्य है। मूल भाषा में लिपटी काव्यात्मक संवेदना के निर्वाह के लिए लक्ष्य भाषा के प्रत्येक स्तर पर अनुवादक को अन्वेषण करना पड़ता है। इसमें काव्य की विषय वस्तु, संरचनात्मक विशिष्टता, भाषा की व्यवस्था, शब्द-संस्कार, छंद-योजना, लय-विधान, नाद-सौंदर्य, काव्यार्थ प्रतीकन आदि के साथ-साथ देश और काल के अनुरूप सामाजिक-सांस्कृतिक तथा मनोवैज्ञानिक संदर्भो को भी संप्रेषित करना पड़ता है। इसीलिए अंग्रेज़ी के सुविख्यात कवि एज़रापाउंड ने अनुवाद को 'साहित्यिक पुनर्जीवन' की संज्ञा दी है। काव्यवस्तु की विशिष्टता और अलौकिकता अभिव्यक्ति के उस पक्ष से जुड़ी होती है, जिसे भाषा मुक्त नहीं कहा जा सकता और काव्यकृति की विशिष्टता को पुनःसर्जना द्वारा लक्ष्य भाषा में प्रतिस्थापित करने का प्रयास रहता है। इसलिए अनुवादक को विशिष्ट प्रकार का सर्जक कहा जाता है जो मूल भाषा और अनूदित भाषा की आर्थी संरचनाओं से जूझते हुए मूल कृति की पुनर्रचना करता है।

इसी संदर्भ में कामायनी के अंग्रेजी अनुवाद (बी. यल. साह्नी) और तेलुगु अनुवाद (आई. पांडुरंगा राव) के क्षेत्र मे डॉ. अन्नपूर्णा ने विशेषकर तेलुगु-हिंदी अनुवाद में बड़ा ही प्रशंसनीय कार्य किया है। इससे

पूर्व उन्होंने तेलुगु के महान कवि श्री सी. नारायण रेड्डी की ज्ञानपीठ पुरस्कार प्राप्त कृति 'विश्वंभरा' के तेलुगु अनुवाद का जो समीक्षात्मक अध्ययन किया, उसे काफी मान्यता प्राप्त हुई है। प्रस्तुत कृति में डॉ. अन्नपूर्णा ने कामायनी के तेलुगु और अंग्रेज़ी अनुवादों की विशिष्टताओं को जहाँ उजागर करने का सफल प्रयास किया है, वहीं उनकी सीमाओं को भी उभारा है। डॉ. अन्नपूर्णा ने अपने अध्ययन में यह बताया है कि भारतीय संदर्भ में अंग्रेज़ी और तेलुगु विजातीय और सजातीय भाषाएँ हैं और उनकी अपनी-अपनी विशिष्टताएँ हैं। अंग्रेज़ी भारतीय समाज और संस्कृति से विलग जा पड़ती हैं, अतः इसके अनुवाद की सीमाएँ तेलुगु अनुवाद की अपेक्षा अधिक होती है, क्योंकि भाषायी संरचना के अतिरिक्त दार्शनिक, सामाजिक सांस्कृतिक और पौराणिक शब्दावली में अनुवादनीयता के स्तर पर अपना अलग संदर्भ बनाए हुए है। छंद, अलंकार, बिंब, प्रतीक और शैली की दृष्टि से तेलुगु अनुवाद मूल कृति के जितना अधिक निकट होगा, उतना अंग्रेज़ी अनुवाद नहीं। लेखिका ने यह भी संकेत दिया है कि अंग्रेज़ी अनुवाद में काव्यवस्तु की अलौकिकता और विशिष्टता अनूदित कृति में कहीं-न-कहीं बिखर जाती है, क्योंकि अंग्रेज़ी अनुवाद में मूल कविता की अर्थ-व्यापकता और संकेतिकता उसी प्रकार नहीं आ पाएगी जिस प्रकार तेलुगु अनुवाद में मिल जाती है। इस प्रकार डॉ. अन्नपूर्णा ने अंग्रेज़ी अनुवादों के गुण-दोषों को जाँच कर अनुवाद मूल्यांकन और अनुवाद समीक्षा के क्षेत्र में एक सराहनीय कार्य किया है। मुझे आशा है कि इस प्रकार के अध्ययन से अनुवाद मूल्यांकन और अनुवाद समीक्षा को नई दिशा मिलेगी और वस्तुपरक मानदंड उभर कर सामने आएंगी। मैं डॉ. अन्नपूर्णा को साधुवाद देता हूँ और विश्वास करता हूँ कि इस ओर उनकी लेखनी निरंतर गतिमान रहेगी।

प्रो. कृष्णकुमार गोस्वामी

1764, औट्रम लाइन्स,

गुरु तेग बहादुर नगर,

दिल्ली - 110 009.

अनुक्रमणिका

भूमिका	1
अध्याय – 1	9
अनुवाद का स्वरूप और समस्याएँ	9
(क) अनुवाद की परम्परा और विकास : भारतीय एवं पाश्चात्य	9
(ख) अनुवाद का स्वरूप और क्षेत्र	15
(ग) अनुवाद के विविध सन्दर्भ	20
(i) प्रतीक सिद्धान्त और अनुवाद	20
(ii) अनुवाद के वर्ग	24
(iii) प्राकृतिक अनुवाद	26
(iv) तुलनात्मक साहित्य और अनुवाद	28
(घ) अनुवाद की प्रक्रिया	30
(च) अनुवादनीयता की समस्याएँ	37
(i) पाठक की भूमिका	40
(ii). अनुवादक की द्विभाषिक की भूमिका	41
(iii). अनुवादक की रचयिता की भूमिका	41
(क) सम्प्रेषण परक भाषा प्रकार्य	45
(ख) समाज-सांस्कृतिक प्रकार्य	47
(ग) भाषा- सन्दर्भ	48
(क) भाषा वैज्ञानिक ज्ञान-	49
(ख) सन्दर्भगत ज्ञान	49
(ग)..सामाजिक ज्ञान-	49
(च) साहित्यिक अनुवाद की समस्याएँ	49
(i) सजातीय भाषाओं के सन्दर्भ में	55
(ii) विजातीय भाषाओं के सन्दर्भ में	58

सन्दर्भ	60
अध्याय-2	65
जयशंकर प्रसाद और कामायनी का रचना सन्दर्भ	65
(क) प्रसाद की "कामायनी"	69
विषयवस्तु और शिल्प का संदर्भ	69
(i) विषयवस्तु का संदर्भ	69
(ii) शिल्प का सन्दर्भ :	72
(ख) 'कामायनी': कथ्य और अभिव्यक्ति	74
(i) 'कामायनी' का कथ्य :	74
(ii) दार्शनिक चेतना:	77
(iii) दार्शनिक शब्दावली:	82
सन्दर्भ	108
अध्याय – 3	118
तेलुगु और अंग्रेजी अनुवादों की सामान्य विशेषताएँ	118
तेलुगु अनुवाद की सामान्य विशेषताएँ	118
(i) संरचना के स्तर पर	124
(ii) भाव के स्तर	125
(iii) अनुवादनीयता के स्तर पर	126
अंग्रेज अनुवाद की सामान्य विशेषताएँ	128
(i) संरचना के स्तर पर	131
(ii) भाव के स्तर पर	133
(iii) अनुवादनीयता के स्तर पर	134
सन्दर्भ	141
अध्याय – 4	142
सजातीय भाषा तेलुगु के सन्दर्भ में कामायनी का अनुवाद	142
(क) ध्वनि के स्तर पर	153

(ख) शब्द के स्तर पर	158
(घ) वाक्य के स्तर पर	175
सन्दर्भ	**186**

अध्याय-5

विजातीय भाषा- अंग्रेजी के सन्दर्भ में

	188
कामायनी का अनुवाद	**188**
(i). ध्वनि के स्तर पर	188
रूढ़ालक्षणा का परम्परागत प्रयोग	**188**
(ii) शब्द के स्तर पर	192
शब्द रचना के अनुसार तीन प्रकार माने गये हैं	**195**
(i) अव्ययी भाव समास	197
(ii) तत्पुरुष समास	197
(iii) द्वन्द्व समास	198
(iv) बहुव्रीहि समास	198
(क) लिंग	199
(ख) वचन	200
(ग) सह प्रयोग शब्दावली	200
(i) विकारी शब्द	202
(ii) अविकारी शब्द	204
(iii) वाक्य के स्तर पर	205

अध्याय – 6

कामायनी तेलुगु और अंग्रेजी

	210
अनुवादों की समीक्षा	**210**
(क) अनुवाद समीक्षा : सिद्धान्त और स्वरूप	210
(ख) शब्द के स्तर पर	218
(i) संस्कृत शब्द	219
(ii) पुनरुक्त शब्द	223

(iii) देशज शब्द	226
(iv) समास शब्द	229
(v). सम्बोधन शब्दावली	232
(vi) अंग्रेजी अनुवाद में लिप्यन्तरण और पुरानी अंग्रेजी शब्दों का प्रयोग	235
(vii) पर्यायवाची शब्द	238
(ग) शैली के स्तर पर	243
(i) ध्वन्यात्मक आवृति	244
(ii) मानवीकरण	247
(iii) वाक्य-विचलन	251
(iv) मुहावरे	255
(घ) काव्य तत्व	258
(i) उपमान और उपमेय	258
(ii) श्लेष परक शैली	261
(ii) बिंबात्मकता	264
(iv) प्रतीक योजना	268
(V) अलंकार	273
(च) प्रोक्ति	278
(छ) संयोजक शब्द-'भी'	287
संदर्भ	296
उपसंहार	297
संदर्भ ग्रंथ	323

भूमिका

आज अनुवाद का विस्तार साहित्येतर क्षेत्र में भी हो चुका है। आधुनिक अनुवाद चिंतन में अनुवाद को एक कौशल (Skill) और व्यवसाय (Profession) के रूप में भी पारिभाषित किया जा रहा है। लेकिन साहित्यिक अनुवाद का महत्व और उसका सर्वोच्च स्थान अनुवाद क्षेत्र में आज भी अप्रभावित है। साहित्येतर अनुवाद की सामाजिक आवश्यकता और आधुनिक ज्ञान और विज्ञान को अन्तरित करने की उसकी अनिवार्यता पर भी आज काफी बल दिया जा रहा है। साहित्यिक अनुवाद भी अपने सामाजिक दायित्व में महत्वहीन नहीं है। 'राष्ट्रीय साहित्य' और 'विश्व साहित्य' के स्तर पर आदान प्रदान की दृष्टि से और किसी दूसरे समाज के जीवन मूल्यों, विश्वासों और लोक जीवन को जानने के लिए साहित्यिक अनुवाद से उत्तम माध्यम और कोई नहीं है। पूरे विश्व में साहित्यिक अनुवाद की परम्परा से ही अनुवाद चिन्तन जुड़ा है।

राष्ट्रीय स्तर पर साहित्यिक अनुवाद व्यक्ति, समाज और देश के लिए कई स्तरों पर महत्वपूर्ण है। भारतीय सन्दर्भ में धार्मिक और पौराणिक साहित्य के संस्कृत से किये गये विभिन्न भाषाओं के अनुवादों ने पूरे भारत में सांस्कृतिक एकता की स्थापना की। ऐसी ही स्थापना अनुवाद के माध्यम से मध्यकाल में भक्ति विषयक साहित्यिक अनुवादों के माध्यम से भी हुई। आधुनिक युग तक विभिन्न भारतीय भाषाओं में जो श्रेष्ठ साहित्य सृजित हुआ उनके परस्पर अनुवाद से भी यह तथ्य प्रमाणित होता है कि विभिन्न भाषाओं में रचा गया भारतीय साहित्य और उसकी आत्मा 'एक' है। यह बात हमारे प्रमुख विचारकों और चिन्तकों ने भी व्यक्त की है।

डॉ. सी. अन्नपूर्णा

साहित्यिक अनुवाद के गम्भीर दायित्व से परिचित और अनुवाद कार्य को पूरी गंभीरता से लेने वाले ऐसे अनेक अनुवादकों के नाम हिन्दी जगत में लिए जा सकते हैं जिन्होंने विभिन्न साहित्यिक कृतियों के श्रेष्ठ अनुवाद प्रस्तुत किए। जैसे भारतेन्दु, महावीर प्रसाद द्विवेदी, रामचन्द्र शुक्ल, पन्त, मैथलीशरण गुप्त, बच्चन, रघुवीर सहाय, अज्ञेय आदि।

अनुवाद का यही स्तर अनेक भारतीय भाषाओं के अनुवादकों में भी दिखाई देता है। प्रभाकर माचवे, आई. पाण्डुरंगाराव, वे. आंजनेय शर्मा, सावित्री जयरामन, विजय तेंडुलकर जैसे कई अनुवादकों ने भारतीय भाषाओं से हिन्दी और हिन्दी से भारतीय भाषाओं में श्रेष्ठ साहित्यिक अनुवाद प्रस्तुत किये हैं। साहित्यक अनुवाद का सम्बन्ध साहित्यिक विधाओं से रहता है। साहित्य की अनेक विधाएँ हैं जैसेः काव्य, गीत, कविता और ग़ज़ल आदि। जिनके अनुवाद की प्रक्रिया एक दूसरे से भिन्न होती है। इस प्रकार विधा के भीतर अनुवाद की दृष्टि से कुछ विशिष्ट तत्व भी निहित रहते हैं।

अनुवाद शास्त्र में साहित्यिक अनुवाद की एक निश्चित प्रक्रिया की ओर संकेत किया गया है और समय पर इसे संशोधित करते हुए इसे व्यापक बनाकर साहित्यिक अनुवादक को उपलब्ध कराने का प्रयास किया गया है। साहित्यिक अनुवाद को आज एक गम्भीर कार्य माना जाता है। विश्व में अनेक ऐसे संगठन और संस्थाएँ हैं जो दुनिया भर के साहित्य का अनुवाद प्रस्तुत करती है। रूस, जर्मनी, फ्रांस, ब्रिटेन इस क्षेत्र में बहुत आगे है। भारत में भी ऐसे अनेक संगठन है जो श्रेष्ठ साहित्य का उत्तम अनुवाद उपलब्ध कराते हैं, जैसे : भारतीय ज्ञानपीठ, साहित्य अकादमी, नेशनल बुक ट्रस्ट और राज्य सरकारों के द्वारा स्थापित भाषा अकादमियाँ।

अनुवाद की श्रेष्ठता और उसके गुण दोषों को परखते हुए साहित्यिक अनुवाद को निरन्तर बेहतर बनाने का प्रयास भी अनुवाद चिन्तन में किया गया है। इस प्रयास में उसने दो प्रमुख सिद्धान्त और उनकी व्यापक पद्धतियों की चर्चा की है जिन्हें 'अनुवाद समीक्षा' और

'अनुवाद मूल्यांकन' नाम से जानते हैं। इससे यह प्रमाणित होता है कि आज साहित्यिक अनुवाद करने का तात्पर्य केवल यह नहीं है कि किसी कृति का कैसा भी अनुवाद कर दिया जाए, बल्कि सामाजिक, भाषिक, सांस्कृतिक आदि अनेक स्तरों पर वह अनुवाद कैसा हुआ, यदि वह अच्छा है तो क्यों? और यदि अच्छा नहीं हैं तो क्यों? जैसे पक्षों पर विचार किया जाता है। इस विचारों के माध्यम से आदर्श अनुवाद की संकल्पना की जाती है। आदर्श अनुवादक किसे कह सकते हैं ? इस प्रकार अनुवाद समीक्षा और मूल्यांकन साहित्यिक अनुवाद को श्रेष्ठ से श्रेष्ठतर बनाने की दिशा में प्रयास करता है। अनुवादक को वह ऐसे पद्धतियाँ देता है जिनका उपयोग करते हुए वह अच्छा अनुवाद कर सकता है।

प्रस्तुत अध्ययन अनुवाद चिन्तन के इन्हीं पक्षों पर आधारित है। सैद्धान्तिक धरातल पर साहित्यिक अनुवाद की पृष्ठभूमि में उसके स्वरूप और उसकी प्रक्रिया पर जो अद्यतन विचार आये हैं, उन्हें परखते हुए साहित्यिक अनुवाद की सीमाओं, समस्याओं और संभावनाओं को विश्लेषित करने का प्रयास यहाँ किया गया है। इसके साथ भारतीय और विदेशी विचारकों ने साहित्यिक अनुवाद का जो ऐतिहासिक या परम्परावदी आकलन किया है, उसे भी संक्षेप में देते हुए साहित्यिक अनुवाद की व्यापक पृष्ठभूमि को यहाँ स्थापित किया गया है।

भारतीय भाषाओं और अंग्रेजी के सम्बन्ध में अनेक विचार हमें भारतीय भाषा वैज्ञानिकों और अनुवाद चिन्तकों की रचनाओं में मिलते हैं। इन्हीं विचारों के प्रकाश में हिन्दी, तेलुगु और अंग्रेजी अनुवादों की प्रकृति को स्वजातीय और विजातीय भाषा के सन्दर्भ में देखने का प्रयत्न इस अध्ययन में किया गया है। इसमें अनुवाद की प्रक्रिया और अनुवादनीयता के सिद्धान्त की कई स्थितियाँ स्पष्ट होती चलती हैं। इन स्थितियों को केन्द्र में रखकर ही अनुवाद समीक्षा की सैद्धान्तिक अवधारणा को स्पष्ट करते हुए मूल हिन्दी काव्य कृति कामायनी के तेलुगु और अंग्रेजी में किए गए अनुवादों की समीक्षा की गई है।

हिन्दी के आधुनिक कवियों में जयशंकर प्रसाद, धर्मवीर भारती, नरेश, मेहता, मुक्तिबोध, नागार्जुन, अज्ञेय आदि कई ऐसे कवि है जिन्हें हमारे मूल्यगत विश्वासों का प्रयोग करते हुए अपनी रचनाएँ की हैं। यदि इन विचारों की पृष्ठभूमि से अनुवादक परिचित नहीं है तो उसके अनुवाद में निश्चित ही शिथिलता आ जाएगी।

जयशंकर प्रसाद की 'कामायनी' इसी प्रकार की एक विशिष्ट रचना है। यह रचना भारत के प्राचीन गौरव को पूरी आस्था के साथ प्रस्तुत करती है। भारतीय दर्शन के प्रमुख पक्ष शैव दर्शन से जुड़े हुए समस्त चिन्तनों को निचोड़ कर यह भारतीय जीवन मूल्यों की स्थापना करती है।

इस प्रकार अध्ययन के मूल में ये विचार धाराएँ ही कार्य कर रहीं थी कि साहित्यिक अनुवाद की प्रक्रिया के पीछे कृति की प्रकृति और उसके स्वरूप का क्या महत्व होता है ? यदि अनुवाद दो भिन्न प्रकार की भाषाओं में किया जाय तो ऐसी कौन सी समस्याएँ है जो अनुवादक के सामने भाषिक सामाजिक या सांस्कृतिक स्तर पर उठती है। इन समस्याओं से वह कैसे अपने को बचाता है या कहाँ पर ये समस्याएँ उसके अनुवाद को प्रभावित करती है।

पहले अध्याय का मूल शीर्षक 'अनुवाद का स्वरूप और समस्याएँ' रखा गया है। यह प्रमुख रूप से अनुवाद भेदों को गहराई से देखता है। उसके स्वरूप और क्षेत्र की हर स्तर और आयाम पर परखता है तथा उसकी समस्याओं को प्रक्रिया और अनुवादनीयता के व्यापक धरातल पर आधुनिक भाषा वैज्ञानिक चिंतन के सन्दर्भ में देखते हुए साहित्यिक अनुवाद की एक ऐसी पृष्ठभूमि निर्मित करता है, जो साहित्यिक अनुवादक की भूमिका और किसी भी कृति के अनूदित पाठ की सीमाओं का या उसकी विशिष्टताओं को परखने में सहायक हो सकता है।

दूसरा अध्याय-जयशंकर प्रसाद का रचना संसार और कामायनी का रचना सन्दर्भ है। किसी भी रचना या रचनाकार का महत्व साहित्य अध्ययन और उसके वैशिष्ठ्य में निहित रहता है। जीवन और जगत को

हर रचनाकार देखता है, अनुभूति करता है और उसे अभिव्यक्ति देता है। लेकिन अनुभूति और अभिव्यक्ति का ढंग हर रचनाकार का अलग और विशिष्ट होता है। प्रसाद की प्रवृत्ति भारत के अतीत गौरव के माध्यम से साहित्यिक और सामाजिक चेतना का उद्घाटन करता है। अतः उन की दृष्टि भारत के उन ऐतिहासिक पौराणिक पात्रों और कथानकों पर गई जो भारत के गौरवमय अतीत को और भारतीय विचारधारा को पुष्ट करते हैं। इस भावभूमि के कारण प्रसाद अपने समकालीन रचनाकारों से अलग रहे है। जब भी संस्कृतनिष्ठ तत्सम शब्दावली प्रधान शैली के विवेचन की बात आती है तो प्रसाद को एक आदर्श उदाहरण के रूप में याद किया जाता है। भाषा और शैली का यह सन्दर्भ अनुवाद की दृष्टि से भी महत्वपूर्ण होता है। अनुवाद की अनेक परिभाषाओं में यह स्पष्ट रूप में कहा गया है कि साहित्यिक अनुवाद के केन्द्र में 'अर्थ' और 'शैली' रहते हैं। अर्थात् अर्थ और शैली की समतुल्यता ही लक्ष्य भाषा में अनूदित पाठ का आधार होती है। इस स्तर पर जयशंकर प्रसाद के अनुवादों की दृष्टि से इनकी व्यापक भावनाओं और इन भावनाओं को व्यक्त करने के लिए उन के द्वारा चुनी गयी शैली का अनुवाद के सन्दर्भ में महत्वपूर्ण स्थान माना जा सकता है।

  इस कृति के तीसरे, चौथे और पाँचवें अध्यायों में कामायनी के तेलुगु और अंग्रेजी अनुवादों की विशिष्टताओं को उसकी सीमा और संभावना दोनों ही स्तरों पर स्पष्टता से दिखाया गया है।

  इस विवेचन से यह भी स्पष्ट होता है कि भाषाओं का स्वजातीय या विजातीय होना अनुवाद में बहुत महत्व रखता है। इसके साथ ही कामायनी के अनुवाद में तत्सम शब्दावली तथा दार्शनिक और पौराणिक शब्दावली के अनुवाद की स्थिति अनुवादनीयता के एक भिन्न सन्दर्भ को हमारे सामने ले आती है। तुलनात्मक समीक्षा में और अनुवाद समीक्षा में भी इस प्रकार का विवेचन हमें यह दिखा सकता है कि अनूदित होने के बाद अनूदित पाठ अनुवादक की पूरी क्षमता, सामर्थ्य और गंभीरता के

डॉ. सी. अन्नपूर्णा

बावजूद किस सीमा तक भारतीय भाषाओं में अन्तरित हो सकता है और क्यों ? यह विवेचन साहित्यिक अनुवाद और अनुवादक की उन सीमाओं और समस्याओं का विवेचन करता है, जो अनुवाद करते समय उन के सामने उपस्थित होती है।

अंतिम अध्याय पूरी तरह अनुवाद समीक्षा के सैद्धांतिक और व्यावहारिक पक्ष से सम्बन्धित है। इस समीक्षा के लिए तेलुगु और अंग्रेजी के अनूदित पाठ को एक साथ मूल पाठ के साथ रखकर स्वतंत्र रूप से भी और तुलनात्मक दृष्टि से भी मूल्यांकन करने का प्रयास किया गया है। इसमें शब्द, पुनरुक्ति प्रयोग के साथ तेलुगु और अंग्रेजी अनुवाद को शैली के स्तर पर देखा गया है। शैली के महत्व का सैद्धान्तिक आधार पर विश्लेषण किया गया है। शैली के इस पक्ष को ध्वन्यात्मक आवृत्ति, मानवीकरण, वाक्य विचलन, मुहावरे के स्तर पर देखते हुए इन के तेलुगु और अंग्रेजी अनुवादों को मूल्यांकित किया गया है। इसी के साथ श्लेष परक शैली, उपमान और उपमेय, बिंब, प्रतीक और अलंकार आदि के स्तर पर भी दोनों अनुवाद देखे गए हैं क्योंकि सामान्य स्तर पर काव्य के जो परम्परागत घटक हैं, वे शैली को एक नया रंग हिन्दी में देते हैं।

प्रस्तुत कृति का मूल बल इस बात पर है कि साहित्यिक कृति के अनुवाद में मूल का यथावत अनुवाद संभव नहीं है। भाषा के साथ-साथ शैली, शिल्प और काव्य तत्वों का संयोजन मूल पाठ में होता है। इस संयोजन से काव्यार्थ का जो व्यापक स्वरूप मूल के पाठ, समक्ष उपस्थित होता है उसे अनूदित पाठ में उसी रूप में और उतने ही प्रभावशाली ढंग से ला पाना सम्भव नहीं होता । इस अध्ययन से यह भी स्पष्ट होता है कि स्वजातीय भाषा, भाषा शिल्प और काव्य तत्व के अधिकांश सन्दर्भों को अधिक सार्थकता के साथ पकड़ पाती है जब कि विजातीय भाषा ऐसा नहीं कर पाती।

मैं गुरुवर प्रो. दिलीप सिंह की चिरकृतज्ञ हूँ। जिन्होंने इस विषय पर कार्य करने के लिए मुझे प्रेरित ही नहीं किया बल्कि शोध लेखन

सम्बन्धी आवश्यक जानकारी तथा उचित सुझाव देकर इसे पूरा करने में मेरी हर सम्भव सहायता की। उनके सहृदय एवं आत्मीय मार्गदर्शन के प्रति अपनी कृतज्ञता शब्दों की सीमा में व्यक्त करने में स्वयं को असमर्थ पाती हूँ। अध्ययन काल में अपने निजी संग्रहलाय से अनुपलब्ध पुस्तकों एवं पत्र पत्रिकाओं की उपलब्धि द्वारा उन्होंने जो सुविधाएँ मुझे प्रदान की तथा समय-समय पर जो अमूल्य सुझाव दिये, उन्हें मैं कभी नहीं भूल सकती।

व्यस्तता और समय की पाबन्दी होने पर भी मुझे इस कार्य में आगे बढ़ने के लिए अनेक शुभचिन्तकों और आचार्यों का प्रोत्साहन मिलता रहा है। उन सबके प्रति भी मैं अपना आभार व्यक्त करती हूँ। मैं आशा करती हूँ कि इस अध्ययन द्वारा अनुवाद समीक्षा क्षेत्र में आगे कार्य करनेवालों को सहायता मिलेगी। इस तरह का कार्य एवं अध्ययन अहिन्दी भाषी शोधार्थी ही अधिक क्षमता के साथ कर सकते हैं। मेरा विश्वास है कि इस क्षेत्र में सुचारु रूप से भारतीय भाषाओं के परस्पर अनुवादों को लेकर इस प्रकार के कार्य आगे बढ़ेंगे और विभिन्न भाषाओं की विशिष्ट रचनाएँ तथा उनके अनुवाद पर व्यापक चिन्तन शोधार्थी प्रस्तुत करेंगे।

इस कृति को तैयार करने में पग-पग पर मेरे पूज्य पिताजी ने सहायता की। इसे मैं उनका आशीर्वाद मानती हूँ। माता जी तथा परिवार के अन्य सदस्यों से जो सहायता मिली, विशेषकर भाई से उसके लिए मैं हृदय से आभारी हूँ। प्रत्यक्ष या परोक्ष रूप में अपने जिन साथियों से मुझे सहयोग मिला है, उसके लिए उन सबको धन्यवाद देती हूँ।

इस कृति की ई-संस्करण तैयार करने के लिए 'कस्तूरी विजयम' गैर लाभदायक साहित्यिक संस्था ने कमर कस ली। इसके संस्थापक हैं मलेषिया के डॉ. पामिरेड्डी सुधीर रेड्डी और उनकी पत्नी श्रीमति पद्मजा। उन्हें मैं हृदय से आभार व्यक्त करती हूँ। क्योंकि इस किताब को विश्व बाजार में ले आने का श्रेय उन दोनों को ही जाता है। उनकी प्रेरणा से ही यह कार्य संभव हो पाया। पग-पग पर मुझे प्रोत्साहित करते हुए मेरी

इस पुस्तक की ई-संस्करण लाने के लिए हर संभव सहायता की । उसे मैं कभी भूल नहीं पाऊंगी ।

इस संस्करण के टंकक श्री दाऊद के प्रति भी मैं आभार व्यक्त करती हूँ । इसके साथ-साथ मैं माधवी मिरपा को भी धन्यवाद देना चाहती हूँ । पूरी किताब की प्रूफ़रीडिंग करके पाठक केलिए एक अच्छी पुस्तक के रूप में तैयार किया । अंदर की सामाग्री को माधवी मिरपा ने सजाया तो बाहर कवर पेज, ISBN और स्क्रिप्ट को डेटाशीट पर तैयार करने का श्रेय रमादेवी चिंतपल्ली को जाता है । मैं उन के प्रति भी धन्यवाद ज्ञापन करना चाहती हूँ ।

इनके मूल प्रेरणा स्रोत डॉ. सुधीर रेड्डी पामिरेड्डी जी को पुनः एक बार हृदय से आभार व्यक्त करती हूँ ।

******

अध्याय – 1

अनुवाद का स्वरूप और समस्याएँ

(क) अनुवाद की परम्परा और विकास : भारतीय एवं पाश्चात्य

वर्तमान युग में अनुवाद का विशेष महत्व है। अनुवाद के द्वारा ही हम किसी दूसरे देश या प्रान्त के साहित्य, संस्कृति, कला और विज्ञान से परिचित होते हैं। 'अनुवाद' शब्द और उससे उपलक्षित एक विशिष्ट प्रकार के 'भाषिक व्यापार' हमारी परम्परा में बहुत पहले से चले आए हैं। प्राचीन काल में शब्द कल्पद्रुम कोश में 'अनुवाद' शब्द का अर्थ दिया गया है– 'अवधारित (किसी निश्चित अर्थ) को फिर कहना-चाहे वह उसी भाषा में ही क्यों न हो, जिसमें मूल पाठ है'। अनुवाद 'शब्द' के इसी 'अर्थ' के कारण तब 'भाष्य' तथा 'टीका' को भी 'अनुवाद' कहा गया था। 'फिर से कहने' की दृष्टि से दोनों समान हैं, पर आर्ष ग्रन्थों की व्याख्या को 'भाष्य' कहा गया और क्लासिकल संस्कृत के ग्रन्थों की व्याख्या को 'टीका'।

लेकिन आज 'अनुवाद' उपरोक्त अर्थ से नितान्त भिन्न अर्थ में हमारे सामने है जो अंग्रेज़ी शब्द 'ट्रान्सलेशन' के अर्थ में विकसित हुआ है। यदि 'ट्रान्सलेशन' के शाब्दिक अर्थ पर ध्यान दिया जाये तो उसका तात्पर्य होता है- 'मूलभाषा के अर्थ का अन्य भाषा में रूपान्तरण करने की प्रक्रिया।' अर्थात् किसी भाषा के प्रत्येक वाक्य को उसके प्रायः सभी पदों का अर्थ देते हुए अन्य भाषा में प्रस्तुत करना 'अनुवाद' का वास्तविक प्रकार्य है।

अतः 'भाष्य' अथवा 'टीका' के सन्दर्भ में यह कहा जा सकता है कि ये दोनों पद्धतियाँ 'अनुवाद' शब्द के आधुनिक अर्थ को पूरा नहीं करती

क्योंकि इन दोनों में 'मूल भाषा' में ही व्याख्या प्रस्तुत की जाती है, न कि किसी अन्य भाषा में।

'अनुवाद' के आधुनिक अर्थ में भी अर्थात् दो भाषाओं के बीच परस्पर रूपांतरण का इतिहास भी भारत में काफी पुराना है। यहाँ अनुवाद की यह परम्परा वस्तुतः तभी से माननी चाहिए जब भारत से बाहर की किसी भाषा में अनुवाद कार्य हआ। सम्भवतः सर्वप्रथम 'पंचतन्त्र' का पहलवी भाषा में अनुवाद हआ, जो हकीम बुर्जोई ने खुसरो अनौ शेरवाँ के शासन काल में किया। इसके बाद उसने इसका अनुवाद अरबी भाषा में किया। यह उल्लेख्य है कि सन् १६५७ में दाराशिकोह ने उपनिषदों का फारसी भाषा में अनुवाद किया।

आधुनिक युग में लगभग सम्पूर्ण वैदिक साहित्य और कई संस्कृत ग्रन्थों के अनुवाद अनेक विदेशी भाषाओं यथा जर्मन, फ्रेंच, अंग्रेजी, फारसी, चीनी, सिंहली आदि भाषाओं में प्रस्तुत किये गये हैं। इन विदेशी अनुवादकों में मैकूडोनल, मैक्समूलर, विन्टरनित्स, लैनमैन, जे ल्गिग आदि का नाम आज भी आदर के साथ लिया जाता है।

वैदिक साहित्य अनुवाद इस परम्परा के उपरान्त रामायण, महाभारत और पुराणों के अनुवाद का युग आता है। अंग्रेजी मे वाल्मीकी रामायण का पद्यबद्ध अनुवाद आर.टी.एच. ग्रीफ्रिथ ने किया। अनुवाद की दृष्टि से 'पंचतंत्र' का विशिष्ट स्थान है। मूल भाषा संस्कृत अथवा किसी अनूदित भाषा से पंचतन्त्र का इन विदेशी भाषाओं में अनुवाद हुए हैं; जैसे सीरियन, अरबी, ग्रीक, लेटिन, जर्मन, डैनिश, डच, स्पैनिश, फ्रेंच, अंग्रेजी, तुर्की आदि। वस्तुतः संस्कृत के लगभग सभी प्रख्यात महाकाव्य, मुक्तक काव्य, नाटक, गद्य काव्य आदि का अनुवाद विदेशी भाषाओं में हो चुका है। इस प्रकार भारतीय वाङमय के अन्तर्गत वैदिक संस्कृत, संस्कृत, प्राकृत और अपभ्रंश ग्रन्थों का विभिन्न दृष्टियों से अनुवाद हुआ, जो 'पद-पाठ, 'निरूक्त-पद्धति,'भाष्य' और 'टीका' से होता हुआ अपने उस रूप तक आ पहुँचा जिसे आज हम 'अनुवाद' कहते हैं।

पाश्चात्य वाङ्मय में भी अनुवाद की दीर्घकालीन परम्परा रही है। इसका आरम्भ क्लासिकी युग के यूनानियों में माना जाता है। धार्मिक अनुष्ठानों, उत्सवों आदि से यूनानी नाट्य साहित्य के विकास की उज्जवल परम्परा का आरम्भ होता है, उसी प्रकार पश्चिम की अनुवाद परम्परा में ईसाइयों का धर्म ग्रन्थ 'बाईबिल' ही प्रस्थान बिन्दु बनता है। 'बाइबिल' का सर्वप्रथम अनुवाद हिब्रू न जाननेवाले यहूदियों के लिए ईसा पूर्व तीसरी शती में यूनानी भाषा में हुआ। बाइबिल के 405 ई में तैयार हुए इस लैटिन अनुवाद का नाम 'वुल्गार' पड़ा। यद्यपि इसकी भाषा शैली की-रसात्मकता में कोई संशय नहीं है तथापि इसके अनुशीलन से ऐसा प्रतीत होता है कि सन्त जेरम के सामने जो आदर्श थे, वे पारम्परिक तथा धार्मिक ही अधिक थे, कलात्मक कम। उनका प्रधान लक्ष्य मूल का शाब्दिक रूपान्तर प्रस्तुत करना और मूल लेखकों के शब्द प्रयोग की अति पवित्रता और विलक्षणता को कायम रखना ही था। बाइबिल के प्राय सभी प्राचीन अनुवादक इसी : लक्ष्य से प्रेरित थे। बाइबिल के महत्वपूर्ण अनुवादों में अंग्रेजी का 'ऑथराइज्ड वर्शन' अथवा 'किंग जेम्सेज बाइबिल' सर्वाधिक महत्वपूर्ण है।1 इसके अतिरिक्त क्लासिकी अनुवाद के क्षेत्र में निम्नलिखित अनुवादों को महत्वपूर्ण माना जाता है। (1) जर्मन में मार्टिन लूथर द्वारा किए गए 'बाइबिल' के अनुवाद (2) फ्रांस में अनुवादक लकौत दलीले द्वारा यूनानी, लैटिन और पौरस्थ श्रेण्य रचनाओं का अनुवाद (3) इंग्लैण्ड में बेंजमिन जॉवेर द्वारा 'प्लेटो' का अनुवाद।

अनुवाद की समकालीन परम्परा

अनुवाद के क्षेत्र में कुछ ऐसी ही असाधारण उपलब्धियाँ अंग्रेजी में अनूदित विश्व की प्रमुख रचनाएँ हैं। इन्हें हम विश्व-वाङ्मय की अमूल्य निधि भी कह सकते हैं। इनमें स्कॉटलैण्ड के कवि गाबिन डगलस द्वारा वर्जिल के महाकाव्य 'इनीद' का अनुवाद तथा क्रिस्टोफर मालों द्वारा ओविद की रचना 'मेटामोरफोसीज' के अंग्रेजी रूपान्तर शामिल हैं। मैथ्यू आर्नाल्ड का 'ऑन ट्रान्सलेटिंग होमर' शीर्षक विचारोत्तेजक निबन्ध प्रकाशित हुआ।

इसके बाद अनुवाद की समकालीन परम्परा का सूत्र पात होता है जिसकी कड़ियाँ कई सफल अनुवादों से निर्मित हुई है। पश्चिम में अनुवादों को जो गरिमा प्राप्त हुई है उसका ही एक प्रमाण मैक्समूलर द्वारा सम्पादित और अनेक भाषाविदों द्वारा अनूदित 50 खण्डों का 'द सेक्रेड बुक्स ऑफ द ईस्ट' है।

बीसवीं शती में पाश्चात्य अनुवाद साहित्य का अभूतपूर्व विकास हुआ। साहित्य, दर्शन, विज्ञान, समाज शास्त्र इत्यादि सभी विषयों में अनुवाद कार्य हुए और हो रहे हैं। वर्तमान युग का अनुवाद साहित्य यकीनन इतना सर्वव्यापी और बहुआयामी है कि उसका संक्षिप्त आकलन सम्भव नहीं है। यूरोप, अमरीका, जापान, चीन आदि देशों में आचार्य-अनुवादक अपने-अपने विश्व-विद्यालयों में प्राचीन ग्रन्थों की गवेषणात्मक विवृत्तियाँ ही नहीं प्रस्तुत कर रहे हैं, बल्कि विश्व के विशाल साहित्य को अपनी-अपनी भाषा में विशेषतः अंग्रेजी, रूसी और जापानी में रूपांतरित कर रहे हैं।

प्राचीन काल से प्रवाहमान पाश्चात्य अनुवाद परम्परा की समीक्षा करने पर ऐसा प्रतीत होता है कि वहाँ देश और काल के परिवर्तन के साथ अनुवाद कला की सैद्धान्तिक विचारधाराएँ भी बदलती चली गई हैं। कभी भावानुवाद तो कभी शब्दानुवाद को प्राधान्य मिला है। मार्क्स जैसे विचारकों का ख्याल है कि 'विचार भाषा से पृथक विद्यमान नहीं रहते। विचार, जिन्हें उनकी मातृभाषा से किसी पराई भाषा में इसलिए अनूदित किया जाता है कि वे परिसंचरित हो सके, विनिमय के योग्य बन सके, स्वयं मार्क्स अनुवाद कला की बारीकियों से पूर्णतः अवगत थे और समय-समय पर अपने समसामयिक अनुवादकों को सत्परामर्श भी दिया करते थे। सिद्धान्ततः 'बाइबिल' के प्राचीनतम रूपांतरकारों से लेकर एजरा पाउंड और कार्ल मार्क्स तक अनुवाद के सन्दर्भ में यही दृष्टिकोण अधिक प्रभावी रहा है- 'मूल का यथावत रूपान्तरण जिससे श्रोता-पाठक मूल में व्यक्त भाव सम्पदा को अच्छी तरह हृदयगंम कर लें'।

उल्लिखित अनुवाद परम्परा से यह स्पष्ट होता है कि अनुवाद प्राचीन और अत्यन्त महत्वपूर्ण भाषाई प्रक्रिया है। एक विशिष्ट प्रकार के भाषिक व्यापार के रूप में अनुवाद भारतीय परम्परा की दृष्टि से कोई नई बात नहीं। इसके मूल में एक भाषिक संरचना/अभिव्यक्ति के दूसरी भाषिक संरचना/अभिव्यक्ति में रूपान्तरण की प्रक्रिया है। वस्तुतः 'अनुवाद' शब्द और उससे उपलक्षित भाषिक व्यापार हमारी परम्परा में बहुत पहले से चले आए हैं। इसलिए अनुवाद शब्द और इसके अंग्रेजी पर्याय 'ट्रान्सलेशन' के व्युत्पत्ति मूलक और प्रवृत्तिमूलक अर्थों की सहायता से अनुवाद की परिभाषा और उसके स्वरूप को और भी बेहतर ढंग से समझा जा सकता है।

अनुवाद का शाब्दिक अर्थ देखें तो उसे 'पुनःकथन' अथवा 'पुनरूक्ति' कह सकते हैं। क्योंकि इसमें एक भाषा में व्यक्त अर्थ की पुनरावृत्ति दूसरी भाषा में होती है, शब्द (शब्द रूप)की नहीं। अनुवाद की परिभाषाओं में शब्द अनुवाद के अर्थ में 'पुनरूक्ति' खूब प्रचलन में रहा। आज भी इस 'पुनरूक्ति' में मूल भाषा के 'अर्थ' को अन्य भाषा में रूपांतरण करने की प्रक्रिया पर जोर दिया जाता है। इसके लिए विभिन्न भारतीय भाषाओं में 'तर्जुमा', 'परिभाषा', 'विवर्तन' आदि अलग-अलग नाम प्रयुक्त हैं।

अनुवाद की प्रक्रिया में दो भाषाएँ आती हैं-(i) प्रथम / मूल भाषा - जिसकी सामग्री का अनुवाद किया जाय । अनुवाद विज्ञान में इसे स्रोत भाषा (SL) कहा गया है। और (ii) द्वितीय भाषा-जिस भाषा में सामग्री अनूदित की जाती है। इसे सामान्यत : लक्ष्य भाषा (TL) कहा जाता है। पारिभाषिक शब्दों में 'स्रोत भाषा में प्रस्तुत किसी सामग्री को उसी अर्थ में लक्ष्य भाषा में अनूदित करना ही अनुवाद है।"[2] अनुवाद के इसी वैशिष्ट् को इन शब्दों में विस्तार दिया गया-'अनुवाद मूलभाषा की सामग्री के भावों की रक्षा करते हुए उसे दूसरी भाषा में बदल देना है'।"[3] कई मनीषियों, भाषाविदों तथा अनुवादकों ने अनुवाद की परिभाषा करने का प्रयास स्त्रोत

भाषा और लक्ष्य भाषा के सन्दर्भ में किया है और अनुवाद के भिन्न आयाम सामने रखे हैं।"[4]

(1) **रवीन्द्रनाथ श्रीवास्तव**:- 'एक भाषा (स्रोत भाषा) की पाठ सामग्री में अन्तर्निहित तथ्य का समतुल्यता के सिद्धांत के आधार पर दूसरी भाषा (लक्ष्य भाषा) में संगठनात्मक रूपांतरण अथवा सर्जनात्मक पुर्नगठन ही अनुवाद कहा जाता है'।

(2) **एन.ई.विश्वनाथ अय्यर**:- 'अनुवाद की प्रविधि एक भाषा से दूसरी भाषा में रूपांतरित करने तक सीमित नहीं है। एक भाषा के एक रूप के कथ्य को दूसरे रूप में प्रस्तुत करना भी अनुवाद है। छन्द में बताई बात को गद्य में उतारना भी अनुवाद है'।

(3) **भोलानाथ तिवारी**:- 'भाषा ध्यन्यात्मक प्रतीकों की व्यवस्था है और अनुवाद है इन्हीं प्रतीकों का प्रतिस्थापन अर्थात् एक भाषा के प्रतीकों के स्थान पर दूसरी भाषा के निकटतम (कथनत : और कथ्यतः) समतुल्य और सहज प्रतीकों का प्रयोग। इस प्रकार अनुवाद निकटतम समतुल्य और सहज प्रति प्रतीकन है'।

(4) **गार्गी गुप्त** :- 'अनुवाद प्रक्रिया के दो मुख्य अंग होते हैं, अर्थ बोध और व्याकरण सम्मत भाषा में स्पष्ट सम्प्रेषण। इसलिए अनुवादक की निष्ठा दोमुखी होती है- मूल रचनाकार के प्रति अर्थ बोध की दृष्टि से और पाठक के प्रति शुद्ध तथा सुबोध सम्प्रेषण की दृष्टि से'।

(5) **सुरेश कुमार**:- एक भाषा के विशिष्ट भाषा भेद के विशिष्ट पाठ को दूसरी भाषा में इस प्रकार प्रस्तुत करना अनुवाद है, जिसमें वह मूल के भाषिक अर्थ, प्रयोग के वैशिष्ट्य से निष्पन्न अर्थ, प्रयुक्ति और शैली की विशेषता विषयवस्तु तथा संबद्ध सांस्कृतिक वैशिष्ट्य को यथा सम्भव सुरक्षित रखते हुए दूसरी भाषा के पाठक को स्वाभाविक रूप से ग्रहण प्रतीत हो।[5]

यदि अनुवाद की इन परिभाषाओं में निहित कथनों पर ध्यान दिया जाय तो यह स्पष्ट होता है कि अनुवाद में 'अर्थ' और 'भाव' का महत्व सर्वोपरी है। इस दृष्टि से प्रसिद्ध अनुवाद शास्त्री नाइडा की परिभाषा भी महत्वपूर्ण है जो अनुवाद की प्रक्रिया में 'अर्थ' के साथ-साथ 'शैली' के महत्व को भी स्थापित करती है।"[6] इस परिभाषा में कहा गया है कि अनुवाद का सम्बन्ध स्त्रोत भाषा के सन्देश का पहले अर्थ और फिर शैली के धरातल पर लक्ष्य भाषा में निकटतम स्वाभाविक तथा तुल्यार्थक उपादान प्रस्तुत करने से होता है।

"कैटफोर्ड के अनुसार एक भाषा की पाठ्य सामग्री को दूसरी भाषा की समानार्थक पाठ्य सामग्री से प्रतिस्थापित करना अनुवाद कहलाता है।"[7]

"न्यूमार्क के अनुसार अनुवाद एक शिल्प है जिस में एक भाषा में लिखित सन्देश के स्थान पर दूसरी भाषा के उसी सन्देश को प्रस्तुत करने का प्रयत्न किया जाता है।"[8]

अतः अनुवाद की पारिभाषिक स्थिति को आज काफी गम्भीरता से देखा जा रहा है और अनुवाद को गहराई से देखते हुए अर्थ, शैली, समतुल्यता, सन्देश, पाठ-सामग्री आदि अनेक संकल्पनाओं को स्त्रोत एवं लक्ष्य भाषा के धरातल पर प्रस्तुत करते हुए अनुवाद को मात्र 'भाषिक प्रतिस्थापन' या 'पूर्ण प्रतिस्थापन' न मानकर उसे अधिक वैज्ञानिक रूप में देखा-समझा जा रहा है।

(ख) अनुवाद का स्वरूप और क्षेत्र

अनुवाद की प्रकृति या अनुवाद के स्वरूप के सम्बन्ध में विद्वानों में पर्याप्त मतभेद हैं। कोई इसे 'कला' मानता है कोई इसे 'विज्ञान' तो कोई इसे 'शिल्प' की श्रेणी में रखता है। कुछ विद्वानों ने इसको मिश्र रूप में भी स्वीकार किया है।"[9] ये तीनों ही आधुनिक ज्ञान-विज्ञान के प्रचलित शब्द हैं।

डॉ. सी. अन्नपूर्णा

वास्तव में अनुवाद एक संश्लिष्ट प्रक्रिया है, जिसमें एक ओर सम्प्रेषण व्यापार का सन्दर्भ मिलता है तो दूसरी ओर इसके क्रिया व्यापार की दोहरी भूमिका दिखाई देती है। अनुवाद को विज्ञान माननेवाले विद्वानों में विशेषकर 'नाइडा' का कथन है कि 'विज्ञान किसी भी विषय का व्यवस्थित तथा विशिष्ट ज्ञान होता है। अतः इस सन्दर्भ में अनुवाद एक विज्ञान है, जो स्रोत भाषा और लक्ष्य भाषा का व्यवस्थित विवेचन करता है'। नाइडा ने अपने इस कथन को स्पष्ट करते हुए कहा कि अनुवाद स्रोत भाषा के पाठ का पहले 'विकोडीकरण' करता है और उसके बाद 'कोडीकरण' के माध्यम से अर्थ का लक्ष्य भाषा के पाठ में पुनर्गठन करता है। यह सारी प्रक्रिया तुलनात्मक भाषा विज्ञान के अध्ययन में भी व्यवहृत होती है। अतः अनुवाद विज्ञान है। अनुवाद को वैज्ञानिक प्रक्रिया कहने का एक अन्य आधार भी है कि अनुवाद में विकल्पों को कम्प्यूटर से नियंत्रित किया जा सकता है।"[10]

इसके विपरीत 'साहित्य' के भीतर साहित्येतर विषयों के महत्व ने भी अनुवाद को विज्ञान स्वीकार किया है। इसमें सन्देह नहीं कि आधुनिक ज्ञान-विज्ञान का विकास इस युग की देन है। सामाजिक आवश्यकताओं के अनुरूप आज अनेक ऐसे विषयक्षेत्र (Domain) विकसित हुए हैं जो पूरे विश्व को आर्थिक, सामाजिक, औद्योगिक और तकनीकी विकास से जोड़ते हैं। आधुनिक ज्ञान-विज्ञान के ये सभी सन्दर्भ हमारी 'भावना' से नहीं हमारी 'बुद्धि' से संचालित होते हैं। अतः इनका सम्बन्ध हमारे हृदय पक्ष से न होकर हमारे बुद्धि या ज्ञान पक्ष से होता है। इन विषयों को 'तथ्य परक विषय' कहा गया है। तथ्य परकता के कारण ही इन विषयों की भाषा अभिधामूलक होती है। अतः इनके अनुवाद की एक वैज्ञानिक प्रक्रिया अपनानी पड़ती है। इसलिए भी अनुवाद को विज्ञान माना गया है। इन क्षेत्रों में अनुवाद को एक 'सामाजिक उपयोगिता' के रूप में देखा जाता है।"[11] यह भी माना जाता है कि प्रशिक्षण और अभ्यास द्वारा इस प्रकार के अनुवादों को सीखा-सिखाया जा सकता है या अनुवादक में

इन विषयों का अनुवाद करने का कौशल उत्पन्न किया जा सकता है। इसी कारण अनुवाद को 'कौशल' भी माना गया। तथ्यपरक विषयों की भाषा की प्रकृति अभिधामूलक होती है अर्थात् इसमें जो कहा जाता है, उसका वहीं अर्थ होता है - निश्चयार्थकता शब्द और वाक्य दोनों स्तरों पर होती है। अतः यहाँ सर्जनात्मक साहित्य की भाँति लक्षणा या व्यंजना के प्रयोग से मूल लेखक भी बचता है और अनुवाद करते समय भी अनुवादक द्वारा अलंकारों, बिम्बों, प्रतीकों आदि का प्रयोग इन विषयों में स्वीकार नहीं किया जाता। इसका तात्पर्य यह है कि हर विषय की अपनी निश्चित शब्दावली होती है जिसे पारिभाषिक शब्दावली (Technical Terminology) कहा जाता है। उस विषय क्षेत्र की अपनी अभिव्यक्तियाँ होती हैं और अपनी वाक्य रचना होती है। अतः तथ्यपरक विषयों के अनुवाद में एक निश्चित दिशा में चलकर अनुवाद कर पाना सम्भव होता है। यह भी माना जाता है कि भावपरक विषयों के अनुवाद की तुलना में तथ्यपरक विषयों का अनुवाद सहज और आसान है। इसीलिए इस प्रकार के अनुवाद का कौशल प्रशिक्षण द्वारा प्राप्त कराया जा सकता है। जब कि साहित्यिक अनुवाद की प्रकृति बहुत जटिल होती है। इन्हें किसी प्रशिक्षण द्वारा साध पाना सम्भव नहीं तो कठिन अवश्य है। साहित्य की विभिन्न विधाओं की अपनी प्रकृति है और उसी के अनुरूप उनकी अनुवाद प्रक्रिया है। जिस प्रक्रिया से कहानी का अनुवाद होगा, उस प्रक्रिया से कविता का अनुवाद नहीं हो सकता। इसके साथ ही एक ही विधा में भी भिन्न-भिन्न प्रकार की रचनाएँ होती है। इसी प्रकार काल भेद भी अनुवाद प्रक्रिया को प्रभावित करता है। मध्यकालीन साहित्य के अनुवाद की भिन्न प्रक्रिया होगी जो आधुनिक साहित्य की प्रक्रिया से एकदम अलग होगी। एक ही काल में भी एक ही वाद के अन्तर्गत लिखनेवाले रचनाकारों की कृतियों के अनुवाद के लिए भी भिन्न-भिन्न प्रक्रियाएँ अपनानी पड़ती हैं। उदाहरण के लिए जयशंकर प्रसाद और महादेवी वर्मा की कविताओं का अनुवाद की 'एक' प्रक्रिया को अपनाकर नहीं किया जा सकता। इन कारणों से ही ललित साहित्य के

अनुवाद को 'पुनःसृजन' की कोटि में रखा गया है और इसी अनुवाद को 'कला' की संज्ञा दी गई है।

आधुनिक युग में तथ्यपरक विषयों के विस्तार के कारण अनुवाद का क्षेत्र व्यापक हुआ है। केवल धार्मिक या साहित्यिक सामग्री ही अब अनुवाद में पर्याप्त नहीं रह गयी है। इन के साथ हमारी सामाजिक आवश्यकताओं से जुड़े अनेक क्षेत्र भी खुले हैं। इन क्षेत्रों को ही हम आज प्रयोजनमूलक भाषा क्षेत्र कहते हैं। प्रयोजनमूलक का तात्पर्य है – 'ज्ञान-विज्ञान के किसी आधुनिक और विशिष्ट क्षेत्र में प्रयुक्त होनेवाली भाषा जिस के माध्यम से हम आधुनिक समाज की आवश्यकताओं को पूरा कर सकते हैं।' हिन्दी में आज प्रयोजन मूलक भाषा के कई क्षेत्र विकसित हो चुके हैं, प्रयोजनमूलक हिन्दी को निम्नलिखित आठ वर्गों में बाँट सकते हैं :

(1) साहित्यिक हिन्दी
(2) पत्रकारिता की हिन्दी
(3) वैज्ञानिक हिन्दी
(4) प्रशासनिक / कार्यालयीन हिन्दी
(5) बैंकों की हिन्दी
(6) तकनीकी या इंजनीयरी क्षेत्र की हिन्दी
(7) विधि / कानून की हिन्दी
(8) सामाजिक और मानविकी विषयों की हिन्दी
    इत्यादि।"[12]

ये सभी क्षेत्र तथ्यपरक हैं। इनकी अपनी पारिभाषिक शब्दावली है और इनका अपना भाषा स्वरूप है। हिन्दी में इन क्षेत्रों की भाषा का विकास अनुवाद के माध्यम से ही हुआ है। अंग्रेजी में उपलब्ध सामग्री के अनुवाद के द्वारा प्रयोजनमूलक हिन्दी के इन स्वरूपों का निर्धारण किया गया। स्वतंत्रता के बाद इन क्षेत्रों में धीरे-धीरे हिन्दी का स्वरूप निश्चित और स्थिर होता गया और उसमें एकरूपता आती गई। आज भी इन क्षेत्रों में अनुवाद की आवश्यकता बनी हुई है। राजभाषा हिन्दी को जब मान्यता

मिली।"[13] तो इन दिशाओं में अनुवाद के माध्यम से ही हिन्दी के स्वरूप निर्माण और निर्धारण का कार्य शुरू हुआ। आज केन्द्र सरकार के विभिन्न कार्यालयों में 'राजभाषा' हिन्दी के विस्तार एवं प्रयोग पर ध्यान दिया जा रहा है। राजकीय प्रयोजनों में हिन्दी, अंग्रेजी और भारतीय भाषाएँ भिन्न सन्दर्भों, परिस्थितियों में साथ-साथ चलती हैं। अतः इनके बीच भी परस्पर अनुवाद की आवश्यकता बराबर बनी हुई है। इसी प्रकार साहित्यिक अनुवाद भी अपने क्षेत्र को व्यापक कर रहा है। साहित्यिक अनुवाद या 'कला' के रूप में अनुवाद 'कविता' या 'कला' की भाँति सर्जन की प्रक्रिया नहीं है। फिर भी विद्वानों का मत है कि अनुवाद में सर्जनात्मकता रहती है।"[14] इसीलिए इसे 'कला' की श्रेणी में परिगणित किया गया है। अनुवाद कविता या पेंटिंग की तरह स्वतन्त्र सृजन नहीं है। लेकिन एक सीमा तक अनुवादक सर्जक बन सकता है किन्तु अनुवादक की सर्जनात्मकता अनूदित पाठ को मूल से दूर ले जाएगी। साहित्यिक कृति के अनुवाद में अनुवादक का व्यक्तित्व अवश्य रहता है। यह व्यक्तित्व भी अनुवाद को 'कला' के निकट ले आता है। प्रत्येक साहित्यक कृति अपने में अलौकिक और विशिष्ट होती है। यह अलौकिकता और विशिष्टता उसमें भाषा के सर्जनात्मक संयोजन से ही आती है। जब हम दूसरी भाषा में उस कृति या रचना का अनुवाद करते हैं तो उसकी इस भाषाई विशिष्टता को लक्ष्य भाषा पूरी तरह व्यक्त नहीं कर पाती। इसीलिए राबर्ट फ्रास्ट ने कहा है कि 'अनुवाद में जो तत्व छूट जाते हैं, वही कविता हैं।' अनुवादक को इन छूटे हुए तत्वों के प्रति सजग रहना पड़ता है। किसी भी कृति की विशिष्टता को पुनः सर्जन द्वारा एक सीमा तक ही लक्ष्य भाषा में प्रतिस्थापित किया जा सकता है। साहित्यिक कृति में अनुवाद के इसी पक्ष को केन्द्र बिन्दु बनाते हुए प्रसिद्ध कवि एजरा पाउंड ने अनुवाद को साहित्यिक पुर्नजीवन की संज्ञा दी है। इस दृष्टि से कुछ विद्वान अनुवादक को एक हद तक 'सर्जक' भी मानते हैं।

अमरीकी विद्वान पीटर न्यूमार्क अनुवाद को शिल्प मानते हैं जिसमें एक भाषा में लिखित सन्देश के स्थान पर दूसरी भाषा में उसी सन्देश को प्रस्तुत करने का प्रयत्न किया जाता है। अनुवाद के सन्दर्भ में 'कला' और 'शिल्प' का सबसे बड़ा अन्तर यह है कि कला के रूप में अनुवाद को समझने वाले अनुवादक के व्यक्तित्व की आत्माभिव्यक्ति भी अनूदित पाठ में स्पष्ट लक्षित होती है। जबकि शिल्प के स्तर पर अनुवाद को साधने वाला अनुवादक न तो आत्माभिव्यक्ति करता है और न ही कुछ अपवादों को छोड़कर उसका व्यक्तित्व ही उसमें परिलक्षित होता है। इस श्रेणी के अनुवादक पुनःसर्जन नहीं कर पाते। फिर भी प्रतिभाशाली अनुवादक शिल्प के साथ कला-कौशल को भी जोड़कर मल लेखक के भावों को अपना कर अपने व्यक्तित्व के अनुसार उसे लक्ष्य भाषा में अभिव्यक्त करता है। अतः सफल या आदर्श अनुवाद को एक ओर शिल्प और दूसरी ओर कला को साधने के कौशल से युक्त कह सकते हैं। एक अन्य विद्वान इयान फिनले के मतानुसार अनुवाद शिल्प और कला दोनों है। उनका कथन है कि 'भाषा के प्रयोग की जानकारी अगर शिल्पपरक पक्ष मात्र है तो अनुवाद का एक सर्जनात्मक पक्ष भी है जो उसे कला बनाता है।"[15]

इस प्रकार अनुवाद को कला, शिल्प और विज्ञान का मिश्रित रूप कहना ही उचित होगा। वास्तव में अनुवाद एक संश्लिष्ट प्रक्रिया है और उसके विभिन्न चरणों पर अनुवादक को विभिन्न भूमिकाएँ निभानी पड़ती है।

(ग) अनुवाद के विविध सन्दर्भ

(i) प्रतीक सिद्धान्त और अनुवाद

अनुवाद को दो सन्दर्भों में देखा गया है - (1) व्यापक सन्दर्भ में और (2) सीमित सन्दर्भ में।"[16] प्रो. श्रीवास्तव ने व्यापक सन्दर्भ में अनुवाद का विवेचन प्रतीक सिद्धान्त के परिप्रेक्ष्य में माना और सीमित सन्दर्भ में भाषा सिद्धान्त के परिप्रेक्ष्य में। इस सन्दर्भ में उन्होंने अनुवाद के तीन रूपों की चर्चा की है।"[17]

(1) अन्तः भाषिक (2) अन्तर भाषिक और (3) अन्तर प्रतीकात्मक।

अनुवाद की व्यापक परिभाषा के सन्दर्भ में कहा जा सकता है कि 'मूल भाषा के पाठ का प्रतीकांतरण अनुवाद है।' मानवीय व्यवहार की विभिन्न प्रतीकात्मक व्यवस्थाओं को ध्यान में रखकर प्रसिद्ध विद्वान सस्यूर ने प्रतीक विज्ञान की संकल्पना को आधुनिक भाषा विज्ञान में प्रस्तुत किया। उनके अनुसार 'हम एक ऐसे विज्ञान की संकल्पना कर सकते हैं जो समाज के भीतर प्रतीकों के जीवन्त पक्ष एवं उसके प्राकार्यात्मक सन्दर्भों का अध्ययन करता हो।' अनुवाद मूल भाषा के प्रतीकबद्ध पाठ के कथ्य / सन्देश का अनूदित भाषा में अन्तरण है। लक्ष्य भाषा में पाठ का पुनःसर्जन होता है। प्रतीक सिद्धान्त की मूलभूत इकाई 'प्रतीक' है। प्रसिद्ध प्रतीक शास्त्री पीयर्स के अनुसार 'प्रतीक' वह वस्तु है 'जो किसी के लिए किसी अन्य वस्तु के स्थान पर प्रयुक्त होती है।' जैसे- शिवलिंग वैसे तो पत्थर का एक टुकड़ा है पर एक विशेष समाज के लिए वह भगवान शिव का प्रतीक है। प्रो. श्रीवास्तव ने प्रतीक की अवधारणा को संकेतन सम्बन्धों के आधार पर समझाने का प्रयास करते हुए इसकी तीन इकाइयों की चर्चा की है।"[18] : (1) संकेतित वस्तु (Referent), (2) संकेतार्थ (Reference) और (3) संकेतन प्रतीक (Sign)। भाषिक प्रतीक अपनी अर्थवत्ता में स्तरीकृत है, अर्थात् एक स्तर के (भाषिक) प्रतीक से दूसरे स्तर के (भाषिक) प्रतीक का सृजन सम्भव है। प्रतीकों को ज्यादातर काव्यों में प्रयोग किया जाता है। क्योंकि काव्य के भावों को बोधगम्य बनाने के लिए और शब्द विशेष से किसी भाव अथवा विशेषता का द्योतन कराने के लिए प्रतीकों का प्रयोग किया जाता है। भावों की सफल अभिव्यक्ति के लिए प्रतीक अत्यन्त काव्योपयोगी उपकरण है। प्रतीक योजना की महत्ता के विषय में डॉ. रामकुमार वर्मा का यह मत नितान्त उपयुक्त है– 'जब लेखक अपनी भावना और भाषा को समानान्तर नहीं पाता है तो वह ऐसी कलात्मक युक्ति की खोज करता है, जो उसकी अनुभूति को सफलतापूर्वक व्यक्त कर चिरस्थायी बना सके। प्रतीकों की भाषा एक ऐसी

ही युक्ति है, जिसे कुशल लेखक अपनी अनुभूतियों की अभिव्यक्ति को व्यापक एवं पूर्ण बनाने के लिए प्रयुक्त करता है।"[19] छायावादी काव्य में प्रतीकों का उन्मुक्त प्रयोग हुआ है। इस धारा के कवियों ने मूल चेतना को प्रकृति के माध्यम से व्यक्त किया है, अतः उनके अधिकांश प्रतीक प्रकृति क्षेत्र से ही लिए गए हैं। 'कामायनी' में मानव सृष्टि के विकास का स्थूल इतिवृत्त प्रस्तुत करने के अतिरिक्त मनस्तत्व का विवेचन भी किया गया है। एक ही काव्य के माध्यम से द्विविध अर्थों की यह प्रस्तुति उसी दिशा में सम्भव हो सकती थी, जब उसके पात्रों तथा घटनाओं का व्यक्तित्व भी दो स्तरों पर प्रस्तुत किया गया हो - एक तो सामान्य तथा प्रतीकात्मक। कामायनी के चरित्रों एवं घटनाओं में ये दोनों विशेषताएँ हैं। उदाहरण के लिए श्रद्धा, इड़ा, मनु तथा आकुलि, किलात नामक पात्र अपने लौकिक व्यक्तित्व के साथ-साथ क्रमशः हृदय, बुद्धि, मन एवं आसुरी वृत्तियों के प्रतीकार्थों की व्यंजना भी करते हैं। इनके प्रतीकत्व के सम्बन्ध में स्वयं कवि ने भी इन शब्दों में संकेत दिया है – मनु, श्रद्धा और इड़ा इत्यादि अपना ऐतिहासिक व्यक्तित्व रखते हुए सांकेतिक अर्थ को भी अभिव्यक्ति करें तो मुझे कोई आपत्ति नहीं । मनु अर्थात् मन के दोनों पक्ष हृदय और मस्तिष्क का सम्बन्ध क्रमशः श्रद्धा और इड़ा से भी सरलता से लग जाता है।"[20]

'प्रतीक विज्ञान' के परिप्रेक्ष्य में अनुवाद को मूलभाषा के पाठ के प्रतीकांतरण के रूप में पारिभाषित किया गया है न कि भाषांतरण के रूप में । यह अनुवाद को एक व्यापक सन्दर्भ देता है। रोमन याकोब्सन "[21] ने प्रतीक व्यवस्था के सन्दर्भ में अनुवाद क्रिया की ओर संकेत करते हुए उसके तीन प्रकार निर्धारित किए हैं:

(1) अन्तः भाषिक अनुवाद अर्थात अन्वयान्तर: इसमें मूल पाठ के सन्देश को उसी भाषा में अन्तरित किया जाता है, जिसमें मूल पाठ की रचना की गई रहती है। अन्तर होता है तो उनकी प्रतीक व्यवस्था में।

जैसे: प्रेमचन्द ने अपनी प्रारम्भिक कहानियों का लेखन उर्दू शैली में किया और बाद में उसका अन्वयान्तर हिन्दी शैली में किया।

(2) अन्तर भाषिक अनुवाद अर्थात भाषान्तर: इसमें मूल पाठ के सन्देश का अन्तरण दूसरी भाषा की प्रतीक व्यवस्था के माध्यम से किया जाता है। इसमें अनुवादक को द्विभाषिक होना पड़ता है।

(3) अन्तर प्रतीकात्मक या प्रतीकान्तर: इसमें एक स्तर के संकेतों में कही गई बात को दूसरे स्तर के संकेतों द्वारा कहा जाता है। इस अनुवाद के एक स्तर पर भाषिक प्रतीक होते हैं तो दूसरे स्तर पर भाषेतर प्रतीक होते हैं। जैसे किसी उपन्यास या कहानी का फिल्मीकरण या टी.वी. सीरियल के रूप में अन्तरण।

सीमित सन्दर्भ में एक भाषा की प्रतीक व्यवस्था से दूसरी भाषा की प्रतीक व्यवस्था में अन्तरण करना अनुवाद है। वास्तव में अन्तर भाषिक अनुवाद भाषान्तर ही सीमित सन्दर्भ का अनुवाद है। इस अनुवाद के दो आयाम माने गये हैं - पाठधर्मी और प्रभावधर्मी।"[22] पाठ धर्मी भाषानन्तर का मूल वैचारिक पक्ष यह है कि जिस प्रकार स्त्रोत भाषा के पाठ मूल रचना के माध्यम से पाठकों को प्रभावित करते हैं, उसी प्रकार उसके अनूदित पाठ भी पाठक को प्रभावित करते हैं। इस प्रभाव के आधार पर ही अनुवादक को लक्ष्य भाषा में पाठ सृजन करने के लिए प्रवृत्त होना पड़ता है। प्रभावधर्मी अनुवाद लेखक और पाठक के बीच में सम्बन्ध स्थापना का एक उपकरण है। यहाँ पाठक पर पड़े प्रभाव के आधार पर मूल्यांकन किया जाता है। इसमें अनुवादक से यह अपेक्षा की जाती है कि वह अनूदित पाठ को इस रूप में प्रस्तुत करे कि उसके द्वारा उसके पाठकों पर भी वही प्रभाव पड़े जो मूलकृति के पाठक पर मूल पाठ को पढ़ते समय पड़ता है। काव्यानुवाद में प्रभावधर्मी अनुवाद की विशेष भूमिका होती है।

(ii) अनुवाद के वर्ग

अनुवाद के इन सभी सन्दर्भों में भाषा प्रतीक की स्वीकार्यता को आज पूर्ण मान्यता मिल चुकी है। विभिन्न विषयों में भाषिक प्रतीक विभिन्न प्रकार से कार्य ही नहीं करते बल्कि उनके अर्थांतरण में भी भेद आता है। इस दृष्टि से अनुवाद के विभिन्न प्रकारों की ओर भी ध्यान दिया गया और अनुवाद को विषयानुसार साहित्यिक अनुवाद और साहित्येतर अनुवाद जैसे दो मूल वर्गों में बाँट दिया गया। इन वर्गों के आधार पर अनुवाद के कई भेदों या प्रकारों की चर्चा की गई है -

(1) भाषिक क्षेत्र के अनुसार अनुवाद (2) विषय के अनुसार अनुवाद (3) विधा के अनुसार अनुवाद (4) पद्धति या प्रक्रिया के अनुसार अनुवाद (5) उद्देश्य अथवा प्रयोजन के अनुसार अनुवाद।

(1) भाषिक क्षेत्र के अनुसार अनुवाद सामान्यतः

दो भाषाओं के बीच ही होता है। फिर भी उसका क्षेत्र दो और दो से अधिक भाषाओं तक भी विस्तृत हो सकता है। जैसेः भारत में गीता और पश्चिम में बाइबिल के अनुवाद।

(2) विषय के अनुसार अनुवाद को मुख्य रूप से दो भेद कर सकते हैं –

(i) साहित्येतर अनुवाद और (ii) साहित्यक अनुवाद ।

साहित्येतर अनुवाद को शास्त्रीय भी कह सकते हैं। इसके अन्तर्गत वैज्ञानिक-तकनीकी अनुवाद, वाणिज्यानुवाद, मानविकी एवं समाज शास्त्रीय विषयों के अनुवाद, संचार माध्यमों के लिए अनुवाद, प्रशासनिक एवं कानूनी अनुवाद आदि को रखा जा सकता है। इसीलिए साहित्येतर अनुवाद को विषय प्रधान अनुवाद भी कहा गया है।

साहित्येतर अनुवाद में भाषा के स्तर पर निर्वैक्तिकता, अनालंकारिकता तथा वस्तु निष्ठ शैली प्रमुख होती है। इसमें मूल का अर्थ नष्ट होने की गुंजाइश कम रहती है। इसमें शब्दानुवाद प्रायः आवश्यक

होता है, क्योंकि इसमें पारिभाषिक शब्द आदि होने के कारण लक्ष्य भाषा पाठ में कहीं कुछ घटाने या बढ़ाने की समस्या नहीं आती। इसमें पारिभाषिक शब्दावली का सही एवं सन्दर्भयुक्त पर्याय रखना अधिक महत्वपूर्ण है। पुनःसर्जन नहीं। समस्त साहित्येतर विषय क्षेत्र में भाषा परिनिष्ठित और सूचनापरक और तथ्यपरक होती है। अतः अनुवाद में भी मूल पाठ की भांति प्रामाणिकता, अर्थ की स्पष्टता और बोधगम्यता को साधना अधिक आवश्यक होता है।

(3) साहित्यिक अनुवाद के अंतर्गत प्रमुखतः

नाटक अनुवाद, कथा अनुवाद तथा जीवनी, आत्मकथा, निबन्ध, आलोचना और रेखाचित्र आदि सृजनात्मक साहित्य की विविध विधाओं के अनुवाद आते हैं। यह अनुवाद वैयक्तिक, कलापरक और अलंकारिक शैलियों में होता है। इसमें मूल का अर्थ नष्ट होने की संभावना ज्यादा रहती है क्योंकि साहित्यक कृति में लक्षणा और व्यंजना पर अधिक बल दिया जाता है। यही कारण है कि साहित्यिक अनुवाद की प्रक्रिया में भावानुवाद या मुक्त अनुवाद को विशेष स्थान दिया जाता है। पुनः सृजन की आवश्यकता इसी प्रकार के अनुवाद में पड़ती है। उदाहरण के लिए कविता के अनुवाद में मूल के सृजन की मनोभूमि को पकड़ना अनुवादक के लिए आवश्यक है अतः वह लक्ष्य भाषा पाठ में प्रसंगानुसार घटाने या बढ़ाने की संभावना से स्वतः बन्ध जाता है और एक पुनःसर्जक की भांति लक्ष्य भाषा पाठ को प्रस्तुत करता है जिसमें उसके अपने व्यक्तित्व का अंश भी निहित रहता है।

(4) पद्धति या प्रक्रिया के अनुसार अनुवाद में कई भेद हैं- यथा शब्दानुवाद, स्वच्छंद अनुवाद, मूलानुवर्ती अनुवाद, छायानुवाद, भावानुवाद, लिप्यंतरण और प्राकृतिक अनुवाद (Natural Translation)।

(5) प्रयोजन या उद्देश्य के आधार पर भी अनुवाद के भेद किए गए हैं- इसके अन्तर्गत सम्पादित अनुवाद, संक्षिप्त अनुवाद, अनुकूलित

अनुवाद, व्याख्यात्मक अनुवाद, सन्दर्भ मूलक अनुवाद, पुनरानुवाद और मशीनी अनुवाद आदि आते है।

(iii) प्राकृतिक अनुवाद

आधुनिक भाषाविदों और अनुवादकों ने पद्धति या प्रक्रिया के अनुसार अनुवाद में प्राकृतिक अनुवाद (Natural Translation) और तुलनात्मक साहित्य और अनुवाद (Comparative Literature & Translation के सन्दर्भ में गम्भीर अध्ययन - विश्लेषण प्रस्तुत किया है।

यह देखा गया है कि मातृभाषा भाषी अपने विचारों को सम्प्रेषित करने और दूसरे के सन्देश को ग्रहण करने में अनुवाद की प्राकृतिक प्रक्रिया को अपनाता है अर्थात् 'कोड़ीकरण' और 'विकोडीकरण' की प्रक्रिया हमारी सामान्य सम्प्रेषण व्यवस्था में भी निरन्तर चलती रहती है। यही प्रक्रिया प्राकृतिक अनुवाद चिन्तन का मूल आधार भी बनती है।

"The native and unskilled translator stands in the same relationship to the translatologist as the native speaker of a language does in relation to the Linguist. Natural translation rather than skilled professional translation should provide the data base for building up a viable and cogent theory of translation, just as ordinary every day speech provides the data base for writing the Grammar of a Language."[23]

चॉम्सकी ने भी इस मत का समर्थन किया है कि मानव मस्तिष्क भाषा के नियमों को अपने भीतर समेटे रहता है। यही नियम उसके भाषा प्रयोग और भाषा बोध को दिशा देते हैं। मानव मस्तिष्क भाषा को उसकी बाह्य संरचना (Surface Structure) के स्तर पर भी ग्रहण करता है और आन्तरिक संरचना (Deep Structure) के स्तर पर भी। इसीलिए जब हम कहते हैं कि 'मेरा गला सूख रहा है। तब हमारा मस्तिष्क बाह्य स्तर पर भी इसका अर्थ ग्रहण करता है और आन्तरिक स्तर पर यह अर्थ भी ग्रहण करता है कि श्रोता को 'प्यास लगी है' या उसे पानी चाहिए।'

'System of Rules and principles that Constitute person's knowledge of language and that form the various Mental representations that enter into the use and understanding of language'.[24] (Chemsky - 1983)

इसी दिशा में आगे बढ़ते हुए प्राकृतिक अनुवाद में द्विभाषिक व्यक्ति की अनुवाद क्षमता पर भी विचार किया गया और यह पाया गया कि मातृभाषा भाषी में भाषाई क्षमता होती है। भाषिक स्तर पर बाह्य और आन्तरिक दोनों स्तरों पर क्षमता के साथ द्विभाषिक व्यक्ति के भीतर दोनों स्तरों पर अनुवाद की क्षमता भी होती है।

The system of rules and principles internalised by the bilingual individual (natural translator) and which exists covently and implicity in the consciousness of the bilingual. This parallelism may be schematically shown as below:
Native speaker → Linguistic Competence
Bilingual Individual → Translation Competence."[25]

यह भी माना जाता है कि प्रत्येक द्विभाषिक प्राकृतिक अनुवाद की दृष्टि से पूर्ण अनुवादक नहीं हो सकता। व्यक्तिगत द्विभाषिक की अनुवाद क्षमता सीमित होती है। जबकि समुदायपरक द्विभाषिक की अनुवाद क्षमता विस्तृत होती है। इसका कारण यह है कि समुदायपरक द्विभाषिक भाषा$_2$ के समुदाय के सदस्यों की भाँति ही भाषा$_2$ पर अधिकार रखता है। यह द्विभाषिकता अनुवाद के क्षेत्र में द्विभाषिक की प्राकृतिक अनुवाद क्षमता को विस्तृत करती है और दोनों भाषाओं में परस्पर अनुवाद की क्षमता को भी।

सम्भवतः इसीलिए यह भी माना गया है कि अनुवाद का मूल कार्य है विभिन्न प्रकार की अनुभूतियों को अलग-अलग अभिव्यक्तियों में व्यक्त कर पाना और सम्प्रेषण तथा सन्देश को उपयुक्त ढंग से व्यक्त कर पाना चाहे वह एक ही भाषा के भीतर हो चाहे एक भाषा से दूसरी भाषा

में हो-यह कथन हैलिडे"[26] और हैरिस"[27] के निम्नलिखित वक्तव्यों से भी स्पष्ट होता है :

All bilinguals can translate, but compound bilinguals in the setting of societal bilingualism are the best and most prolific natural translators. (हैलिडे)

In natural translation transmission of information is the prime aim and ceriterion of success. Linguistic expression is relatively unimportant so long as it does not interfere with information. (हैरिस)

(iv) तुलनात्मक साहित्य और अनुवाद

इलिएट ने तुलना एवं विश्लेषण को आलोचक के दो प्रमुख औजार माना था। (Comparison and analysis are the chief tools of the Critic) इसीलिए आलोचना में 'तुलना' मूल्यांकन का एक उपकरण हमेशा ही रहा है। यही कारण है कि एक ही भाषा, भिन्न रचनाकारों, दो भिन्न रचनाओं की तुलना करते हुए अनेक वक्तव्य हमें मिलते हैं। जैसे- प्रसाद की 'कामायनी', अंग्रेजी का 'पेराडाइज लास्ट' है, प्रेमचन्द हिन्दी के गोर्की हैं, शिवप्रसाद सिंह प्रेमचन्द की परम्परा के कथाकार हैं।

तुलनात्मक साहित्य-तुलना में इन्हीं उपकरणों का सहारा लेकर साहित्य अध्ययन का एक नया सन्दर्भ खोलता है। अपनी अतुलनीय सम्भावनाओं के बावजूद आज भी यह सन्दर्भ साहित्यक एवं अनुवाद विज्ञान की दृष्टि से अपना रूप एवं महत्व प्राप्त नहीं कर सका है क्योंकि इसकी सीमाएँ अभी निश्चित नहीं हो पाई हैं। तुलनात्मक साहित्य अध्ययन के भिन्न सन्दर्भ और उनके उपवर्ग फैले हुए हैं। इसके सन्दर्भ को दो वर्गों में बाँटा गया है-

(1) व्यापक और (2) सीमित।

तुलनात्मक साहित्य के व्यापक सन्दर्भ में गेटे की 'वलर्ड लिटरेचर' की या टैगोर की 'विश्व साहित्य' की संकल्पना को देखा जा सकता है। विभिन्न जातीय साहित्य के बीच सहयोजन, प्रभाव एवं

समानान्तरता का अध्ययन इसकी एक परिधि है। इसके अलावा मौखिक और लिखित साहित्य के बीच का अन्तः सम्बन्ध जैसे: मिथकों और लोक विश्वासों का लिखित साहित्य में रूपान्तरण, सार्वभौमिक 'काव्यशास्त्र' की स्थापना, का अध्ययन इसका क्षेत्र है। दूसरी ओर एक ही भौगोलिक सीमा में बंधे या एक ही महाद्वीप से सम्बद्ध राष्ट्रों के साहित्य में कई वैचारिक तथा अनुभूतिपरक जो समानताएँ मिलती हैं वे भी तुलनात्मक साहित्य के व्यापक सन्दर्भ को उभारती हैं।

सीमित सन्दर्भ में कथानक (Themes), साहित्यिक आन्दोलन और विधाएँ तुलनात्मक अध्ययन की परिधि में आती हैं।

तुलनात्मक साहित्य के दृष्टिकोण यह स्पष्ट करते हैं कि भारतीय साहित्य के बीच परस्पर अनुवाद तथा भारतीय एवं विश्व साहित्य के बीच अनुवाद की अपनी-अपनी सीमाएँ या समस्याएँ हैं। इस सीमा को तीन स्तरों पर देखा जा सकता है।

(1) अनुवादक (2) कृति और (3) भाषा-अर्थात स्रोत भाषा और लक्ष्य भाषा की संचरना या बुनावट।'[28]

अनुवाद की दृष्टि से तुलनात्मक अध्ययन अनिवार्य है। जब भिन्न भाषाओं की तुलनात्मक स्थिति का विश्लेषण करते हुए अनुवादक अनुवाद करने की ओर प्रवृत्त होता है तो पाठ के भिन्न स्तरों पर अनुवादनीयता और अनअनुवादनीयता की स्थिति बनती है। अर्थात् किसी स्तर पर अनुवाद की पूर्ण सम्भावना होती है, कहीं आंशिक और कहीं एकदम नहीं।

तुलनात्मक साहित्य के संदर्भ में तीन तथ्यों को जानना और इन पर ध्यान देना चाहिए :
1. भारतीय साहित्य एक है, भले ही वह भिन्न भाषाओं में लिखा गया हो।
2. जातीय साहित्य के रूप में चेतना की एक अविच्छिन्न/प्रच्छन्न धारा बहती रही है, भले ही उसका अभिविन्यास भिन्न रहा हो, और
3. एक कवि की रचना और दूसरे कवियों की रचनाओं में एक प्रच्छन्न सम्बन्ध होता है, अतः बिना एक को जाने दूसरे का अध्ययन सम्भव नहीं

है। उदाहरण के लिए विद्यापति के भक्ति पदों को समझने के लिए जयदेव द्वारा संस्कृत में रचित 'गीत गोविन्द' की समझ अनिवार्य है।

अनुवाद में तुलना और भाषा दोनों का स्थान अन्योन्याश्रित धरातल पर सिद्ध रहता है। भारतीय सन्दर्भ में यह कार्य सहज नहीं है। क्योंकि भारत की कई भाषाएँ साहित्यिक, सांस्कृतिक और वैचारिक स्तर पर अति सम्पन्न एवं विकसित हैं।

(घ) अनुवाद की प्रक्रिया

अनुवाद प्रक्रिया का अर्थ है लक्ष्य भाषा में मूल भाषा पाठ के अन्तरण की क्रमबद्ध प्रक्रिया। लेखक या वक्ता के मन में उठनेवाले विचार मूल भाषा की अभिव्यक्ति रूढ़ियों में बँधकर मूल भाषा के पाठ का आकार ग्रहण करते हैं। इस पाठ को पढ़ने से भाषा$_1$, का पाठक उसे ग्रहण करता है। अनुवादक अपनी प्रतिभा, भाषा ज्ञान और विषय ज्ञान के अनुसार भाषा$_1$ के इसी पाठ को लक्ष्य भाषा या भाषा$_2$ के पाठ में अन्तरित करता है। इस अनूदित पाठ को भाषा$_2$ का पाठक ग्रहण करता है। भाषा$_1$ से भाषा$_2$ में अनुवाद की प्रक्रिया विशिष्ट होती है जिस पर विद्वानों ने विस्तारपूर्वक विचार किया हैं। इनमें नाइडा, न्यूमार्क और बाथगेट प्रमुख है।

नाइडा ने अनुवाद प्रक्रिया के तीन सोपान क्रमबद्ध ढंग से निर्धारित किए हैं - (1) विश्लेषण (2) अन्तरण और (3) पुनर्गठन। इस क्रमबद्ध निर्धारण के पीछे मूल भाषा में रचित पाठ का अनुवादक द्वारा विश्लेषण प्रथम चरण है। विश्लेषण के द्वारा जब उसे मूल पाठ का अर्थ बोध हो जाता है तो वह लक्ष्य भाषा में उसका अन्तरण करता है। अन्तरण के बाद भाषिक संरचना के विभिन्न स्तरों पर तालमेल करते हुए अनूदित पाठ को लक्ष्य भाषा के नियमों, संरचना और उसकी प्रकृति के अनुसार पुनर्गठन की प्रक्रिया होती है, जिससे लक्ष्य भाषा के पाठकों को अनूदित पाठ स्वाभाविक लगे। अनुवाद प्रक्रिया के ये तीनों चरण अनुवादक से भिन्न प्रकार के कौशल एवं भाषिक दक्षता की अपेक्षा रखते हैं। संक्षेप में इन

तीनों चरणों में निहित क्रिया कलाप इस प्रकार हैं :

(1) विश्लेषण: अनुवादक एक पाठक के रूप में मूल पाठ की संरचना, व्यकारण और शब्दार्थ का विश्लेषण करता है। नाइडा के अनुसार मूल पाठ के विश्लेषण के लिए भाषा सिद्धान्त तथा उसमें अपनाई जानेवाली विश्लेषण तकनीक का उपयोग आवश्यक हो जाता है। अर्थात् इस स्तर पर मूल पाठ का व्याकरणिक गठन अर्थवान होता है। हर भाषा के व्याकरणिक गठन के दो स्तर होने – (1) बाह्य स्तर (Surface Structure) (2) आभ्यान्तर स्तर (Deep Structure).

अतः विश्लेषण प्रक्रिया के चरण पर अनुवादक यह प्रयत्न करता है कि बाहा स्तर पर स्थित भाषिक संरचना का विश्लेषण करते हुए उसके गहन स्तर पर स्थित सन्देश का भी पता लगाए और उस धरातल पर पाठ का अर्थ बोध करें। बाह्य स्तर पर एक ही कथन की विभिन्न उक्तियों (utterances). भाषा के समाज सन्दर्भित प्रयोग भेद तथा भाषा के सांस्कृतिक प्रयोजन पर विशेष ध्यान रखा जाता है।

(2) अन्तरण: मूल पाठ या स्त्रोत भाषा के पाठ का विश्लेषण करने के बाद अनुवादक उसे अपने ढंग से लक्ष्य भाषा में अन्तरित करने का प्रयत्न करता है। अभिव्यक्ति के धरातल पर वह इसे लक्ष्य भाषा में सुव्यवस्थित ढंग से व्यक्त करने का प्रयास करता है। इस प्रक्रिया में अनुवादक के व्यक्तित्व, भाषा ज्ञान और विषय ज्ञान का भी योगदान होता है। अतः इन तीनों में सन्तुलन और तालमेल बनाए रखना भी प्रक्रिया के इस चरण पर अनिवार्य है। इसीलिए अन्तरण को अनुवाद प्रक्रिया में प्रमुख स्थान दिया गया है।

(3) पुनर्गठन : अन्तरण के बाद पुनर्गठन का चरण प्रारम्भ होता है। विश्लेषण द्वारा मूल पाठ के सन्देश का अर्थ बोध और अन्तरण द्वारा लक्ष्य भाषा में उसका अन्तरण होने के बाद पुनर्गठित होकर ही अनूदित पाठ 'अनुवाद' का रूप धारण करता है। पुनर्गठन में लक्ष्य भाषा की अपनी अभिव्यक्ति प्रणाली और कथन रीति के अनुरूप अन्तरित पाठ को बांधना

होता है। इन के आधार पर ही अनुवादक पुनर्गठन करता है। इस प्रकार पुनर्गठन की प्रक्रिया लक्ष्य भाषा में स्रोत भाषा के सन्देश को यथा रूप रखने का प्रयास करता है। इस प्रक्रिया द्वारा ही अनूदित पाठ लक्ष्य भाषा के पाठक के लिए सहज स्वाभाविक और बोधगम्य बनता है।

न्यूमार्क ने अनुवाद प्रक्रिया का जो प्रारूप प्रस्तुत किया है, उस में बोधन और अभिव्यक्ति को प्रमुख चरण या सोपान के रूप में स्वीकार किया गया है। इन दोनों को विश्लेषण और पुनर्गठन का स्थानापन्न भी माना जा सकता है। न्यूमार्क के विचारों को उनके द्वारा प्रस्तुत निम्नांकित आरेख द्वारा समझा जा सकता है।

न्यूमार्क का प्रारूप

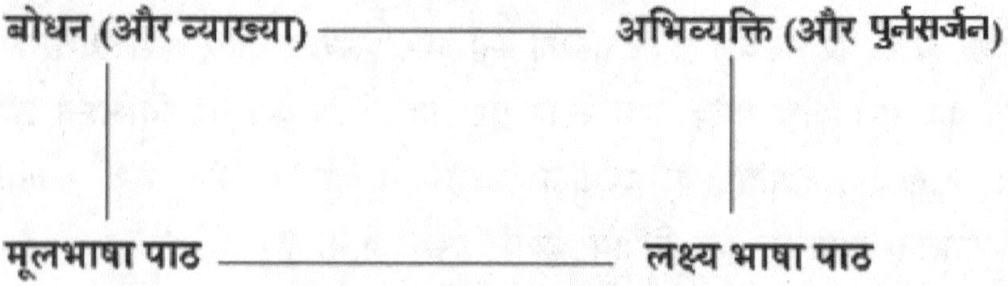

बोधन (और व्याख्या)
अभिव्यक्ति (और पुर्नसर्जन)
मूलभाषा पाठ
लक्ष्य भाषा पाठ

शब्द-प्रति-शब्द अनुवाद

(आरेख सुरेश कुमार की पुस्तक- 'अनुवाद सिद्धांत की रूप रेखा' से ग्रहण किया गया)

एक स्तर पर न्यूमार्क द्वारा प्रस्तावित बोधन प्रक्रिया नाइडा द्वारा प्रस्तावित विश्लेषण से ज्यादा व्यापक लगती है क्योंकि इसमें व्याख्या का अंश स्वतः जुड़ गया है। इस प्रकार यहाँ विश्लेषण और अन्तरण दोनों का समाहार हो जाता है और नाइडा की तुलना में न्यूमार्क का प्रारूप व्यापक लगने लगता है। बोधन के बाद अभिव्यक्तिकरण आता है जिसमें न्यूमार्क ने पुनःसर्जन की प्रक्रिया भी जोड़ दी है। इस प्रक्रिया में शब्द-प्रति-शब्द अनुवाद की चर्चा भी महत्वपूर्ण है क्योंकि पाठ के कई स्तरों पर शब्द-प्रति-शब्द अनुवाद ही अपेक्षित और स्वीकार्य होता है।

अनुवाद प्रक्रिया में अनुवादक मुख्य है। इसलिए अनुवाद प्रक्रिया के इन तीनों चरणों पर अनुवादक की भूमिका केन्द्रीय होती है। इन तीन चरणों पर वह पाठक, विश्लेषक और अनुवादक तीनों रूपों में कार्य करता है। वास्तव में अनुवाद प्रक्रिया को साधने का कार्य अनुवादक ही करता है। वह जितनी ही सूक्ष्म और गम्भीर अन्तर्दृष्टि के साथ इस प्रक्रिया को क्रियान्वित करता है, लक्ष्य भाषा में प्रस्तुत अनूदित पाठ उतना ही सार्थक, स्वाभाविक और समतुल्य बनता है। अनुवाद प्रक्रिया में अनुवादक की इस महत्वपूर्ण भूमिका के कारण ही सभी अनुवाद

नाइडा का प्रारूप:

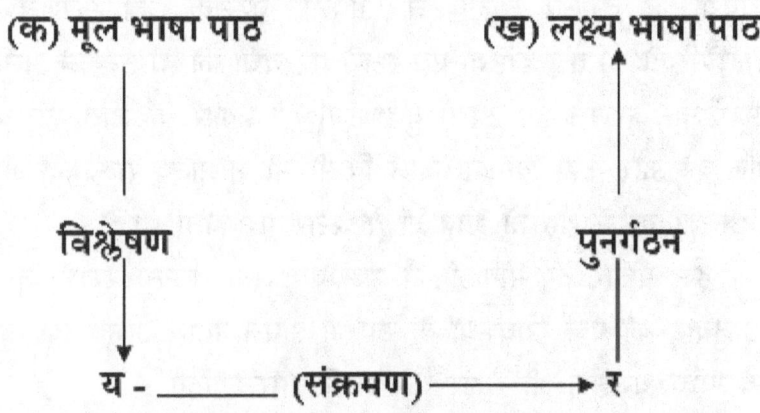

य - मूल भाषा का गहन स्तरीय विश्लेषित पाठ
र - लक्ष्य भाषा में संक्रान्त गहन स्तरीय पाठ

(आरेख सुरेश कुमार की पुस्तक - 'अनुवाद सिद्धान्त की रूपरेखा' से ग्रहण किया गया)

शास्त्रियों ने अनुवादक की कुशलता और दक्षता को केन्द्र में रखकर ही अनुवाद प्रक्रिया पर चर्चा की है, इस चर्चा से अनुवाद के कई सैद्धांतिक पक्षों पर भी व्यावहारिक ढंग से प्रकाश पडा है और अनुवादनीयता की उन स्थितियों के लिए भी एक पृष्ठभूमि तैयार हुई है, जो आज के अनुवाद शास्त्र में प्रचलित और मान्य सिद्धान्त के रूप में सामने आया है।

अनुवादक और अनुवाद प्रक्रिया

स्त्रोत भाषा के पाठ को लक्ष्य भाषा में प्रस्तुत करने के लिए अनुवाद प्रक्रिया का उपयोग अनुवादक ही करता है। अनुवादक की भूमिका को नाइडा, न्यूमार्क और बाथगेट आदि विद्वानों ने अनुवाद प्रक्रिया के सन्दर्भ में प्रस्तुत किया और उसके प्रारूप भी प्रस्तुत किए जिन पर अभी चर्चा की गई। इस प्रक्रिया में अनुवादक की दक्षता, उसके कौशल तथा उससे अपेक्षित ज्ञान एवं क्षमता को भी रेखांकित करने का प्रयास अनुवाद विज्ञान की अधुनातन चिन्तन धारा में हमें दिखाई देता है। उदाहरण के लिए अनुवाद के सन्दर्भ और अनुवादक से अपेक्षित कुशलताओं और ज्ञान के विषय में 'रोजर बेल' ने अपनी पुस्तक 'ट्रान्सलेशन एण्ड ट्रांसलेटिबिलिटी' में कई दृष्टियों एवं स्तरों पर चर्चा की है। उन्होंने अनुवादक को 'सम्प्रेषक' मानते हुए उससे कुछ निश्चित प्रकार के ज्ञान एवं कौशल की माँग की और कहा कि यह ज्ञान किसी भी सामान्य सम्प्रेषक में होता है पर अनुवादक में यह दो भाषाओं के स्तर पर होता है।"[29]

इस प्रकार दो भाषाओं में सम्प्रेषणपरक क्षमता रखने के साथ-साथ अनुवाद को एक व्यवस्था के रूप में अपनानेवाले अनुवादक के लिए ज्ञान के पाँच धरातल भी रोजर बेल ने निर्धारित किए :

(1) लक्ष्य भाषा का ज्ञान

(2) स्रोत भाषा का ज्ञान

(3) पाठगत ज्ञान

(4) विषय क्षेत्र का ज्ञान और

(5) भाषा$_1$, भाषा$_2$, के व्यतिरेकी सम्बन्धों का ज्ञान"[30]

ज्ञान के पाँचों स्तरों को उन्होंने अनुवाद प्रक्रिया को सहज और सफल बताने के लिए अनिवार्य माना तथा अनुवाद प्रक्रिया में इन्हें अखादक के लिए वैकल्पिक स्तर पर चुनने और साधने पर बल दिया।

उन्होंने यह भी कहा कि ज्ञान के ये स्तर सभी प्रकार के अनुवादकों के लिए आवश्यक हैं, चाहे वे पुराने हों या नए, तकनीकी विषयों के

अनुवादक हों या गैरतकनीकी विषयों के। क्योंकि अनुवाद अनुवाद है चाहे कोई इसे करे या इसका विषय क्षेत्र कुछ भी हो।"[31]

ज्ञान के ये सभी स्तर अनुवादक से निम्नलिखित क्षमताओं की अपेक्षा रखते हैं -

(1) पदबन्ध एवं उपवाक्य सम्बन्धी भाषिक क्षमता

(2) वाक्यगत भाषिक क्षमता

(3) अर्थगत भाषिक क्षमता

(4) पाठ में निहित प्रैगमेटिक सन्दर्भों (सामाजिक-सांस्कृतिक-प्रयोगगत) को व्याख्यायित करने की क्षमता।

इन क्षमताओं के सहारे अनुवादक भाषा संरचना और भाषा व्यवहार दोनों स्तरों पर भाषा$_1$ और भाषा$_2$ के गठन का सूक्ष्म विश्लेषण कर सकता है। अनुवादनीय और अनअनुवादनीय पक्षों की पहचान कर सकता है और कई धरातलों पर अपनी अनुवाद सम्बन्धी क्षमता को विकसित कर सकता है। इसे अनुवादक को उसके भाषा$_1$ और भाषा$_2$ की क्षमता और ज्ञान के कारण मिलने वाला लाभ भी कहा जा सकता है। जिसके अन्तर्गत उसका स्रोत भाषा का ज्ञान (SL Knowledge) उसमें निहित कोडों की वाक्यगत व्यवस्था (Syntactic rule system of the Code) के ज्ञान से भी जुड़ता है और फिर लक्ष्य भाषा में भी इन कोडों की प्रकृति का ज्ञान अनुवादक प्राप्त करने में सक्षम होता है। इसी प्रकार के कोडों के शब्द समूह और उनके अर्थगत वैशिष्टय (Lexicon and semantics of the Code) की पहचान उसे प्रयुक्तिगगत अनुवाद करते समय कई स्तरों पर सहायता पहुँचाती है तथा भाषा$_1$ और भाषा$_2$ की पाठ-सृजन क्षमता की सीमाओं और विस्तारों का भी उसे भान हो जाता है जो अनुवादनीयता (Transtibility) से सम्बन्धित निर्णय लेने में सहयोगी बनता है।

अनुवादक की क्षमता का यह धरातल उसे अन्य कई दक्षताओं से सम्बद्ध करता है।"[32]

(क) स्रोत भाषा के समतुल्य लक्ष्य भाषा का ज्ञान,

(ख) पाठगत भाषा प्रकार का ज्ञान,

(ग) प्रयोग क्षेत्र का ज्ञान जिसमें भाषा प्रयुक्त हुई है,

(घ) उपरोकत सभी का व्यतिरेकी सन्दर्भ में ज्ञान,

(च) सन्दर्भ प्रक्रिया जिससे स्त्रोत भाषा पाठ का विकोडीकरण, पठन और बोधन के स्तर पर सम्भव हो तथा

(छ) पाठ का कोडीकरण लक्ष्य भाषा पाठ के रूप में।

स्रोत भाषा पाठ के कोडीकरण में ज्ञान और क्षमता के ये सभी स्तर अनुवादक के लिए अनिवार्य हैं। यदि अनुवादक को स्त्रोत भाषा की बाह्य संरचना (Surface structure) और आन्तरिक संरचना (Deep structure) दोनों धरातलों पर निकटतम समतुल्य होना है यदि उसे सन्दर्भ के अनुसार उपयुक्त (appropriate) ढंग से लक्ष्य भाषा में प्रकट होना है और लक्ष्य भाषा की प्रकृति के अनुसार उसकी अभिव्यंजना शक्ति को सुरक्षित रखते हुए लक्ष्य भाषा में एक प्रवाहमय, प्रभावशाली और बोधगम्य पाठ प्रस्तुत करना है तो अनुवादक में भाषा के व्याकरणिक, व्यवस्थाबद्ध और नियमबद्ध ज्ञान के साथ उसके व्यवहारगत सन्दर्भों की पूरी क्षमता होनी चाहिए। इस क्षमता को हम भाषा$_1$ और भाषा$_2$ के सम्प्रेषण परक पक्षों की जानकारी भी कह सकते हैं। इस ज्ञान और क्षमता की अनिवार्यता इसलिए है कि स्रोत भाषा कोई अमूर्त व्यवस्था नहीं है, वह एक सामाजिक वस्तु है। इसीलिए समाज में भाषा का सम्प्रेषण परक पक्ष अर्थात् उसका व्यवहार पक्ष अधिक महत्वपूर्ण और वैविध्यपूर्ण होता है। इस वैविध्य को पकड़ कर ही अनुवाद में प्रोक्तिगत स्तर या पाठगत स्तर (Discourse level) पर निपटा जा सकता है और सामाजिक दृष्टि से उपयुक्त भाषिक पक्षों को भी देखा, परखा और विश्लेषित किया जा सकता है। अतः अनुवादक के लिए इन सम्प्रेषणपरक भाषिक बिन्दुओं की जानकारी भाषा के व्याकरणिक पक्ष की जानकारी से कम महत्वपूर्ण नहीं है। इस सम्प्रेषणपरक क्षमता के लिए, अनुवादक के लिए, ज्ञान और कौशल के ये चार बिन्दु

महत्वपूर्ण माने गए हैं - (क) व्याकरणिक क्षमता (ख) समाज भाषा वैज्ञानिक क्षमता (ग) प्रोक्ति सम्बन्धी क्षमता और (घ) कार्य प्रणाली क्षमता। अनुवादक में सम्प्रेषणपरक क्षमता का तात्पर्य है –

"The knowledge and ability possessed by the translator which permits him/her to create communicative acts-discourse which are not only (and not necessarily) grammatical but socially appropriate".[33]

ज्ञान और क्षमता के ये स्तर और धरातल अनुवादक को अनुवाद प्रक्रिया के प्रत्येक स्तर पर अधिक सक्षम और सजग बनाते हैं। इनसे अनुवादनीयता से संबंध उन समस्याओं से भी अनुवादक सफलता से जूझ सकता है जो भाषा₁ और भाषा₂ की संरचनागत, प्रयोगगत भिन्नता के कारण उत्पन्न होती हैं। अनुवादनीयता और उससे जुड़ी समस्याओं पर चर्चा इस सन्दर्भ और विचार को और भी स्पष्ट करेंगी।

(च) अनुवादनीयता की समस्याएँ

अभी अनुवाद के स्वरूप और क्षेत्र तथा प्रमुख अनुवाद-चिंतकों के जो विचार प्रस्तुत किए गए उनसे अनुवाद की परिभाषा और प्रक्रिया के बारे में भी विस्तृत जानकारी हमें मिल जाती है। प्रक्रिया के सन्दर्भ में अनुवादनीयता और उससे सम्बन्धित समस्याओं का पक्ष आज महत्वपूर्ण है। क्योंकि अनुवाद की दृष्टि से दो भाषाओं की भाषिक संरचना ही नहीं बल्कि समाज-सांस्कृतिक सम्प्रेषणपरक पक्ष भी महत्वपूर्ण होते हैं। जबकि सामान्य रूप से अनुवाद के सन्दर्भ में भाषा₁ और भाषा₂ के संरचनात्मक पक्ष पर ही बल दिया जाता रहा है।

(1) भाषा₁ और भाषा₂ में समतुल्यता विभिन्न स्तरों पर पाई जाती है – पूर्ण और आंशिक।

(2) यह भिन्नता तीन भाषिक स्तरों पर भी रहती है –

(i) अर्थ के स्तर पर (ii) व्याकरणिक स्तर पर

(i) शब्द के स्तर पर

डॉ. सी. अन्नपूर्णा

(3) और अनुवाद प्रक्रिया के सन्दर्भ में भाषा₁, भाषा₂ की भिन्न इकाइयों के स्तर पर भी रहती है -

(i) शब्द-प्रति-शब्द (ii) पदबन्ध-प्रति-पदबन्ध (iii) वाक्य-प्रति-वाक्य।

इन भिन्नताओं के कारण ही यह माना जाता है कि अनूदित पाठ मूल पाठ के पूर्ण समतुल्य या समरूप नहीं हो सकता। जबकि समतुल्यता केवल संरचनात्मक/ भाषिक स्तर पर नहीं अन्य स्तरों पर भी होती है तथा अनुवादनीयता की समस्या भी इन सभी स्तरों पर उत्पन्न होती है, मात्र संरचनात्मक स्तर पर नहीं। विशेष रूप से साहित्यिक पाठ में तो मूल भाषा समाज के सामाजिक, सांस्कृतिक, दार्शनिक मूल्य भाषा के प्राकार्यात्मक तथा सम्प्रेषणपरक विभेद और अनेक अन्य स्तर इतने गहरे सम्बद्ध होते हैं कि इनमें से कुछ अनुवादनीय होते ही नहीं, कुछ आंशिक रूप से ही अनुवादनीय हो पाते हैं और कुछ मात्र शाब्दिक स्तर पर। इसलिए अनुवादनीयता के सन्दर्भ में आज दो पाठों (मूल और अनूदित) की समतुल्यता को कई मापकों पर देखते हुए उनकी मात्रा (degree) में होनेवाले भेद पर भी ध्यान दिया गया है और इसके मात्र भाषिक नहीं अन्य बिन्दुओं पर भी विचार किया गया है।"[34]

(1) सन्दर्भगत   (Contextual)
(2) अर्थगत   (Sementric)
(3) व्याकरणिक   (Grammatical)
(4) शब्द समूहगत   (Lexical)
(5) सम्प्रेषणपरक   (Communicative) मनपा
(6) संज्ञात्मक   (Cognitive)
(7) प्रैगमेटिक   (Pragmatic)
(8) भाषेतर   (Extra linguistic)

यह चर्चा बार-बार की गई है। नाइडा (Naida), कैटफोर्ड (Catford), न्यूमार्क (New Mark), बेल (Bell) की पूर्ण समतुल्यता असम्भव है। परन्तु तर्क मात्र यह दिया जाता रहा है कि दोनों भाषाएँ एक दूसरे से भिन्न होती हैं। 35 आज हम यह भी देखने लगे हैं कि दोनों भाषाएँ रूपात्मक स्तर पर भी भिन्न होती हैं, इनके विभिन्न प्रकार्यात्मक 'कोड' भिन्न होते हैं और दो भाषाओं के रूपात्मक भेद के साथ-साथ अर्थ भेद भी देखते हैं। यही कारण है कि भाषा$_1$ का पूर्ण अन्तरण भाषा$_2$ में सम्भव नहीं है।

आज यह भी कहा जा रहा है कि एक ही भाषा के पर्याय भी पूर्ण समतुल्य नहीं होते अतः दो भाषाओं में पूर्ण समतुल्यता का होना कोई आवश्यक नहीं है। इसीलिए साहित्यिक अनुवाद में हम देखते हैं कि मूल का बहुत कुछ छूट जाता है और लक्ष्य भाषा का बहुत कुछ अनुवादक को जोड़ना पड़ता है।[37]

अनुवादनीयता की दृष्टि से जितना महत्वपूर्ण यह प्रश्न है कि 'अनुवाद कैसे किया जाय' उतना ही महत्वपूर्ण यह प्रश्न भी है कि 'किस का अनुवाद न किया जाय' अथवा 'किसका अनुवाद कर पाना सम्भव नहीं है'। इन प्रश्नों के संदर्भ में मात्र संरचना को समतुल्यता के परिप्रेक्ष्य में देखना ही पर्याप्त नहीं है। अतः अनुवाद के व्यापक परिप्रेक्ष्य में भी और विशेष कर साहित्यिक अनुवाद के सन्दर्भ में यह स्वीकार करना होगा कि भाषा एक औपचारिक संरचना या 'कोड' तो है पर उसमें भाव, अपने आसपास की दुनिया से सम्बद्ध अनुभूतियाँ तथा मनोदशाएँ भी निहित होती हैं जो हर भाषा में सम्प्रेषणपरक मूल्य के रूप में सुरक्षित रहती हैं। 38 अतः अनुवाद में अनुवादनीयता का पक्ष आज अर्थ के गहरे सन्दर्भों, भाषा की समाज-सांस्कृतिक विविधताओं तथा उसकी संप्रेषणपरक सरणियों तक विस्तृत हो चका है। अनुवादनीयता और समतुल्यता की इस व्यापक स्थिति और अनुवादक की भूमिका को ध्यान में रखते हुए अनुवाद प्रक्रिया में भी अनुवाद के निम्नलिखित आधार निर्धारित किए गए हैं –

(1) पाठक की भूमिका और अर्थ ग्रहण की प्रक्रिया ।

(2) द्विभाषिक की भूमिका और अर्थान्तरण की प्रक्रिया ।

(3) रचयिता की भूमिका और सम्प्रेषण की प्रक्रिया ।

(i) पाठक की भूमिका

अनुवादक को पाठक के रूप में श्रोत भाषा के मूल पाठ अर्थ ग्रहण करना पड़ता है। अर्थ ग्रहण करने के लिए उसे पाठ का विश्लेषण भी ज्ञात या अज्ञात रूप में करना पड़ता है। पाठ एक ऐसी पूर्ण भाषिक ईकाई है जिसके भीतर कथ्य और अभिव्यक्ति संश्लिष्ट रहते हैं। विश्लेषण, अभिव्यक्ति के विभिन्न स्तरों एवं आयामों पर, अर्थात् ध्वनि संयोजन, शब्द संस्कार, वाक्य विन्यास, प्रोक्ति संरचना आदि पर किया जाता है। अनुवादक को सर्वप्रथम अनुवाद्य पाठ के सही अर्थ को पकड़ने की आवश्यकता पड़ती है। कभी-कभी वाक्य संरचना के स्तर पर अनुवाद्य पाठ जटिल और दुरूह होता है। सम्प्रेषणीय कथ्य अनुवादक से विषय ज्ञान की अपेक्षा रखता है। अतः विश्लेषण को दो निश्चित सन्दर्भों में देख सकते हैं - (क) भाषा स्तर पर विश्लेषण (ख) विषय वस्तु के स्तर पर विश्लेषण।

(क) भाषिक अभिव्यक्तियों के विश्लेषण के आधार पर मूल पाठ के अर्थ को पूर्ण रूप में ग्रहण किया जाता है। अनुवाद को पाठ के संकेतार्थ के साथ संरचनार्थ, प्रयोगार्थ, सह प्रयोगार्थ, संपृक्तार्थ आदि को भी अपनी अर्थ सीमा में बाँधना पड़ता है।

(ख) विषय वस्तु के स्तर पर, जिस विषय से पाठ सम्बद्ध हो, पाठक अनुवादक को कुछ सीमा तक उसका विशेषज्ञ भी होना चाहिए अर्थात् उसे विधि, रसायन, भौतिकी, इन्जनियरी, मेडिकल और कार्यालयीन आदि विषय की न्यूनतम जानकारी होनी चाहिए। वास्तव में विश्लेषण का लक्ष्य वाक्य संरचना या विषयवस्तु को केवल समझना नहीं है वरन् पाठ में अन्तर्भुक्त अर्थ की प्राप्ति करना है। विश्लेषण करते हुए भाषा में कुछ न कुछ अनेकार्थी, सन्दिग्धार्थी और पर्यायवाची संरचनाएँ मिल जाती हैं। इनके

अर्थ का विशिष्टीकरण सन्दर्भ से ही हो पाता है। यहाँ अनुवादक के लिए यह आवश्यक हो जाता है कि वह अनेकार्थी रूप में ही कथन को ग्रहण करे। उसे अपने को केवल भाषिक ज्ञान तक ही सीमित नहीं रखना होता वरन् अर्थ-व्यवस्थाओं पर भी सजग दृष्टि रखनी होती है।

(ii). अनुवादक की द्विभाषिक की भूमिका

अनुवादक के लिए द्विभाषिक होना अनिवार्य शर्त है। उसे स्रोत भाषा में रचित मूल पाठ का अर्थ भी ग्रहण करना पड़ता है और मूल पाठ में छिपे किसी भाव या विचार का लक्ष्य भाषा के पाठ के रूप में अर्थ सम्प्रेषण भी करना पड़ता है। यह प्रक्रिया अनुवादक से द्विभाषिक क्षमता की अपेक्षा रखती है, क्योंकि एक भाषा में कहीं हुई बात को दूसरी भाषा में यथातथ्य रूप में व्यक्त करना सरल नहीं होता। प्रत्येक भाषा की शब्द सम्पदा अपने सामाजिक एवं सांस्कृतिक सन्दर्भों की माँग के अनुरूप होती है। अतः एक भाषा के शब्द द्वारा व्यंजित अर्थ को ठीक उसी प्रकार दूसरी भाषा में उपलब्ध शब्दों द्वारा अभिव्यक्त करना कठिन होता है।

(iii). अनुवादक की रचयिता की भूमिका

मूल पाठ के अर्थ-ग्रहण और अर्थांतरण के बाद अनुवादक को रचयिता, लेखक की भूमिका का निर्वाह करना पड़ता है। अनुवाद के सन्दर्भ में यह भूमिका अर्थ सम्प्रेषण अर्थात् कोडीकरण की प्रक्रिया की अपेक्षा रखती है। महत्वपूर्ण प्रश्न यह है कि मूल पाठ और अनुवादक द्वारा कोडीकृत अनूदित पाठ के बीच के सम्बन्धों की प्रकृति क्या है ? इस प्रकार के कई प्रश्न अनुवाद की भूमिका को रचयिता के साथ रखकर देखते हुए उठाए गए हैं–

(i) पाठ में निहित सन्देश क्या है, सन्देश का सन्दर्भ क्या है?

(ii) कथ्य के वक्ताओं का सन्तुलन क्या है?

(iii) किस आशय से मूल पाठ प्रस्तुत किया गया?

(iv) मूल पाठ का सम्प्रेषण किस समय में हुआ?

(v) किस तरह / किस प्रकार से द्विअर्थिता सिद्ध हो रही है?

(अ) प्रस्तुतीकरण का ढंग क्या है?

(आ) सम्प्रेषण का माध्यम क्या है?

(vi) पाठ गत सम्प्रेषण किस स्थान से हो रहा है?

(vii) सम्प्रेषित व्यक्ति कौन है? चाहे वह मूल लेखक हो या अनुवादक हो?[39]

इस प्रकार अनुवादनीयता के सन्दर्भ में अनुवाद-पद्धति के निम्नलिखित धरातल निर्धारित होते हैं :

(1) सामान्य रूप से यह एक सूचनापरक पद्धति है।

(2) सूचना किस रूप में सम्प्रेषित है इसका मनोभाषिक विश्लेषण यह पद्धति करती है।

(3) मूल पाठ के कोडीकरण द्वारा (चाहे वह सीमित सन्दर्भ हो या व्यापक) सांकेतिक पद्धति से लक्ष्य भाषा में प्रस्तुत करती है। जिसके अन्तर्गत भाषेतर और अर्थगत सन्दर्भो को भी महत्व दिया जाता है।

अतःअनुवादनीयता का पक्ष इन धरातलों से जुड़ता है:

(1) उपवाक्य का भाषिक स्तर : यहाँ अनुवादनीयता को उस प्रक्रिया से बाँधना पड़ता है, जिसमें वाक्यों के घटक किस रूप मे संयोजित होकर कोई विशिष्ट अर्थ दे रहे हैं, इसका विश्लेषण हो सके।

(2) शैली का स्तर: यहाँ अनुवादनीयता के पक्ष को मूल पाठ की शैली के साथ जोड़ना पड़ता है। शैली का अन्तरण अनुवादनीय कम होता है। लेकिन मूल पाठ के निरन्तर एवं गहन विश्लेषण द्वारा शैलीय उपादानों में निहित अर्थ को लक्ष्य भाषा में ला पाना हो अनुवादक की सफलता माना जाएगा।

(3) भाषा$_1$ और भाषा$_2$ के कुछ महत्वपूर्ण स्तर:

(क) वर्ण रचना एवं लेखन पद्धति की पहचान (विशेषकर लिप्यन्तरण में उपयोगी)

(ख) वाक्य रचना प्रक्रिया जो भाव की स्थिति को बताती है। हर भाषा में एक ही भाव को विभिन्न उक्तियों द्वारा व्यक्त किया जा सकता है और इनके अर्थ में सूक्ष्म भेद होता है।

(ग) शब्द समूहों की स्थिति हर भाषा में भिन्न होती है। किसी भाषा में अधिक पर्याय होते हैं, किसी में कम। किसी भाषा में विभिन्न स्त्रोतों के शब्द होते हैं, किसी में एक ही स्रोत के। इन पर दृष्टि रखकर अनुवाद को अधिक प्रभावशाली एवं सार्थक बनाया जा सकता है।

(घ) आर्थीय धरातल जिसके अन्तर्गत समाज भाषा वैज्ञानिक, प्रैगमेटिक धरातल आ सकते हैं।

(च) प्रोक्ति का स्तर, जहाँ पाठ अनेक स्तरों पर कार्य करता है और एकालाप, सम्वाद, विवरण के रूप में अनुवादक को उपलब्ध होता है। यहाँ एक ही पाठ में ये सभी स्तर घुले-मिले रूप में भी मिल सकते हैं। इस स्तर पर भाषा संरचना में भी पर्याप्त भेद आता है।

ऊपर के विवेचन से यह स्पष्ट होता है कि अनुवाद पद्धति, प्रक्रिया और अनुवादनीयता की विभिन्न सीमाएँ और उसकी दक्षताएँ भाषा$_1$ और भाषा$_2$ के सन्दर्भों में बहुआयामी होती हैं। इनके कारण अनुवाद की प्रक्रिया भी प्रभावित होती है और यह भी स्पष्ट होता है कि अनुवाद की दृष्टि से भाषा$_1$ में प्रस्तुत मूल पाठ का कौन-सा पक्ष (व्याकरण परक, सम्प्रेषण परक, प्रयोजन मूलक, शैलीगत आदि) किस सीमा तक अनुवादनीय हो सकता है या नहीं हो सकता है। इसके साथ ही यह भी स्पष्ट होता है कि अनुवादक/अनुवाद दोनों की स्पष्टता के यदि यह जानकारी आवश्यक है कि 'किन तत्वों का कैसे अनुवाद किया गया यह भी आवश्यक है कि किन तत्वों का कब अनुवाद न किया जाय' इस दृष्टि से अनुवादनीयता के कई पक्षों पर साहित्यिक और साहित्येतर दोनों प्रकार के अनुवादों के सन्दर्भ में चर्चा की गई है। उपरोक्त स्तरों, धरातलों को देखते हुए यह तो स्पष्ट हुआ कि 'समतुल्यता' की प्राप्ति हर स्तर पर समान रूप से उपलब्ध

नहीं की जा सकती; यह स्पष्टता अनुवादनीयता की कुछ सामान्य सीमाएँ निर्धारित करने में भी सहायक सिद्ध हुई ।[40]

(1) माध्यमों के बीच अनुवाद असम्भव है (अर्थात् मौखिक का लिखित रूप में और लिखित का मौखिक रूप में अनुवाद नहीं किया जा सकता)

(2) माध्यम स्तरों पर (स्वन प्रक्रिया तथा हस्तलैखिकीय) तथा व्याकरण और शब्द शास्त्र के स्तरों में से किसी के भी बीच अनुवाद असम्भव है (अर्थात् कोई भी स्रोत भाषा स्वन प्रक्रिया से लक्ष्य भाषा व्याकरण में अथवा स्त्रोत भाषा शब्द शास्त्र से लक्ष्य भाषा हस्त लैखिकीय आदि रूपों में अनुवाद नहीं कर सकता।

व्याकरणिक स्तर पर

वास्तव में व्याकरण (या शब्द शास्त्र के स्तरों से) एवं माध्यम स्तरों में अनुवाद समान रूप से असम्भव है। यदि कोई किसी प्रदत्त व्याकरणिक अथवा शब्द शास्त्रिक इकाई के विषय में यह कहता है कि इसका अंग्रेजी में अनुवाद केवल स्वर के तान के द्वारा किया जा सकता है या अन्य कोई इसी प्रकार की बात कहता है तो इसका तात्पर्य यह नहीं लिया जाना चाहिए कि अंग्रेजी स्वन प्रक्रियात्मक लक्षण (तान अथवा सुर) एक स्रोत भाषा व्याकरण, शब्द शास्त्रिक लक्षण का अनुवाद समानार्थक है। इसका केवल अर्थ यह है कि अंग्रेजी में समानार्थक व्याकरणिक अथवा शब्द शास्त्रिक लक्षण का प्रतिपादक तान अथवा सुर होता है। स्रोत तथा लक्ष्य भाषा की इकाइयों का कम-से-कम कुछ समान लक्षणों से युक्त होना चाहिए। समानता की पूर्ण अनुपस्थिति को देख पाना कठिन नहीं है।

फिर भी समग्र अनुवाद में अनुवादनीयता की सीमाओं का स्पष्ट आकलन कर पाना कठिन है। क्योंकि अनुवादनीयता अनवरत प्रक्रिया है। स्रोत भाषा के मूल पाठ की इकाइयाँ पूर्ण रूप से अनुवाद योग्य (Translatable) अथवा पूरी तरह अनअनुवाद योग्य (un Translatable) नहीं होती बल्कि 'कम' या 'अधिक' अनुवाद योग्य होती हैं। इसीलिए

समतुल्यता स्त्रोत भाषा तथा लक्ष्य भाषा के मूल पाठों तथा स्थिति सन्दर्भों के कुछ समान प्रासंगिक लक्षणों के सम्बन्ध पर निर्भर करती है।

अनुवादनीयता की दृष्टि से भाषिक इकाइयाँ (Linguistic Units) अथवा भाषा संरचना ही अनुवादक के लिए पर्याप्त नहीं मानी जा सकती क्योंकि आधुनिक भाषा विज्ञान भाषा के प्रकार्यों (Functions) पर भी अब विचार करता है। अपने प्रकार्य में भाषा अनेक रूपों में सामने आती हैं और बोध गम्यता (Cognation) तथा सम्प्रेषणीयता (Communicability) के लक्ष्य को पूरा करती है। इसीलिए आज भाषा के सन्दर्भ में उसकी व्यवस्था (system) के स्थान पर उसके व्यवहार या प्रकार्य (performance or functions) को अधिक महत्व दिया जा रहा है। साहित्यक पाठ में भी भाषा के प्रकार्य अधिक महत्वपूर्ण होते हैं। क्योंकि यहाँ भी रचनाकार भाषा में उपलब्ध अनेक संरचनात्मक विकल्पों (structural vereations) में से अपनी अनुभूति के अनुकूल किसी एक का चयन करता है और अपने कथन को साहित्यिकता प्रदान करता है। इस दृष्टि से यहाँ भाषा के तीन प्रमुख प्रकार्यों का संक्षिप्त विवेचन किया जा रहा है जो इस बात को समझने में सहायक होंगे कि अनुवाद में अनुवादनीयता और समतुल्यता का सम्बन्ध भाषा के इन प्रकार्यों से भी अनिवार्यतः जुड़ा हुआ है और इनकी उपेक्षा करके साहित्यिक पाठ का अनुवाद नहीं किया जा सकता।

(क) सम्प्रेषणपरक भाषा प्रकार्य

इसमें कोई सन्देह नहीं कि भाषिक संरचना एक सीमा तक ही किसी रचना में प्रासंगिक होती है। भाषा प्रकार्य अधिक प्रासंगिक होते हैं क्योंकि किस स्थिति विशेष में मूल पाठ की प्रेषणीयता को ये ही साधते और व्यंजित करते हैं। अतः अनुवाद में समतुल्यता के घटित होने के लिए भी दोनों भाषाओं के प्रकार्यात्मक लक्षणों एवं उनके परस्पर व्यतिरेकी सम्बन्धों पर दृष्टि रखनी चाहिए। किसी विशेष प्रकरण में प्रकार्यात्मकता

कितनी प्रासंगिक है या उसका स्वरूप कैसा है, यह तभी प्रामाणिक ढंग से उद्घाटित हो सकेगा जब हम भाषा के सम्प्रेषण प्रकार्यों को देखें।

भाषिक स्तर पर अनुवादनीयता में प्रकार्यात्मक तौर पर प्रासंगिक लाभ कुछ ऐसे (लक्षण) सन्निहित होते हैं जो स्रोत भाषा या मूल पाठ की भाषा तथ्यतः रूपात्मक लक्षण होते है। यदि लक्ष्य भाषा में रूपात्मक तौर पर ये भी लक्षण नहीं हैं तो वह मूल पाठ अथवा इकाई अपेक्षाकृत अनुवादनीय नहीं होती है।

भाषिक अनुवादनीयता विशिष्ट रूप में उन प्रकरणों में घटित होती है जहाँ स्रोत भाषा या मूल पाठ की विलक्षण अस्पष्टता ही प्रकार्यात्मक तौर पर प्रासंगिक हो जैसे कि स्रोत भाषा के श्लेषों में। भाषिक स्तर पर अनुवादनीयता का लक्ष्य कुछ अस्पष्टताओं के कारण प्राप्त नहीं हो पाता। जैसे : Time flies। यदि मूल पाठ का यह खण्ड सामान्य वार्तालाप में घटित होता है तो कोई अनुवाद समस्या नहीं होगी, सह मूल पाठ यह प्रदर्शित करेगा कि इसका सन्दर्भ परक अर्थ 'समय कितनी शीघ्रता से व्यतीत होता है' अथवा 'मक्कियों की गति का निरीक्षण कीजिए है' और तब उचित अनुवाद हो जाएगा। लेकिन यहाँ सन्दर्भ को समझना अनिवार्य होगा क्योंकि भाषा के सम्प्रेषणपरक प्रकार्य में सन्दर्भ की भूमिका यहाँ सबसे महत्वपूर्ण होगी।

दूसरे प्रकार की भाषिक अस्पष्टता बहु अर्थकता के कारण आती है। इसका कारण यह होता है कि एक ही कथन में एकाधिक अर्थ निहित रहते हैं। बिना संप्रेषणपरक सन्दर्भ के बहुअर्थिता शब्द भ्रम उत्पन्न कर सकता है। यह एक इकाई के अनेक अर्थ होने का ही अर्थ नहीं देता वरन् एक इकाई के विस्तृत अथवा सामान्य प्रासंगिक अर्थ के सन्दर्भ तथा विशिष्ट स्थिति परक लक्षणों के एक विस्तृत क्षेत्र को भी व्यक्त करता है। यह बहुअर्थिता का व्यापक सन्दर्भ है। किसी भी प्रदत्त स्थिति के लिए उपयुक्त रूप में इनका प्रयोग प्रकार्यात्मक रूप में प्रासंगिक होता है। यदि स्रोत भाषा में किसी शब्द या इकाई के भिन्नार्थों का विशेष तौर पर

प्रतिबंधित प्रयोग क्षेत्र है तो लक्ष्य भाषा में इस बंधन की समानता कर पाना सम्भव नहीं हो पाता।

अनुवादनीयता को सामान्य रूप से भाषिक अनुवादनीयता इसीलिए कहा गया है कि लक्ष्य भाषा में समतुल्य प्राप्त करने की असफलता पूर्ण रूप से स्रोत भाषा तथा लक्ष्य भाषा के बीच के संरचना परक भेदों के कारण मानी है। वास्तव में ऐसे भेद अपवाद की अपेक्षा नियम हैं क्योंकि दो भाषाओं में रूपात्मक अनुरूपता बहुत कम होती है। भाषाओं के बीच रूपात्मक भेद सामान्यतः अनुवाद समानार्थकों को प्राप्त करने में व्यवधान नहीं डालते। रूपात्मक भाषिक भेद अनुवाद को असफलता की ओर तभी ले जाते हैं जब स्रोत भाषा के रूपात्मक लक्षण प्रकार्यात्मक स्तर पर विशिष्ट हों।

(ख) समाज-सांस्कृतिक प्रकार्य

अनुवादनीयता के सन्दर्भ में एक बिलकुल भिन्न लगनेवाली समस्या तब उत्पन्न होती है जब स्रोत भाषा पाठ में प्रकार्यात्मक लक्षण विशिष्ट संस्कृति से सम्बद्ध हों और जो लक्ष्य भाषा में पूर्ण रूप से अनुपस्थित हों। यह हमें सांस्कृतिक अनुवादनीयता की ओर ले जाता है। इस प्रकार की अनुवादनीयता भाषिक अननुवादनीयता की अपेक्षा प्रायः कम निरपेक्ष 'Absolute' होती है।

इसके साथ ही भाषा का सामाजिक सन्दर्भ भी अनुवादनीयता को कई धरातलों पर प्रभावित करता है। स्रोत भाषा में बोली, मानक रूप, सामाजिक विकल्पों अथवा भौगोलिक विकल्पों में से किसी एक का चयन स्थिति परक लक्षण हो सकता है। इसी प्रकार वस्त्रादि आभूषण (Clothing articles) तथा अन्य कई वस्तुएँ संस्कृति के वैशिष्ट्य को उद्घाटित करती हैं, जो एक संस्कृति से दूसरी संस्कृति में भिन्न होती हैं तथा एक भाषा से दूसरी भाषा में भी। अतः यहाँ भी अनुवादनीयता की अनेक समस्याएँ उत्पन्न होती हैं।

(ग)-भाषा संदर्भ

भाषा संदर्भ के अभाव में ही यह प्रायः स्वीकार किया जाता है कि 'Home' जैसे शब्द अमूर्त हैं, अतः अनुवादनीय हैं। इसमें कोई सन्देह नहीं कि 'He's at Home' अथवा 'I am going home' जैसी उक्तियों के अनुवाद समानार्थक रूप में अधिकांश भाषाओं में किए जा सकते हैं। परन्तु 'Home' के कई सन्दर्भ हैं जो उसके अनुवाद के लिए अनुवादक से अलग अपेक्षाएँ रखते हैं। उदाहरण के लिए -

Home Minister	=	गृह मन्त्री
Home Consumption	=	निजी खपत
Home Appliances	=	घरेलू उपकरण
Home rule	=	देशी शासन
Home Safety	=	आन्तरिक सुरक्षा

जैसे प्रयोगों में 'Home' का सन्दर्भ भिन्न है। अतः हिन्दी में प्रयोग स्थल पर मात्र गृह/घर के रूप में इनका अनुवाद नहीं किया जा सकता। इसी प्रकार भावुकता से सम्बद्ध प्रयोग भी दूसरी भाषाओं में अन्तरित नहीं हो पाते। जैसे - Home, Sweet Home। भाषिक, सांस्कृतिक भाषा-प्रकार्य, भाषा सन्दर्भ की दृष्टि से आज अनुवादनीयता पर व्यापक चर्चा प्रारम्भ हो चुकी है।

इन चर्चाओं ने यह स्पष्ट किया है कि अनुवाद में नैकट्य (approximate) अनुवाद से लक्ष्य भाषा में एक असाधारण (unusual) अन्विति विन्यास (collocation) उत्पन्न हो जाता है। अतः मूल पाठ के सन्दर्भगत अर्थ की सहायता लिये बिना या सांस्कृतिक भिन्नताओं के सन्दर्भ को समझे बिना सटीक अनुवाद असम्भव है। इस दृष्टि से अनुवादनीयता के दो महत्वपूर्ण घटक निर्धारित किए गए हैं-

(क) भाषा वैज्ञानिक ज्ञान-

इसके द्वारा अनुवादक को लक्ष्य भाषा के पाठ के निर्माण में सहायता मिलती है। पुनर्गठित और पुनः सृजित पाठ (अनूदित पाठ) लक्ष्य भाषा का मौलिक पाठ लगे, इसमें भी भाषा वैज्ञानिक ज्ञान सहायक होता है।

(ख) सन्दर्भगत ज्ञान

यह ज्ञान इसलिए आवश्यक माना गया क्योंकि मूलपाठ का रचयिता (सम्प्रेषक) आगे-पीछे जाकर पाठ को बुनता और संगठित करता है। यह ज्ञान भी मूल पाठ लेखन की नई रचना और पुरानी रचना को प्रस्तुत करने का ढंग प्रदान करता है। निश्चित ही ऐसा करते समय वह भाषा को भी उपयुक्त एवं अपेक्षित रूपाकार प्रदान करता है।

(ग) -सामाजिक ज्ञान

यह ज्ञान भाषा के भीतर ही निहित होता है क्योंकि भाषा एक सामाजिक वस्तु (Social phenomena) है। ये सामाजिक तत्व भाषा में 'नियम' के रूप में संयोजित होते हैं। इनकी सामान्य जानकारी उस भाषा समुदाय के प्रत्येक सदस्य को स्वतः होती है। लेकिन अनुवादक को यह देखना पड़ता है कि मूल भाषा में कोई उक्ति किस सामाजिक सन्दर्भ में, किस रूप में व्यक्त हुई है और क्यों?

(घ) साहित्यिक अनुवाद की समस्याएँ

साहित्य के अनुवाद में अर्थ, भाव और शैली को निकटतम समतुल्य स्थितियों में अनूदित करने पर बल दिया जाता है क्योंकि किसी भी भाषा के सृजनात्मक साहित्य में उस भाषा समाज (Language Community) की संस्कृति, मूल्यों, आदर्शों और जीवन पद्धतियों का योगदान होता है। इन उपादानों को दूसरी भाषा में शाब्दिक स्तर पर नहीं उतारा जा सकता है। इसी प्रकार साहित्य सृजन में हर भाषा बिम्बों, प्रतीकों और अलंकारों का अपने ढंग से निर्धारण और प्रयोग करती है।

इन्हें भी ठीक उसी रूप में दूसरी भाषा में ला पाना सम्भव नहीं होता। इसी तरह प्रत्येक भाषा का एक पौराणिक आधार होता है, कुछ मिथकीय सन्दर्भ होते हैं और लोकोक्ति मुहावरे तथा अभिव्यक्तियाँ भी हर भाषा की अपनी होती हैं। इन सबके समन्वित सहयोग से हर साहित्यिक कृति अपना रूप या आकार ग्रहण करती है। लक्ष्य भाषा में इन सबको भावानुवाद के माध्यम से ही उतारना सम्भव हो पाता है।

अतः साहित्यिक पाठ के भाषान्तर के सन्दर्भ में अनुवाद केवल भाषान्तर ही नहीं बल्कि अनुसृजन (Recreation) है। इस पुनः सृजन में साहित्यिक पाठ के अनुवाद में भावानुवाद की प्रक्रिया सबसे अनुकूल होती है, जिसमें मूल कृति के शब्द चयन, वाक्य रचना आदि पर ध्यान न देकर उसके भावार्थ को पकड़ने का प्रयास रहता है। अर्थात् तथ्यपरक सामग्री के अनुवाद में मूल बल स्रोत भाषा की सामग्री की भाषिक संरचना पर होता है जबकि साहित्यिक अनुवाद में सामग्री के मूल भाव पर अधिक ध्यान दिया जाता है। सम्भवतः इसीलिए साहित्यिक अनुवाद को 'Sense for Sense' कहा गया है, यही वास्तव में भावानुवाद है। साहित्यिक कृतियों के अनुवाद में भावानुवाद के एकाधिक स्तर होते हैं। कभी यह पूरे अनुच्छेद का होता है, कभी वाक्य का, कभी उपवाक्य का, कभी शब्द का और कभी पूरे पाठ का। अर्थात् यहाँ संरचना के कोशीय या संरचनात्मक अर्थ को अनूदित नहीं किया जाता बल्कि वह संरचना जिस साहित्यिक अर्थ को उद्घाटित करती है, उसे लक्ष्य भाषा में लाने का प्रयास किया जाता है। इसीलिए साहित्यिक अनुवादों में हमें लक्ष्य भाषा की अपनी शब्द रचना, वाक्य विन्यास और मुहावरों आ योजना अधिक दिखाई देती है। इसीलिए कभी-कभी हम साहित्यिक अथवा की आलोचना करते हैं कि उसने मूल के शब्दों, वाक्यों आदि पर ध्यान नहीं मिल है। जबकि सर्जनात्मक साहित्य का शाब्दिक अनुवाद हो ही नहीं सकता। भावानुवाद के सहारे ही अर्थ बोध कराया जा सकता है। इसीलिए साहित्य का अनुवादक मूल पाठ का यन्त्रवत् अनुसरण नहीं करता। बल्कि वह उसमें मौलिक रचना जैसा प्रवाह ले आता

है। इसीलिए साहित्यिक अनुवादों में अनुवादक की अपनी सृजनात्मक शक्ति के साथ-साथ उसकी अपनी शैली की छाप भी मिलती है। इसीलिए साहित्यिक अनुवाद को पुनः सृजन कहते हैं। यही कारण है कि हमें एक ही कृति के अनेक अनुवाद मिलते हैं और वे सभी अनुवाद अपनी संरचना में एक दूसरे से भिन्न होते हैं।

अतः साहित्यिक कृति का अनुवाद, असाधारण रूप से जटिल, कृत्रिम आवश्यकता जनित और एक दृष्टि से सर्जनात्मक प्रक्रिया है, जिसमें अनुवादक से असाधारण और विशिष्ट कोटि की प्रतिभा की अपेक्षा होती है। पुनः सृजन की इस स्थिति में साहित्य के अनुवाद का महत्व बहुत अधिक है। भारतीय सन्दर्भ में साहित्यिक अनुवाद की स्थिति बहुत ही व्यापक है, जिसे हम दो धरातलों पर देख सकते हैं- (1) भारतीय साहित्य का अनुवाद (2) विदेशी साहित्य का अनुवाद। यहाँ यह ध्यान देना होगा कि साहित्य की भाषा हमारी अनुभूतियों, सौन्दर्य से सम्बन्धित अभिरुचियों, जीवन मूल्यों और जातीय संस्कारों आदि के सम्प्रेषण का माध्यम होती है। यदि भारतीय भाषाओं के बीच अनुवाद होता है तो वहाँ ये सारे तत्व उतने भिन्न नहीं है, क्योंकि भारतीयता की अवधारणा में सभी भारतीय भाषाओं के ऐतिहासिक सन्दर्भों, पौराणिक सन्दर्भों और जीवन मूल्यों में गहरा समानता है। लेकिन जब किसी विदेशी भाषा को अनुवाद को केन्द्र में रखा जाता है तो वहाँ पर सांस्कृतिक या जीवन परक पृष्ठभूमि पूरी तरह बदल जाती है। अतः साहित्य के अनुवाद में भी हमारी समस्या भारतीय भाषाओं के सन्दर्भ में कम होता है और विदेशी भाषाओं के सन्दर्भ में अधिक।

आगे के अध्यायों में हम देखेंगे कि मूल भाषा हिन्दी में रचित 'कामायनी' का तेलुगु में जो अनुवाद हुआ है, उसमें इन स्तरों पर अधिक समानता है और इसीलिए तेलुगु अनुवाद, अंग्रेजी अनुवाद की तुलना में अधिक स्पष्ट और सुलझा हुआ दिखाई देता है। इसका कारण यही है कि जब भिन्न भाषा-भाषी समुदायों के बीच समान संस्कार होते हैं या समान दार्शनिक, धार्मिक, ऐतिहासिक पृष्ठभूमि होती है तब इनके बीच साहित्यक

अनुवाद की कठिनाइयाँ कम होती हैं और यही सांस्कृतिक दूरी जब विदेशी भाषा के साथ जुड़ती है तो सांस्कृतिक पृष्ठभूमि की भिन्नता के कारण कई कठिनाइयाँ सामने आने लगती हैं।

फिर भी इन दोनों ही स्थितियों में पर्याप्त मात्रा में अनुवाद होता है और साहित्य के अनुवादक से हम यह अपेक्षा भी रखते हैं कि वह मूल भाषा में निहित अर्थ की व्यापकता को अपने अनुवाद में लाने का प्रयास करेगा और यह भी चाहते हैं कि एक भाषा से दूसरी भाषा में अन्तरित करते समय वह दूसरी भाषा की संस्कृति को भी अन्तरित करने का प्रयास करेगा। विशेष रूप से किसी विदेशी भाषा के सन्दर्भ में ऐसा स्थानांतरण या रूपान्तरण कर पाना बहुत ही दुष्कर कार्य है क्योंकि भाषा की अर्थ सम्भावनाएँ, उसके सांस्कृतिक सन्दर्भ से जुड़ी होती हैं। 'कामायनी' के अनुवाद के सन्दर्भ में भी हम यह देख सकते हैं कि इसका अर्थ कुछ ज्यादा ही गहराई से अपने सांस्कृतिक सन्दर्भों से जुड़ा हुआ है। विदेशी पाठक अनुवाद के माध्यम से मूल कृति के मर्म तक पहुंचना चाहता है। इसीलिए विदेशी भाषा में अच्छे साहित्यिक अनुवाद का लक्ष्य रचना के केन्द्रीय भाव को सम्प्रेषित करना है। ऐसा कर पाना बहुत सहज नहीं होता। लेकिन इसके अधिक से अधिक निकट पहुँचने का प्रयास तो अनुवादक को करना ही पड़ता है। इसीलिए भिन्न भाषाओं में भाषा के इस पक्ष को देखते हुए जार्ज केम्प बेल ने यह कहा था कि प्रत्येक भाषा में रीति, नीति, प्रेम, वासना, चेतना, आवेग आदि से सम्बन्धित बहुत से ऐसे शब्द भाव और विचार होते हैं, जिनका ज्यों का त्यों भाषान्तर किसी दूसरी भाषा में नहीं हो सकता।

अनुवाद की प्रक्रिया के दोनों पक्ष-अर्थ ग्रहण और पुनः सृजन, साहित्य के अनुवाद में विशिष्ट स्थिति और रूप ग्रहण कर लेते हैं। साहित्य के अनुवाद में अनुवादक केवल अर्थ ग्रहण से काम नहीं चला पाता। उसे रचनाकार की अनुभूति से तादात्म्य स्थापित करना पड़ता है। उसकी सम्वेदना को भाव के स्तर पर जीना पड़ता है और फिर उस सम्वेदना को

स्रोत भाषा से निकाल कर लक्ष्य भाषा के संस्कार के भीतर उसकी पुनर्रचना ऐसे करनी पड़ती है कि यह सम्वेदना लक्ष्य भाषा की और सम्वेदना बन जाए। इस पूरी प्रक्रिया में यह खतरा निरन्तर बना रहता है कि भाषा हावी न हो जाए, उसका मुहावरा लक्ष्य भाषा के मुहावरे को निगल न जा इसलिए अनुवादक कथ्य को लक्ष्य भाषा की बिंब, प्रतीक मिथक परम्परा से अर्थ विस्तार की सांकेतिकता से, उसके जातीय मन में निहित संस्कारों की बनावट और बुनावट से संपृक्त करता है। वह कथ्य की घटनाओं, स्थितियों, अनुभूतियों और अभिव्यक्तियों को लक्ष्य भाषा की संस्कृति के भीतर सृजित करता है। इस लक्ष्य की प्राप्ति के लिए वह आवश्यकता पड़ने पर मूल रचना से काफी छूट लेता है। कहीं मूल में से कुछ छोड़ देता है, कहीं उसमें कुछ जोड़ देता है क्योंकि उसे दो भाषाओं के साथ-साथ दो संस्कृतियों के बीच तालमेल बैठाना पड़ता है। बहुत से प्रत्यय किसी संस्कृति विशेष के अधीन होते हैं, दूसरी संस्कृति में उनका अस्तित्व तो क्या कल्पना भी नहीं होती। इस सन्दर्भ में प्रसिद्ध साहित्यकार और अनुवादक डॉ. हरिवंशराय बच्चन का यह कथन भी महत्वपूर्ण है जो अनुवाद के व्यापक स्वरूप और सर्जनात्मक साहित्य के अनुवाद में मौलिकता की बात को स्पष्ट शब्दों में व्यक्त करता है। वास्तव में इस शोध-प्रबंध का उद्देश्य भी साहित्य अनुवाद को इन्हीं सन्दर्भों और विचारों के आधार पर देखते हुए अनूदित पाठों की समीक्षा करना है। बच्चन के शब्दों में सफल अनुवादक भी वही होता है, जो अपनी दृष्टि भावों पर रखता है। शाब्दिक अनुवाद न शुद्ध होता है न सुन्दर। भाव जब एक भाषा माध्यम को छोड़कर दूसरे भाषा माध्यम से मूर्त होना चाहेगा तो उसे अपने अनुरूप उद्बोधक और अभिव्यंजना शब्द राशि संजोने की स्वतन्त्रता देनी होगी। यहीं पर अनुवाद मौलिक सृजन हो जाता है या मौलिक सृजन की कोटि में आ जाता है। ऐसा देखा गया है कि सफल अनुवादक वे ही हुए हैं जिनका मौलिक सृजन पर भी कुछ अधिकार है। दूसरे शब्दों में अनुवाद भी मौलिक सृजन की ही एक प्रक्रिया है, नहीं तो आज संसार के बड़े-बड़े

सर्जक अनुवाद की ओर झुके न दिखाई देते।

साहित्य अनुवाद की दृष्टि से अनुवाद का अपना महत्व है और इस का ऐतिहासिक प्रमाण भी है कि प्रारंभ में विश्व स्तर पर अनुवाद का जो स्वरूप स्थापित हुआ, उसमें साहित्यिक और धार्मिक कृतियों के अनुवाद पर ही बल रहा। भारतीय भाषाओं के अनेक साहित्यिक ग्रन्थों का विदेशी भाषाओं में अनुवाद हुआ है और विश्व की प्रमुख साहित्यिक कृतियाँ भारतीय भाषाओं में भी अनूदित हुई हैं। इस के साथ ही भारतीय भाषाओं के बीच भी परस्पर साहित्यिक आदान प्रदान अनुवाद के माध्यम से ही हुआ है। साहित्यिक अनुवाद का महत्व हमेशा से रहा है और भविष्य में भी रहेगा क्योंकि भावात्मक स्तर पर एक समुदाय को दूसरे समुदाय से जोड़ने का कार्य साहित्य ही करता है। इस दृष्टि से अनुवाद कई भूमिकाएँ निभा रहा है और उस की विवेचना के कई आयाम भी पिछले कुछ वर्षों में स्पष्ट दिखाई देने लगे हैं। आज अनुवाद के स्वरूप पर जो चर्चा होती है उसमें धार्मिक ग्रंथों और सृजनात्मक साहित्य के अनुवादों के संदर्भ में अनुवाद को एक 'कला' के रूप में परिभाषित किया गया है। वास्तव में देखा जाय तो अनुवाद का प्रयोजन बढ़ा है, लेकिन उसके कलागत स्वरूप को कभी अनदेखा नहीं किया जा सकता, क्यों कि अपने इस स्वरूप में ही अनुवाद छोटे बड़े राष्ट्रों को एक दूसरे के निकट ले आता है। छोटी-बड़ी जातियाँ, धार्मिक समुदाय एक दूसरे के सम्पर्क में आते हैं, एक दूसरे को जानते पहचानते हैं। राष्ट्रीय स्तर पर एक राष्ट्र और एक आत्मा होने का भाव भी परस्पर अनुवाद के माध्यम से ही दृढ़ होता है। वास्तव में 'कला' के रूप में अनुवाद हमारे कई उद्देश्यों की पूर्ति करता है। वह केवल दो भिन्न भाषा भाषी समुदायों के बीच माध्यम ही नहीं बनता बल्कि मनुष्य, समाज और राष्ट्रों को एक दूसरे के निकट भी ले आता है। अतः इसकी प्रमुख उपलब्धियाँ इस प्रकार देखी जा सकती हैं - (1) भावनात्मक एकता (2) परस्पर समन्वय (3) अन्य संस्कृतियों से परिचय (4) अन्य राष्ट्रों और उनकी जीवन पद्धतियों की जानकारी (5) सांस्कृतिक एकता (6)

परम्परा और संस्कृति की पहचान और (7) मानव एक है, इस तथ्य की पुष्टि।

किसी भी विषय की सभी सामग्री को साहित्य कहा जाता है। वैज्ञानिक रचना भी साहित्य है। लेकिन जब अनुवाद की दृष्टि से गहन विचार होने लगे तब साहित्य को दो वर्गों में बाँट दिया गया - (1) वह साहित्य जिसका सम्बन्ध मनुष्य की अनुभूति से होता है, उसकी भावना से होता है, कल्पना से होता है, वैसे साहित्य को भावनापरक साहित्य या ललित साहित्य कहा गया और उसका सम्बन्ध मनुष्य के हृदय पक्ष से जोड़ा गया अर्थात् जो साहित्य उसके मन को या उसकी भावनाओं को आंदोलित करता है इसके लिए अंग्रेजी में भिन्न-भिन्न शब्दों का प्रयोग मिलता है जैसे : Creative writing. Creative Literature या Emotion text अर्थात् इस साहित्य का सम्बन्ध मानव मन के सृजनात्मक पक्ष से होता सृजनात्मक होने के कारण इसमें भाषा की अभिव्यक्ति बहुआयामी बनती है और इसमें अभिधा, लक्षणा और व्यंजना तीनों का समावेश हो जाती है अर्थात साहित्य में जिन शब्दों में कहा जाता है आवश्यक नहीं है कि उसका वही अर्थ हो जो उन शब्दों का अर्थ है। उदाहरण के लिए मैथलीशरण गुप्त की पंक्तियाँ है।

अबला जीवन हाय । तुम्हारी यही कहानी,
आँचल में है दूध और आँखों में पानी ।

यहाँ 'अबला' शब्द 'निर्बल' का अर्थ नहीं देता । 'नारी' का अर्थ देता है। इसी प्रकार 'आँचल' शब्द 'मातृत्व' या माँ के दुग्धपूरित स्तन का अर्थ देता है। पानी का अर्थ आँसू हो जाता है। यह व्यंजना का उदाहरण है।

(i) सजातीय भाषाओं के सन्दर्भ में

आर्य भाषा संस्कृत की परम्परा से निष्पन्न हिन्दी तथा द्रविड़ भाषा परम्परा से निष्पन्न तेलुगु को सजातीय भाषाएँ कह सकते हैं। क्योंकि दोनों एक ही राष्ट्र की भिन्न भाषाएँ हैं। इन दोनों भाषाओं का इतिहास,

डॉ. सी. अन्नपूर्णा

भौगोलिक, सांस्कृतिक परिवेश एवं राष्ट्र एक ही है। दोनों की सामाजिक, धार्मिक, पौराणिक और सांस्कृतिक पद्धतियाँ भी लगभग समान हैं। अतः तेलुगु और हिन्दी दोनों सजातीय भाषाएँ हैं। एक भाषा (स्त्रोत भाषा) की रचना के आधार पर जब दूसरी भाषा (लक्ष्य भाषा) में वैसी ही रचना पुनः प्रस्तुत की जाए तो उस पुनर्रचना को अनुवाद कहते हैं। आज अनुवाद भाषान्तरण के अर्थ में रूढ़ हो गया है। अतः अब यह माना जाता है कि एक भाषा के पाठ (text) को दूसरी भाषा में परिवर्तित करना ही अनुवाद है। भाषांतरण की प्रक्रिया की अनिवार्यता के कारण ही आज अनुवाद के लिए 'भाषान्तरण' शब्द भी प्रचलित हो गया है। ज्ञान-विज्ञान के साहित्य के अनुवाद की अपेक्षा सर्जनात्मक साहित्य का अनुवाद अधिक जटिल तथा कठिन होता है। विज्ञान के साहित्य के आधार तत्व तथ्य विचार निश्चित होते हैं, लेकिन सृजनात्मक साहित्य के विधायक तत्व भाव और कल्पना पर आधारित होते हैं। कविता सर्जनात्मक साहित्य का नवनीत है। कविता की भाषा क्योंकि बिंब युक्त शैली और अलंकारों से बन्धी होती है अतः इनका अनुवाद करते समय अनुवादक को अनेक कठिनाइयों का सामना करना पड़ता है। लेकिन यह कार्य दुष्कर होने पर भी विश्व की सभी भाषाओं के प्रसिद्ध काव्यों के अनुवाद को प्रोत्साहित करता रहा है और आज भी साहित्यक अनुवाद ही सारे विश्व में सबसे बड़ी मात्रा में किया जाता है।

किसी भी कृति या काव्य का अनुवाद करते समय अनुवादक को कुछ समस्याओं से जूझना पड़ता है। मोटे तौर पर ये समस्याएँ हैं- (1) ध्वनि सम्बन्धी (2) रूप विज्ञान सम्बन्धी (3) अर्थ सम्बन्धी और (4) वाक्य सम्बन्धी। इन समस्याओं के अलावा अनुवादक की कुछ सीमाएँ भी होती हैं। लेकिन इन सीमाओं को निश्चित रूप से विवेचित कर पाना मुश्किल है। स्रोत भाषा का पाठ न तो पूर्ण रूप से अनुवाद करने के योग्य होता है और न ही अनुवाद करने के अयोग्य। पाठ में ऐसे कई भाषिक रूप होते है, जिनका अनुवाद नहीं होता। इसमें कई बार भाषा परक

कठिनाइयाँ सामने आती है और कई बार सामाजिक, सांस्कृतिक, कठिनाइयाँ। इसी सन्दर्भ में 'कैटफर्ड' ने अनुवाद की दो सीमाएँ बताई हैं: (1) भाषा परक और (2) सामाजिक-सांस्कृतिक।

प्रत्येक भाषा की अपनी संरचना होती है। इसलिए स्रोत भाषा और लक्ष्य भाषा के भाषिक रूप में समान अर्थ मिलने की स्थिति बहुत कम होती है। हिन्दी और तेलुगु भाषाओं के सजातीय भाषाएँ होने पर भी उनकी संरचना में कुछ अन्तर है। तेलुगु भाषा, भाषा परिवार के वर्गीकरण में द्रविड़ भाषाओं के अन्तर्गत आती है। तेलुगु स्वरान्त भाषा है, जबकि हिन्दी व्यंजनांत भाषा है। हिन्दी से तेलुगु में अनुवाद करते समय इस प्रकार की समस्याओं का सामना करना पड़ता है जैसे: भाषा सम्बन्धी उच्चारण, सम्बन्धी और लेखन सम्बन्धी।

भाषा वैज्ञानिकों ने द्रविड़ भाषाओं को प्रत्यय प्रधान भाषाएँ कहा है। इनके अन्तर्गत चार प्रमुख भाषाएँ आती हैं - तेलुगु, तमिल, कन्नड़ और मलयालम। आर्य भाषाओं को धातु प्रधान भाषाएँ कहते हैं। द्रविड़ भाषाओं में मूल शब्द के साथ नए-नए प्रत्यय जोड़कर अतिरिक्त भाव प्रकट करते हैं। भाषा के पारिवारिक वर्गीकरण की दृष्टि से द्रविड़ और भारतीय आर्य परिवार शब्द गढ़े गए हैं। इन परिवारों में सर्वनाम, सामान्य संख्यावाचक शब्द, पारिवारिक शब्द एवं बुनियादी धातुओं के बोधक शब्द समान होते हैं। जैसे-तेलुगु-नेनु, हिन्दी-मैं, और (ते.) एक (हिं), पाडु (ते.) गाओ (हिं), पारिवारिक शब्द अम्मा (ते (हिं.), भाई (हिं.) सोदरुडु (ते)। प्रत्येक भाषा में वर्ण, ध्वनि आदि का अन्तरण तो अनिवार्य है। हिन्दी और तेलुगु भाषाओं के बीच अनुवाद करते समय निम्नलिखित विषयों में समस्याएँ आती हैं। इनमें मुख्य रूप से संज्ञा शब्द, लिंग, कारक, संधि सर्वनाम, क्रिया, कर्ता-क्रिया, अन्वय, संयुक्त क्रिया, वाच्य और व संरचना। हिन्दी में 'ने' प्रत्यय का प्रयोग होता हैं। अनुवाद करते समय इसकी समस्या भी होती है। इनके अलावा मुहावरों और लोकोक्तियों के अनुवाद में भी कठिनाई होती है। लेकिन सजातीय भाषाओं में समतुल्य अनुवाद में

अपेक्षाकृत सहज होता है जैसे: लहरें व्योम चूमना - (मू.12) अल लेगसेनु विनुवीधुल नेरयग (ते. पृ.21) भाषा वैज्ञानिकों ने द्रविड़ भाषाओं को प्रत्यय प्रधान भाषाएँ कहा है। इसमें मूल शब्द के साथ नए-नए प्रत्यय जोड़कर अतिरिक्त भाव प्रकट किए जाते हैं। जैसे : चिर विषाद (मू.101), चिर विषादमु (ते.पृ.181), आत्मजा-प्रजा (मू.83), प्रजलात्मजुलु (ते.पृ.152)

(ii) विजातीय भाषाओं के सन्दर्भ में

आधुनिक युग में भारतीयों के लिए विविध क्षेत्रों में पश्चिमी प्रभाव हर प्रकार से बड़े महत्व का है। अन्य विदेशी भाषाएँ जैसे जर्मन, फ्रेंच, इतालवी आदि सभी की गतिविधियों, वैज्ञानिक आविष्कारों और साहित्यिक प्रवृत्तियों का परिचय अंग्रेजी से मिलता है। खास करके संसार के तकनीकी, वैज्ञानिक, चिकित्सा आदि में अंग्रेजी का प्रमुख स्थान है। भाषा परिवार के अनुसार हिन्दी, अंग्रेजी, भारोपीय परिवार की भाषाएँ हैं। परन्तु उप-शाखाओं की दृष्टि से ये भिन्न भाषाएँ हैं। अतः दोनों की संस्कृति अलग-अलग है। इनकी धार्मिक, सामाजिक, सांस्कृतिक परिस्थितियाँ भी भिन्न हैं। भारतीय भाषाओं में जिस तरह की परम्परागत धार्मिक, दार्शनिक साहित्यक शब्दावली जैसेः यज्ञ, महाचिति, सोम, मलय, गन्धर्व, रति, सत्-चित्, आनन्द देवदारु आदि समान हैं इसी तरह की समानता विदेशी भाषाओं में नहीं मिलती। व्याकरणिक दृष्टि से भी अंग्रेजी और हिन्दी में पर्याप्त भिन्नता है। इन कारणों से भारतीय संदर्भ में अंग्रेजी को विजातीय भाषा कह सकते हैं।

हिन्दी से अंग्रेजी में अनुवाद करते समय अनुवादक को सांस्कृतिक, धार्मिक, दार्शनिक और सामाजिक परिस्थितियाँ व्यक्त करने में कठिनाइयों का सामना करना पड़ता है। कितनी पाद टिप्पणियों में विस्तार से भाव प्रकट करने पर भी कुछ न कुछ कमी रह जाती है। जैसे : समरसता। इस तरह का अनुवाद करने में अनुवादक को सफल अनुवादक बनने के लिए इन सब कठिनाइयों का सामना करना पड़ता है। विजातीय भाषाओं में अनुवाद करने के लिए अनुवादक को इन विषयों का ज्ञान रहना जरूरी है- (1) मूल भाषा का ज्ञान (2) अनुवाद की भाषा (विदेशी) पर अधिकार (3)

विषय का सम्यक् ज्ञान और (4) अभ्यास। खास कर साहित्यिक अनुवाद में काव्य का अनुवाद करते समय ज्यादा कठिनाइयों का सामना करना पड़ता है क्योंकि काव्य भाषा, शब्द शक्ति, अलंकार, रीति, वक्रोक्तियुक्त रहती है। काव्यानुवाद में पुनः सृजन की सम्भावना होती है। पर अनुवादक भी एक सीमा तक ही सर्जक बन सकता है। उसे भी अपनी मर्यादाओं और सीमाओं को देखना पड़ता है। इन्हें न देख पाने से अनुवादक सफल नहीं हो सकता। हिन्दी से अंग्रेजी में अनुवाद करते समय जितनी भी समस्याएँ आती हैं, उनको इस प्रकार बाँट कर देख सकते है: (1) भाषा सम्बन्धी कठिनाइयाँ, (2) सांस्कृतिक-धार्मिक कठिनाइयाँ (3) सामाजिक, व्याकरणिक कठिनाइयाँ। इनके अलावा लोकोक्तियों और मुहावरों के अनुवाद की भी समस्याएँ उत्पन्न होती है। जैसे-लहरें व्योम चूमती (मू. पृ.12) 'The billows rose and kissed the firmament' (अं.पृ.54) इस मुहावरे के अनुवाद में मूल का भाव और अर्थ प्रकट करने में कठिनाई पैदा हुई। 'Kissed' शब्द में 'चूमती' का भाव प्रकट नहीं हो रहा है। इस तरह अनुवादक को कठिनाइयाँ झेलनी पड़ती हैं। इसी प्रकार मुमूर्षु (मू.98) - unconscious (अं.पृ.175). आनन्द (मू.पृ.129) bliss (अं.पृ.206) के अनुवाद में मूल का भाव और अर्थ प्रकट नहीं हो रहा है क्योंकि ये शब्द विशिष्ट धार्मिक और सांस्कृतिक पक्ष से सम्बन्धित है।

****

सन्दर्भ

। नगेन्द्र (सं.) अनुवाद विज्ञान सिद्धान्त और अनुप्रयोग (1993), (पृ.27)

2. डॉ. एन. ई. विश्वनाथ अय्यर (1992) : अनुवाद : भाषाएँ -समस्याएँ. (पृ.13-14)

3. To Translate is to Change into another Language retaining the sense - Samuel Johnson.

4. नगेन्द्र (सं.) अनुवाद विज्ञान : सिद्धान्त और अनुप्रयोग (1993) (पृ.48-49)

5. सुरेश कुमारः अनुवाद सिद्धान्त की रूप रेखा (1989) (पृ.28)

6. Translating consists in producing in the receptor language. The closest natural equivalent to the message of the source language, first in meaning and secondly in style.-NIDA (1964)

7. Translation is the replacement of textual material in one language by equivalent textual material in another language.
- J. C. CATFORD (1974)

8. A tentative preface to Translation, New Mark, peter 1976. Approaches to Translation-OXFOWRD, Pergamon press (1981)

9.रवीन्द्रनाथ श्रीवास्तव और कृष्णकुमार गोस्वामीः अनुवाद सिद्धान्त और समस्याएँ 1985), (पृ.9)

10. -वही- (पृ.10)

11. श्रीवास्तव, तिवारी, गोस्वामी (सं.): अनुप्रयुक्त भाषा विज्ञान (1980), आलेख प्रकाशन, नई दिल्ली

12. रीता रानी पालीवालः अनुवाद की सामाजिक भूमिका (1991),(पृ.33)

13. भारतीय संविधानः अनुच्छेद 343 (खंड ।) 'संघ का राजभाषा हिन्दी और उसकी लिपि देवनागरी होगी ।'

कामायनी अनुवाद समीक्षा

14. रवीन्द्रनाथ श्रीवास्तव और कृष्णकुमार गोस्वामी:अनुवाद सिद्धान्त और प्रविधि (1985), (पृ.9)
15. जी. गोपीनाथन : अनुवाद सिद्धान्त और प्रयोग (1990),(पृ.24)
16. श्रीवास्तव, गोस्वामी: अनुवाद सिद्धान्त और समस्याएँ (1985), (पृ.2-3)
17. - वही- (पृ.5)
18. नगेन्द्र (सं.): अनुवाद विज्ञान सिद्धान्त एवं अनुप्रयोग (1993), (पृ.38)
19. रमेशचन्द्र गुप्त: कामायनी की भाषा, (पृ.59)
20. जयशंकर प्रसाद: कामायनी आमुख (1987), (पृ.5)
21. नगेन्द्र (सं.): अनुवाद विज्ञान: सिद्धान्त एवं अनुप्रयोग (1993), (पृ.45-46)
22. रवीन्द्रनाथ श्रीवास्तव और कृष्णकुमार गोस्वामी: अनुवाद सिद्धान्त और समस्याएँ (1985), (पृ.7-8)
23. R.N. Srivastava & R.S. Gupta: Dimensions of the Applied Linguistics (1990) (P.232)
24. R.N. Srivastava & R.S. Gupta: Dimension of Applied Linguistics, (1990) (P.232)
25. – do- (P.233)
26. R.N. Srivastava & R. S. Gupta: Dimension of Applied Linguistics (1990), (P.236. 237)
27. - do- (P.238)
28. रवीन्द्रनाथ श्रीवास्तव: तुलनात्मक साहित्य और अनुवाद (मीमियो) राधाकृष्ण प्रकाशन से 'अनुप्रयुक्त भाषा विज्ञान' पुस्तक में शीघ्र प्रकाशन
29. The translator must as a communicator possess the knowledge and skills that are common to all communicators, the translator must have knowledge atleast two languages.

30. The professional (technical) translator has access to five distinct kinds of knowledge:
    (1) Target language (TL) knowledge
    (2) Text type knowledge
    (3) Source language (SL) knowledge
    (4) Subject area (real world) knowledge
    (5) Contrastive knowledge
31. 'The knowledge base applies equally to all translators professional or amature, technical or non-technical simply because translation is translation who ever does it'.
32. रोजर बेल द्वारा निर्धारित दक्षताएँ
    (a) Target language knowledge equivalent to that in the Source Language
    (b) Text Type Knowledge
    (c) domain knowledge
    (d) contrastive knowledge of each of the above
    (e) An Inference mechanism which permits the decoding of text i.e., reading and comprehending source language texts.
    (f) The encoding of texts i.e. writing target language texts.
33. Roger T. Bell (1991) Translation and Translating Theory and practice.
34. Text in different languages can be equivalent in different degrees (fully or partially equivalent) in respect of different levels of presentation.
    - Roger T. Bell Translation and Translating Theory and Practice (1991)
35. The ideal of total equivalence is a Chimera. Language are different from each other.
36. To shift from one language to another is, by definition to alter the forms. Further the contrasting forms convey meanings which cannot but fail to coincide totally.
37. Something is always 'lost' (or might one suggest gained) in

the process and translators can find themselves being accused of reproducing only part of the original and so be traying the author's intentions.
  - Roger T. Bell: Translation and Translating Theory and Practice (1991)
38. 'Language is a formal structure-a code which consists of elements which can combine to signal semantic 'sense' and at the same time a communication system which uses the forms of the code to refer to entities in the world of the sense & the world of the mind) and create signals which possess communicative value.
Roger T. Bell: Translation and Translating Theory and Practice (1991) (P.6-7)
39. What is the message contained in the text, the content of the signal, the propositional content of the speech acts.
Why orients towards the intention of the sender, the purpose for which the text was issued, the illocutionary forces of the speech acts which constitute the underlying structure of the text the discourse.
When is concerned with the time of the communication realized in the text and setting it in its historical context contemporary or set in the recent or remote part of future.
How is ambiguous, since it can refer to:
(a) Manner of delivery: the tenor of the discourse serious or
(b) flippant or ironic
(c) Medium of Communication: the mode of the discourse the
(d) channel (s) verbal/nonverbal, speech/writing-selected to carry the signal.
Where is concerned with the place of the communication. The physical location of the speech event realized in the text.
Who refers to the participants involved in the communication, the sender and receiver (s)
  - Roger T. Bell: Translation & Translating Theory and Practice (1991), (P.8)
40. Linguistic theory of Translation: J.C. Catford, 1969

41. A Higher Standing For the Art of Translation – 1969 OXFORD University Press.
42. डॉ. हरिवंशराय बच्चन: चौंसठ रुसी कविताएँ, (अपने पाठकों से) (पृ.17)
43. डॉ. नगेन्द्र (सं.): अनुवाद विज्ञान: सिध्दान्त एवं अनुपयोग (1993), (पृ.55)

****

अध्याय-2

जयशंकर प्रसाद और कामायनी का रचना सन्दर्भ

जयशंकर प्रसाद बहुमुखी प्रतिभा सम्पन्न साहित्यकार थे। उनकी असाधारण प्रतिभा कवि के रूप से ही नहीं नाटककार, कहानीकार, उपन्यासकार, निबन्धकार और समीक्षक के रूप में भी दिखाई देती हैं। प्रसाद की सृजनात्मक पृष्ठभूमि विशाल और व्यापक होने के साथ-साथ उदात्त और उत्कृष्ट भी है। प्रसाद का युग दो महान् विभूतियों की पृष्ठभूमि से सम्बद्ध था-रामकृष्ण परमहंस और स्वामी रामानन्द। निश्चित ही इन दोनों की चिन्तन धारायें, आध्यात्मिकता और समाज सुधार से जुड़ी थीं। इसीलिए इसे नवचेतना और नव जागरण का युग भी कहा गया। उस समय आध्यात्मिक, नैतिक, सामाजिक, सांस्कृतिक, राजनैतिक और राष्ट्रीय आन्दोलन जोरों पर थे, स्वतन्त्रता आन्दोलन भी बड़ा विशाल रूप लेकर चल रहा था।

प्रसाद ने अपनी सर्वतोमुखी प्रतिभा द्वारा युगीन चेतना की न केवल झाँकी प्रस्तुत की है बल्कि मानव हृदय को प्रेरित और उद्वेलित भी किया। उन्होंने जीवन क्षेत्र में निरन्तर गतिशील होने का संकेत भी दिया। अतीत के जड़े मुर्दे उखाड़ना ही उनका उद्देश्य नहीं था, अपितु वर्तमान समस्याओं को सजीव रूप से उद्घाटित करना ही उनका ध्येय था। प्रसाद के साहित्य में एक संश्लिष्ट भाव मिलता है, जहाँ व्यक्ति और राष्ट्र का अतीत सामाजिक, आर्थिक सन्दर्भों से जुड़कर वर्तमान को प्रतिबिम्बित करने लगता है। उनके पात्र, कथानक और शिल्प चाहें पुराने हों, लेकिन जब वे प्रसाद के माध्यम से सामने आते हैं तो वे उनके युगीन स्वप्न और उनके दृष्टिकोण को स्थापित करते हैं। इस प्रकार प्रसाद का अतीत मोह हमेशा

वर्तमान से जुड़ा हुआ है। यही कारण है कि उनकी भाषा, उनका शिल्प और उनकी शैली अपने समकालीन रचनाकारों से भिन्न है। प्रसाद पर प्रकाशित साहित्य अकादमी की पुस्तक में यह उल्लेख है कि 'प्रसाद बंकिमचन्द्र चटोपाध्याय के अधिक निकट हैं क्योंकि उन्होंने भारतीय इतिहास के गौरव को भारत की दार्शनिक पृष्ठभूमि के महत्व को और भारतीय मानस की विशिष्टता को अपनी रचनाओं के माध्यम से प्रमाणित व स्थापित किया।'[1] प्रसाद का साहित्य मानवीय चिन्तन और विचार में जितना प्रौढ़ है, उनकी कलात्मक और सर्जनात्मक अभिव्यक्ति उतनी ही सुगठित है। उनकी काव्य सिद्धि की अन्तिम सीढ़ी है 'कामायनी', जिसमें उनकी काव्य रचना की यात्रा का सर्वाधिक सर्जनात्मक रूप मिलता है। दर्शन और विचारों को अपनी सर्जनात्मक शक्ति से वे इस प्रकार प्रस्तुत करते हैं कि वे न केवल सम्प्रेषणीय बल्कि संवेद्य भी बन जाते हैं। यही कारण है कि प्रसाद के साहित्य में उनका कवि पक्ष अधिक उभर कर आता है।

'कामायनी' भी हमारे पौराणिक अतीत से प्रसाद के वर्तमान सपनों को जोड़ती है। वर्तमान समाज में जो भ्रम, मोह, नैतिकता का अभाव, भ्रम की उपस्थिति, मानवता का अभाव और सामान्य स्तर पर वैचारिकता में जो कमी आ गई थी वह 'कामायनी' में हर स्तर पर व्यक्त होती रही। 'कामायनी' वास्तव में एक आदर्श समाज की कल्पना है। हमारे भीतर के विश्वास ही इस आदर्श स्थिति को जन्म दे सकते हैं। हिन्दी साहित्य की यह परम्परा रही है कि जब भी सामाजिक विघटन या सामाजिक असन्तुलन उभरा तब कवि और रचनाकारों की आध्यात्मिक प्रतिभा ने ही उसे सम्भाला या एकता प्रदान की। भक्ति युग इसका प्रमाण है। अर्थात् हमारे साहित्यिक परिदृश्य में आध्यात्मिकता का हमेशा से महत्व रहा है। भारतेन्दु युग में भी यह दिखाई देता है। बाद में छायावाद में पाश्चात्य काव्य प्रभावों ने इसे कम कर दिया था, लेकिन प्रसाद ने इसे पुनर्जीवित किया। इस दृष्टि से उनकी अधिकांश रचनाएं एक भारतीय

मानस की रचनाएं हैं। प्रसाद का दृष्टिकोण हमेशा परम्परावादी रहा है लेकिन उसके भीतर समसामयिकता या आधुनिकता अपरोक्ष रूप से निहित मिलती है। इसलिए जब हम प्रसाद की रचनाओं के अनुवाद की ओर देखते हैं तो हमारे सामने केवल भाषान्तर का लक्ष्य नहीं हो सकता। हमें बहुत ही गहराई से उन तत्वों को एक अनुवादक के रूप में साधना पड़ता है जो हमारे दर्शन, आध्यात्म, संस्कृति के अंग है और जिन्हें प्रसाद ने अपनी सर्जनात्मक अभिव्यक्ति के लिए प्रभावशाली औजार के रूप में अपनाया था।

प्रसाद की कविताओं में दुखपूर्ण अनुभूतियों, यौवन की मादक अभिलाषाओं आदि के चित्र अंकित किये गये हैं। प्रकृति चित्रण भी यहाँ अत्यन्त सजीव है। किसी-किसी कविता में पलायनवादी भी सुनाई पड़ता है। रचना की दृष्टी से इनमें लाक्षणिकता, प्रतीकात्मकता, कथन वक्रता, मानवीकरण आदि की प्रधानता है। सभी रचनाएँ कवि की प्रौढ़ अनुभूति एवं उत्कृष्ट कला की ओर संकेत करती हैं।

प्रसाद की प्रतिभा का विकास जहाँ काव्यों, नाटकों, कहानियों और उपन्यासों में हुआ है, वहीं उनके निबन्धों में भी उनकी उत्कृष्ट प्रतिभा के दर्शन होते हैं। प्रसाद जी के निबन्ध तीन वर्गों में बाँटे जा सकते हैं (1) साहित्यिक निबन्ध (2) ऐतिहासिक निबन्ध (3) समीक्षात्मक निबन्ध।

प्रसाद ने अपनी रचनाओं द्वारा हिन्दी साहित्य भण्डार की पर्याप्त पूर्ति की । प्रसाद ने अपनी प्रतिभा द्वारा जिन नई शैलियों एवं नए काव्य रूपों को जन्म दिया है, वे भी हिन्दी साहित्य की अनूठी निधियाँ हैं और साहित्य के ऐतिहासिक विकास में उनका महत्वपूर्ण स्थान है।

प्रसाद ने सर्वप्रथम भातेन्दु के साहित्य का अनुकरण करते हुए ही साहित्य क्षेत्र में पदार्पण किया। इसी कारण उनकी आरम्भिक रचनाओं पर भारतेन्दु एवं भारतेन्दु युग का प्रभाव स्पष्ट दृष्टिगोचर होता है। इसके पश्चात् प्रसाद साहित्य में द्विवेदी कालीन इतिवृत्तात्मकता एवं बौद्धकता-

प्रधान भावनाओं का उन्मेष दिखाई देता है देता है। आगे चलकर द्विवेदी युग विरूद्ध प्रतिक्रिया हुई, जिसके परिणाम स्वरूप एक नये युग का शुभारम्भ हुआ, जो छायावादी युग नाम से प्रसिद्ध है इस युग का प्रारम्भ विश्व युद्ध काल से माना जाता है।प्रसाद छायावादी युग के प्रवर्तक माने जाते हैं। परन्तु आचार्य शुक्ल ने मैथिलीरण गुप्त, मुकुटधर पाण्डेय तथा बद्रीनाथ भट्ट को छायावाद का प्रवर्तक बतलाया है। छायावाद में जिस स्वच्छन्द मनोवृत्ति के अनुकूल नये-नये छन्द विधान और अभिव्यंजना की नई प्रणालियों को अपनाया गया हैं। उनमें नये-नये मात्रिक एवं अतुकांत छन्दों का प्रयोग तो प्रसाद जी 'कारूणालय' से ही करने लगे थे। इसके आधार पर ही प्रसाद छायावाद के प्रवर्तक माने जा सकते हैं।

'झरना'आंसू और 'लहर' इस युग के प्रमुख काव्य है, जिनमें 'छायावाद' की प्रौढ़ कला का विकसित रूप दिखाई देता है। इन संग्रहों की कविताओं में प्रकृति के सचेतन रूप के साथ-साथ मानव जीवन के रहस्यात्मक चित्र भी विद्यमान हैं और सुख-दुख की भावना उद्वेलन के साथ ही जीवन की अनुभूति प्रधान झाँकियाँ प्रस्तुत की गई है, जिनमें द्विवेदी कालीन नीति परक कविता के विरूद्ध श्रृंगार के शुद्ध एवं परिमार्जित रूप के दर्शन होते हैं। प्रसाद की प्रौढ़तम रचनाओं का यही स्वर्ण युग है। छायावादी युग में ही प्रसाद साहित्य के चरम विकास के दर्शन होते हैं। इस युग की उनकी समस्त रचनाओं में अभिव्यंजना की अनूठी पद्धति विद्यमान है। इस युग में आते आते उनकी शैली इतनी मंज गई थी कि क्या कविता, क्या नाटक, क्या कहानी और क्या निबन्ध सभी में लाक्षणिकता एवं व्यंग्य का प्राधान्य हो गया और वे सर्वत्र एक सी शैली का ही प्रयोग करने लगे। इसी का पूर्ण विकास कामायनी' 'में हुआ है।

प्रसाद के काव्यों में अंर्तद्वन्द्व एवं मानसिक संघर्ष की प्रधानता है। इसके मूल में पारिवारिक संघर्ष और संकट, असमय में ही प्रियजनों का वियोग, देश की पराधीनता, स्वतंत्रता संग्राम की असफलताएँ, सामाजिक विषमताएँ आदि प्रमुख हैं। उनकी रचनाएँ तत्कालीन मानव

समाज की आंतरिक स्थिति का भी द्योतक हैं और इसी का चरम विकास 'कामायनी'में हुआ है।

(क) प्रसाद की "कामायनी"

विषयवस्तु और शिल्प का संदर्भ

(i) विषयवस्तु का संदर्भ

प्रसाद की प्रवृत्तियों का जो आरंभिक स्वरूप सर्वप्रथम 'करूणालय' में व्यक्त हुआ है, वही क्रमशः विकसित होता हुआ उनके नाटकों, काव्यों तथा अन्य रचनाओं में विद्यमान है और उसकी चरम परिणति 'कामायनी' में हुई है। इतना अवश्य है कि 'कामायनी' तक पहुँचते-पहुँचते 'प्रसाद' की विचार धारा पर्याप्त परिपक्व हो चुकी थी और उसमें युग की अन्य प्रगतिशील भावनाएँ भी सम्मिलित हो गई थीं। इसलिए 'कामायनी' में केवल उनकी पूर्व विचार धाराओं का ही एक मात्र विकास नहीं है, अपितु कुछ नवीन विचारों का भी समावेश हुआ है, जिनका स्वरूप पहले नहीं दिखाई देता था।

'प्रसाद' जी का पहले यह विचार था कि इन्द्र की कथा के आधार पर कोई बृहत् रचना प्रस्तुत की जाय और इसीलिए वे वैदिक पौराणिक ग्रंथों का अध्ययन करके 'इन्द्र' संबंधी सामग्री संकलित कर रहे थे। परन्तु इन्द्र की कथा का अन्वेषण करते-करते उन्हें मानव सृष्टि के आदि प्रवर्तक वैवस्वत मनु तथा श्रद्धा की कथा संकेत मिले और वे इसी कथा के आधार पर 'कामायनी' लिखने लगे। 'कामायनी' लिखकर उनहें पूर्ण सन्तोष हुआ और जिस समय 'कामायनी' समाप्त हुई। उनके चहरे पर एक अपूर्व शान्ति विराज रही थी। इससे यहाँ सिद्ध होता है कि "प्रसाद" जी अपनी प्रवृत्तियों को अंकित करते हुए जैसा महाकाव्य लिखना चाहते थे, 'कामायनी' उस पर खरी उतरी। अतः 'प्रसाद' की समस्त प्रवृत्तियों के सामूहिक चित्रण के रूप में 'कामायनी' का मूल्यांकन किया जा सकता है।

'कामायनी' की अवतारणा का यह भी एक कारण है कि 'प्रसाद' इतिहास के बड़े प्रेमी थे और साहित्य के माध्यम से वे भारत के विगत इतिहास को जनता के सम्मुख प्रस्तुत करना चाहते थे। इसी कारण उन्होंने वैदिक युग से लेकर आधुनिक युग तक के इतिहास का अनुशीलन किया। मानवता में हुआ है। के विकास को 'कामायनी' में उन्होंने अंकित किया है। इतना ही नहीं, 'कामायनी' के प्रारंभिक सर्ग 'चिन्ता' में 'प्रसाद' ने यह संकेत किया है कि इस मानव सृष्टि से पूर्व जो देव सृष्टि थी उसका इतिहास भी भारतीय जीवन से सम्बद्ध है और वे उस इतिहास की घटनाओं को ही सम्भवतः 'इन्द्र' नाटक में दिखाना चाहते थे। अतः ऐतिहासिक परम्परा का पूर्ण चित्र अंकित करने की अभिलाषा से ही वे 'कामायनी' की रचना की ओर उन्मुख हुए और मानव इतिहास के प्रारंभिक पृष्ठों के रूप में उन्होंने 'कामायनी' का सृजन किया।

'कामायनी' की अवधारणा के बारे में भिन्न-भिन्न विद्वानों के भिन्न मत हैं। नन्ददुलारे वाजपेयी का मत है कि 'मनु या मनस्तत्व का विवेचन करने के लिए 'कामायनी' का निर्माण हुआ है'। रामनाथ सुमन का विचार है 'मानव सभ्यता का विकास दिखाने के लिए कामायनी की रचना हुई है'। रामचन्द्र शुक्ल का मत है कि 'आनन्दवाद की प्रतिष्ठा के लिए कामायनी रची गई है'। इलाचन्द जोशी जी का मत है कि 'कामायनी की रचना मुक्तात्मा की उस चिरन्तन प्रक्रिया को लेकर हुई है जो आदिकाल से चिर अमर आनन्दाभास के अन्वेषण की आकांक्षा से व्याकुल है'। किन्तु सामूहिक रूप से सभी आलोचकों का विचार यह है कि मानव एव मानवता के क्रमिक विकास को प्रस्तुत करने के लिए कामायनी' की अवतरण हुई हैं।[2]

'प्रसाद' की रचनाओं में एक नये प्रकार का चिन्तन दिखाई देता है जिसका प्रमुख पक्ष दर्शन है, जो 'कामायनी' में 'आनन्दवाद' के रूप में सामने आया और पहले भी उनकी रचनाओं में स्वच्छन्द रूप से दिखाई देता है। प्रसाद की कला का यह दर्शन उनके संघर्षशील व्यक्तित्व और

भारतीय दर्शन में उनकी आस्था को व्यक्त करता है। उनकी कला आनन्दवादी है लेकिन उनका जीवन और मन आनन्द से कोसों दूर था। इस आनन्दवाद की अभिव्यक्ति 'कामायनी' में चरम रूप से हुई है। साथ ही 'कामायनी' में प्रसाद ने संस्कृति को बहुत ही व्यापक धरातल पर स्थापित किया है। 'श्रद्धा' का जो संघर्ष है, उसकी जो बौद्धिकता है, वही वास्तव में प्रसाद का अपना स्वरूप है। इस दार्शनिकता के साथ 'कामायनी' मनोवैज्ञानिक, ऐतिहासिक, मिथकीय और धार्मिक तत्वों को भी व्यक्त करती है। सम्भवत : इसीलिए 'कामायनी' को 'महाकाव्य' की संज्ञा दी गई हैं।

'कामायनी' के अनुवादक के लिए यह आवश्यक है कि वह दोनों भाषाओं के साथ-साथ विषयगत ज्ञान भी रखें। अतः 'कामायनी' के अनुवादक को कई विषयों के साथ अपने को जोड़ना अनिवार्य है। मिथकों का जैसा प्रयोग 'कामायनी' में है और जिस आधुनिक धरातल पर वह कविता में संश्लिष्ट हुआ है, उसे किसी दूसरी भाषा में उसी रूप में उतार पाना कठिन है। इस दृष्टि से कामायनी का अनुवाद सहज नहीं हैं। क्योंकि गहरे विश्लेषण से इतिहास हमारी परम्परा के रूप में आता है और इस परम्परा में सबसे महत्वपूर्ण प्रतीकात्मक भाषा बन जाती है। यह प्रतीकात्मक भाषा पुराणों को व्यक्त करती है, मिथकों का निर्माण करती है तथा पौराणिक सन्दर्भो को नये सन्दर्भ भी देती है। इसका सशक्त और संश्लिष्ट रूप कामायनी में दिखाई देती है। इस स्तर पर अनुवादक से यह अपेक्षा की जाती है कि वह प्रतीकात्मक भाषा के विश्लेषण द्वारा काव्य के अर्थ तक पहुँचे और 'सहज निकटतम समतुल्य' के सिद्धान्त के अनुसार उसे लक्ष्य भाषा में लाने का प्रयास करे।

प्रसाद के प्रतीकात्मक भाषा प्रयोग की गहन संरचना अनेक स्तरों पर उनके नाटकों में भी दिखाई देती है। अर्थात् प्रसाद की 'कामायनी' एक विशिष्ट प्रतीकों बन्धी हुई रचना है, जिसके अनुवाद की विशिष्ट प्रक्रिया अपनाना अनुवादक के लिए अनिवार्य है। इस संबंध में मुक्तिबोध की यह

बात महत्वपूर्ण लगती है कि 'कामायनी' उस अर्थ में कथा काव्य नहीं है, जिस अर्थ में 'साकेत' है। इस बात को स्पष्ट करते हुए मुक्तिबोध कहते हैं कि 'कामायनी' की कथा एक फैण्टेसी है, जिसमें उसका रोमांटिक, शिल्प, बिम्बों की रचना, भाव पक्ष, चित्रमयता सभी कुछ विशिष्ट है, इन सबको परस्पर समन्वित और एकीभूत करके प्रसाद ने 'कामायनी' के रूप में और स्वरूप को विकसित किया है।[4] मुक्तिबोध का यह वक्तव्य हमें एक अनुवादक के रूप में यह सोचने के लिए बाध्य करता है कि जिस रचना में अभिव्यंजना के स्तर पर इतना वैविध्य है, उसके अनुवाद की स्थिति निश्चित ही भिन्न होगी और यहाँ अनुवादक से अधिक गंभीर और सजग होकर अनुवाद करने की अपेक्षा भी की जाएगी।

(ii) **शिल्प का सन्दर्भः**

'कामायनी' का भाषा प्रयोग और उसका कथानक दोनों मिलकर उसे एक आध्यात्मवादी और रहस्यवादी रचना भी बना देते हैं। 'तुम कौन' 'मैं कौन' ये प्रश्न भारतीय दर्शन में हमेशा से उठते रहे हैं। इन प्रश्नों का उत्तर आत्मा-परमात्मा के संबंधों में ही मिलता हैं। इस रहस्यात्मकता के साथ मानव और उसके जीवन में इच्छा और भ्रम, मन और मस्तिष्क का जो परस्पर योगदान होता है, वह भी 'कामायनी' में पात्रों के प्रतीक द्वारा व्यक्त किया गया है। इस पर काफी चर्चा की गई है कि कौन सा पात्र किस मनोभाव का प्रतीक है और उसकी पूरे काव्य के सन्दर्भ में क्या सार्थकता है ? अतः यह भी कहा जा सकता है कि कामायनी की कथावस्तु, चरित्र, कथानायक आदि भी एक माध्यम मात्र हैं, जिनके द्वारा प्रसाद ने मानव मन की जटिलताओं, उसके जीवन के संघर्षों और उसके अनुभवों को प्रकट किया है। इसलिए कामायनी में मानव जीवन से सम्बन्धित निष्कर्ष अधिक महत्वपूर्ण हैं, उसकी कथावस्तु और पात्र उतने महत्वपूर्ण नहीं है। अनुवादक हमेशा मूल मंतव्यों या निहितार्थों का ही अनुवाद काव्य के सन्दर्भ में करता है। अतः यहाँ कामायनी के अनुवाद में उसे यह पहचानना होगा कि पात्रों, घटनाओं या स्थितियों के माध्यम से प्रसाद

कौन सा अर्थ प्रक्षेपित करना चाहते हैं, तभी कामायनी के अनुवाद के साथ न्याय हो सकता है।

मुक्तिबोध ने कामायनी को 'जीवन की पुनर्रचना' कहा है।[5] अनूदित पाठ को भी हम मूल की पुनर्रचना (Recreation) कहते हैं। 'कामायनी' के सन्दर्भ में यह बात और भी महत्वपूर्ण हो जाती है क्योंकि यह जीवन को एक आवरण के साथ सामने लाती है। यहाँ प्रसाद का उद्देश्य वेदकालीन जीवन का चित्रण नहीं है बल्कि उनका उद्देश्य है आधुनिक प्रवृत्तियों को तथा आधुनिक भाव विचारों को कल्पनात्मक रूप में प्रस्तुत करना। अतः जब तक अनुवादक इस प्रतीकात्मकता को नहीं समझता, तब तक 'कामायनी' के अनुवाद में कठिनाई आ सकती है। 'कामायनी' का स्त्रोत वेदकालीन है, उसका कलात्मक प्रभाव विशिष्ट है और उसकी रूप रचना प्रतीकात्मक और मिथकीय है इसलिए 'कामायनी' सामान्य काव्य नहीं है। यहाँ हमें महाकाव्यत्व के साथ-साथ जीवन, प्रेम, संघर्ष और दृष्टि का अच्छा समन्वय दिखाई देता है। यह समन्वय प्रसाद के विशिष्ट कवि व्यक्तित्व से सम्बद्ध होकर जिस अभिव्यंजना के साँचे में ढला है, उससे 'कामायनी' में आत्मपरकता उत्पन्न हुई है अर्थात् 'कामायनी' का पूरा परिदृश्य लेखक के आन्तरिक संघर्ष का प्रतिनिधित्व करता है और इसीलिए 'कामायनी' और प्रसाद को अलग-अलग करके नहीं देखा जा सकता। 'कामायनी' ने ही उन्हें एक कवि और एक व्यक्ति के रूप में उस शिखर पर स्थापित किया जहाँ हम यह कह सकते हैं कि उन्होंने मनुष्य के अस्तित्व, उसकी चेतना और उसके आदिम स्वरूप को आधुनिक सन्दर्भो से बाँध दिया। अनुवाद में ये सन्दर्भ निश्चित रूप से उभरने चाहिए। जैसा कि आगे की अनुवाद समीक्षाओं से स्पष्ट होगा कि इस गहरी प्रतीकात्मक काव्य कृति की सम्पूर्ण मिथकीय और प्रतीकात्मक स्थितियों में पकड़ तेलुगु अनुवाद में अधिक दिखाई देती हैं। अंग्रेजी अनुवाद समतुल्य बनकर ही रह जाता है क्योंकि अंग्रेजी भाषा के परिवेश और संस्कार 'कामायनी'

के इस गहरे व्यक्तिगत और आध्यात्मिक प्रतीक विधान को पकड़ पाने में उतने सफल नहीं हो पाते।

(ख) 'कामायनी': कथ्य और अभिव्यक्ति

(i) 'कामायनी' का कथ्य :

'कामायनी' की कथा के अंतिम भाग में प्रसाद ने अपने दार्शनिक सिद्धान्तों के आधार पर कथा को एक अप्रत्याशित मोड़ दिया है, जिससे उसमें ऐतिहासिक तत्वों का सर्वथा अभाव और दार्शनिकता की प्रधानता हो गई है। इस कथा भाग में प्रसाद ने तीन बातें दिखलायी है- प्रथम, मनु को तांडव नृत्य करते हुए नटराज शिव के दर्शन होते हैं। दूसरे, मनु को त्रिपुर या त्रिकोण की वास्तविकता का ज्ञान होता है और तीसरे, कैलाश शिखर पर पहुँचकर वे समरसता को अपनाते हुए अखण्ड आनंद का अनुभव करते हैं। वहीं, पर इड़ा मानव, सारस्वत नगर की प्रजा आदि भी पहुँच जाते हैं जिससे एक संग बस जाता है और सभी सम्मिलित रूप में भौतिकता से परे आध्यात्मिकता एवं भौतिकता के समन्वित रूप को अपनाते हुए अखंड आनंद को प्राप्त करते हैं। ब्रह्म पुराण, शिव तांडव स्तोत्र आदि के आधार पर कामायनी में प्रसाद ने शिव के तांडव नृत्य का वर्णन किया है। कैलाश पर्वत पर जिस प्रकार दिव्य मानसरोवर आदि की स्थिति बतलाकर वहाँ की अलौकिक एवं पावन शोभा का वर्णन पुराणों में मिलता है, उसी के आधार पर प्रसाद ने भी 'कामायनी' में कैलाशगिरि एवं मानसरोवर की दिव्य झाँकी प्रस्तुत की है तथा वहाँ अखण्ड आनंद का साम्राज्य बतलाया है। प्रसाद ने वैदिक, लौकिक, तांत्रिक आदि ग्रंथों में बिखरी हुई कथा सामग्री को लेकर अपनी उर्वर कल्पना द्वारा 'कामायनी' की कथावस्तु का निर्माण किया है, जिसे एक काव्य रूप देने का कार्य उनकी प्रतिभा ने किया है।

प्रसाद ने 'कामायनी' में कथा श्रृंखला मिलाने के लिए हमारी परंपरागत भारतीय धार्मिक उपलब्ध सामग्री में परिवर्तन भी किए हैं।

'कामायनी' में सर्वप्रथम जलप्लावन का वर्णन आता है। यह कथा इतनी प्रसिद्ध है कि भारतीय तथा ईसाई, इस्लामी, यूनानी आदि विश्व के सभी प्राचीन साहित्यों में इसका उल्लेख मिलता है। भारतीय ग्रन्थों में प्राय : मनु की नौका मत्स्य के सींग में बाँधी जाकर अन्त में उसी के द्वारा हिमालय पर्वत पर पहुँचती है। परन्तु प्रसाद ने मत्स्य के सींग तथा उससे नाव के बाँधने का उल्लेख नहीं किया है। इसका कारण यह जानना पड़ता है कि प्रसाद ने स्वाभाविकता की रक्षा करने के लिए उपर्युक्त सभी बातें छोड़ दी हैं। दूसरे, इस वैज्ञानिक युग में मनु और मत्स्य के वार्तालाप आदि में कौन विश्वास कर सकता है। यह सब अस्वाभाविक ही है। इसी कारण कथा के पूर्व भाग, अर्थात् मनु-मत्स्य के वार्तालाप तथा नौका के श्रृंग से बाँधने आदि का परित्याग करके प्रसाद ने सीधी-सीधी तर्क संगत कथा को अपनाया है और मनु की नौका को महामत्स्य के चपेटे द्वारा हिमालय की उन्नत चोटी पर पहुँचा दिया है।

इसी प्रकार प्रसाद ने मनु की भेंट पहले इड़ा से न करा कर श्रद्धा से कराई है, इड़ा तो उन्हें हिमगिरि से दूर सारस्वत नगर में मिलती है। दूसरे, इड़ा को मनु की पुत्री न कहकर मनु की आत्मजा प्रजा तथा सारस्वत प्रदेश की रानी बतलाया है। 'प्रसाद' ने मनु को घोर नैतिक पतन से भी बचा लिया है। मैत्रावरूण यज्ञ का वर्णन भी उन्होंने इसीलिए नहीं किया क्योंकि इड़ा को जब मनु की दुहिता के रूप में स्वीकार ही नहीं किया गया है तो फिर यह सब वर्णन व्यर्थ है। केवल इड़ा को हिमगिरि से दूर एक स्वतन्त्र प्रदेश की राणी बतला कर उन्होंने मनु को उसकी ओर आकृष्ट होता हुआ दिखा दिया है। जिससे 'प्रसाद' को अपनी कथा में रूपक का निर्वाह करने में भी सफलता मिली है।

भारतीय ग्रन्थों में मनु जलप्लावन के उपरान्त सृष्टि की कामना से मैत्रावरूण यज्ञ करते हुए दिखलाए गए है, परन्तु 'कामायनी' में वे पहले पाक-यज्ञ करते हैं, जिससे वे अपनी तथा अन्य प्राणियों की क्षुधा का निवारण करते हैं। इस परिवर्तन का कारण यह प्रतीत होता है कि

प्रसाद यहाँ निष्काम कर्म की सफलता दिखलाना चाहते हैं, क्योंकि मनु किसी कामना से पाक यज्ञ नहीं करते और उस यज्ञ के उपरान्त ही उन्हें श्रद्धा जैसी जीवन संगिनी प्राप्त होती है। परन्तु श्रद्धा के मिल जाने के उपरान्त वे आकुलि-किलात की प्रेरणा से मैत्रावरूण यज्ञ भी करते हैं। ऐसा वर्णन करके प्रसाद ने अपनी कथा को मूल कथा से भी सम्बद्ध कर दिया है और उसमें उचित सन्तुलन भी स्थापित किया है। भारतीय साहित्य में श्रद्धा एवं इड़ा दोनों नारियों के महान् व्यक्तित्व की झाँकी मिलती है। परन्तु प्रसाद को केवल श्रद्धा में ही भारतीय नारी की पूर्णता के दर्शन हुए हैं। 'कामायनी' का चरम लक्ष्य बुद्धि (इड़ा) के वशीभूत मन (मनु) को हृदय (श्रद्धा) के सहयोग से अखण्ड आनन्द की प्राप्ति कराना है और उसकी पूर्ति श्रद्धा जैसी पतिव्रता एवं सच्चरित्र नारी के माध्यम से ही हो सकती है। इड़ा के चरित्र में कहीं-कहीं दोष भी मिलते हैं। जबकि श्रद्धा के चरित्र में कहीं भी कोई दोष ग्रन्थ में नहीं मिलता तथा सर्वत्र उसकी महत्ता के ही दर्शन होते हैं। सभी भारतीय ग्रन्थों में प्रजापति द्वारा अपनी दुहिता के साथ अनैतिक व्यवहार की चर्चा मिलती है दुहिता के साथ अनैतिक आचरण करने पर देवताओं के रूष्ट होने का उल्लेख तो शतपथ आदि ब्राह्मण-ग्रन्थों में मिल जाता है। परन्तु प्रसाद ने 'कामायनी' में केवल देवताओं को ही रूष्ट होते हुई नहीं दिखलाया है अपितु एक जनक्रान्ति दिखाकर उसका नेतृत्व आकुलि-किलात नामक असुर पुरोहितों से कराया है। इस परिवर्तन का कारण यह प्रतीत होता है कि प्रसाद आसुरी प्रवृत्तियों को सभी संघर्षों का मूल बताना चाहते हैं। फिर विलासी मन के लिए तो आसुरी भावनायें ही नेतृत्व करके हलचल उत्पन्न किया करती हैं जनक्रान्ति आदि दिखाने का मूल कारण शासक एवं शासित वर्ग के संघर्ष का प्रदर्शन करना है। प्रसाद की यह धारणा सर्वत्र दिखाई देती है कि वे अतीत के विस्मृत कथानक में वर्तमान घटनाओं को दिखाकर उसके परिणाम से पाठकों को परिचित कराते हैं।

अन्य भारतीय ग्रन्थों में मनु के दस पुत्रों का उल्लेख मिलता है। परन्तु प्रसाद ने 'कामायनी' में केवल एक ही पुत्र 'मानव' या 'कुमार' का उल्लेख किया है। इसका कारण यह है कि 'कामायनी' एक प्रबन्ध काव्य है। इतिहास ग्रन्थ नहीं। प्रबन्ध के लिए अनावश्यक विस्तार अपेक्षित नहीं होता।

(ii) दार्शनिक चेतना :

'कामायनी' की दार्शनिकता के सम्बन्ध में उसके रसास्वादन की समस्याओं या कठिनाइयों पर डॉ. नगेन्द्र ने विस्तार से प्रकाश डाला है। उनका यह मानना है कि 'कामायनी' की प्रमुख समस्या इसमें किये गये पारिभाषिक शब्दों का प्रयोग है। इन पारिभाषिक शब्दों के उन्होंने तीन प्रकार निर्धारित किये है: (1) सांस्कृतिक (2) दार्शनिक और (3) मनोवैज्ञानिक। इसमें सन्देह नहीं कि शाब्दिक स्तर पर 'कामायनी' में इन तीनों प्रकार के शब्द विद्यमान हैं और मूल रूप से दार्शनिक शब्दावली का प्रयोग 'कामायनी' की अभिव्यंजना को विशिष्ट बनाता है, क्योंकि दार्शनिकता उसका मूल विषय भी है। 'असीम', 'आनन्द', 'तन्मय' जैसे कई शब्द हमारी दार्शनिक परम्परा में प्रचलित हैं। ये सब दर्शन शास्त्र के पारिभाषिक शब्द हैं। अनुवाद की दृष्टि से भी यह बात महत्वपूर्ण है। क्योंकि इन पारिभाषिक शब्दों का अनुवाद इनकी दार्शनिक पृष्ठभूमि में ही करना चाहिए, अन्यथा अनूदित पाठ का अर्थ स्पष्ट नहीं हो सकता। प्रसाद ने ऐसे दार्शनिक शब्दों का प्रयोग किया है, जो भारतीय शब्द कोश की सम्पन्नता का परिचय तो देते हैं, किन्तु भारतीय काव्यशास्त्र की दृष्टि से अप्रतीतत्व दोष के अन्तर्गत भी आ जाते हैं। तत्सम शब्दावली के साथ-साथ अर्द्ध-तत्सम शब्द भी यत्र-तत्र प्रयुक्त मिलते हैं, जो अपनी कोमलता और सहजता का परिचय देते हैं जैसे: पूर्निमा, तीछन, मुकता, किरन आदि। भावाभिव्यक्ति में सरलता और स्वाभाविकता लाने के लिए प्रसाद ने तद्भव शब्दों का प्रयोग करने में भी संकोच नहीं किया है। उदाहरण के

लिए: परस, नख़त, साँझ, सपना आदि। इनके अलावा देशज शब्दों का भी भरपूर प्रयोग कामायनी में हुआ है जैसे: झाँझा, पचड़ा, छप्पर, झुर्रियाँ, पाली आदि।

कथावस्तु के स्तर पर भी 'कामायनी' की सघन दार्शनिकता प्रमाणित है क्योंकि इसमें या इसकी कथावस्तु में मानव चेतना और मानव सभ्यता के चित्रण के लिए विशिष्ट कथानक को चुना गया है। इस कथानक और उनकी दार्शनिक पृष्ठभूमि के विकास में हमारे वैदिक कर्मवाद, आनन्दवाद, बौद्ध के शून्यवाद और उपनिषदों, पुराणों, आगमों का योगदान है। अतः 'कामायनी' को समझने के लिए दर्शन के इन उलझे हुए सूत्रों की पहचान अनिवार्य है। 'कामायनी' के कथानक के माध्यम से एक सीमा तक उसकी इस दार्शनिकता को पहचाना जा सकता है। यहाँ यह चर्चा इसीलिए भी अनिवार्य है कि मूल पाठ के रूप में 'कामायनी' के अध्ययन क्रम में उसकी दार्शनिकता का महत्व तो है ही उसकी यह दार्शनिक भूमिका अनूदित पाठ में भी अवश्य व्यक्त होनी चाहिए क्योंकि प्रसाद का लक्ष्य है- 'गम्भीर दार्शनिक भूमिका द्वारा आधुनिक विकासवाद और शैव दर्शन को व्यक्त करना'। अतः जब तक इस लक्ष्य की सिद्धि अनूदित पाठ भी नहीं करता, तब तक, 'कामायनी' का अनुवाद सफल नहीं माना जा सकता। 'कामायनी' का कथानक एक विशिष्ट प्रकार के प्रतिपाद्य से जुड़ा है। उसका अपना जीवन दर्शन है। इसी के अनुरूप प्रसाद ने इसके शिल्प और शैली को भी संघटित किया है। इसलिए सभी आलोचकों को 'कामायनी' का समग्र स्वरूप और उसकी परिकल्पना उदात्त और 'कामायनी' का आयाम विराट लगता है। किसी भी अनुवाद के माध्यम से 'कामायनी' की यह उदात्तता और विराटता सुरक्षित रहनी चाहिए। यदि ये दोनों सुरक्षित नहीं रहते तो प्रसाद की प्रतिभा और उनके काव्य शिल्प का जो धरातल है, वह अनुवाद में व्यक्त नहीं होगा और उसकी सीमाएँ 'कामायनी' के प्रतिपाद्य, जीवन दर्शन, वस्तु कल्पना और शैली, शिल्प तक अनुवाद के पाठकों को

पहुँचने नहीं देगी। इस दृष्टि से ही यहाँ 'कामायनी' के कथानक की दार्शनिकता या उसकी दार्शनिक पृष्ठभूमि पर संक्षिप्त चर्चा की जा रही है।

'कामायनी' में प्रसाद के दार्शनिक विचारों पर सबसे अधिक प्रभाव प्रत्यभिज्ञा दर्शन का पड़ा है। क्योंकि प्रत्यभिज्ञा दर्शन में आत्मा का जो रूप निश्चित किया गया है उसी आधार पर प्रसाद ने 'कामायनी' में भी उसे 'महाचिति' कहा है या 'सदैव लीलामय आनन्द' करने वाली, अपनी इच्छा से ही जगत का निर्माण करनेवाली 'इच्छा', 'ज्ञान', 'क्रिया', 'रूपिणी' आदि कहा है। इसी तरह प्रत्यभिज्ञा-दर्शन में जीव का जो रूप निश्चित किया गया है, उसी के आधार 'कामायनी' में भी प्रसाद ने 'मनु' का वर्णन करते हुए पहले उन्हें तीनों प्रकार के मलों एवं छः कंचुकों से आवृत्त दिखलाया है, जिसके परिणाम स्वरूप वे अपने स्वरूप को भूलकर इधर-उधर मारे-मारे फिरते हैं, क्योंकि 'निर्वेद' सर्ग तक उनकी आणव स्थिति रहती है, जिसमें भेदबुद्धि का प्राधान्य दिखाई देता है। 'निर्वेद' से लेकर 'रहस्य' सर्ग तक वे शाक्त स्थिति में रहते हैं, जिसके कारण उनमें भेद और अभेद दोनों का प्राधान्य प्रतीत होता है। परन्तु जब श्रद्धा अपनी मुस्कान से इच्छा, ज्ञान और क्रिया के त्रिकोण को मिलाकर एक कर देती है, उसी क्षण से उनमें शांभव स्थिति उत्पन्न हो जाती है, जिसके उन्मेष से वे शिव रूप होकर अखंड आनंदमय हो जाते हैं।

'प्रसाद' शिव को परात्पर ब्रह्म मानते थे। उनके परिवार की मुख्य दार्शनिक विचारधारा प्रत्यभिज्ञा-दर्शन की परम्परा में ही थी । ये लोग शैव दर्शनों में से काश्मीर के प्रत्यभिज्ञा-दर्शन को ही अत्यन्त पुष्ट और प्रबल मानते थे। प्रत्यभिज्ञा-दर्शन का विकास चूंकि काश्मीर में हुआ था, इसलिए यह काश्मीरी शैवागम कहलाया। प्रसाद का केवल यह (शैव दर्शन) पारिवारिक प्रत्यय नहीं था, बल्कि उन्होंने व्यक्तिगत रूप से भी इसका अध्ययन किया था। इस काश्मीरी शैवागमों का प्रभाव सर्वाधिक रूप से प्रसाद में और विशेष रूप से 'कामायनी' में उद्घाटित हुआ है। इसका एक

कारण यह भी है कि उक्त दार्शनिक प्रत्यय को अभिव्यक्ति देने में 'कामायनी' की कथा उन्हें अपने सर्वाधिक अनुकूल लगी।

प्रत्यभिज्ञा-दर्शन के अनुसार प्रसाद ने 'कामायनी' में जीवात्मा और परमात्मा पर अपने विचार इस प्रकार व्यक्त किए हैं- श्रद्धा विमुख मन की स्थिति 'मायत्व' की स्थिति है, श्रद्धा जो कि 'ज्योतिर्मयी' यानी प्रकाश स्वरूप है उसी से संयुक्त होकर मनु अपने महा प्रकाश 'वपु' और आनन्द स्वरूप का अभिज्ञान कर पाते हैं और तब शुद्धत्व में स्थित हो जाते हैं। शुद्धत्व में स्थिति होने पर द्वैत मिट जाता है और 'शिवोहम्' की अनुभूति होने पर जगत शिव रूप में प्रतिबिम्बित हो उठता हैं।

सब भेद-भाव भुलवाकर
दुख-सुख को दृश्य बनाता,
मानव कह रे ! 'यह मैं हूँ,
यह विश्व नीड़ बन जाता'।[7]

प्रत्यभिज्ञा हृदयम् का सम्पूर्ण दर्शन ही चिति चित्त और चेतन पर आधारित है। परमशिव अपनी स्वातन्त्र्य शक्ति के चलते चिति के द्वारा विश्वोत्तीर्ण और विश्वात्मक रूप में स्थित रहता है।

प्रत्यभिज्ञा-दर्शन में जिसे 'कामकला' कहा गया है प्रसाद कामायनी में उसे 'प्रेमकला' कहते हैं"[8] और यही शिव की 'इच्छा' जिसका परिणाम यह जगत् है, को 'ज्ञान', 'इच्छा' और 'क्रिया' के त्रिकोण के मध्य बैठी मुस्कुराती 'माया' भी कहा गया है।

प्रसाद ने 'कामायनी' में आध्यात्मिक और वासनात्मक काम के रूप का सर्जनात्मक काम के साथ समन्वय किया है। इन तीनों का कल्याणकारी समन्वय इसमें दिखाया गया है। श्रद्धा मनु के लिए आकर्षण है। वह सन्तति रचना भी करती है और अन्ततः मनु में सात्विकता और उदारता का विधान कर वृत्तियों को उदात्त बनाने की प्रेरणा देती है और अखण्ड आनन्द की प्राप्ति करती हैं, जहाँ जड़ चेतन की समरसता है। इसलिए प्रसाद जी ने श्रद्धा को 'पूर्ण काम की प्रतिमा' कहा है।

कामायनी अनुवाद समीक्षा

वह विश्व-चेतना पुलकित
थी पूर्ण-काम की प्रतिमा,"[9]

प्रत्यभिज्ञा-दर्शन में समरसता के सिद्धान्त का अत्यधिक महत्व है। जब जीवात्मा को परमात्मा प्राप्त हो जाता है तभी सामरस्य हो पाता है, वैसे ही जैसे नदी समुद्र में मिल जाती है तो नदी और सागर में सामरस्य स्थापित हो जाता है। समरसता परम स्वतन्त्र शिव रूपा है। इसलिए वहाँ दुख-सुख का तिरोहण होकर केवल अखण्ड आनन्द ही रहता है और भेद बुद्धि भी समाप्त हो जाती है।

समरस थे जड़ या चेतन, सुन्दर साकार बना था,
चेतनता एक विलसति आनन्द अखण्ड घना था।"[10]

प्रसाद जी ने 'कामायनी' में 'समरसता' के सिद्धान्त को केवल दर्शन की पहेली के रूप में वर्णित कर उसे नारी-पुरूष, अधिकार और अधिकारी, शासक और शासित के बीच रख कर व्यावहारिक बना दिया है।

समरसता है सम्बन्ध बनी
अधिकार और अधिकारी की।"[11]

कामायनी में मानव मन में उठनेवाले विभिन्न भावों के क्रमिक विकास के साथ-साथ प्रसाद ने शैव दर्शन की अभिव्यक्ति की हैं। अतः उसमें शैव दर्शन की पारिभाषिक शब्दावली का उन्मुक्त प्रयोग हुआ है।

समरस थे जड़ या चेतन, सुन्दर साकार बना था
चेतनता एक विलसति आनन्द अखण्ड घना था।"[12]

उपर्युक्त पंक्तियों का अर्थ जानने के लिए पाठक को समरस, जड़, चेतन, साकार चेतना, आनन्द तथा अखण्ड जैसे पारिभाषिक शब्दों का ज्ञान होना आवश्यक है।

वस्तुतः दार्शनिकता को प्रसाद जी के गम्भीर व्यक्तित्व में सहज अनुस्यूत मानना चाहिए। 'कामायनी' के अतिरिक्त उनके 'आँसू' आदि काव्य कृतियों तथा नाटकों में भी स्थल-स्थल पर दार्शनिक प्रसंगों का प्रचुर प्रयोग हुआ है।

'कामायनी' में प्रयुक्त दार्शनिक शब्दावली की सूची यहाँ उनके मूल शब्दों के साथ-साथ तेलुगु और अंग्रेजी में अनूदित समतुल्यों के साथ दी जा रही है।

(iii) **दार्शनिक शब्दावली :**

1. **अग जग (मू.पा.) अग जगमु (ते.अ.) Immobile, mobile (अं. अ.)**
विवेचन :

'प्रसाद' ने 'कामायनी' में 'अग जग' शब्द का 'चराचर जगत्' के अर्थ में प्रयोग किया है। भारतीय दार्शनिक परम्परा में यह 'चराचर' या 'जड़ चेतन' सृष्टि परमात्मा का स्वरूप मानी जाती है। यह तत्सम शब्द है। तेलुगु अनुवाद में वही तत्सम शब्द तेलुगु की विभक्ति 'मु' के साथ (अग जगमु) प्रयुक्त हुआ है क्योंकि तेलुगु में संस्कृत के अनेक ऐसे शब्द हैं जो उसी अर्थ में प्रयुक्त होते हैं, जिस अर्थ में उनका प्रयोग हिन्दी में होता हैं। अंग्रेजी अनुवाद में इस शब्द का दार्शनिक अर्थ व्यक्त नहीं हो पाया है। क्योंकि अंग्रेजी में इसका अनुवाद 'Immobile mobile' किया गया है। अंग्रेजी अनुवाद के अनुसार 'अग जग' का अर्थ केवल 'दुनिया' या 'विश्व' से है जबकि हिन्दी में 'जग' शब्द 'दुनिया' या 'विश्व' का अर्थ देता है। इसलिए अंग्रेजी का अनुवाद 'Whole World' भी 'अग जग' के भाव को व्यक्त नहीं कर पाता। 'अग' का अपने में स्वतन्त्र अर्थ नहीं हैं। लेकिन जब जग के साथ इसका प्रयोग होता है, तब इसका एक नया अर्थ व्यक्त होता है- यह दुनिया और इस दुनिया से परे की दुनिया (इहलोक, परलोक) इसे ही हम 'चराचर जगत्' या 'जगत्' का 'जड़ चेतन' अंग कहते हैं।

2. **अणु (मू.पा.) परमाणुवुलु (ते.अ.) Atoms (अं.अ.)[14]**
विवेचन :

मूल 'अणु' शब्द में जो अर्थ प्रकट हो रहा है, वही अर्थ तेलुगु में प्रकट हो रहा है लेकिन तेलुगु में 'अणु' के लिए 'परमाणुवु' शब्द का प्रयोग

किया गया है क्योंकि तेलुगु में अणु, परमाणु शब्द प्रायः पर्यायवाची के रूप में प्रयुक्त होते हैं। तत्सम परमाणु के अन्त में 'वुलु', तेलुगु का बहुवचन सूचक प्रथमा विभक्ति चिह्न जोड़ा गया है। भारतीय दर्शन में पंचभूतात्मक सृष्टि का मूल 'अणु' को माना गया है और इसे ही परमात्मा का सूक्ष्म 'रूप' भी कहा गया है। उपनिषदों ने भी परमात्मा को 'अणोरणीय' कहा है। अंग्रेजी 'ऑटम' (Atom) शब्द इसका समुचित शाब्दिक अनुवदा है, लेकिन इससे मूल शब्द का गहरा या दार्शनिक अर्थ प्रकट नहीं होता है।

3. अदृष्ट (मू. पा.) : विधि (ते. अ.) : Fate (अं. अ.)[15]

विवेचन :

इस मूल 'अदृष्ट' शब्द का तेलुगु में 'विधि' अनुवाद किया गया है। 'तेलुगु' में 'भाग्य',''अदृष्ट' आदि के पर्यायवाची के रूप में 'विधि' का प्रयोग होता है। 'अदृष्ट' अर्थात् जो दिखाई नहीं देता । भारतीय दर्शन में इस सर्व नियन्ता परमात्मा को अदृष्ट कहा गया है। उसी के विधान के अनुकूल सब कुछ होता है। परमात्मा को 'विधि' माना जाता है। अतः मूल का आशय इसमें पूरी तरह प्रकट होता है। प्रसाद ने अपनी रचना में इसी भाव के लिए इस शब्द का प्रयोग किया है। अंग्रेजी अनुवाद का 'फेट' 'Fate' शब्द हिन्दी के 'अदृष्ट' शब्द का समानार्थी है। इससे भी भारतीय दर्शन के अनुकूल विधि-विधान का आभास हो जाता है।

4. अनन्त चेतन (मू.पा.): अन्तुलेनि चेतनम् (ते.अ.) : Everlasting consciousness (अं.अ.)[16]

विवेचन :

तेलुगु में हिन्दी के 'अनन्त' का समानार्थी 'अन्तुलेनि' शब्द है। इसका अर्थ है – 'जिसका अन्त नहीं' । मूल के चेतन शब्द के लिए तेलुगु अनुवाद में वही तत्सम शब्द तेलुगु के प्रथमा विभक्ति चिह्न 'मु' के साथ प्रयुक्त हुआ है। अतः इसके द्वारा दर्शन शास्त्र के आशय के अनुसार परमात्मा की ओर इशारा होता है। इस सृष्टि में प्राणि मात्र का चेतन अन्त सहित

है, किन्तु उस परमात्मा की चेतन शक्ति अनन्त है। इसलिए भारतीय दर्शन परमात्मा को अनन्त चेतन कहता है। अंग्रेजी अनुवाद में इसके लिए 'Everlasting Consciousness' शब्द का प्रयोग हुआ जिस का शाब्दिक अर्थ 'अविनाशी चेतना' है जो मूल के आशय को समान रूप से प्रकट करता है और परमात्मा की ओर संकेत करता है।

5. अनन्त रमणीय (मू. पा.): अन्तुलेनि अंदालराशि (ते. अ.):
Oh everlasting beauty (अं. अ.)[17]

विवेचन :

हिन्दी के 'अनन्त' का समानार्थी तेलुगु में 'अन्तुलेनि' शब्द है, जिसका अर्थ है- 'अन्तहीन'। 'रमणीय' शब्द के लिए तेलुगु अनुवाद में 'अन्दाल राशि' शब्द का प्रयोग किया गया, जिसका अर्थ है– 'सौन्दर्य राशि', अनन्त और अखण्ड सौन्दर्य की दिव्य मूर्ति की जो कल्पना मूल में की गई है, तेलुगु में वह अभिव्यक्ति आ गयी है। भौतिक सौन्दर्य क्षणिक है, नश्वर है। किन्तु परमात्मा का दिव्य सौन्दर्य शाश्वत और अनन्त है। इसी को ध्यान में रखकर प्रसाद ने यह सम्बोधन किया है। अंग्रेजी अनुवाद के Everlasting Beauty शब्द के द्वारा भी प्रसाद द्वारा इंगित परमात्मा की शाश्वत सौन्दर्य मूर्ति का आभास होता है।

6. अनस्तित्व (मू. पा.): अनस्तित्वमु (ते. अ.) :
Negation Dread (अं. अ.)[18]

विवेचन :

मूल के 'अनस्तित्व' तत्सम शब्द के तेलुगु अनुवाद में प्रथमा विभक्ति चिह्न 'मु' जोड़कर 'अनस्तित्वमु' शब्द बनाया गया है। अतः अनस्तित्वरहित माया जगत का मूल आशय इसमें भी प्रकट है। हमारे भारतीय दर्शन में 'जगन्मिथ्या ब्रह्म सत्य' कहा गया है। अतः केवल परब्रह्म का ही अस्तित्व है, बाकी सब कुछ अनस्तित्व ही है। प्रसाद ने इस माया जगत को अनस्तित्व कहा है। अंग्रेजी में इसका अनुवाद 'Negation

Dread' हुआ है। इसका अधिक उपयुक्त रूप या समानार्थी non existence हो सकता है। लेकिन अनुवादक ने इसका प्रयोग नहीं किया। इसलिए अंग्रेजी में किया गया अनुवाद मूल के भाव को पकड़ पाने में असमर्थ है। अंग्रेजी का अनुवाद इस अर्थ का अभास देता है कि अस्तित्व समाप्त हो गया है। जब कि मूल का भाव ऐसा नहीं है।

7. अभेद सागर (मू. पा.): अखंड जलधि (ते. अ.): Continuous Sea (अं. अ.)[19]

विवेचन :

मूल के 'अभेद सागर' शब्द के लिए तेलुगु में 'अखंड जलधि' शब्द का प्रयोग किया गया है। 'अभेद' शब्द में जो अद्वैत भाव अभिव्यक्त होता है वह 'अखण्ड' शब्द द्वारा उतना स्पष्ट नहीं हो रहा है। भारतीय दर्शन ने परमात्मतत्व के अद्वैत और अभेद की घोषणा की है- (एक मेव अद्वितीयं ब्रह्म) उस अभेद तत्व का व्यापक रूप ही 'अभेद सागर' है। इस आशय को ही प्रसाद ने इस प्रयोग द्वारा अभिव्यक्त किया है। अंग्रेजी अनुवाद के 'Continuous Sea' शब्द में भी यह भाव स्पष्ट नहीं होता। अद्वैत का वह आशय दोनों ही अनुवादों में नहीं आ पाया।

8. अहंता (मू. पा.) : अभिमानमु (ते. अ.) : Egotism (अं. अ.)[20]

विवेचन :

मूल के 'अहंता' शब्द के 'अहंकार' या 'गर्व' के अर्थ में ही तेलुगु अनुवाद में 'अभिमानमु' शब्द का प्रयोग हुआ है। 'अभिमान' तत्सम शब्द में तेलुगु का 'मु' प्रथमा विभक्ति चिह्न जोड़ा गया है। भारतीय दर्शन में 'सोहं' कहकर परमात्म-तत्व के साथ अहंकार का अद्वैत स्थापित किया गया है। किन्तु इस अद्वैत की अनुभूति से रहित अहंता गर्व का रूप धारण करके पतन का कारण बनता है। प्रसाद ने ऐसी अहंता का वर्णन इस पद्य में किया है। तेलुगु अनुवाद मूल के दार्शनिक आशय को प्रकट करने में

समर्थ है। अंग्रेजी अनुवाद में 'Egotism' शब्द का प्रयोग किया गया है। मूल पद्य के समान ही यह भी ठीक दार्शनिक अर्थ प्रकट कर रहा है।

9. आनन्द (मू. पा.): मुदमु (ते. अ.) : Bliss (अं. अ.)[21]

विवेचन :

मूल के 'आनन्द' शब्द का पर्यायवाची है 'मोद' शब्द तेलुगु अनुवाद में उसी के रूपान्तर 'मुद' शब्द में प्रथमा विभक्ति चिह्न 'मु' जोडकर बनाया गया है, जो 'आनन्द' का समानार्थी है। 'आनन्दोब्रह्म' कहकर हमारे दर्शन में परमात्मा का स्वरूप आनन्द कहा गया है उस ब्रह्मानन्द की लीला ही यह सृष्टि मानी गयी है। प्रसाद ने इसी आशय को अपने पद्य में प्रकट किया है। अंग्रेजी अनुवाद का Bliss भी इसका समानार्थी है।

10. आनन्द अम्बुनिधि (मू. पा.): आनन्द जलनिधि (ते. अ.) : The ocean bright of bliss (अं. अ.)[22]

विवेचन :

मूल के 'आनन्द अम्बुनिधि' शब्द के लिए तेलुगु अनुवाद में प्रयुक्त 'आनन्द जलनिधि' पर्यायवाची ही है। मूल शब्द का अनुप्रास सौन्दर्य अनुवाद में लुप्त है। भारतीय दर्शन के अनुसार आनन्द स्वरूप परमात्मा के व्यापक साकार रूप की कल्पना ही आनन्द सागर है। तत्वदर्शी ज्ञानी या महाकवि को वह आनन्द सागर तरंगायित सा दृष्टिगत होता है। उसी की ओर प्रसाद का संकेत है। अंग्रेजी अनुवाद में 'The ocean bright of bliss' का प्रयोग हुआ है। यहाँ अंग्रेजी भाषा के अनुसार प्रयोग है। अतः 'जलनिधि' शब्द के लिए 'ocean' शब्द का प्रयोग किया गया और भाव को स्पष्ट करने के लिए 'bliss' के साथ 'bright' शब्द को भी जोड़ा गया है।

11. इन्द्रजाल (मू. पा.)   इन्द्रजाल (ते. अ.) :

Magic Marvelous (अं. अ.)[23]

विवेचन :

मूल का 'इन्द्रजाल' शब्द ही तेलुगु अनुवाद में ज्यों का त्यों ले लिया गया है क्योंकि तेलुगु में भी इस शब्द का प्रयोग उसी अर्थ में होता है। अतः मूल की माया शक्ति का आशय अनुवाद में अभिव्यक्त है। भारतीय दर्शन के अनुसार जीव को मोहित करके ब्रह्म साक्षात्कार से वंचित करनेवाली शक्ति को माया और उसके प्रभाव को 'इन्द्रजाल' कहा गया है। प्रसाद जी ने उस माया के प्रतिरूप में रजनी का चित्रण इस पद्य में किया है और उसे 'इन्द्रजाल जननी' कहा। अंग्रेजी अनुवाद में 'मैजिक मार्वेलस' कहकर मूल के इन्द्रजाल शब्द में विशेष अर्थ प्रकट करनेवाले 'मार्वेलस' विशेषण का प्रयोग किया गया है इसलिए यह भी मूल के आशय का द्योतक है। यह एक तरह से भावानुवाद है, 'इन्द्रजाल' 'मन' या मस्तिष्क से सम्बन्धित है। इसमें 'चेतना' या 'चिति' का स्थान नहीं होता। ये जो अतिरिक्त अर्थ है, वह अंग्रेजी अनुवाद में प्रकट नहीं होता है।

12. इच्छा (मू. पा.): ईप्सितमु. (ते. अ.) : Desire (अं. अ.)[24]

विवेचन :

भारतीय दर्शन का मानना है कि परमात्मा आनन्दमय क्रीड़ा या लीला के लिए सृष्टि की रचना करने की इच्छा या संकल्प करता है। उसी के फल स्वरूप इस चराचर सृष्टि का आविर्भाव हुआ है। प्रसाद ने इस शब्द द्वारा इसी आशय को प्रकट किया है 'इच्छा' का पर्यायवाची शब्द है 'ईप्सित'। इसमें तेलुगु का प्रथमा विभक्ति चिह्न 'मु' जोड़कर तेलुगु अनुवाद में 'इच्छा' के लिए 'ईप्सितमु' शब्द का प्रयोग किया गया है। यह मूल के दार्शनिक अर्थ को पूर्णतः अभिव्यक्त करता है। अंग्रेजी अनुवाद का 'डिज़ायर' शब्द भी इसी आशय को प्रकट करता है।

13. ईशः (मू. पा.) : परमेश्वरूडु (ते. अ.) : God (अं. अ.)[25]

विवेचन :

'ईशावस्यम् इदं सर्वं' कहकर हमारे उपनिषद ने उस परब्रह्म को, 'ईश' माना है। उसी 'ईश' की अनुग्रह प्राप्ति के लिए मनुष्य साधना करता है और उसके फल-स्वरूप 'ईश' का वरदान पाता है। इसी परमात्मा के अर्थ में प्रसाद ने 'ईश' शब्द का प्रयोग किया है। तेलुगु अनुवाद में इसके लिए 'परम+ईश्वर' 'परमेश्वर' तत्सम शब्द में तेलुगु का प्रथमा विभक्ति चिह्न 'डु' जोड़कर 'परमेश्वरूडु' शब्द प्रयुक्त हुआ है। यह मूल के उस सृष्टिकर्ता परमात्मा के अर्थ को सूचित करता है। अंग्रेजी अनुवाद का 'God' शब्द इसी दार्शनिक तत्व का सूचक है।

14. काम (मू. पा.): काममु (ते. अ.): Blissful love (अं. अ.)[26]

विवेचन :

भारतीय दर्शन में 'इच्छा या कामना' के पवित्र अर्थ में भी 'काम' का प्रयोग होता है और वासना के अधम अर्थ में भी। प्रसाद ने मंगल कामना के पवित्र दार्शनिक अर्थ में इस शब्द का प्रयोग किया है। तेलुगु अनुवाद में 'काम' तत्सम शब्द में प्रथमा विभक्ति चिह्न 'मु' जोड़कर इसी पवित्र आशय को सूचित करने के लिए 'काममु' शब्द का प्रयोग किया गया है। अंग्रेजी अनुवाद से 'Blissful love' कहकर इस दार्शनिक आशय को स्पष्ट करने का प्रयत्न किया है लेकिन 'काम' का जो भाव 'कर्म' के रूप में उभरता है वह इससे व्यक्त नहीं हो पाता।

15. काल (मू. पा.): काल (ते. अ.) : Time (अं. अ.)[27]

विवेचन :

दार्शनिक दृष्टि से 'काल' शब्द का प्रयोग 'मृत्युदाता' या 'संहारकर्ता परमात्मा' के अर्थ में होता है। गीता में भगवान श्री कृष्ण कहते हैं- 'कालोस्मि लोकं कृत्प्रवृद्धः' (अध्याय-II, श्लोकः 32)। प्रसाद ने भी प्रस्तुत पद्य में इसी 'काल' की विनाशक प्रक्रिया का वर्णन किया है।

तेलुगु के अनुवादक ने भी काल शब्द का इसी अर्थ में प्रयोग किया है। इतना ही नहीं बल्कि 'कालुनि' कहकर तेलुगु का पुरूषवाचक द्वितीया विभक्ति चिह्न लगाकर उसे साकार रूप में भी प्रस्तुत किया है। अंग्रेजी अनुवाद में इसके लिए 'टाइम' शब्द का प्रयोग किया गया, जो इस दार्शनिक अर्थ को अभिव्यक्त करने में समर्थ नहीं है।

16. क्रिया (मू. पा.): क्रिया (ते. अ.) : Action (अं. अ.)[28]

विवेचन :

भारतीय दर्शन के अनुसार 'जीव' मात्र को विश बनाकर नित्य संचालित करनेवाली 'क्रिया शक्ति' के अर्थ में यहाँ प्रसाद ने 'क्रिया' शब्द का प्रयोग किया है। कार्यतेह्यवशः कर्म सर्वः प्रकृति जैर्गुणैः (अध्याय -3, श्लोकः 5) कहकर गीता में यह क्रिया शक्ति जीव मात्र को विवश करके कैसे कार्य कराती है इसका वर्णन किया गया है। तेलुगु के अनुवादक ने इसी आशय को स्पष्ट करते हुए 'क्रिया तन्त्र परतंत्रुलु जीवुलु' लिखकर अनुप्रास की छटा भी दिखाई है। अंग्रेजी अनुवाद में 'लॉ ऑफ एक्शन' कहकर यही आशय प्रकट किया गया है। लेकिन इसमें 'Law' शब्द का प्रयोग किया गया है, जिसका भाव मूल के समान नहीं है।

17. चिति, महाचिति (मू. पा.): ज्योति, परंज्योति (ते. अ.) :
Image of the supreme consciousness, Mind Supreme (अं. अ.)[29]

विवेचन :

भारतीय दर्शन में परमात्मा को 'सत्, चित्, आनन्द' माना गया है। अतः चित् परमात्मा का पर्यायवाची है। इसी अर्थ में 'महाचिति, चिति' शब्दों का प्रयोग प्रसाद ने इन पंक्तियों में किया है। तेलुगु अनुवादक ने इसे 'परंज्योति, ज्योति' कहकर अनूदित किया। यद्यपि ये दोनों शब्द ही परमात्मा वाचक हैं तथापि 'महाचिति' और 'चिति' शब्दों का आशय इनसे स्पष्ट नहीं होता। अंग्रेजी का अनुवाद 'सत्', 'चित्', 'आनन्द' के इस दार्शनिक अर्थ और सन्दर्भ को व्यक्त नहीं कर पाता। वह केवल इसे 'चेतना'

से ही जोड़ पाता है।

18. चिति केन्द्र (मू. पा.): अनल कैंद्रमुलु (ते. अ.): Centers of our Consciousness (अं .अ)[30]

विवेचन :

मूल के 'चिति केन्द्र' के लिए तेलुगु अनुवाद में 'अनल केन्द्रमुलु' किया गया। इस शब्द के द्वारा मूल का आशय उतना स्पष्ट नहीं होता है। शैव दर्शन के अनुसार 'जीव' को 'चेतन का केन्द्र बिन्दु' कहा जाता है। इन जीवों के बीच का संघर्ष द्वैत भाव को जन्म देता है। प्रसाद ने इस पंक्ति में यही आशय प्रकट किया है। अंग्रेजी अनुवदा में 'Centers of Consciousness' शब्द का प्रयोग किया गया है। लेकिन यहाँ उस 'केन्द्र' का भाव स्पष्ट नहीं होता जो मानव की आत्मा में 'द्वन्द्व' या 'संघर्ष' के रूप में रहता है।

19. चेतन (मू. पा.): चैतन्य (ते. अ.): Divine Intelligence (अं. अ.)[31]

विवेचन :

शुद्ध चेतन स्वरूप शिव या परमात्मा के दार्शनिक अर्थ में प्रसाद ने इस शब्द का प्रयोग किया है। उसी का एक पर्यायवाची 'चैतन्य' शब्द तेलुगु के अनुवादक ने अनुवाद में इस्तेमाल किया है। मूल और तेलुगु अनुवाद दोनों में उस 'चेतन' या 'चैतन्य' के साक्षी या प्रत्यक्ष निदर्शन के रूप में मानव का वर्णन प्रस्तुत किया गया है। अंग्रेजी अनुवाद में 'Divine Intelligence' शब्द का प्रयोग हुआ है। इसमें मूल चेतन शब्द 'Conscious' से जुड़ा है। 'Divine' शब्द आध्यात्मिकता से सम्बन्धित है। 'Intelligence' शब्द 'चेतन' से सम्बन्धित नहीं है। इसका सम्बन्ध 'पारलौकिक' से अधिक है। इसलिए ये अनुवाद मूल से बहुत दूर चला गया है।

20. जगत् (मू. पा.): जगति (ते. अ.): World (अं. अ.)[32]

विवेचन :

शैव दर्शन में जिस प्रकार शिव को 'नित्य' मानते हैं, उसी प्रकार उसकी निर्मित सृष्टि को भी 'नित्य' मानते हैं। परम शिव की नित्य सत्य एवं परिवर्तनशील सृष्टि के अर्थ में इस शब्द का प्रयोग किया गया है। तेलुगु अनुवाद में 'जगत' शब्द का रूपान्तर 'जगति' तत्सम शब्द का उसी अर्थ में प्रयोग हुआ है। अंग्रेजी अनुवाद में 'World' शब्द 'जगत' के इसी अर्थ में प्रयुक्त हुआ है। लेकिन इससे मूल दार्शनिक अर्थ प्रकट नहीं हो रहा है।

21. जड़-चेतन (मू. पा.): जड़मु-चेतनमु (ते. अ.) :
Inanimate-animate (अं .अ)[33]

विवेचन :

भारतीय दर्शन में सृष्टि के सुप्त चेतनाबाले पदार्थ को जड़ और प्रकट चेतना वाले पदार्थ को 'चेतन' कहते हुए इन वर्गों में विभाजित किया गया है। वास्तव में 'जड़ता' और 'चेतनता' को एक ही 'शुद्ध चेतन' का रूप माना जाता है। इसी आशय को प्रसाद ने अपनी रचना में अभिव्यक्त किया है। तेलुगु अनुवाद में 'जड़-चेतन' तत्सम शब्दों में सिर्फ प्रथमा विभक्ति चिह्न जोड़कर 'जड़मु-चेतनमु' प्रयुक्त किया गया है। इन शब्दों से भी मूल का वही आशय प्रकट होता है। अंग्रेजी 'जड़-चेतन' के लिए 'Inanimate-animate' अनुवाद किया गया है। यहाँ मूल का दार्शनिक अर्थ स्पष्ट नहीं है। भावानुवाद मात्र हो गया है।

22. जीवन (मू. पा.): जीवितमु (ते. अ.) : Life (अं. अ.)[34]

विवेचन :

हमारे दर्शन शास्त्र में आत्मा के आकार धारण करने के सनातन क्रम को 'जीवन' कहा जाता है। प्रसाद ने इसी अर्थ में जीवन शब्द का अपनी रचना में प्रयोग किया है। तेलुगु अनुवाद में 'जीवित' तत्सम शब्द

में प्रथमा विभक्ति चिह्न 'मु' जोड़कर 'जीवितमु' शब्द उसी अर्थ में प्रयुक्त हुआ है। अंग्रेजी में इसके लिए 'Life' शब्द रखा गया है जो उपयुक्त है।

23. जीवन रस (मू. पा.) : जीवना रस लेशमु (ते. अ.) :
The Sap of Life (अं .अ)[35]

विवेचन :

मूल पद्य में प्रसाद ने जीवन रस के लिए मानवों की माँग का वर्णन किया है। दर्शन शास्त्र में यह शब्द जीवन के अभीष्ट आनन्द के अर्थ में प्रयुक्त होता है। तेलुगु अनुवादक ने भी इसके लिए 'जीवना रस लेशमु' शब्द रखा है। वह जीवन रस थोड़ा ही क्यों न हो, मानव को मिले तो वह कृतार्थ हो जाएगा - इस आशय को व्यक्त करने वाले 'लेशमु' शब्द को मूल शब्द के साथ अनुवादक ने जोड़ा है। अंग्रेजी अनुवाद में 'Sap of Life' शब्द का प्रयोग किया गया है जो अर्थ को शाब्दिक अनुवाद के स्तर पर ही दे पाता है। इसमें वह भाव नहीं आ पाता जो 'जीवन रस' में प्रकट होता है।

24. जीव (मू.पा.) : प्राणि (ते.अ.) : Soul (अं.अ.)[36]

विवेचन :

'माया' के आवरण से आवृत-चेतन 'आत्मा' को हमारे भारतीय दर्शन में 'जीव' कहा जाता है। 'माया' के प्रभाव का वर्णन करने के सन्दर्भ में प्रसाद ने 'जीव' शब्द का प्रयोग किया है। तेलुगु के अनुवादक ने इसके लिए 'प्राणि' शब्द का प्रयोग किया है। व्यवहार में ये दोनों शब्द पर्यायवाची हैं। अतः मूल का आशय इस अनुवाद में अभिव्यक्त हुआ है। अंग्रेजी अनुवाद में 'Soul' शब्द प्रयुक्त है। मूल का आशय इससे भी प्रकट हो जाता है।

25. ज्ञान (मू.पा.) : ज्ञानमु (ते.अ.) : Knowledge (अं.अ.)[37]

विवेचन :

हमारे भारतीय दर्शन में आत्मबोध या आत्मा की जानकारी के अर्थ में अथवा शिव की एक शक्ति के अर्थ में इसका प्रयोग किया जाता

है। मानव मन को संचालित करनेवाली तीन शक्तियों के वर्णन के सन्दर्भ में प्रसाद ने इस शब्द का प्रयोग किया है। तेलुगु के अनुवादक ने भी इसके लिए 'ज्ञान' तत्सम शब्द में 'मु' प्रथमा विभक्ति चिह्न जोड़कर 'ज्ञानमु' लिखा जो मूल के अर्थ को ही अभिव्यक्त करता है। इच्छा, ज्ञान और क्रिया इन तीनों उक्तियों को अलग-अलग पहचानने के लिए मूल और तेलुगु अनुवाद दोनों में इस शब्द का प्रयोग हुआ है। अंग्रेजी अनुवाद में 'Knowledge' शब्द का प्रयोग हुआ है। इसमें जो मूल का दार्शनिक अर्थ है, वह प्रकट नहीं हो पा रहा है। क्योंकि यहाँ 'ज्ञान' केवल बाहरी स्तर पर व्यक्त होता है जबकि मूल में उस 'ज्ञान' का सम्बन्ध आध्यात्मिक या आन्तरिक ज्ञान से भी रहता है।

26. तत्व (मू. पा.): एकमयि (ते. अ.): one sole element (अं.अ.)[38]

विवेचन :

सृष्टि के मूल कारण के अर्थ में प्रसाद ने इस शब्द का प्रयोग किया है। भारतीय दर्शन के अनुसार सृष्टि के मूल का कारण एक ही तत्व होता है। इस पंच भूतात्मक सृष्टि में एक तत्व या एक रूप होने का आशय मूल की पंक्तियों में प्रकट होता है। इसी आशय को तेलुगु के अनुवादक ने 'एकमयि' (एकमु+अयि) (अर्थात् एक होकर) कहकर ठीक तरह से प्रकट किया है। अंग्रेजी अनुवाद में one sole element' रखा गया है। इसमें 'element' के साथ 'sole' शब्द को जोड़ा गया है फिर भी 'तत्व' का दार्शनिक अर्थ स्पष्ट नहीं होता। प्रसाद की ही पंक्तियाँ है- 'एक तत्व की ही प्रधानता कहो, उसे जड़ या चेतन' में भी तत्व ब्रह्म या आदि शक्ति का अर्थ देता है। इतना व्यापक अर्थ अंग्रेजी अनुवाद प्रकट नहीं कर पाता।

27. ताण्डव (मू.पा.): तांडवमु (ते.अ.): Dance of Death (अं.अ.)[39]

विवेचन :

शैव दर्शन के अनुसार शिव के सृजन एवं संहारकारी नृत्य के अर्थ में प्रसाद ने इस शब्द का प्रयोग किया है। तेलुगु के अनुवादक ने

इसी तत्सम शब्द में तेलुगु का प्रथमा विभक्ति चिह्न 'मु' जोड़कर उसी अर्थ में प्रयोग किया है। अंग्रेजी में भावानुवाद किया गया है। 'Dance of Death' अनुवाद भाव को आंशिक रूप में समझ कर दिया गया है। क्योंकि 'तांडव' केवल 'मृत्यु' से ही नहीं सम्बद्ध है बल्कि वह जड़ चेतन के संहार या सृष्टि की व्यापक नश्वरता से सम्बद्ध है। फिर इस शब्द के पीछे एक पूरी कथा है जिसका सन्दर्भ कहीं न कहीं अनुवादक को देना चाहिए था, तब Dance of Death से भी अंग्रेजी अनुवाद का पाठक उसके मूल भाव को आसानी से समझ सकता था।

28. त्रिकोण (मू.पा.): मुक्कोणमु (ते.अ.): Three-Cornered (अं.अ.)[40]

विवेचन :

इस शब्द का दार्शनिक अर्थ है इच्छा, ज्ञान और क्रिया का त्रिभुज क्षेत्र । शैव दर्शन के अनुसार यही त्रिकोण परमात्मा की सृष्टि का अथवा मानव मन की प्रेरक शक्तियों का प्रतीक है। प्रसाद ने इसी अर्थ में इस शब्द का प्रयोग किया है। तेलुगु के अनुवादक ने इसके लिए मुक्कोणमु (मूडु + कोणमु अर्थात् त्रिकोण) शब्द का प्रयोग किया है। इसके द्वारा मूल का वही आशय प्रकट होता है। लेकिन अंग्रेजी अनुवाद में 'Three cornered' शब्द लिया गया है। इससे मूल का दार्शनिक अर्थ स्पष्ट नहीं हो पाता है।

29. त्रिपुर (मू.पा.): त्रिपुर सौंदर्यमु (ते.अ.): Three Worlds (अं.अ.)[41]

विवेचन :

इच्छा शक्ति, क्रिया शक्ति और ज्ञान शक्ति द्वारा निर्मित भाव लोक, कर्म लोक और ज्ञान लोक के दार्शनिक अर्थ में इस 'त्रिपुर' शब्द का प्रयोग प्रसाद ने अपने रचना में किया है। ये तीनों लोक मानव की तीन शक्तियों की प्रवृत्तियों के प्रतीक हैं। तेलुगु के अनुवादक ने भी इसी अर्थ में इस तत्सम शब्द का प्रयोग किया और साथ ही इसकी प्रभावत्मकता बढ़ाने के लिए 'सौंदर्य' तत्सम शब्द में तेलुगु का 'मु' प्रथमा विभक्ति चिह्न लगा कर

'सौंदर्यमु' शब्द को भी जोड़ दिया है। इससे तेलुगु अनुवाद और भी आकर्षक बन गया है। अंग्रेजी अनुवाद 'Three Worlds' हैं। सामान्य रूप में इससे तीनों लोकों का अर्थ प्रकट होता है, लेकिन जिस तरह मूल पद्य में दार्शनिक अर्थ प्रकट हो रहा है, उस तरह का अर्थ इस शब्द से प्रकट नहीं हो पाया । ये पूरी तरह शाब्दिक अनुवाद है।

30. नटराज एवं नटेश (मू.पा.): नटराजु (ते.अ.):

King of Dancers, Dancing deity (अं.अ.)[42]

विवेचन :

शैव दर्शन में तांडव नृत्य करते हुए 'परम शिव' के अर्थ में यह शब्द प्रयुक्त होता है। 'परम शिव' के तांडव नृत्य के दृश्य का वर्णन करते हुए प्रसाद ने इसका प्रयोग किया है। इसी अर्थ में तेलुगु के अनुवादक ने भी तेलुगु की परिपाटी के अनुसार नटराज तत्सम शब्द में 'उ' जोड़कर नटराजु शब्द का प्रयोग किया है।

अंग्रेजी अनुवाद में 'King of Dancers' और 'Dancing deity' का प्रयोग हुआ है। यह शाब्दिक अनुवाद है। इसमें स्पष्ट करना चाहिए था कि ये शब्द शिव के लिए पर्याय रूप में प्रयुक्त होता है और इसके साथ की कथा का सन्दर्भ भी दिया जा सकता था।

31. नियति (मू. पा.): भाग्य नियति (ते. अ.): Destiny (अं. अ.)[43]

विवेचन :

शैव दर्शन में परम शिव की नियामिका शक्ति (जो संसार का नियंक्षण करती है) 'नियति' कही जाती है। नियति के विकर्ष के परिणाम का वर्णन करते हुए प्रसाद ने इस शब्द का प्रयोग किया है। तेलुगु अनुवाद में भी इसी आशय को और भी स्पष्ट करने के लिए 'नियति' शब्द के साथ 'भाग्य' भी जोड़कर अनुवादक ने 'भाग्य नियति' लिखा। अनुवादक के इस वर्णन में अनुप्रास की छटा की विशेषता भी दर्शनीय है। ('चेदरिपोये

भाग्यनियति, बेदरिपोये सकल जगति') अंग्रेजी अनुवाद में 'Destiny' शब्द भी उपयुक्त है।

32. पंचभूत (मू. पा.): पंचभूतमुलु (ते. अ.): Five elements (अं. अ.)[44]

विवेचन :

भारतीय दर्शन शास्त्र में पृथ्वी, जल, वायु, अग्नि और आकाश नामक पाँच तत्वों को 'पंचभूत' कहा जाता है और यह समस्त भौतिक जगत पंचभूतात्मक माना जाता है। इन पंचभूतों के तांडव नृत्य के फलस्वरूप विकल सृष्टि का वर्णन करते हुए प्रसाद ने मूल में इस शब्द का प्रयोग किया है। तेलुगु अनुवाद में भी इस तत्सम शब्द को प्रथमा विभक्ति बहुवचन चिह्न 'मुलु' जोड़कर 'पंचभूतमुलु' शब्द मूल के अर्थ में ही इस्तेमाल किया गया है। अंग्रेजी अनुवाद में 'Five elements' शब्द का प्रयोग किया गया है। लेकिन मूल शब्द की तरह दार्शनिक अर्थ प्रकट करने में यह शाब्दिक अनुवाद सफल नहीं हो पाता । यदि पाद टिप्पणी में पाँचों तत्वों के नाम और उनकी प्रासंगिकता का उल्लेख भारतीय सन्दर्भ में कर दिया जाता तो मूल के भाव को समझना अनुवाद पाठक के लिए सहज हो जाता।

33. परमाणु (मू. पा.): परमाणुवुलु (ते. अ.):
Particles of life (अं. अ.)[45]

विवेचन :

भारतीय दर्शन और विज्ञान शास्त्र में सृष्टि के मूल अविभाज्य तत्वों को परमाणु कहा गया है। मनु और इड़ा के बीच संघर्ष के समय को रोमांचकारी परिस्थिति के वर्णन के सन्दर्भ में दिव्य शस्त्रों के प्रयोग से युक्त युद्धकाल में उन परमाणुओं की भी कैसी विकल दशा हुई, इसे प्रसाद ने इन पंक्तियों में अभिव्यक्त किया है। तेलुगु के अनुवादक ने भी उसी अर्थ में 'परमाणु' तत्सम शब्द में तेलुगु प्रथमा विभक्ति बहुवचन चिह्न 'वुलु'

जोड़कर 'परमाणुवुलु' शब्द का प्रयोग किया है। अंग्रेजी अनुवाद में 'Particles of Life' शब्द को मूल के अर्थ में ही इस्तेमाल किया गया है।

34. पुरूष (मू. पा.): पुरूषूडनु (ते.अ.): । (अं.अ.)[46]

विवेचन :

भारतीय दर्शन में माया के आवरण एवं कंचुकों से आवृत जीवात्मा के अर्थ में यह शब्द प्रयुक्त होता है। मनु ने अपनी वासनापूर्ण मनोदशा का वर्णन करते हुए नारी के समक्ष अपनी विवशता कैसे प्रकट की, इसे प्रसाद ने यहाँ प्रस्तुत किया है। तेलुगु के अनुवादक के तत्सम शब्द 'पुरूष' शब्द में 'डनु' तेलुगु विभक्ति प्रत्यय जोड़कर 'पुरूषुड़नु' शब्द का उसी अर्थ में प्रयोग किया है। इतना ही नहीं उन्होंने 'अय्युनु' अव्यय शब्द जोड़कर उस अर्थ को और भी जोरदार बनाने की चेष्टा की है। लेकिन अंग्रेजी अनुवाद में '।' का प्रयोग है, स्पष्ट रूप में अर्थ को प्रकट नहीं कर पाता।

35. (न हुआ) पूर्ण काम (मू.पा.): (तीरलेदु) कामार्ति (ते.अ.): Not Satisfied (अं.अ.)[47]

विवेचन :

जिसकी समस्त कामनाएँ पूर्ण हो चुकी हों, ऐसे पूर्ण पुरुष या परमात्मा के अर्थ में यह शब्द भारतीय दर्शन में प्रयुक्त होता है। प्रत्येक जीव पूर्णकाम होने की चेष्टा में निरत रहता है और सोचता है कि मैं पूर्ण काम क्यों न हुआ ? परन्तु वह भौतिक वस्तुओं के स्थूल अनुभव के आकर्षण के मायाजाल में फँसकर पूर्णकाम बन नहीं पाता । अतः वह अतृप्ति का अनुभव करता है। यही आशय स्पष्ट करने के लिए मनु के द्वारा कवि प्रसाद यह प्रश्न प्रस्तुत करते है। तेलुगु के अनुवादक ने सिर्फ 'न हुआ पूर्ण काम' का अर्थ 'तीरलेदु कामाति' अर्थात् 'काम की आर्ति पूरी न हुई' किया । इसमें 'पूर्ण काम' शब्द का दार्शनिक अर्थ देनेवाला अनुवाद नहीं हुआ और मनु का यह जिज्ञासा पूर्ण प्रश्न भी उसमें उल्लिखित नहीं हुआ कि मैं पूर्ण काम क्यों न हुआ ? अतः पूर्णकाम शब्द का केवल

साधारण आशय ही तेलुगु के अनुवाद अभिव्यक्त होता है कि 'मेरी कामना की पूर्ति नहीं हुई'।

अंग्रेजी अनुवाद में भी Why even then was I not satisfied' लिखे जाने के कारण 'पूर्ण काम' शब्द के दार्शनिक अर्थ की ओर ध्यान नहीं दिया गया। सिर्फ साधारण अर्थ ही इसमें प्रकट होता है।

36. प्रकृति (मू. पा.): प्रकृति (ते.अ.): Nature (अं.अ.)[48]

विवेचन :

भारतीय दर्शन में सृष्टि के विकास के एक तत्व-परमात्मा की पराशक्ति या पुरूष पुरातन की चिर सहचरी के अर्थ में यह शब्द प्रयुक्त होता है। प्रसाद ने प्रस्तुत पंक्ति में मनु के शब्दों में जल प्रलय के वर्णन के सन्दर्भ में प्रकृति की दुर्जेयता और उसके समक्ष देवों की दुर्बलता को अभिव्यक्त किया है। तेलुगु के अनुवादक ने भी तत्सम शब्द होने के कारण उसका ज्यों का त्यों प्रयोग इसी अर्थ में किया है। अत : तेलुगु अनुवाद में भी दार्शनिक अर्थ में प्रकृति की अजेय शक्ति का अभिवर्णन पाया जाता है।

अंग्रेजी अनुवाद में Nature' शब्द को प्रयोग किया गया है। इससे भी मूल का आशय प्रकट हो जाता है।

37. प्रलय (मू. पा.): प्रलय (ते. अ.): All destroying fire (अं.अ.)[49]

विवेचन :

सृष्टि पदार्थों को अपने उद्गम स्थान परमशिव में जाकर मिलने को भारतीय दर्शन में प्रलय कहा जाता है। प्रसाद ने परमशिव के विलय तांडव तथा त्रिकोण के उस समय की प्रलयाग्नि में विलीन होने का वर्णन करते हुए इस शब्द का प्रयोग किया है। तत्सम शब्द होने के कारण तेलुगु के अनुवादक ने उसी शब्द का ज्यों का त्यों प्रयोग किया है। मूल का दार्शनिक अर्थ इसमें प्रकट होता है। अंग्रेजी अनुवाद में 'All destroying fire' अनुवाद किया गया है। लेकिन इसमें मूल का भाव व्यक्त नहीं होता।

38. प्रेमकला (मू. पा.):प्रेमाख्य विलासमु (ते. अ.) :

World Mysterious (अं.अ.)[50]

विवेचन :

शैव दर्शन में 'सृष्टि' का विकास करनेवाली 'परम शिव' की मूल शक्ति को 'प्रेम लीला' कहा जाता है। काम और रति के मिलन के प्रसंग का वर्णन करते हुए 'काम' के शब्दों में मनु के स्वप्न में श्रद्धा के महत्व को दिखाते हुए प्रसाद ने यह पंक्ति लिखी है। कवि ने श्रद्धा को 'काम' के शब्दों में प्रेम कला या परम शिव की मूल शक्ति के रूप में चित्रित किया है। तेलुगु के अनुवादक ने 'प्रेमाख्यान विलासमु' अनुवाद किया है। मूल में कवि ने दार्शनिक अर्थ में मूल शक्ति को ही 'प्रेमकला' कहा है। किन्तु अनुवादक ने मूल शक्ति के मूर्त रूप में प्रेम कला को प्रस्तुत करने के बदले उसे 'प्रेमाख्य विलास' कहा । अतः इस अनुवाद में मूल का दार्शनिक अर्थ प्रकट होने के बदले साधारण अर्थ ही प्रकट हुआ है। अंग्रेजी अनुवाद में World Mysterious' शब्द का प्रयोग किया गया है। इसमें भी साधारण अर्थ ही प्रकट हो रहा है। इसमें 'लीला' पर टिप्पणी भी नहीं दी गई है और Mysterious का कोई भाव मूल में नहीं है। क्योंकि भारतीय चिंतन में काम और रति का सन्दर्भ बहुत व्यापक है और इसे जीव के भीतर ही अवस्थित माना गया है। यही कारण है कि काम को 'अनंग' भी कहा गया है और एक ऐसे रूप में इस का वर्णन हुआ है जो संतुलित रूप में मानव के उत्थान में सहायक होता है। जबकि अंग्रेजी अनुवाद इसे रहस्यमय बनाकर इसके भारतीय पक्ष को अस्पष्ट कर देता हैं।

39. बंधन (मू. पा.): बंधन (ते. अ.): Bondage (अं. अ.)[51]

विवेचन :

यह शब्द माया का पाश के अर्थ में शैव दर्शन में प्रयुक्त होता है। प्रत्येक जीव माया मोह अथवा सांसारिक ममता के कारण इस बधन में फँसता है। प्रसाद ने इसका प्रयोग श्रद्धा द्वारा मनु को सात्वना देने के प्रसंग में किया है। मनु के अपने पुत्र और पत्नी को छोड़कर चले जाने का अपराध

उस समय बंधन होते हुए भी परिस्थिति के परिवर्तन के कारण मुक्ति के रूप में बदल गया। अतएव उस अपराध से लज्जित या शंकित होने की आवश्यकता नहीं है। तेलुगु के अनुवादक ने तत्सम शब्द होने के कारण मूल शब्द का ही अनुवाद में प्रयोग किया है और इस से मूल का दार्शनिक अर्थ अभिव्यक्त होता है। अंग्रेजी अनुवाद में 'Bondage' शब्द साधारण अर्थ प्रकट कर रहा है।

40. भूमा (मू.पा.): भवुड्डु (ते.अ.) : God (अं.अ.)[52]

विवेचन :

सर्वव्यापक परमात्मा अथवा बहुत्व के द्योतक परमशिव के अर्थ में शैव दर्शन में इस शब्द का प्रयोग किया जाता है। कवि प्रसाद ने ईश्वर सृष्टि में सुख-दुःख के परम रहस्य के संबंध में मनु को समझाते हुए श्रद्धा के शब्दों में सृष्टिकर्ता परम शिव के अर्थ में ही इस शब्द का प्रयोग किया है। तेलुगु के अनुवाद में भी इसी अर्थ में शिव के पर्यायवाची शब्द 'भव' में तेलुगु का प्रथमा विभक्ति चिह्न 'ड्डु' जोड़कर 'भवुड्डु' शब्द को अनुवादक ने इस्तेमाल किया है। मूल का दार्शनिक अर्थ तेलुगु अनुवाद में अभिव्यक्त होता है। अंग्रेजी अनुवाद में 'God' शब्द प्रयुक्त हुआ है, जिससे साधारण स्तर पर समतुल्य पर्याय तो उपस्थित हो गया हैं, लेकिन मूल शब्द में सारे संसार का रक्षक या सारे भुवन का 'स्वामी' का जो अर्थ निकलता है, वह मात्र इस शब्द से अभिव्यक्त नहीं हो पाता।

41. महाकाल (मू.पा.): महाकालुड्डु (ते.अ.):
Destructive Siva (अं. अ.)[53]

विवेचन :

सृष्टि के प्रलय कारक 'शिव' को भारतीय दर्शन में 'महाकाल' कहा जाता है। तेलुगु के अनुवाद में अनुवादक ने इस शब्द का ज्यों का त्यों उसी अर्थ में प्रयोग किया है। वैसे तो मूल में 'महाकाल' का विषम नृत्य कहकर जो लिखा गया, उसी को समास बनाका अनुवादक ने

'महाकाल सम रहित नृत्यमु' कर दिया है, किन्तु यही विषय के लिए 'समरहित' प्रयोग शुद्ध प्रतीत नहीं होता। अंग्रेजी अनुवाद 'Destructive Siva' का प्रयोग मूल का अर्थ प्रकट किया गया है। यहाँ भी मूल का समतुल्य पर्याय देने का प्रयास हुआ है। लेकिन महाकाल का जो दार्शनिक अर्थ है वह सृष्टि के पूरे चक्र में बहुत महत्वपूर्ण माना जाता है। और इसका अर्थ केवल 'विनाशक' नहीं है, जो कि 'Destroy' से व्यक्त होता है।

'महाकाल' का सन्दर्भ केवल शिव से ही नहीं जुड़ता, बल्कि सृष्टि के चक्र में जिसे भी हम आदि देव के रूप में देखते हैं, उसके साथ इस शब्द का प्रयोग होता है। इस दृष्टि से अंग्रेजी अनुवाद 'महाकाल' के बहुत ही सीमित सन्दर्भ को व्यक्त कर पाता है।

42. माया (मू.पा.): माया (ते.अ.): Illusion (अं.अ.)[54]

विवेचन :

'परम शिव' की सृजन शक्ति तथा अपना आवरण डालकर जीवों को भ्रमित करनेवाली शक्ति के अर्थ में यह शब्द भारतीय दर्शन में प्रयुक्त होता है। अद्भुत एवं अलौकिक सौन्दर्य के आकर्षण से युक्त श्रद्धा के मोह में फँसे मनु के शब्दों में श्रद्धा का वर्णन कवि प्रसाद ने इस पंक्ति में प्रस्तुत किया है। वह परम शिव की सृजन शक्ति सी अपने अपूर्व रूप के मोहक आवरण में मनु को परिभ्रमित कर रही थी। तेलुगु के अनुवादक ने इस तत्सम शब्द का उसी अर्थ में ज्यों का त्यों प्रयोग किया है। अंग्रेजी अनुवाद में 'Illusion' शब्द मूल की तरह सही अर्थ प्रकट नहीं कर पाता। 'Illusion' का अर्थ 'भ्रम' भी हो सकता है। जबकि भारतीय दर्शन में 'माया' भौतिक और आध्यात्मिक दोनों स्तरों पर साधना के मार्ग में अवरोधक मानी जाती है और इसके अन्तर्गत मनुष्य के वे समस्त भाव समाहित किए जाते हैं, जो अवरोध को उत्पन्न करते हैं और जिन्हें दूर करने या जिनसे बचने की स्थितियाँ 'ब्रह्म विलीन' होने के लिए अनिवार्य मानी गई हैं। माया के अन्तर्गत मोह, लोभ, ईर्ष्या, क्रोध, घृणा आदि आते

हैं। पूरे भारतीय भक्ति साहत्यि में 'भक्ति' और 'माया' के इस संघर्ष को कई तरह से व्यक्त किया गया है।

43. यज्ञ पूरूष (मू.पा.): यज्ञ पुरूष (ते.अ.):
Sacrificer Prime (अं.अ.)[55]

विवेचन :

सृष्टि रूपी यज्ञ के कर्ता 'परब्रह्म' अथवा 'परम शिव' के अर्थ में इस शब्द का भारतीय दर्शन में प्रयोग होता है। कविवर प्रसाद ने मनु को श्रद्धा के शब्दों में वास्तविक यज्ञ का अर्थ और संसृति सेवा का कर्तव्य समझाते हुए इस दार्शनिक शब्द का प्रयोग किया है। तेलुगु के अनुवादक ने इस तत्सम शब्द का उसी अर्थ में ज्यों का त्यों प्रयोग किया है, किन्तु इसके सार्थक होने के लिए उसके मूर्त रूप को प्रत्यक्ष करते हुए उन्होंने लिखा है कि 'यज्ञ पुरुष' के द्वारा यह रचनात्मक संसार-यज्ञ' आचरित हुआ है। तेलुगु में प्रायः 'संसार' शब्द 'परिवार' के अर्थ में प्रयुक्त होता है, 'सृष्टि' के अर्थ में नहीं। अतः यहाँ तेलुगु के पाठकों को भ्रमित होने की सम्भावना है। अंग्रेजी में Sacrifice Prime' शब्द का प्रयोग मूल अर्थ प्रकट कर रहा है।

44. रति (मू.पा.): रति (ते.अ.) : Rati (अं.अ.)[56]

विवेचन :

भारतीय दर्शन में जीवों को संभोग सुख प्रदान करनेवाली अनादि वासना शक्ति को 'रति' कहा जाता है। यह 'काम देव' की पत्नी के रूप में सौन्दर्य तथा यौवन आकर्षण का साकार रूप भी मानी जाती है। कविवर प्रसाद ने इसी अर्थ में 'लज्जा' के शब्दों में 'रति' की प्रतिकृति के रूप में उसका वर्णन करते हुए इस शब्द का प्रयोग किया है। तेलुगु के अनुवादक ने भी ज्यों का त्यों इस शब्द का तेलुगु अनुवाद में उसी अर्थ में प्रयोग किया है।

अंग्रेजी अनुवाद में मूल शब्द को लिप्यंतरित करके दिया गया है। लिप्यंतरण निश्चित रूप से अनुवाद की एक विधि है। लेकिन जब किसी ऐसी भाषा को अनुवाद में लिप्यंतरण किया जाता है, जो मूल भाषा की संस्कृति से दूर होती है तब लिप्यंतरण के साथ उस शब्द की यथास्थान व्याख्या देनी चाहिए। इस प्रकार की व्याख्या के अभाव में लिप्यंतरण का वह उद्देश्य पूरा नहीं होता कि अनुवाद की भाषा ने मूल शब्द, को यथावत स्थान क्यों दिया है। जबकि अनुवाद का लक्ष्य है किसी शब्द भाव या विचार के अर्थ का स्पष्ट होना। 'रति' का यह अर्थ अंग्रेजी लिप्यंतरण से स्पष्ट नहीं हो पाता।

45. रुद्र (मू.पा.): रुद्र (ते.अ.) : Rudra (अं.अ.)[57]

विवेचन :

यह शब्द शैव दर्शन में संहारकारी परमशिव के अर्थ में प्रयुक्त होता है। प्रसाद ने इसी अर्थ में इस शब्द का प्रयोग किया है। इड़ा अपने अपराध के लिए श्रद्धा से क्षमा माँगती है और अपने अपराध की तीव्रता की अनुभूति कराने के लिए इस शब्द का प्रयोग करती है। तेलुगु के अनुवादक ने इसका यथावत प्रयोग किया है।

अंग्रेजी विदेशी संस्कृति से सम्बद्ध भाषा होने के कारण इस तरह की भारतीय दार्शनिक परम्परा से युक्त नहीं है। इसलिए यहाँ 'रुद्र' को अंग्रेजी में लिप्यंतरित किया गया है। लेकिन इस लिप्यंतरण द्वारा 'रुद्र' शब्द का अर्थ स्पष्ट नहीं होता और अनुवादक ने भी व्याख्या आदि के द्वारा इस अर्थ को स्पष्ट करने का प्रयास नहीं किया है।

46. लीला (मू.पा.): लीला (ते.अ.): Mystic sport (अं.अ.)[58]

विवेचन :

परमात्मा के खेल के रूप में रची सृष्टि के अर्थ में भारतीय दर्शन में इस शब्द का प्रयोग किया जाता है। इस सृष्टि की रचना के रहस्य के बारे में मनु को समझाती हुई श्रद्धा के शब्दों में कवि प्रसाद ने उपर्युक्त

अर्थ में इस शब्द को इस्तेमाल किया गया है। तेलुगु के अनुवाद में भी इसी अर्थ में इस शब्द का प्रयोग किया गया है।

अंग्रेजी अनुवाद 'Mystic Sport' है। इस अंग्रेजी अनुवाद के द्वारा 'लीला' का अर्थ 'रहस्यमय खेल' के रूप में प्रकट हो रहा है। जबकि भारतीय दर्शन में सृष्टिकर्ता द्वारा अवतार के रूप में की गई समस्त गतिविधियाँ उसकी लीलाएँ है। इसी प्रकार इस संसार की रचना भी उसकी 'लीला' का ही एक अंग है।

47. विद्या (मू.पा.): विद्यलु (ते.अ.) : Knowledge (अं.अ.)[59]

विवेचन :

शैव दर्शनों में सृष्टि विकास के छत्तीस तत्वों में से एक तत्व या ईश्वर की सर्वज्ञत्व शक्ति के संकुचित रूप को विद्या कहा जाता है। वैसे तो मनुष्य को ज्ञान प्रदान करनेवाली प्रधान शक्ति के रूप में 'विद्या' हमारे यहाँ प्रसिद्ध है। शैव दर्शन के इसी अर्थ में अशान्त मनवाले मनु को समझाते हुए काम के शब्दों में प्रसाद ने इस शब्द का प्रयोग किया है। इस में कवि का आशय यह है कि शिव के सर्वज्ञ ज्ञान का स्वल्प अंश विद्या बनकर कुछ पद्यों की रचना करे । किन्तु तेलुगु के अनुवादक ने यद्यपि विद्या तत्सम शब्द का वैसे ही प्रयोग किया है तथापि मूल के आशय की अभिव्यक्ति में भिन्नता आ गई है। अनुवाद की पंक्ति से यह आशय निकलता है कि ईश्वर की ज्ञान राशि का लेशमात्र अंश लेकर विद्याएँ पद्य रचना चलाती हैं। मूल के वाक्य में ईश्वर के सर्वज्ञत्व का कुछ अंश कर्ता है तो तेलुगु अनुवाद के वाक्य में 'विद्यलु' (विधाएँ) शब्द कर्ता बन गया है।

अंग्रेजी अनुवाद में 'ज्ञान' शब्द के लिए 'Knowledge' शब्द प्रयोग किया गया है। वाक्य के साथ देखने से इस का भाव समझ में आ जाता है।

48. विराट (मू.पा.): विराटु (ते.अ.): Cosmic Being (अं.अ.)[60]

विवेचन :

शैव दर्शन में सर्व व्यापक परम शिव के अर्थ में इस शब्द का प्रयोग किया जाता है। जल प्रलय के बाद प्रकृति के पट परिवर्तन के भव्य दृश्य के वर्णन के सन्दर्भ में प्रसाद ने उपर्युक्त दार्शनिक अर्थ का प्रयोग किया है। सुनहला रंग तैयार करके विश्व के पट पर विविध चित्र अंकित करनेवाले चित्रकार के रूप में कवि ने उस परम शिव को अभिवर्णित किया है। तेलुगु अनुवादक ने भी उसी दार्शनिक अर्थ में इस शब्द को प्रस्तुत किया है। अंग्रेजी में 'Cosmic Being' शब्द का प्रयोग करके भावानुवाद किया गया हैं।

49. विश्व (मू.पा.): भुवि (ते.अ.): Universe (अं.अ.)[61]

विवेचन :

यह शब्द परमशिव के विराट रूप अथवा नित्य एवं सत्य जगत के अर्थ में शैव दर्शन में प्रयुक्त होता है। प्रसाद ने मानव को इड़ा के मानस तट पर पहुँचने के पश्चात उन सबके अपना परिवार होने की अद्वैत आनन्दानुभूति का वर्णन करते हुए मनु के शब्दों में इस दार्शनिक शब्द का प्रयोग किया है। मनु इस समस्त चराचर सृष्टि को उस परम शिव का विराट मूर्त रूप कहते हैं। तेलुगु के अनुवादक ने 'विश्व' शब्द के लिए 'भुवि' तत्सम शब्द का प्रयोग किया है। मूल रचना के आशय से कुछ अन्तर इस पंक्ति के अनुवाद में प्रतीत होता है। मूल कवि ने मनु के शब्दों में यह आशय प्रकट किया है कि परम शिव का व्यक्त चराचर युक्त यह मूर्त रूप अपने सुख-दुःखों से पुलकित होता है। इस प्रकार की अर्थाभिव्यक्ति तेलुगु अनुवाद में नहीं आ पाई। अनुवादक के वाक्य का यह आशय निकलता है कि यह भुवि (विश्व) सुख-दुःखों में स्पंदित होता है। यह रूपमय है। चराचर युक्त है। तेलुगु के अनुवाद में मूल की सुन्दरता और सूक्ष्मता नहीं आ पाई।

अंग्रेजी अनुवाद में 'Universe' शब्द का प्रयोग करके शाब्दिक अनुवाद किया गया है। मूल में जिस तरह का दार्शनिक अर्थ प्रकट हो रहा है, वह व्यक्त नहीं हो रहा है।

50. विषमता (मू.पा.): वैषम्यमु (ते.अ.): Unevenness (अं.अ.)[62]

विवेचन :

यह शब्द द्वयता, भिन्नता या भेदभाव के अर्थ में भारतीय दर्शन में प्रयुक्त होता है। मनु को मानव जीवन में सुख-दुःख के महत्व का मर्म समझाती हुई श्रद्धा के शब्दों में प्रसाद ने इस दार्शनिक शब्द का उपर्युक्त दार्शनिक अर्थ में प्रयोग किया है। 'वैषम्य' तत्सम शब्द में 'मु' प्रथमा विभक्ति चिह्न जोड़कर तेलुगु में 'वैषम्यमु' शब्द बनाया गया है। यह मूल के अर्थ को वैसे ही प्रकट करता है।

अंग्रेजी अनुवाद 'Unevenness' से साधारण अर्थ ही प्रकट होता है। यहाँ अर्थ मूल अर्थ के समतुल्य नहीं है, क्योंकि इस अंग्रेजी शब्द का अर्थ 'जो बराबर न हो' होता है जबकि 'वैषम्य' में दो वस्तुओं के गुणात्मक भेदों का भाव आता है। इसके लिए भी अंग्रेजी में शब्द है 'Heterogeneity' जिसका प्रयोग समतुल्य शब्द और अर्थ की निकटता की दृष्टि से अधिक उपयुक्त हो सकता था।

51. शिव (मू.पा.): शिव संकल्पमु (ते.अ.) : Auspicious (अं.अ.)[63]

विवेचन :

कल्याणकारी परमात्मा के अर्थ में यह शब्द भारतीय दर्शन में, प्रयुक्त होता है। इड़ा पर मनु द्वारा बलात्कार करने पर रुद्र कोप के दृश्य का वर्णन करते हुए देव भी कैसे क्रुद्ध हो गए इसे बताने के लिए प्रसाद ने उपर्युक्त दार्शनिक शब्द का प्रयोग किया है। तेलुगु अनुवादक ने इस शब्द के लिए 'शिव संकल्पमु' शब्द का प्रयोग किया है, जो मूल का अर्थ ठीक तरह से प्रकट नहीं कर पाता । उद्धरण की पूरी पंक्ति के अनुवाद में भी मूल का अर्थ-सौन्दर्य अभिव्यक्त नहीं हुआ है। मूल में प्रसाद का आशय

यह है कि जब प्रजापति स्वयं अतिचारी बन गया, तब भी देव 'शिव' (मंगलकारी) बने रहें? नहीं । किन्तु अनुवाद में यह अर्थ प्रकट होता है कि 'इधर जब प्रजापति ने अत्याचार किया, तब देवों का शिव संकल्प खतम हुआ।'

अंग्रेजी अनुवाद में 'Auspicious' शब्द का प्रयोग हुआ है जो मूल के किसी भी भाव को व्यक्त नहीं कर पाता । हिन्दी में इसका पर्याय 'पवित्र' है और पवित्र केवल शिव नहीं है, बल्कि वे समस्त, आदि शक्तियाँ पवित्र हैं, जो हमारे भारतीय समाज और दर्शन में किसी पौराणिक या आध्यात्मिक विचारधारा को व्यक्त करती हैं।

****

डॉ. सी. अन्नपूर्णा

सन्दर्भ

1. There had been a different pattern of response which has found its best crystalisation in the work of Bankim Chandra Chatterjee to whom in fact, the creative response of Jaishankar Prasad approximates more closely than to Tagore.

2. डॉ. द्वारका प्रसाद सक्सेना: कामायनी में काव्य, संस्कृति और दर्शन (1978) (पृ.48)
3. मुक्तिबोध: कामायनी: एक पुनर्विचार (1961) (पृ.8)
4. -   वही (पृ.8)
5. -   वही - (पृ.17)
6. नगेन्द्र: कामायनी के अध्ययन की समस्याएँ (1970) (पृ.4)
7. कामायनी: आनन्द सर्ग, (पृ.133)
8. 'यह लीला जिसकी विकास चली, वह मूल शक्ति भी प्रेम कला'
   (पृ.32)
9. कामायनी: आनन्द सर्ग नन्द सर्ग (पृ.134)
10.   -   वही (पृ.135)
11. कामायनी: इड़ा सर्ग (पृ.67)
12. कामायनी: आनन्द सर्ग (पृ.135)
13. (क) वह कामायनी विहँसती अग जग था मुखरित होता,
    (मू.पृ.134)
    (ख) अटुलने कामायनी दरहासमुन अग जगमु पंडुनु, (ते.पृ.228)
    (ग) That Kamayani did smile and the whole world,
        Immobile, mobile resonant became. (अ.पृ.213)
14. (क) अणुओं को है विश्राम कहाँ यह कृतिमय वेग भरा कितना
    (मू.पृ.28)
    (ख) क्षणमु तीरदी परमाणुवुलकु कार्य निरति तीव्रमुगा सागुनिट
    (ते.पृ.52)
    (ग) Now here tranquility the atoms have

कामायनी अनुवाद समीक्षा

There is a life of brisk activity (अं.पृ.77)

15. (क) वे सोच रहे थे आज वहीं मेरा अदृष्ट बन फिर आया (मू.पृ.71)

(ख) चिंतिंचेनुः विधि वंचिंचेनु ननु, नाडु वच्चि ना जीवितमुनु (ते.पृ.131)

(ग) He was reflecting thus; To-day that same
Invisible Fate of mine hath came again; (अं.पृ.139)

16. (क) वह अनन्त चेतन नचता है उन्माद गति से (मू.पृ.89)

(ख) अन्तुलेनि चेतनमदि परवसिंचि नाट्यमाडु (ते.पृ.161)

(ग) That Everlasting consciousness both dance
with mad, majestic and harmonious pace (अं.पृ.164)

17. (क) हे अनंत रमणीय! कौन तुम? यह मैं कैसे कह सकता, (मू.पृ.15)

(ख) एवरवोयि नीवु अंतुलेनि अंदालराशि वेव्ववरवनि चेप्पुदु? (ते.पृ.27)

(ग) Oh Everlasting Beauty! Who art thou?
How can I aught asseverate about. (अं.पृ.59)

18. (क) धूं-धूं करता, नाच रहा था अनस्तित्व का तांडव नृत्य, (मू.पृ.13)

(ख) तद्धिमि धिमि यनि दरूउलु वेयुचु अनस्तित्वमु आडिनदि तांडवमु (ते.पृ.27)

(ग) The dance macabre of Negation Dard
was rampant with explosive sounds aghast; (अं.पृ.56)

19. (क) वैसे अभेद सागर में प्राणों का सृष्टि-क्रम है, (मू.पृ.133)

(ख) अटुलने उदयिंचु चुंडेनु प्राणिकोटि अखंड जलधिनि (ते.पृ.226)

(ग) There's a creative order seemingly
In the continuous sea of cosmic life; (अं.पृ.212)

20. (क) दसरा अपूर्ण अहंता में अपने को समझ रहा प्रवीण (मू.पृ.67)

(ख) मितिमीरिन अभिमानमु तो मरियोकरु तामे निपुणुलमनि तलतुरु (ते.पृ.125)

(ग) The other deemed itself to be expert.
In egotism which deficient is: (अं.पृ.134)

21. (क) कर रही लीलामय आनंद-महाचिति सजग हुई-सी व्यक्त,

(मू.पृ.24)

(ख) कूरुचुचुंडु लीलामय मुदमुनु परंज्योति रूपोंदि मेलुकोनि (ते.पृ.45)

(ग) Awakened, manifest, the Mind Supreme,
Is busy in the mystic sport of bliss; (अं.पृ.71)

22. (क) निज-शक्ति-तरंगायित था आनंद-अम्बु-निधि शोभन। (मू.पृ.132)

(ख) आत्म शक्ति तरंगमुलनु उघोंगिनदि आनंद जलनिधि (ते.पृ.224)

(ग) The Ocean bright of bliss was in full swing,
Rising in waves with His Creative Might, (अं.पृ.210)

23. (क) इंद्रजाल जननी! रजनी तू क्यों अब इतनी मधुर हुई? (मू.पृ.19)

(ख) इंद्रजाल जनयित्रि रात्रि इपुडेल इंत कम्मनि दनिपिंचुनु! (ते.पृ.36)

(ग) Mother of magic marvelous, oh Night,
Why hast thou now become so honey-sweet? (अं.पृ.65)

24. (क) सर्ग इच्छा का है परिणाम, (मू.पृ.24)

(ख) ईप्सितमुन उदयिंचुनु भुवनमु (ते.पृ.45)

(ग) Is the mysterious, hidden gift of God;
Thou must not grow forgetful of this fact, (मू.पृ.71)

25. (क) ईश का वह रहस्य वरदान, कभी मत इसको जाओ भूल
(मू.पृ.24)

(ख) कानि अदिये परमेश्वरुडिच्चिन गुप्त वरम्मनि येन्नडु मरुवकु
(ते.पृ.45)

(ग) Is the mysterious, hidden gift of God;
Thou must not grow forgetful of this fact. (अं.पृ.71)

26. (क) काम-मंगल से मंडित श्रेय, सर्ग इच्छा का है परिणाम,
(मू.पृ.24)

(ख) ईप्सितमुन उदयिंचुनु भुवनमु शिवकाममु श्रेयस्सुनु कूर्च्नु

(ते.पृ.45)

(ग) The noble world with blissful love bedights

कामायनी अनुवाद समीक्षा

      In the result, the outcome of desire;   (अं.पृ.71)

27. (क) ग्रह-पथ के आलोक-वृत्त से काल जाल तनता अपना (मू.पृ.18)

    (ख) ग्रहमुलु तिरिगेडु कांति वलयमुल विस्तरिंचिनदि कालुनि जालमु

                                                                (ते.पृ.33)

    (ग) With the bright circles of the planets moving
         Round in their orbits Time outspread his net.   (अं.पृ.63)

28. (क) क्षण भर भी विश्राम नहीं है प्राणदास है क्रिया-तन्त्र का

                                                               (मू.पृ.126)

    (ख) निमुसमयिन विश्रांति लभिंचदु क्रियातंत्र परतंत्रुलु जीवुलु

                                                              (ते.पृ.212)

    (ग) For e'en a single moment there's on rest;
         Life to the law of action is a slave   (अं.पृ.201)

29. (क) चिति का स्वरूप यह नित्य-जगत,   (मू.पृ.113)

       कर रही लीलामय आनन्द-महाचिति सजग हुई-सी व्यक्त,

                                                             (मू.पृ.24)

    (ख) जगति ज्योतिर्मयमु नित्यमु   (ते.पृ.196)

       कूर्चुचुंडु लीलामय मुदमुनु परंज्योति रूपोंदि मेलुकोनि (ते.पृ.45)

    (ग) An image of the Supreme consciousness,   (अं.पृ.189)
         Awakened, manifest, the Mind Supreme
         Is busy in the mystic sport of bliss;   (अं.पृ.71)

30. (क) चिति-केन्द्रों में जो संघर्ष चला करता है,   (मू.पृ.88)

    (ख) अनल केन्द्रमुलकु नडुम पोराटमु सागुचुंडु   (ते.पृ.160)

    (ग) The usual conflict which forever goes,
       on in the centers of our consciousness,   (अं.पृ.163)

31. (क) चेतन का साक्षि मानव   (मू.पृ.133)

    (ख) मानवुडु चैतन्य साक्षी   (ते.पृ.227)

(ग) Man, witness of Divine Intelligence,

(अं.पृ.212)

32. (क) चिति का स्वरूप यह नित्य-जगत, (मू.पृ.113)

(ख) जगति ज्योतिर्मयमु नित्यमु (ते.पृ.196)

(ग) An image of the supreme consciousness,

This world perennial changes myriad shapes; (अं.पृ.189)

33. (क) एक तत्व की प्रधानता-कहो उसे जड़ या चेतन (मू.पृ.7)

(ख) तत्वमोकटे रैंडिंटिकी मूलमु अदिये जडमु चेतनमुनु कानगु (ते.पृ.11)

(ग) One element alone dominion held,

Call it inanimate or animate

(अं.पृ.47)

34. (क) जीवन धारा सुन्दर प्रवाह, सत्, सतत, प्रकाश सुखद अथाह, (मू.पृ.113)

(ख) सतत रुचिर गंभीर मंजुल जीवितमु शुचिषत् प्रवाहमु (ते.पृ.196)

(ग) The stream of life hath a sweet, lovely flow; (अं.पृ.189)

35. (क) माँग रहे हैं जीवन का रस बैठ यहाँ पर अजर-अमर-से । (मू.पृ.127)

(ख) अथुतुरु जीवन रस लेशमु, जरामरणमुलु लेक चरिंतुरु (ते.पृ.215)

(ग) Here sitting like unageing, deathless souls,

That floweth drop by drop the Sap of Life. (अं.पृ.203)

36. (क) यही परिपाटी पाश बिछा कर जीव फाँसना । (मू.पृ.125)

(ख) इचट परिपाटि अय्ये प्राणुलवल जेर्चुट (ते.पृ.210)

(ग) Illusion reigns: To set the snare and catch,

The Soul in it is here the native rule. (अं.पृ.200)

37. (क) एक एक को स्थिर हो देखो, इच्छा, ज्ञान, क्रियावाले ये (मू.पृ.124)

(ख) निलकडगा वैरैवेरंगा चूडुमु इच्छा कर्ममु लिवि-अदि ज्ञानमु (ते.पृ.209)

(ग) These powerful, most influential orbs,
These orbs of action, knowledge and desire (अं.पृ.199)

38. (क) इस पंचभूत की रचना में मैं रमण करूँ बन एक तत्व ।(मू.पृ.63)
(ख) पंचभूत समाहितावनि नेकमयि रमियितु ने निक (ते.पृ.118)
(ग) And in this world made of Five elements
I must as one sole element enjoy. (अं.पृ.128)

39. (क) तांडव में थी तीव्र प्रगति, परमाणु विकल थे, (मू.पृ.94)
(ख) आ प्रचंड तांडवमुन परमाणुवुलु अदरिपोये (ते.पृ.170)
(ग) The rhythm of Siva's Dance of Death grew fierce,
Restless became all particles of life; (अं.पृ.171)

40. (क) शक्ति-तरंग प्रलय-पावक का उस त्रिकोण में निखर-उठा सा, (मू.पृ.128)
(ख) प्रलयानल मालोल तरंगित भंगिमतो मुक्कोणमु कूर्चगा (ते.पृ.217)
(ग) It looked as if in that three-cornered world
The mighty wave of all-destroying fire. (अं.पृ.204)

41. (क) यही त्रिपूर है देखा तुमने तीन बिन्दु ज्योतिर्मय इतने, (मू.पृ.128)
(ख) इदिये त्रिपुर सौंदर्यमु कंटिवि ज्योतिर्मय बिन्दुत्रय संहत- (ते.पृ.216)
(ग) These are the three worlds which thou hast described
So radiant and refulgent the three orbs (अं.पृ.204)

42. (क) नटराज स्वयं थे नृत्य-निरत, (मू.पृ.120)
देखा मनु ने नर्तित नटेश, (मू.पृ.121)
(ख) आडेनट नटराजु स्वयमुगा (ते.पृ.203)
मनुवु कने नटराज नाट्यमु (ते.पृ.204)
(ग) The King of Dancers himself dancing was,
(अं.पृ.194)

Manu beheld the dancing Deity (अं.पृ.195)

43. (क) नियति विकर्षणमयी, त्रास से सब व्याकुल थे । (मू.पृ.94)

(ख) चेदरि पोये भाग्य नियति, बेदरिपोये सकल जगति (ते.पृ.170)

(ग) Full of antipathy was Destiny,
And all with dread were in perplexity... (अं.पृ.171)

44. (क) पंचभूत का यह तांडवमय नृत्य हो रहा था कब का ।
(मू.पृ.11)

(ख) पंचभूतमुल भैरव नृत्यमु ऐंतकालमिट्टु लिचट सागिन दो!
(ते.पृ.20)

(ग) This dance macabre of five elements
Since how long, oh, hath this been going on! (अं.पृ.54)

45. (क) तांडव में थी तीव्र प्रगति, परमाणु विकल थे, (मू.पृ.94)

(ख) आ प्रचंड तांडवमुन परमाणुवु लदरि पोये (ते.पृ.170)

(ग) The rhythm of Siva's Dance of Death grew fierce,
Restless became all particles of life; (अं.पृ.171)

46. (क) मैं पुरुष, शिश-सा भटकता आज तक था भ्रांत
(मू.पृ.40)

(ख) जेरूटकु तिरूगाड्डु चुंटिनि शिशुवुवले पुरुषुंडनय्युनु
(ते.पृ.76)

(ग) I like a truant child have wandering been
Bewildered till to-day (अं.पृ.94)

47. (क) फिर क्यों न हुआ मैं पूर्ण-काम? (मू.पृ.68)

(ख) तीरलेदु कामार्ति नाकु मरि! (ते.पृ.126)

(ग) Why even then was I not satisfied, (अं.पृ.135)

48. (क) प्रकृति रही दुर्जेय, पराजित हम सब थे भूले मद में,
(मू.पृ.8)

(ख) प्रकृति तुदकु अपराजित अयिनदि मैमरचिन मन
मोडिपोयितिमि । (ते.पृ.14)

(ग) Nature remained invincible, but we
Were vanquished all, lost in our arrogance;

49.(क) शक्ति-तरंग प्रलय-पावक का उस त्रिकोण में निखर-उठा सा,
(मू.पृ.128)

(ख) प्रलयानल मालोल तरंगित भंगिम तो मुक्कोणमु कूर्चगा
(ते.पृ.217)

(ग) It looked as if in that three-cornered world
The mighty wave of all-destroying fire (अं.पृ.204)

50.(क) यह लीला जिसकी विकास चली वह मूल शक्ति थी प्रेम-कला,
(मू.पृ.32)

(ख) ई समस्त लीलनु वेलइंचिन मूल शक्ति प्रेमाख्य विलासमु
(ते.पृ.60)

(ग) That power primordial whose unfoldment is
This world mysterious was Love's magic force;
(अं.पृ.82)

51.(क) अपराध तुम्हारा वह बन्धन-लो बना मुक्ति, अब छोड़ स्वजन
(मू.पृ.118)

(ख) अपुड्डु बंधन मय्ये दोषमु मुक्ति पोंदितिमिपुड्डु सुतु निडि
(ते.पृ.201)

(ग) Thy bondage, the result of Thy offence
Salvation hath become; renouncing now (अं.पृ.192)

52.(क) यही दुख-सुख, विकास का सत्य यही भूमा का मधुमय दान ।
(मू.पृ.24)

(ख) हर्ष दैन्य परिणाम सत्यमदि, अदिये भवुनि पावन वरदानमु
(ते.पृ.45)

(ग) But this same pleasure-pain is the essence
of growth, 'tis the mellifluous gift of God. (अं.पृ.72)

53.(क) चितिमय चिता धधकती अविरल महाकाल का विषय नृत्य था,
(मू.पृ.128)

(ख) चिति वेलिगिन दविरल चितियुतमग महाकाल समरहित नृत्य मदि

(ते.पृ.217)

(ग) The multitudinous pyre incessant flamed
There was the odd dance of destructive Siva (अं.पृ.205)

54. (क) कौन हो तुम विश्व-माया-कुहक-सी साकार, (मू.पृ.39)

(ख) विश्व माया जालमुन काकारमुनु समकूर्चु धात्रिवि (ते.पृ.72)

(ग) Who art thou like charm incarnate of
Illusion cosmical! (अं.पृ.92)

55. (क) रचना मूलक सृष्टि-यज्ञ यह यज्ञ-पुरूष का जो है, (मू.पृ.56)

(ख) यज्ञ पुरूषाचरितमिदि रचिनात्मकमु संसार यज्ञमु (ते.पृ.104)

(ग) This universe which is the sacrifice
Primordial of the sacrifice prime, - (अं.पृ.117)

56. (क) मैं रति की प्रतिकृति लज्जा हूँ मैं शालीनता सिखाती हूँ,

(मू.पृ.44)

(ख) रति कि नेनु प्रतिकृतिनि बिडियमुनु नेर्पुचुंदु मर्याद मगुवलकु ।

(ते. पृ.83)

(ग) Image of Rati I am Modesty,
I give instruction in gentility, (अं.पृ.101)

57. (क) है रुद्र-रोष अब तक अशान्त, (मू.पृ.112)

(ख) इंतवरकु प्रचंड रुद्रावेशमुन (ते.पृ.196)

(ग) 'The wrath of Rudra is not yet appeased,
                                        ' (अं.पृ.189)

58. (क) कर रही लीलामय आनन्द-महाचिति सजग हुई-सी व्यक्त

(मू.पृ.24)

(ख) कूर्चुचुंडु लीलामय मुदमुनु परंज्योति रुपोंदि मेलुकोनि

(ते.पृ.45)

(ग) Awakened, manifest the Mind Supreme
Is busy in the mystic sport of bliss ; (अं.पृ.71)

कामायनी अनुवाद समीक्षा

59. (क) सर्वज्ञ-ज्ञान का क्षुद्र-अंश विद्या बनकर कुछ रचे छन्द
   (मू.पृ.70)

   (ख) पद्य रचन सागिचुनु विद्यलु ज्ञान राशि लवलेशमु चेकोनि
   (ते.पृ.130)

   (ग) May a mean part of knowledge infinite
   Pretending to be erudition vast,
   compose some verses insignificant! (अं.पृ.138)

60. (क) वह विराट था हेम घोलता नया रंग भरने को आज (पृ.14)

   (ख) आ विरालु करगिंचे पसिंडिनि क्रोव्वन्नेलु समकूचुट कोयन
   (ते.पृ.26)

   (ग) The Cosmic Being was dissolving gold
   To paint the world to-day in colors new; (अं.पृ.58)

61. (क) अपने दुख-सुख से पुलकित मूर्त-विश्व सचराचर (मू.पृ.133)

   (ख) पोंगु सुख-दुःखमुल की भुवि रूपमयमु चराचरम्मिदि
   (ते.पृ.226)

   (ग) This Universe incarnates, animate,
   Inanimate, thrilled with its bliss and woe, (अं.पृ.212)

62. (क) विषमता की पीड़ा से व्यस्त हो रहा स्पंदित विश्व महान,
   (मू.पृ.24)

   (ख) वैषम्यमु बाधिंचुनु पुडमिनि, कानि अदिये स्पंदनलकु मूलमु
   (ते.पृ.45)

   (ग) Vexed by the anguish of Unevenness,
   The universe immense is tremulous (अं.पृ.72)

63. (क) अतिचारी था स्वयं प्रजापति, देव अभी शिव बने रहें! (मू.पृ.83)

   (ख) इटु प्रजापति अतिचरिंचगा सुरुल शिव संकल्पमुडिगेनु (ते.पृ.152)

   (ग) The ruler himself a transgress or was!
   How could the gods remain auspicious now! (अं.पृ.157)

****

अध्याय – 3

तेलुगु और अंग्रेजी अनुवादों की सामान्य विशेषताएँ

तेलुगु अनुवाद की सामान्य विशेषताएँ

छायावादी महाकवि जयशंकर प्रसाद के सर्वश्रेष्ठ महाकाव्य 'कामायनी' का किसी अन्य भाषा में अनुवाद करना अत्यन्त श्रमसाध्य कार्य है। 'कामायनी' उनकी सृजनात्मक शक्ति के चरम उत्कर्ष की प्रतिकृति है। प्रसाद की भव्य कल्पना, अनन्य अनुभूति, अद्वितीय अभिव्यक्ति एवं गहराइयों तक पहुँचने में सक्षम अनुवादक ही इसका अनुवाद करने का साहस कर सकते हैं। इसके अतिरिक्त प्रसाद की ऐतिहासिक गवेषणा, सांस्कृतिक चेतना एवं दार्शनिक विचारों का मर्म समझना भी उनके काव्यानुवादक के लिए अनिवार्य है। भाषा, साहित्य तथा संस्कृति की गरिमा की दृष्टि से हिन्दी की सजातीय और विजीतीय भाषाओं दोनों में 'कामायनी' के अच्छे और सफल अनुवाद प्रस्तुत किये गये है। सजातीय भाषा तेलुगु में डॉ. आई. पांडुरंगाराव द्वारा किया गया अनुवाद उल्लेखनीय है। जिसकी सामान्य विशेषताओं पर विचार करने से पहले तेलुगु भाषा और साहित्य के विकास पर दृष्टिपात करना आवष्यक है ताकि यह भी देखा जा सके कि तेलुगु भाषा की साहित्यिक परम्परा कितनी विराट और श्रेष्ठ है।

तेलुगु या आन्ध्र भाषा दक्षिण भारत की चार प्रमुख भाषाओं में सर्वाधिक जनसंख्या द्वारा व्यवहृत विशिष्ट भाषा है। भारतीय भाषाओं में राष्ट्रभाषा हिन्दी के पश्चात् विस्तार और साहित्यिक परम्परा की दृष्टि से इसका द्वितीय स्थान है। इसकी साहित्य परम्परा सुदीर्घ एवं समुन्नत है। यद्यपि भाषा वैज्ञानिकों के द्वारा भाषाई परविार की दृष्टि से यह द्रविड़

परिवार की मानी जाती है तथापि संस्कृत भाषा से निकट सम्बन्ध के कारण यह संस्कृत शब्द बहुल भाषा है। ग्यारहवी शताब्दी के महाकवि नन्नय्या इसके 'आदि कवि' और उनकी अपूर्व कृति 'महाभारत' इसके आदि काव्य के रूप में विख्यात हैं। स्वरांत शब्दावली भाषा होने के कारण और अपनी सहज मिठास के कारण यह पाश्चात्य विद्वानों के द्वारा 'इटालियन आफ दि ईस्ट' के नाम से प्रशंसित हैं। प्राचीन काल से लेकर आधुनिक काल तक कई भाषाओं से पुराण, शास्त्र, काव्य, उपन्यास, नाटक, कहानी आदि अनेक रचनाओं का अनुवाद इसमें हुआ है। इनमें से जयशंकर प्रसाद की 'कामायनी' महाकाव्य भी एक है। इसका एक गद्यानुवाद"[1] और तीन पद्यानुवाद[2] तेलुगु में उपलब्ध हैं।

तेलुगु साहित्य में अनुवाद विधा के 'आदि गुरु' महाभारत के आंध्रानुवादक 'कवित्रय' नन्नय्या, तिक्कन्ना, तथा एर्राप्रग्गडा हैं। इन्होंने 'महाभारत' ग्रन्थ का यथातथ अनुवाद नहीं किया, बल्कि अपनी विचक्षण बुद्धि एवं प्रखर प्रतिभा के बल पर अनुवाद को मौलिक महाकाव्य का रूप दिया, जिससे वह तेलुगु साहित्य के आदि काव्य के नाम से विख्यात हो गया। प्रमुख विद्वान और कवि श्री पांडुरंगाराव ने भी कामायनी' महाकाव्य का अनुवाद करने में कवित्रय के मार्ग का अनुसरण किया है। उन्होंने 'कामायनी' के अनुवाद में आवश्यकतानुसार अपनी स्वतंत्र रचना कुशलता का अवलंबन किया है। सफल अनुवादक की अपनी कुछ सीमायें भी होती हैं। 'कामायनी' के सर्गों के नाम कवि प्रसाद ने उनमें प्रस्तुत भावों के अनुसार रखे। अनुवादक डॉ. राव ने भी सर्गों के नाम रखें हैं, लेकिन अनुवादक के रूप में विशिष्ट दृष्टिकोण और व्यक्तित्व के कारण अंतिम सर्ग 'आनंद' का नाम ही मूल के यथावत् है, शेष सभी सर्गों के नाम मूल से भिन्न हैं। सर्गों के ये नाम तेलुगु भाषा के उपयुक्त हैं और सर्गान्तर्गत भाव के सूचक भी है:

हिन्दी (मूल)	तेलुगु (अनुवाद)
चिन्ता	आवेदना
आशा	आसक्ति
श्रद्धा	आह्लादमु
काम	अनुरागमु
वासना	अनुबंधमु
लज्जा	अवरोधं
कर्म	आचरणा
ईर्ष्या	असंतृप्ति
इड़ा	अन्वेषणा
स्वप्न	आंदोलना
संघर्ष	आवेशं
निर्वेद	आप्यायं
दर्शन	आलोकं
रहस्य	आंतर्यं
आनन्द	आनंद

तेलुगु अनुवाद में सभी सर्गों के नाम 'अ' या 'आ' अक्षर से ही प्रारम्भ होते हैं। यह नाम परिवर्तन अनुवादक की मौलिक प्रतिभा का इस महाकाव्य के सर्गगत भावों की सुन्दर एवं सुस्पष्ट अभिव्यक्ति के प्रयास परिचायक है। इन महाकाव्य के सर्गगत भावों की सुंदर एवं सुस्पष्ट अभिव्यक्ति के द्योतक है और अनुवादक की सर्जनात्मक प्रतिभा की प्रमाण है।

मूल काव्य के सर्गों के नामकरण के बारे में डॉ. कन्हैयालाल सहगल ने लिखा है कि इस महाकाव्य के प्रत्येक सर्ग का नामकरण दर्शनीय है। मानसिक वृत्तियों के विकास का सम्पूर्ण स्वरूप दिखाने की चेष्टा प्रसाद ने की है। यह विकास भी एक क्रमिक रूप में दिखाया गया है[3]। इसी प्रकार तेलुगु अनुवाद में भी अनुवादक ने मानसिक वृत्तियों के

विकास को क्रमिक रूप में दिखाया है। सर्गों के बीच में अन्तर्निहित बन्धन यहाँ भी स्पष्ट दिखाई देता है। जैसेः पहले सर्ग 'चिन्ता' में मनु जलप्रलय के अनन्तर चिन्तामग्न जान पड़ते हैं और अतीत के चिन्तन के साथ-साथ भावी चिन्ता की क्षीण रेखायें भी उनके मानस में उठने लगती हैं क्योंकि सृष्टि के नवनिर्माण की समस्या भी उनके सम्मुख थी। चिन्ता क्रांत मानव मन सामान्य मनोस्थिति से सर्वदा भिन्न तथा अन्तर्मुखी सा हो जाता है। उसी तरह मनु भा जलप्लावन की उस भीषण दशा को देखकर एक अनिर्वचनीय विभीषका से व्याकुल हो जाते हैं। इसको दिखाने के लिए तेलुगु अनुवादक ने 'चिन्ता' का अनुवाद 'आवेदना' किया है। 'आवेदना' का 'अर्थ' हिन्दी में 'निवेदन' हो जाता है। तेलुगु भाषा में 'आवेदना' का अर्थ है- 'पूर्वघटित घटनाओं की याद करते हुए भविष्य में क्या होगा, यह सोचकर व्यथित होना' इसलिए अनुवादक ने इस सर्ग को 'आवेदना' नाम दिया। इससे अनुवादक की मौलिक प्रतिभा की झलक मिलती है।

'चिन्ता' के पश्चात् स्वाभाविक मानव मन में आशा का उदय होता है। यह ऐसी विकासोन्मुख वृत्ति है जो प्रमुख रूप से मानव को कार्यक्षेत्र में अग्रसर करती है तथा उसे प्रगति पथ पर आरूढ़ होने की प्रेरणा देती है। 'आशा', 'चिन्ता' की भाँति निष्क्रिय नहीं होती, वह मानव मन को क्रियाशील होने के लिए प्रेरित करती है। 'आशा', 'इच्छा' का प्रतिरूप है। मन को वास्तविक रूप में क्रियाशील बनानेवाली वृत्ति श्रद्धा ही है। श्रद्धा और विश्वास के बिना जीवन गतिशील नहीं बन सकता। इसीलिए मूल काव्य में कवि ने आशा सर्ग के बाद श्रद्धा सर्ग की रचना की। इस सर्ग में श्रद्धा नामक पात्र का प्रवेश होने के कारण भी इसका श्रद्धा नाम सार्थक है। परन्तु तेलुगु अनुवाद में 'श्रद्धा' नाम का लिप्यन्तरण नहीं किया गया है। मूल के भाव और तेलुगु भाषा की विशिष्ट संरचना के अनुरूप 'श्रद्धा' के समतुल्य 'आह्लाद' शीर्षक दिया गया है। जब मन में आशा का आविर्भाव होता है, तब मनुष्य उससे आह्लादित होकर कर्तव्योन्मुख बनता है। इस आह्लाद से शक्ति पाकर ही वह कर्तव्य करने के योग्य बनता है।

इसके अतिरिक्त कथा सन्दर्भ में श्रद्धा के दर्शन से मनु चिन्ताएँ भूलकर आह्लाद का अनुभव करते हैं। अतः यह नाम सार्थक है। इसी प्रकार 'इड़ा' सर्ग का नाम 'अन्वेषणा' रखा गया है। मूल काव्य में इड़ा को बुद्धि के प्रतीक के रूप में प्रस्तुत किया गया है। इसमें गूढ अर्थ निहित है जिसे आसानी से समझा नहीं जा सकता। लेकिन अनुवादक ने इड़ा' का लिप्यंतरण न करके सर्ग के भाव के अनुरूप 'अन्वेषणा' नाम रखा है। इसे पाठक। आसानी से समझ सकते हैं। इस सर्ग में दिखाया गया है कि मनु अर्थात् मन बुद्धि के बाह्य आकर्षण से आकृष्ट होकर उस पर अपना निरंकुश शासन देखना चाहता है और फलस्वरूप दुःखों में फँस जाता है। इस प्रकार मनु ईर्ष्या की उत्तेजना में श्रद्धा को छोड़कर बुद्धिवादी बन जाता है। इस प्रकार मनु ईर्ष्या की उत्तेजना में श्रद्धा को छोड़कर बुद्धिवादी बन जाता है और इस बुद्धि की सहायता से साम्राज्य स्थापना की चेष्टा करता है। इस तरह नये मार्ग की खोज तथा नये साम्राज्य की स्थापना करने का प्रयास इस सर्ग में मनु करता है। इसलिए तेलुगु अनुवाद में 'इड़ा' के बदले 'अन्वेषणा' अनुवाद इस सर्ग के विषय की ओर स्पष्ट संकेत करता है। इसी प्रकार बाकी सर्गों के नाम भी मूल पाठ की भावना को आत्मसात करने के बाद ही उपयक्त ढंग से रखे गए हैं। केवल अन्तिम सर्ग 'आनन्द' का नाम अनुवाद में भी 'आनंद' ही है जो दोनों भाषाओं में समान अर्थ देता है - 'मोक्ष प्राप्ति अथवा अखण्ड आनन्द की प्राप्ति का'। वस्तुतः निर्वेद के अनन्तर ही मानव मन आत्मा का मूल रहस्य जानकर आत्मदर्शन कर पाता है। अर्थात् उसे कर्म ज्ञान तथा भावना की एकरूपरता का भाव होता है। इससे अवगत होने पर ही उसे सम्पूर्ण जीवन की सार्थकता एवं अखण्ड आनन्द की अनुभूति होती है, जो मानव जीवन का चरम लक्ष्य है।

अनुवादक श्री पांडुरंगाराव ने 'कामायनी' के प्रथम सर्ग 'चिन्ता' की प्रथम पंक्तियों के अनुवाद में ही अपनी स्वतन्त्र भावना को अभिव्यक्त किया है। हिन्दी का (मूल) पद्य इस प्रकार है :

हिम गिरि के उत्तुंग शिखर पर, बैठ शिला की शीतल छाँह,

एक पुरुष भीगे नयनों से देख रहा था प्रलय प्रवाह। (मू.पृ.7)
तेलुगु अनुवाद इस प्रकार है :

उत्तरमुन उत्तुंग हिमाचला
शिखर शिलातल शीतल सीमला
कनुलु चेम्मगिल कांचुचुंडे नोक
पुरुषु डेवडो प्रलयांबु पूरमुनु   (ते.पृ.11)

यह 'कामायनी' महाकाव्य का प्रथम पद्य है। इसका अनुवाद अत्यन्त मर्मस्पर्शी बन पड़ा है। इसकी संरचना तेलुगु भाषा के वाक्य निर्माण की रीति के अनुकूल है। इससे काव्य नायक का चित्र सजीव रूप में पाठकों के मनोनयनों के सामने उपस्थित होता है। यद्यपि मूल रचना में हिमगिरि का दिशा-निर्देशन नहीं मिलता तथापि अनुवादक ने 'उत्तरमुन उत्तुंग हिमाचल' लिखा है। शायद इससे आदि मानव की सृष्टि भारत में ही होने की ओर संकेत करना अनुवादक का उद्देश्य होगा। मूल के 'एक पुरुष' का अनुवाद 'ओक पुरूषूडेवडो' करके अनुवादक ने अनिश्चय की भावना को और भी प्रबल कर दिया है तथा पाठकों के मन में कुतूहल जगाने की चेष्टा की है। प्रथम तथा द्वितीय चरणों में प्रयुक्त शब्दों में अनुप्रास की छटा दर्शनीय है। इसकी शब्द योजना मृदुमधुर एवं लययुक्त है। तीसरी पंक्ति में 'भीगे नयनों से' शब्द का अनुवाद तेलुगु में 'कनुलु चेम्मगिल' कहकर प्रस्तुत करने से पाठकों के हृदय स्पंदित हो जाते हैं।

साहित्यानुवाद करते समय मूल अर्थ के नष्ट होने की सम्भावना ज्यादा होती है। परन्तु सतर्क एवं सफल अनुवादक इसका विशेष ध्यान रखते हैं और मूल अर्थ को क्षति पहुँचाये बिना विभिन्न रीतियों से अनुवाद करते हैं। वे रीतियाँ है - शब्दानुवाद, भावानुवाद, पुनःसर्जन आदि। इनमें से काव्यानुवाद की दृष्टि से भावानुवाद का महत्वपूर्ण स्थान है। काव्य के अनुवाद में पारिभाषिक शब्दों का अनुवाद अनिवार्य नहीं है, फिर भी अनुवादक को भाव के अनुसार आवश्यकता को ध्यान में रखकर उनका भी अनुवाद करना पड़ता है। 'कामायनी' का अनुवाद करते समय अनुवादक

श्री पांडुरंगाराव ने भी मूल के भाव को दृष्टि में रखकर कुछ स्थलों पर भावानुवाद, कुछ पर शब्दानुवाद और कुछ स्थलों पर पुनःसृजन भी किया है। भावानुवाद और पुनःसृजन करने में भी अनुवादक की अपनी सीमाएँ होती हैं। सीमाओं के बाहर जाने पर अनुवादक सफल नहीं हो पाते।

(i) संरचना के स्तर पर

(अ) - ओ चिन्ता की पहली रेखा, अरी विश्व-वन की व्याली,
ज्वालामुखी स्फोट के भीषण प्रथम कंप-सी मतवाली! (मू.पृ.7)

अलमु कोन्न तोलि विषाद रेखवु,
भुवन वनमु चेरिन कालाहिवि
दारुण वह्नी शिखा विदलनमुन
तोलि चलनमु वले मदिरोन्मादिवि. (ते.पृ.12)

हिन्दी और तेलुगु की भावाभिव्यक्ति तथा वाक्य संरचना की रीतियों में कहीं कहीं अन्तर होता है। मूल काव्य के पद्य में जिस प्रकार 'चिन्ता' का सम्बोधन करते हुए उसके लक्षण प्रकट किये गये हैं, ठीक वैसे ही तेलुगु में करने से तेलुग की वाक्य रचना की सुन्दरता नष्ट हो जाती है और छन्द की गति का भी भंग होता है। 'रेखवु', 'कालाहिवि', 'मदिरोन्मादिनिवि', इन शब्दों में तेलुगु वाक्य की संरचना के अनुसार एक ही शब्द के द्वारा 'तुम रेखा हो', 'तुम काल अहि हो' 'मदिर उन्मादिनी हो' ये संरचनाएँ एक के बाद एक आती हैं। मूल में प्रयुक्त संबोधन को हटा कर उपर्युक्त संरचना के संघटन से तेलुगु अनुवाद भावाभिव्यक्ति में भी अत्यंत सफल हो सकता है।

कहाँ ले चली हो अब मुझ को श्रद्धे ! मैं थक चला अधिक हूँ,
साहस छूट गया है मेरा निस्संबल भग्ननाश पथिक हुँ, (मू.पृ.123)

एचट किट्टुलु कोनि पोदुवु श्रद्धा !
अलसिति नड्डुगुलु तडबड्डु चुन्नवि
ला वोक्किंतयु लेदु साहसमु,
धैर्यमुलनु कोल्पोयिन पांधुंड.

मूल पद्य की दूसरी पंक्ति के आशय को अनुवादक ने वाक्य संरचना की सरलता की दृष्टि से दो छोटे वाक्यों में व्यक्त किया कि मैं गया, मेरे पैर डगमगा रहे हैं। इन दो वाक्य संरचनाओं के एक साथ आने से थकावट की तीव्रता स्वतः व्यक्त होती है। तीसरी, चौथी पंक्तियों के अनुवाद में मूलार्थ को प्रकट करते हुए अनुवादक ने 'ला वोक्किंतयु लेदु' (मुझे जरा भी बल नहीं है) के रूप में एक नई संरचना का प्रयोग किया है। यह वाक्य प्रयोग आन्ध्र के सुप्रसिद्ध प्राचीन भक्त कवि पोतन्ना के 'गजेन्द्र की दशा' के वर्णन की याद दिलाता है।[4] इस नई संरचना से मूलार्थ व्यक्त हो जाता है अतः 'निस्संबल' और 'भग्न नाश' शब्दों का अनुवाद करना अनुवादक ने आवश्यक नहीं समझा।

(ii) भाव के स्तर

अनुवादक श्री राव ने मूल काव्य के अनेक प्रसगों के पद्यों का शब्दार्थ यथावत् प्रस्तुत किया है और जहाँ तहाँ अनुप्रास की छटा से अनुवाद के पद्यों को अधिक आकर्षक बनाने का प्रयास किया है। उदाहरण स्वरूप कुछ नमूने देखे जा सकते हैं:

1.उषा सुनहले तीर बरसती जयलक्ष्मी - सी उदित हुई,
उधर पराजित कालरात्रि भी जल में अंतर्निहित हुई (मूल.पृ.14)
पसिडि पसिडि बाणमुलनु कुरियुचु,
विजयलक्ष्मि वले उदयिंचुनदुष
इपुडे पराजित काल रात्रियुनु,
नीट मुनिगि अंतर्हित मय्येनु. (ते.पृ.25)

मूल पद्य की प्रथम, द्वितीय पंक्तियों की संरचना को तेलुगु अनुवाद में बदल दिया गया है। मूल पद्य में 'उषा' कर्ता को वाक्य के प्रारंभ में ही रखा गया है जबकि अनूदित वाक्य में भाव की तीव्रता और अनुप्रास की सुन्दरता की दृष्टि से 'उदयिं चिनदुष' (उदित हुई उषा) में कर्ता को अन्त में रखा गया है। मूल की तीसरी पंक्ति में 'उधर काल रात्रि' स्थान निर्देशक

रूप में आया है जबकि अनुवादक ने उसे के बदले 'इपुडे' (अभी) कह कर समय सूचक शब्द का प्रयोग किया है, जो सन्दर्भ के औचित्य की दृष्टि से अनुकूल मालूम होता है।

2.विश्व देव, सविता या पूषा, सोम, मरुत चंचल पवमान,
वरुण आदि सब घूम रहे हैं किस के शासन में अम्लान ? (मू.पृ.14)
विश्व देवतलु सवितयु पुषुडु,
सोम मरूत्पवमान वरूणुलुनु
ऐवरि माट शिरसावहिंचि चरि
युंचु चुंदुरिट अप्रमत्तुलयी (ते.पृ.26)

अनूदित दूसरी पंक्ति में 'सोम मरुत्पवमान वरुणुलनु' कह कर एक ही समास में मिला कर देवताओं के नामोल्लेख से पद्य की गति में वेग आ गया है। 'पवमान' का विशेषण 'चंचल' और 'शासन' का विशेषण 'अम्लान' शब्द अनुवाद की सुविधा की दृष्टि से छोड़ दिए गए हैं। 'अप्रमत्तूलयि' (अप्रमत्त होकर) अनुवाद के पद्य की आखिरी पंक्ति में स्वतंत्र रूप से प्रयुक्त हुआ है, जिस से उस अदृश्य शक्ति की अनुपम सत्ता का और प्रकृति शक्तियों की मर्यादा का अभास मिलता है।

(iii) अनुवादनीयता के स्तर पर

अनुभवी एवं भावुक अनुवादक ने पूरी कुशलता से मूल काव्य के भावार्थ और शब्दार्थ को अनुवाद में उपस्थित किया है। फिर भी कहीं कहीं अपनी मर्यादा और सीमाओं की दृष्टि से उन्होंने मूल के कुछ पद्यों का भाव लेकर पुनःसृजन भी किया, जो बहुत सुन्दर बन पड़ा है। इसके लिए निम्नलिखित उदाहरण देख सकते हैं :

समरस थे जड़ या चेतन सुन्दर साकार बना था,
चेतनता एक विलसती आनन्द अखण्ड घना था। (मू.पृ.135)
लेदु जड़ चेतन विभेदमु
समरसमु सुरुचिरमु सकलमु
सांद्र सततानंदमय चै

तन्य मदि जगदेक कांतमु। (ते.पृ.231)

'कामायनी' महाकाव्य के इस अन्तिम पद्य के भाव का अनुवाद अत्यन्त सुन्दर अनुसृजनात्मक रूप में अनुवादक ने प्रस्तुत किया है, जो उनकी मौलिक प्रतिभा का परिचायक है। मूल के 'समरस थे जड़ या चेतन' का अनुवाद जड़ चेतन का विभेद नहीं है' के रूप में करने से जड़ चेतन की अभिन्नता अधिक स्पष्ट हो गई है। मूल के 'सुन्दर साकार बना था' के बदले उसका अनुवाद 'समरसमु सुरुचिरमु सकलमु' किया गया है। अनुप्रास युक्त रीति से सनातन सत्य का उद्घाटित करना भी अनुवादक की सफलता है। मूल पद्य की दूसरी पंक्ति का अनुवाद अनुवादक ने संस्कृत शब्द युक्त शैली में किया है, जो प्रभावपूर्ण भी है और अनुवादक की सर्जनात्मक क्षमता का द्योतक भी।

उपर्युक्त उदाहरणों से स्पष्ट होता है कि तेलुगु अनुवादक ने अनूदित पाठ को एक मौलिक काव्य का-सा रूप दिया है। तेलुगु भाषी पाठक इस अनुवाद को पढ़कर यह महसूस नहीं करते कि हम किसी काव्य का अनुवाद पढ़ रहे हैं। विद्वान अनुवादक ने हिन्दी और तेलुगु भाषाओं पर समान अधिकार रखने के कारण मूल काव्य के पद्यों की अपनी भाषाई विशेषता और पाठकों की अनुकूलता को ध्यान में रखकर कहीं शब्दानुवाद, कहीं भावानुवाद और कहीं अनुसृजन का सहारा लेकर अनुवाद का कार्य अत्यन्त कुशलता पूर्वक सम्पन्न किया है।

लब्ध प्रतिष्ट विद्वान तथा कवि श्री पांडुरंगाराव के 'कामायनी' महाकाव्य का तेलुगु पद्यानुवाद अनेक विशेषताओं से सम्पन्न है। यह अनुवाद लोकप्रिय मात्रा छन्द में और कहीं कहीं गेय जैसे छन्द में है। उन्होंने अपनी अनुवाद प्रक्रिया में अनूदित पाठ की मौलिकता की ओर विशेष ध्यान दिया है। उन्होंने भावानुवाद प्रस्तुत करने और कहीं कहीं मूल की सीमा को निखारने की चेष्टा भी की है। श्री राव के अनुवाद की भाषा यद्यपि संस्कृत-निष्ठ है, लेकिन उन्होंने यथासम्भव सुलभ एवं प्रचलित तत्सम शब्दों का प्रयोग किया है और देशज शब्दों का प्रयोग भी पर्याप्त

मात्रा में आवश्यकतानुसार किया है। उनकी पद्य रचना की शैली भी गतिशील एवं आकर्षक है। तेलुगु के विद्वानों के अतिरिक्त साधारण योग्यता रखनेवाले तेलुगु भाषी पाठक भी इस अनुवाद को पढ़ते समय एक मौलिक काव्य पढ़ने का जैसा रसास्वादन प्राप्त कर सकते हैं।

अंग्रेज अनुवाद की सामान्य विशेषताएँ

श्री बी. एल. साहनी ने 'कामायनी' का विजातीय भाषा अंग्रेजी में सफल अनुवाद प्रस्तुत किया गया है। भाषा, साहित्य और संस्कृति की दृष्टि से विजातीय भाषाओं में अनुवाद करना अत्यंत श्रमसाध्य है क्योंकि विजातीय भाषाओं की संस्कृति, संरचना आदि अलग होते हैं। इसके साथ ही वाक्य, शब्द, शैली आदि भाषिक संरचनाओं के स्तर पर भी विजातीय भाषायें एक दूसरे से काफी भिन्न होती हैं। किसी काव्य का अनुवाद करते समय अनुवादक को इन सभी भेदों का ध्यान रखना पड़ता है। शब्द और वाक्य के स्तर पर मूल व अनूदित पाठ का भेद काव्यानुवाद की स्वाभाविक प्रक्रिया का परिणाम है, जो आधुनिक अनुवाद चिंतन में काव्यानुवाद की उस संकल्पना को व्यक्त करता है जिसे पुनःसृजन कहा गया है। यहाँ स्रोत भाषा के कवि द्वारा अभिव्यक्त विचारों, भावों तथा संवेदनाओं की रक्षा करते हुए कविता को लक्ष्य भाषा में पुनःसृजित किया जाता है। अनुवाद के उस सर्वाधिक महत्वपूर्ण सिद्धांत की चर्चा भी यहाँ कर लेनी चाहिए, जिसे 'समतुल्यता का सिद्धांत' कहा गया है। यह माना जाता है कि मूल पाठ और अनूदित पाठ पूर्ण रूप से समरूप हो ही नहीं सकते, वे केवल समतुल्य ही हो सकते हैं।

संसार के विभिन्न भाषा भाषी अंग्रेजी भाषा जाननेवालों के लिए डॉ. साहनी ने 'कामायनी' का अंग्रेजी अनुवाद किया है। अंग्रेजी भाषा की अपनी परंपरा और विस्तार है। दुनिया के अलग भाषा भाषियों के बीच यह संपर्क भाषा के रूप में प्रचलित है। हमारे देश में भी अंग्रेजी संपर्क भाषा के रूप में स्वीकृत है। डॉ. साहनी दोनों भाषाओं के सक्षम विद्वान हैं।

उन्होंने मूलपाठ के सभी सांस्कृतिक, परिवेशगत तथा सामाजिक तत्वों को अनुवाद में लाने का प्रयास किया है और ऐसा करने के लिए समतुल्यता के सिद्धान्त का अनुसरण किया है।

डॉ. साहनी ने मूल काव्य 'कामायनी' में जितने सर्ग हैं, उतने ही सर्ग अनूदित पाठ में भी रखे हैं। इतना ही नहीं सर्गों के मूल नामों का उन्होंने अंग्रेजी में भावानुवाद किया है। सर्ग का अनुवाद उन्होने 'Book' किया है। सर्गों के नामों के अनुवाद अंग्रेजी में इस प्रकार लिए गए है :

मूल सर्ग	अंग्रेजी अनुवाद
चिन्ता	Reflection
आशा	Hope
श्रद्धा	Shradha
काम	Kama
वासना	Desire
लज्जा	Modesty
कर्म	Ritual
ईर्ष्या	Jealousy
इड़ा	Ira
स्वप्न	The Dream
संघर्ष	Conflict
निर्वेद	Non-attachment
दर्शन	Vision
रहस्य	Mystery
आनंद	Bliss

अंग्रेजी अनुवाद में पहले सर्ग 'चिन्ता' का अनुवाद 'Reflection' किया गया है। अंग्रेजी शब्द का अर्थ है विचार, चिन्तन, परिवर्तन । मूल काव्य में कामायनीकार ने मनु के मन में जलप्लावन होने के बाद भूतकाल की घटनाओं की स्मृति और भविष्य की सोच से उत्पन्न व्याकुलता का

चित्रण किया है। 'Reflection शब्द इस आशय का आभास मात्र मिलता है। 'श्रद्धा', 'काम' और 'इड़ा' का अनुवाद न करके लिप्यंतरण कर दिया गया है। ये उचित है क्योंकि अनुवाद या अनुसृजन करने से अर्थ और शब्द अलग-अलग हो जाते हैं। 'निर्वेद' सर्ग का अनुवाद 'Non-attachment' किया गया है। यहाँ मूल का भाव व्यक्त हो जाता है। वासना (desire), लज्जा (Modesty), कर्म (Ritual), ईर्ष्या (Jealousy), दर्शन (Vision), भावानुवाद है तो आशा (Hope), स्वप्न (dream), संघर्ष (Conflict), शब्दानुवाद । मूल काव्य में अन्तिम सर्ग का नाम 'आनन्द' है। अंग्रेजी अनुवादक ने उसका अनुवाद Bliss' किया है। जिस प्रकार मूल काव्य में आनन्द' शब्द का अर्थ भौतिक सुख या भौतिक आनन्द न होकर उन्नत आध्यात्मिक आनन्दानुभव की अभिव्यक्ति करता है उसी प्रकार अंग्रजी अनुवाद 'Bliss' शब्द भी दार्शनिक भावना से उत्पन्न इंद्रियातीत आनन्द की अनुभूति को प्रकट करता है। अतः अंग्रेजी अनुवाद के अन्तिम सर्ग का नामकरण बहुत ही सार्थक बन पड़ा है। .

अंग्रेजी अनुवादक श्री साहनी ने 'कामायनी' महाकाव्य के प्रथम सर्ग 'चिन्ता' (Reflection) की प्रथम पंक्तियों का जो अनुवाद किया है उसी से अनुवाद के रूप में उनकी स्वतन्त्र भावना और दोनों भाषाओं की संरचना पर उनकी दक्षता का पता चलता है। मूल पद्य इस प्रकार है :
हिमगिरि के उत्तुंग शिखर पर, बैठ शिला की शीतल छाँह,
एक पुरुष भीगे नयनों से देख रहा था प्रलय प्रवाह ।   (मू.पृ.7)
अंग्रेजी अनुवाद इस प्रकार है :

> Upon the Himalayas lofty peak,
> In the cool shade of an overhanging cliff,
> A person sat who with wet eyes surveyed,
> The flowing current of the flood of Doom.   (अं.पृ.47)

मूल कवि तथा अनुवादक दोनों भारतीय हैं। फिर भी अनुवादक ने विजातीय भाषा अंग्रेजी की प्रकृति के अनुरूप ही अनुवाद प्रस्तुत किया

है। मूल तथा अनुवाद दोनों में आदिमानव की सृष्टि भारत में ही होने की ओर संकेत किया गया है। मूल के 'एक पुरुष' का अनुवाद 'A person' करके अनिश्चय की भावना को अनुवादक ने मूल लेखक की भाँति ही व्यक्त करने की चेष्टा की है। इसकी संरचना अंग्रेजी भाषा के वाक्य निर्माण की रीति के अनुकूल है। 'शिला' का अनुवाद 'over hanging cliti' (प्रलम्बी चट्टान) तथा 'देख रहा था' का अनुवाद 'surveyed' किया गया है। सामान्य रूप से 'Surveyed' शब्द का 'जाँच' या 'सर्वेक्षण के लिए उपयोग करते हैं। लेकिन इसमें देख रहा था' के भाव को और मजबूत करने के लिए 'surveyed' (चारों ओर देख रहा था) का उपयोग हुआ है। इसी प्रकार 'प्रलय प्रवाह' का अनुवाद 'The flowing current of the flood of doom किया गया है। इसमें भी 'प्रलय प्रवाह' की 'सर्व विनाशकारी शक्ति' की और संकेतित करने के लिए अनुवादक ने अंग्रेजी की वाक्य संरचना को ध्यान में रखकर किया को वाक्य के बीच में रखा है। इस प्रकार की अनुवाद प्रक्रिया से अनुवादक की भावुकता और भाषा पर उसके अधिकार दोनों का पता चलता है।

(i) संरचना के स्तर पर

1. ओ चिन्ता की पहली रेखा, अरी विश्व-वन की व्याली,
ज्वालामुखी स्फोट के भीषण प्रथम कम्प-सी मतवाली! (मू.पृ.7)
Oh, thou first anxious wrinkle of reflection,
Thou deadly viper of the wooded world,
Wild, furious and terrific like the first
Upheaval dreadful of volcanic burst.   (अं.पृ.48)

हिन्दी और अंग्रेजी भाषाओं की भावाभिव्यक्ति तथा वाक्य संरचना में बहुत अन्तर है। दोनों अलग-अलग भाषाएँ हैं। एक प्राच्य भाषा है तो दूसरी पाश्चात्य भाषा। अतः हिन्दी काव्य का अंग्रेजी में अनुवाद करना अत्यन्त कष्ट साध्य है। फिर भी मूल काव्य में प्रसाद ने 'चिन्ता' को सम्बोधित करते हुए उसके जो लक्षण प्रकट किये उन्हें उसी रूप में अंग्रेजी

अनुवाद में लाने का प्रयत्न अनुवादक ने किया है। अनुवाद में भी पहली पंक्ति सम्बोधन से शुरू की गई है। यहाँ 'रेखा' को anxious wrinkle' के रूप में विशेषण जोड़कर प्रयुक्त करने से 'reflection' के भाव को मजबूत किया गया है। 'विश्व वन' के लिए 'wooded world' जैसे साधारण शब्द का उपयोग शाब्दिक अनुवाद के स्तर पर हुआ है। 'deadly viper' में d'eadly' विशेषण जोड़कर 'व्याली' को अनुवाद करने का प्रयास किया गया है। 'ज्वालामुखी' के सन्दर्भ में Wild, furious और Terrifie तीन विशेषणों को जोड़कर 'स्फोट' के भाव को रूपायित किया गया है।

यहाँ अनुवादक ने अंग्रेजी भाषियों के बोध के लिए अनुकूल रीति से अनुवाद करने का प्रयत्न किया है। फिर भी दोनों भाषाओं की संस्कृति भिन्न होने के कारण है।

भावाभिव्यक्ति में उसे दिक्कत हुई है। अनुवादक ने पर्याप्त प्रयत्न किया है, फिर भी मूल पद्य का भाव पूर्ण रूप से अनुवाद में प्रकट नहीं हो पाया है।

2. एक झिटका-सा लगा सहर्ष, निरखने लगे लुटे-से, कौन-
गा रहा यह सुन्दर संगीत ? कुतूहल रह न सका फिर मौन। (मू.पृ.21)

It gave him an upsetting jolt of joy,
He looked like one entirely looted: who
Is singing this symphonious, lovely song?
Curiosity then could not silent be. (अं.पृ.67)

मूल पद्य में कवि प्रसाद ने 'एक झिटका सा लगा' में 'झिटका' शब्द के द्वारा श्रद्धा की वाणी के प्रभाव को दर्शाया है। अंग्रेजी अनुवाद में अनुवादक ने 'an upsetting jolt of joy' किया है। मूल पद्य में जिस तरह की भावाभिव्यक्ति हुई वह अनुवाद में लाने का प्रयत्न तो किया गया, लेकिन पूर्ण सफलता नहीं मिली। 'झिटका' शब्द से मनु के मन पर श्रद्धा की प्रबल प्रभाव का भाव अनुवाद के 'upsetting', 'jolt of joy' द्वारा प्रकट नहीं हो पाता।

कामायनी अनुवाद समीक्षा

(ii) भाव के स्तर पर

अनुवादक डॉ. साहनी ने मूल काव्य के अनेक प्रसंगों के शब्दार्थ यथावत् प्रस्तुत करने का प्रयत्न किया है। उन्होंने लक्ष्य भाषा के पाठकों को दृष्टि में रखकर अनुवाद करने का प्रयत्न किया गया है। लेकिन मूल के भाव को प्रकट करने में उन्हें फिर भी दिक्कत हुई है। इस प्रकार की कठिनाई से उत्पन्न अनुवाद के कुछ उदाहरण नीचे दिये जा रहे हैं :

1. उषा सुनहले तीर बरसती जयलक्ष्मी-सी उदित हुई,
उधर पराजित कालरात्रि भी जल में अन्तर्निहित हुई। (मू.पृ.14)
Showering shafts of gold the Morning rose
Like to the goddess great of victory,
And in defeat the sable Night of Doom
Beneath the waters sank and disappeared. (अ.पृ.57)

यहाँ 'उषा' शब्द का अनुवाद 'Morning' किया गया है। मूल पाठ से 'उषा' शब्द का जो अर्थ ध्वनित होता है, वह 'Morning' से नहीं निकलता और इस से समय की सूचना भी नहीं मिलती है। 'सुनहले तीर' का "Shafts of Gold" अनुवाद किया गया है और 'जयलक्ष्मी' का 'Goddess Great of Victory'। लेकिन यहाँ भी मूल शब्दों का ठीक अर्थ प्रकट नहीं होता। 'कालरात्रि शब्द' के लिए भी 'Sable night of doom' अनुवाद है। यहाँ भी मूल शब्द का अर्थ इसमें प्रकाट नहीं हो पाता। सन्दर्भ के अनुकूल जल में अन्तर्निहित हुई के लिए 'Waters Sank and disappeared' भी मूल के मन्तव्य को व्यक्त नहीं कर पाता। इससे यह भी सिद्ध होता है कि किसी विजातीय भाषा में मूल भाषा का सही अर्थ लक्ष्य भाषा के शब्दों में प्रकट करना कितना कठिन है। मूल पद्य में 'उषा' और 'कालरात्रि' के मानवीकरण युक्त भाव का आभास अनुवाद में नहीं मिलता है।

2. विश्वदेव, सविता या पूषा, सोम, मरुत, चंचल पवमान
वरुण आदि सब घूम रहे हैं किसके शासन में अम्लान ? (मू.पृ.14)
Submissive to whose rule with joy unmixed,

> Oh God infinite of the universe,
> Do move the sun, the moon, the storm, the sea,
> The restless wind and every other force?   (अं.पृ.58)

मूल पद्य में जो भाव व्यक्त हो रहा है, वह अनुवाद में व्यक्त नहीं हो पाया हैं। यहाँ शब्दानुवाद किया गया है। शब्दानुवाद भी पर्याप्त नहीं बन पड़ा। 'विश्वदेव' शब्द का अनुवाद दूसरी पंक्ति में सम्बोधन के रूप में 'Oh. god infinite of the Universe' कह कर किया गया है। मूल में यह सम्बोधन के रूप में नहीं, लेकिन प्रसाद ने 'विश्वदेव' का 'सविता', 'सोम', 'मरुत आदि के साथ एक प्राकृतिक शक्ति के अर्थ में ही प्रयोग किया है। 'सविता या पूषा' का 'Sun', 'सोम' का 'Moon', 'चंचल पवमान' का restless wind', 'वरुण' का 'Sea' अनुवाद किया गया है। 'अम्लान शासन में' का अनुवाद 'Submissive to whose rule किया गया जिससे मूल के आशय स्पष्ट नहीं होता। मूल में शैली चयन का जो सन्दर्भ है वह भी अंग्रेजी के इन अनुवादों से स्पष्ट नहीं होता। 'with joy unmixed' का अनुवादक ने अतिरिक्त प्रयोग किया है। जबकि मूल में यह आशय निहित नहीं है। शायद अनुवादक ने 'अम्लान' शब्द को 'घूम' रहे हैं' शब्द का क्रिया विशेषण समझ कर यह अनुवाद किया होगा। मूल के अनुसार 'अम्लान' शब्द 'शासन' का विशेषण हैं।

(iii) **अनुवादनीयता के स्तर पर**

ऊपर के उदाहरणों से यह स्पष्ट होता है कि चाहे मूल के भाव को पूर्णतः पकड़ पाने में अंग्रेजी अनुवाद सफल न हुआ हो और जिसकी संभावना भी नहीं है, क्यों कि दोनों भाषाओं का सामाजिक-सांस्कृतिक धरातल नितांत भिन्न है, फिर भी अनुभवी एवं भावुक अनुवादक श्री साहनी ने मूल काव्य के भावार्थ और शब्दार्थ के सुचारू रूप से अपने अनुवाद में उपस्थित करने का यथासंभव प्रयत्न किया है। अनुवाद की भाषा विजातीय भाषा होने पर भी भारतीय संस्कृति को अंग्रेजी पाठकों तक पहुँचाने और समझाने का प्रयत्न करती है जो सराहनीय है। इसमें भावानुवाद

और शब्दानुवाद के अलावा कहीं कहीं अनुवादक ने अपनी मर्यादा और सीमा को तोड़कर मात्र मूल के भाव लेकर पुनःसृजन भी किया है और अनुवाद को लक्ष्य भाषा के पाठक के लिए बोधगम्य बनाने का प्रयत्न किया है। अनुवाद की इस प्रवृत्ति को निम्नलिखित उदाहरणों में देखा जा सकता है।

1. समरस थे जड़ या चेतन सुंदर साकार बना था,
   चेतनता एक विलसती आनंद अखंड घना था। (मू.पृ.135)

All objects conscious or un-conscious were
Pervaded by the savor of one life,
And beauty was incarnate everywhere,
And the One Consciousness was sporting round,
And Bliss intense and undivided reigned. (अं.पृ.215)

यह पद्य कामायनी काव्य का अंतिम पद्य है। इसमें प्रसाद ने 'जड़' या 'चेतन' दोनों को एक ही रूप देखने पर किस तरह का अलौकिक आनंद प्राप्त होता है इस पर विचार करते हुए काव्य को समाप्त किया है। मूल पद्य में जिस प्रकार का भाव प्रकट किया है उस तरह का भाव वाद के पद्य में प्रकट नहीं हो पाया। अनुवादक डा. साहनी ने पुनःसृजन करके मूल के भाव को स्पष्ट करने का प्रयत्न किया है। लेकिन मूल में जो प्रभाव और अनुभूति की तीव्रता प्रकट हो रही है, वे अनुवाद में नहीं उतर पाई है। इस पद्य में पुनःसृजन के अलावा शाब्दिक अनुवाद का भी प्रयास किया गया है। मूल पद्य में 'समरस थे' कहा गया है जिसके लिए अनुवाद 'Pervaded by the Savour of one life' किया गया है जिससे 'समरसता' का अर्थ स्पष्ट नहीं होता। 'जड' या 'चेतन' शब्दों का अनुवाद 'Conscious or Unconscious' किया गया। यह भी मूल अर्थ को सही तौर से प्रकट नहीं करता। 'आनन्द अखण्ड घना था' का 'Bliss intense and undivided reigned' अनुवाद भी ऐसा ही है 'Intense' विशेषण अनुवादक ने अपनी ओर से जोड़ा है, जो 'आनन्द' की विशेषता बढ़ाने में समर्थ है। किन्तु

'घना था' का reigned' अनुवाद मूल के आशय को थोड़ा अलग कर देता है।

   भारतीय आध्यात्मिक भावना की अनुभूति को प्रकट करनेवाले संस्कृत शब्दों का अंग्रेजी में अनुवाद कितना कठिन है, इस उदाहरण से हमें विदित होता है। हिन्दी और तेलुगु भारतीय सजातीय भाषाओं के अनुवाद में इन शब्दों का ज्यों का त्यों प्रयोग करने की सुविधा होने से वहाँ ऐसी दिक्कत नहीं हुई। क्योंकि तेलुगु की साहित्यिक एवं सांस्कृतिक परंपरा हिन्दी से अभिन्न है। परन्तु अंग्रेजी के विजातीय भाषा होने से अनुवादक को हिन्दी के उपयुक्त शब्दों का चयन लक्ष्य भाषा अंग्रेजी में करने में कठिनाई का सामना करना पड़ा है। फिर भी अनुभवी अनुवादक ने अपनी विद्वत्ता के बल पर काफी हद तक अपने अनुवाद में मूल भाव को ज्यों का त्यों उतारने का सफल प्रयत्न किया है।

   एक तुम, यह विस्तृत भू-खंड प्रकृति वैभव से भरा अमंद,
   कर्म का भोग, भोग का कर्म, यहीं जड़ का चेतन-आनन्द
                   (मू.पृ.25)

What sad contrast between thee and this world
Wide spread and active, full of nature's wealth
Delight of action, action of delight
This is the conscious bliss of matter dull (अं. पृ .73)

   मूल पद्य में प्रसाद ने श्रद्धा के माध्यम से मनुष्य को 'आनन्द' पाने का मार्ग बताये हैं। अनुवाद में मूल के समतुल्य ही शब्द रखे गये हैं। परन्तु मूल में जिस तरह की गम्भीर भावना मिलती है, वह अनूदित पंक्तियों में नहीं आ पाई है। पहली और दूसरी पंक्ति का अनुवाद लक्ष्य भाषा के अनुसार किया गया है। लेकिन यहाँ 'What sad contrast between thee and this World' द्वारा पाठकों के मन में प्रश्न उत्पन्न कर दिया गया है कि यह 'Sad Contrast' कहाँ से आया ? मूल में 'कर्म सिद्धान्त' का महत्व दिया गया है। लेकिन लक्ष्य भाषा के पाश्चात्य होने के कारण

अनुवाद में कर्म सिद्धान्त' का आभास नहीं मिलता। 'भोग' का अनुवाद 'delight', 'कर्म' का Action', जड़ चेतन का 'Bliss of matter dull' अनुवाद किया गया है। अनुवाद लक्ष्य भाषा की प्रकृति के अनुसार किया गया है, लेकिन वह मूल का आशय प्रस्तुत करने में पूरी तरह से सफल नहीं है।

उपर्युक्त उदाहरणों से यह स्पष्ट होता है कि अनुवादक ने अंग्रेजी अनुवाद को मूल काव्य के आशय के नजदीक लाने का पूरा प्रयत्न किया है परन्तु अनुवाद की भाषा या लक्ष्य भाषा का एक भिन्न संस्कृति की भाषा होने के कारण और उसकी भावाभिव्यक्ति की पद्धति भिन्न होने के कारण वह पूरी तरह से मूल काव्य के अर्थ को व्यक्त नहीं कर पाता।

'कामायनी' हिन्दी साहित्य का अद्वितीय महाकाव्य है। यह महाकाव्य भारतीय वेद-पुराण, संस्कृति और सभ्यता से जुड़ा हुआ है। अलग-अलग भाषाओं की सांस्कृतिक एवं साहित्यिक पृष्ठ भूमि अलग-अलग होती है, इसलिए भारतीय सभ्यता और संस्कृति की परम्परागत रीतियों को तथा सामग्री को पाश्चात्य भाषा अंग्रेजी में व्यक्त कर पाना असम्भव नहीं तो कठिन अवश्य है। फिर भी अनुवादक श्री साहनी ने भारतीय होने के कारण काफी हद तक अंग्रेजी पाठकों एवं लक्ष्य भाषा की प्रकृति के अनुकूल अनुवाद को रचाकर देने का प्रयास किया है। फिर भी उनकी अपनी कुछ मर्यादाएँ और सीमायें हैं। यह अनुवाद अंग्रेजी भाषी पाश्चात्य लोगों को दृष्टि में रखकर किया गया है। इसलिए हिन्दी से परिचित भारतीय अंग्रेजी भाषी पाठकों को इससे पूरा सन्तोष नहीं मिल सकता। फिर भी अनुवादक ने कहीं शब्दानुवाद, कहीं भावानुवाद और कहीं अनुसृजन का भी सहारा लेकर अनुवाद को कुशलता पूर्वक प्रस्तुत करने का प्रयत्न किया है।

'कामायनी' में प्राचीन और पौराणिक परिप्रेक्ष्य की कथावस्तु को लेकर आधुनिक समाज के लिए महाकाव्य के रूप में प्रस्तुत किया गया है। अतः अंग्रेजी अनुवाद में भी उसका आभास लाने के लिए अनुवादक ने

पुरानी अंग्रेजी और आधुनिक अंग्रेजी के मिश्रितभाषा रूप का प्रयोग किया है। कुछ शब्दों, विशेषकर सांस्कृतिक और दार्शनिक शब्दों का लिप्यंतरण किया है। लिप्यंतरण से यह लगता है कि शायद यह अनुवाद भारतीय अंग्रेजी पाठकों के लिए ही होगा, क्योंकि इनके लिए कोई व्याख्यात्मक अर्थ टिप्पणी या पाद टिप्पणी भी लिप्यंतरण के साथ अनुवादक ने नहीं दी है। यह अनुवादक की विवशता भी हो सकती है अथवा पाश्चात्य पाठकों में भारतीय परम्परा, सभ्यता और संस्कृति का परिचय पाने की जिज्ञासा उत्पन्न करने की आकांक्षा भी। अंग्रेजी भाषा की छूट और भावाभिव्यक्ति तथा कोमल एवं प्रांजल शैली की दृष्टि से यह अनुवाद सराहनीय है।

तेलुगु और अंग्रेजी अनुवादों की विशिष्टता का विवेचन उन सभी सैद्धांतिक दृष्टियों को प्रमाणित और सिद्ध करता है, जिनकी चर्चा प्रारंभिक अध्यायों में ही की गई है। उदाहरण के लिए: अंग्रेजी अनुवाद संरचना और शब्द चयन के स्तर पर मूल के समतुल्य तो हो पाता है, लेकिन निकटतम समतुल्य नहीं हो पाता, क्योंकि विजातीय भाषा होने के कारण मूल के वाक्य रचना के क्रम को पकड़ना उसके लिए कठिन है। 'कामायनी' जैसे काव्य में आये विशिष्ट अर्थों के द्योतक शब्दों को भी उनकी पूर्णता में ये अनुवाद नहीं पकड़ पाता। अतः इन दोनों स्तरों पर यहाँ अनुवादनीयता आंशिक प्रकार से ही सिद्ध हो पाती है। जबकि तेलुगु अनुवाद में अनुवादनीयता की यह समस्या इन स्तरों पर नहीं हैं। यहाँ मूल के विचारों को व्यक्त करने के लिए वाक्यों का संयोजन भी अपेक्षित ढंग से सम्भव हो सका है तथा तेलुगु अनुवादक के पास शब्द पर्याय के भी पूरे समूह उपलब्ध हैं, जिनका मनचाहा और अपेक्षित प्रयोग वह सन्दर्भ के अनुसार करते हुए मूल के अर्थ को सुरक्षित ही नहीं रखता बल्कि उसे और स्पष्ट करने या प्रभावशाली बनाने में भी सफल होता है।

अनुवादनीयता की ही दृष्टि से अंग्रेजी अनुवाद में मूल के कई अंश अनुवादक को पूर्णत : बोधगम्य नहीं हुए जिससे कि उसके अनुवाद का अर्थ पक्ष कमजोर हो गया है। कहीं-कहीं अनुवादक अर्थ को तो पकड़

सका है लेकिन लक्ष्य भाषा की सीमा के कारण अर्थात् लक्ष्य भाषा में उन इकाइयों के अनुपलब्ध होने के कारण वह उन्हें किसी प्रकार से अभिव्यक्त कर पाता है। ऐसा करने से कभी उसका अनुवाद आंशिक अर्थ दे पाता है तो कभी मूल से एकदम अलग अर्थ देने लगता है। इस स्तर पर भी तेलुगु अनुवादक अनुवादनीयता को साध लेता है क्योंकि अर्थ के सभी सन्दर्भ और आयाम आसनी से वह विश्लेषित कर लेता है और उसकी समतुल्य इकाइयाँ भी तेलुगु में उसे उपलब्ध हो जाती हैं।

साहित्यिक अनुवादक सर्जक है इस सिद्धान्त की पुष्टि भी इन अनुवादों को देखने से होती है। दोनों अनुवादकों ने अपनी काव्यगत समझ और भावना का उपयोग अनुवाद को सार्थक बनाने के लिए यथासम्भव किया है। सर्जनात्मकता के अभाव में काव्यानुवाद सम्भव ही नहीं है। इसीलिए दोनों अनुवादों में शब्दानुवाद की स्थिति कम से कम दिखाई देती है। दोनों अनुवादकों का यह प्रयास है कि मूल का सन्देश या उसका भाव अधिक से अधिक लक्ष्य भाषा में प्रकट हो सकें। अंग्रेजी अनुवादक इस प्रयास में बहुत सफल नहीं हो पाता क्योंकि वह अंग्रेजी भाषा की सीमाओं में बँधा हुआ है जबकि तेलुगु अनुवादक इसमें सफल हो पाता है।

अनुवाद प्रक्रिया की दृष्टि से दोनों अनुवादक पाठों को गहराई से देखते हैं। अंग्रेजी अनुवादक ने भी विश्लेषण, पुनर्गठन और प्रस्तुतीकरण की प्रक्रिया पर बराबर अपनी दृष्टि रखी है। इसलिए वह मूल की पंक्तियों में परिवर्तन ले आया है, मूल के एक शब्द को दूसरे शब्दों के साथ अन्तरित किया है अथवा मूल के एक शब्द के लिए अनुवाद में एक पदबन्ध या उपवाक्य को स्थान दिया है। अनुवाद प्रक्रिया का सर्वाधिक लाभ तेलुगु अनुवादक को मिला है, क्योंकि विश्लेषण द्वारा जो अर्थ उसे मिलता है, उसे काव्यात्मक रूप में वह लक्ष्य भाषा में पुनर्गठित करने में समर्थ और सफल है।

अनुवाद समीक्षा के धरातल पर ये दोनों पाठ कई तथ्यों की ओर संकेत करते हैं। पहला तो यह है कि काव्यानुवाद में भाषाओं का स्वजातीय

और विजातीय होना बहुत महत्व रखता है, दूसरे यह है कि शब्द रचना के स्तर पर 'कामायनी' जैसे ग्रंथ के अनुवाद में शैली चयन का उतना महत्व नहीं है जितना कि दार्शनिक, पौराणिक अर्थ से सम्बद्ध तत्सम शब्दावली को उसी आशय के साथ तत्सम रूप में ही व्यक्त करने का है। अंग्रेजी के पास शब्दों का ऐसा समूह नहीं है अतः तुलनात्मक दृष्टि से अंग्रेजी के शब्द मूल अर्थ की गहराई का एक सतही आभास ही दे पाते है जब कि तेलुगु अनुवाद मूल शब्दों की अर्थ छूट को और उनके विविध दार्शनिक आध्यात्मिक सन्दर्भो को पूरी दक्षता से व्यक्त कर देता है। इतना ही नहीं उसमें बहुत सार्थक ढंग से कुछ अतिरिक्त भी जोड देता है।

इस प्रकार इन दोनों अनुवादों को चिंतन के प्रमुख सिद्धान्त के परिप्रेक्ष्य में भी परखा जा सकता है और तुलनात्मक समीक्षा द्वारा स्रोत भाषा और लक्ष्य भाषा की स्वजातीयता और विजातीयता के कारण एक ही पाठ के दो अनुवादों में जो गहरा अन्तर दिखाई देता है, उन के कारणों की खोज की जा सकती है। वास्तव में यही इस कृति के पीछे निहित मूल उद्देश्य भी है। इन विशिष्टताओं के ही सन्दर्भ में इन दोनों अनुवादों की विस्तृत समीक्षा अगले अध्याय में प्रस्तुत की जा रही है जिससे अनुवाद सिद्धान्त और उसके व्यवहार पक्ष की संभावनाओं को देखने की एक दिशा हमें मिल सके क्योंकि अभी तक अनुवाद समीक्षा की दृष्टि से भारतीय भाषाओं और अंग्रेजी के बीच किये गये अनुवादों पर अनुवाद समीक्षा परक अध्ययन और शोधों का नितांत अभाव है।

****

कामायनी अनुवाद समीक्षा

सन्दर्भ

1. गद्यानुवादः श्री के. रामदास
2. पद्यानुवादः
   (क) श्री हनुमत्शास्त्री
   (ख) आन्ध्र कामायनी - श्री वि. सोमयाजुलु
   (ग) डॉ. आई. पांडुरंगाराव
3. प्रसाद की काव्य प्रतिभा: दुर्गा शंकर मिश्र,   (पृ.148)
4. ला ओक्किंतयु लेदु धैर्यमु विलोलंबय्ये प्राणंबुलुन्
   ठावुल् दप्पेनु मूर्च वच्चे दनुवुन् डस्सेन श्रमंबय्येडि
   नीवे तप्प नितःपरंबेरुग मन्निंपदगुन दीनुनिन्
   रावे ईश्वर काववे वरद संरक्षिंपु भद्रात्मका।
   श्रीमद् आन्ध्र महाभागवतमु (गजेन्द्र मोक्षं) अष्टम स्कंदमु - बम्मेर पोतना

****

अध्याय – 4

सजातीय भाषा तेलुगु के सन्दर्भ में कामायनी का अनुवाद

यह अनुमान है कि विश्व में लगभग तीन हजार भाषाएँ बोली जाती है। ध्वनि और भौगोलिक दृष्टि से ये भाषाएँ वर्गीकृत की गई है। यह वर्गीकरण 'भाषा परिवार' के नाम से जाना जाता है। भाषा परिवार इस प्रकार है: (1) भारोपीय परिवार, (2) द्रविड़ परिवार, (3) चीनी परिवार, (4) सेमेटिक परिवार, (5) हेमेटिक परिवार, (6) आग्नेय परिवार, (7) यूराल अल्टाइक, (8) बांट्र परिवार, (9) अमरीकी या रेड-इंडियन परिवार, (10) काकेशस परिवार (11) सूडानी परिवार, (12) बुशमैन परिवार, (13) जापानी-कोरियाई परिवार।"[1]

भारोपीय-भाषा परिवार बोलने वालों की संख्या और क्षेत्र फल संसार का सबसे बड़ा परिवार है। अन्य परिवारों की तुलना में यह परिवार मुख्य भाषा परिवार के रूप में माना गया है।"[2] इसे भारोपीय परिवार इसलिए कहा गया है कि यह परिवार भारत से यूरोप तक फैला हुआ है। इसके अन्तर्गत भारत, पाकिस्तान, नेपाल, बांग्लादेश, श्रीलंका, अफगनिस्तान, ईरान, यूरोप के अधिकांश भाग, अमरीका के कुछ भाग और आस्ट्रेलिया आते हैं। इनकी प्रमुख भाषाएँ संस्कृत, ग्रीक, लेटिन, अवेस्ता, जर्मन, फ्रांसीसी, अंग्रेजी, रूसी, हिन्दी, बंगाली, मराठी, उड़िया, गुजराती, पंजाबी आदि हैं।

द्रविड़ परिवार का क्षेत्र मुख्यतः दक्षिण भारत है। किन्तु इसकी कुछ भाषाएँ उत्तर भारत और पाकिस्तान में भी बोली जाती है। इसकी

प्रमुख भाषाएँ तमिल, तेलुगु, कन्नड़ तथा मलयालम है। इस परिवार की भाषाओं ने भारतीय आर्य परिवार की भाषाओं को ध्वनि, शब्द समूह तथा व्याकरण तीनों दृष्टियों से प्रभावित किया है।

भारतीय आर्य भाषा को काल की दृष्टि से तीन वर्गों में विभाजित किया जा सकता है। (1) प्राचीन भारतीय आर्य भाषाएँ (2) मध्य भारतीय आर्य भाषाएँ (3) आधुनिक भारतीय आर्य भाषाएँ।"[3]

प्राचीन भारतीय आर्य भाषा को दो भागों में विभाजित कर सकते हैं। (क) वैदिक संस्कृत (ख) लोक संस्कृत। वैदिक काल की भाषा को वैदिकी, वैदिक संस्कृत अथवा छंदस कहते हैं तथा संस्कृत काल की भाषा को संस्कृत भाषा लौकिक संस्कृत। वैदिक संस्कृत भाषा हमें वैदिक संहिता, ब्राह्मण. आपण तथा उपनिषद् ग्रन्थों में मिलती हैं। किन्तु भाषा का यह रूप बोलचाल का रूप न होकर बोलचाल की वैदिक संस्कृत पर आधारित साहित्यिक रूप है। वैदिक संस्कृत ध्वनि-व्यवस्था, शब्द-रचना, रूप रचना तथा वाक्य रचना में लौकिक संस्कृत से कई बातों में भिन्न थी। संस्कृत नाम बाद का है। यह नाम तब पड़ा जब बोलचाल की असंस्कारित भाषा को सुसंस्कृत करके उसका एक परिनिष्ठित या मानक रूप स्थापित किया गया। संस्कृत भाषा के मानक रूप को स्थापित करने में पाणिनि ने महत्वपूर्ण योगदान दिया। इसी लौकिक संस्कृत अथवा संस्कृत में रामायण, महाभारत तथा बाद के कालिदास, बाण, भवभूति, भास आदि के काव्य गद्य और नाटक ग्रन्थ आदि लिखे गए।

आज जिसे हम हिन्दी कहते हैं, वह एक सार्वदेशिक मानक भाषा है। जनअभिव्यक्ति का माध्यम यह भाषा रही है और इस रूप में उसका महत्व उसी रूप में है जिस रूप में किसी युग में संस्कृत का था। वैदिक भाषा के पश्चात् संस्कृत, पालि, प्राकृत, अपभ्रंश और पुनः आधुनिक भारतीय आर्य भाषाओं का उदय हुआ। संस्कृत एक उच्चीकृत सचेष्ट भाषा थी। उसका मूल रूप वैदिक है, जो निश्चित रूप से स्वच्छन्द भाषा प्रवाह है, जनभाषा है। वैदिक साहित्य की रचना के समय ग्राम्य भाषा प्राकृत थी।

महर्षि पाणिनि ने जब भाषानुशासन स्थापित किया, तब से संस्कृत का उदय हुआ और संस्कृत राजभाषा, राष्ट्र भाषा, सम्पर्क भाषा, मानक भाषा, ज्ञान विज्ञान की भाषा के रूप में व्यवहृत होने लगी। यह निर्माण प्रक्रिया लंबे समय तक चली और संस्कृत का अभिजात्य जनता से बहुत ऊपर रहा। कुछ उसी रूप में, जिस रूप में आज हिन्दी का मानक रूप बनाया गया

आधुनिक भारतीय आर्य भाषा काल ई .1000 से वर्तमान समय तक है। इनकी उत्पत्ति प्राकृत भाषाओं से नहीं बल्कि अपभ्रंशों से हुई थी। शौरसेनी अपभ्रंश से हिन्दी, राजस्थानी, गुजराती और पहाड़ी भाषाओं का सम्बन्ध है। इन में गुजराती राजस्थानी तथा पहाड़ी भाषाओं का सम्पर्क विशेषतया शौरसेनी के नागर अपभ्रंश के रूप से है। बिहारी, बंगला, आसामी और उड़िया का सम्बन्ध मागधी अपभ्रंश से है। पूर्वी हिन्दी का अर्ध मागधी अपभ्रंश से तथा मराठी का महाराष्ट्रीय अपभ्रंश से सम्बन्ध है। वर्तमान पश्चिमोत्तर भाषाओं का समूह शेष रह गया। भारत के इस विभाग के लिए प्राकृतों का कोई साहित्यिक रूप नहीं मिलता है। किन्तु समस्त हिन्दी भाषी प्रदेश का वर्तमान साहित्य खड़ी बोली हिन्दी में ही लिखा जा रहा है। पढे -लिखे मुसलमानों में उर्दू का प्रचार है। आज जिस हिन्दी को हम मानक भाषा कहते हैं वहीं राष्ट्र भाषा, साहित्यिक भाषा, मानक भाषा और राजभाषा के रूप में प्रचलित है।

द्रविड़ परिवार की भाषाएँ हैं तमिल -, तेलुगु, मलयालम, कन्नड़ जो क्रमश: तमिलनाडु, आन्ध्र प्रदेश, केरल और कर्नाटक में बोली जाती हैं। इन सब का अपना अपना साहित्य-है। कालांतर में संस्कृत और द्रविड भाषाएँ एक दूसरे से प्रभावित हुईं ।स्वजातीय भाषा के रूप में विकास पाने के कारण और सामाजिक, सांस्कृतिक परिस्थितियों की समानता के कारण संस्कृत से लेकर आधुनिक हिन्दी तक का इतिहास भारतीय समाज में भाषा के विकास को अनेक सामाजिक, सांस्कृतिक परिवर्तनों के साथ प्रदर्शित करता है। हर भाषा परिवार की किसी भी प्रमुख, गौण भाषा या

उसकी बोलियों का अपना एक इतिहास होता है और उसके स्वरूप के निर्धारण में इस इतिहास का महत्व होता है। इसीलिए स्वजातीय स्तर पर विकसित भिन्न परिवार की भाषाओं में भी हमें कुछ समानताएँ दिखाई देती हैं जबकि ऐसी सामनताएँ एक ही परिवार से सम्बद्ध होने पर भी विजातीय भाषा में दिखाई नहीं देती।

बोलनेवालों की संख्या की दृष्टि से तेलुगु सर्वोपरि है। अन्य द्रविड़ भाषाओं की अपेक्षा संस्कृत से इसका सबसे अधिक सन्निहित सम्बन्ध है। चूँकि यह उत्तर और दक्षिण भाषाओं के मध्य क्षेत्र में बोली जाती है, इसलिए इस पर संस्कृत का अधिक प्रभाव पड़ा है। इसमें लगभग साठ सत्तर प्रतिशत तत्सम शब्दों का प्रयोग पाया जाता है। इतना ही नहीं संस्कृत की तरह इसमें समास प्रधानता भी दृष्टिगत होती है। यह कहना अतिशयोक्ति नहीं है कि तेलुगु के प्राचीन काव्यों मे पद्य की पूरी पंक्ति की पंक्ति या कई पंक्तियाँ एक ही समास में लिखी दृष्टिगत होती है। इसमें सुविधा यह है कि तत्सम शब्दों में विसर्ग हटाकर 'डु मु वु लु' प्रथमा विभक्ति चिह्नों को जोड़कर उन्हें तेलुगु का शब्द बनाया जाता है। जैसे: राम-रामुडु , वृक्ष-वृक्षमु, धेनु-धेनुवु। बहुवचन में 'लु' जुड़ता है– जैसे वृक्षमुलु । थोड़े परिवर्तन के साथ इन तत्सम शब्दों में अन्य विभक्ति चिह्न भी जोड़ा जा सकते हैं। इसके अलावा संस्कृत के स्त्री लिंग तथा नपुंसक लिंग शब्द जैसे के तैसे तेलुगु भाषा में प्रयुक्त किये जाते हैं। जैसे : सीता, विद्या, फल आदि। यद्यपि तेलुगु भाषा का मूल स्रोत द्रविड़ परिवार की आदि भाषा माना जाता है तथापि ईसा पूर्व से ही आर्य भाषा संस्कृत एवं तेलुगु या आन्ध्र भाषा का अत्यन्त निकट सम्बन्ध हैं।

आर्य भाषाओं के वर्गीकरण की तरह द्रविड़ भाषा तेलुगु का भी काल विभाजन किया गया है। अज्ञात युग, पुराण कविता युग, काव्य प्रबन्ध कविता का युग, अर्वाचीन युग और आधुनिक काल। ई पू 28 से ई सन् .500 तक के काल को अज्ञात युग नाम दिया गया है।

प्राचीन इतिहास के शोधकों का कहना है कि ई.पू 800 के पहले ही ब्रह्मी लिपि के आधार पर आन्ध्र लिपि विकसित होने लगी। प्रारम्भिक काल में आन्ध्र कवियों ने कन्नड़ में साहित्य रचना की जिससे कि उनकी अपनी मातृ भाषा तेलुगु की उपेक्षा हुई।

संस्कृत और तेलुगु लिपि के 'ग', 'म' जैसे कुछ अक्षरों में समरूपता को देखते हुए यह कहा जा सकता है कि संस्कृत एवं तेलुगु लिपियों की मूल लिपि एक ही थी। प्रारम्भ में तेलुगु और कन्नड़ की लिपि भी एक ही थी और दोनों भाषाएँ भी मिली जुली थीं। कन्नड़ भाषा का उस जमाने में राज सम्मान होने से अनेक तेलुगु कवियों ने कन्नड़ भाषा में काव्य रचना की थी। कुछ प्राचीन कन्नड़ ग्रन्थों के लेखक आन्ध्र कवि ही थे। ईसवीं सन् की प्रथम शताब्दी तक उस समय की मिली जुली भाषा के दो भेद हुए (1) हव्वे गन्नड और (2) तेव्वे गन्नड। इनमें तब की अत्यधिक प्रचलित प्राकृत भाषा के संयोग से तेळु गन्नड़ शाखा ही स्वतन्त्र रूप से तेलुगु भाषा के नाम से विकसित हुई। तब से दोनों की लिपियों में भी अन्तर आने लगा और धीरे- धीरे तेलुगु की वर्तमान लिपि विकसित हुई।

500 ई.स . से 1000 तक के काल को लब्ध-सारस्वत युग कहा गया। उस समय के चालुक्य शासक गुणग विजयादित्य (ई. सन् 844 से 849) के दो शिलालेख अत्यन्त महत्वपूर्ण माने जाते हैं, जो आन्ध्र लिपि और तेलुगु के 'सीस' छन्द में लिखे गए हैं।ई सन् .1001 से 1200 तक का समय चालुक्य चोल युग और पुराण कविता युग भी कहा जाता है। इस समय राज राजनरेन्द्र की राज सभा के महाकवि नन्नय्य को तेलुगु साहित्य का आदिकवि और उनका लिखा 'आन्ध्र महाभारतमु' आदि काव्य माना जाता है। ई सन्.1201 से 1380 तक के काल को काकतीय युग कहा जाता है। इस युग में शैव कविता प्रमुख थी। 'आन्ध्र महाभारतमु' के कवित्रय तिक्कन सोमयाजुलु तथा एर्राप्रग्गडा इसी काल के कवि थे। इस

समय संस्कृत पुराणों का अनुवाद होने के कारण इसे पुराण कविता युग भी कहा जाता है।

ई सन् .1380 से 1650 तक का काल विषय दृष्टि से काव्य प्रबन्ध कविता युग कहा जाता है। यह रेड्डि नायक कर्नाटक राजाओं का काल था। इस युग के कवियों में श्रीनाथ महाकवि अग्रगण्य थे। लोकप्रिय महाभक्त कवि पोतना भी इस समय के थे। ई सन् .1501 से 1650 तक प्रबन्ध युग था। यह रायल युग नाम से विख्यात है। तेलुगु साहित्य में प्रबन्ध काव्य रचना एक विशिष्ट प्रक्रिया है। श्रीकृष्णदेवराय ने आमुक्त' माल्यदा' प्रबन्ध काव्य की रचना की।[4] उनके बराबर के अष्ट दिग्गज कवि लोकविदित महाकवि थे।

सन् 1651 से 1875 तक का काल अर्वाचीन कविता का काल कहा गया। इसमें प्रबन्ध कविता के साथ गेय कविता का विकास भी हुआ। प्रसिद्ध संगीतकार श्री त्यागराजु इसी युग के थे। इसी समय गद्य नाटक रचना का विकास हुआ। प्रारम्भ में संस्कृत और अंग्रेजी नाटकों के अनुवाद हुए और बाद में मौलिक नाटक लिखे गए। सन् 1900 से आगे अब तक का समय नव्य कविता और आधुनिक गद्य रचना काल माना जाता है। आधुनिक काल के प्रथम चरण में श्री कंदुकूरि वीरेश लिंगम पंतुलु, गुरजाड अप्पाराव नवयुग के वैतालिक कहे जाते है। बाद में भाव कविता के (छायावादी कविता)काल में, श्री विश्वनाथ सत्यनारायण, देवुलपल्लि कृष्णशास्त्री, अडवि बापिराजु आदि प्रसिद्ध हैं। इसके पश्चात् अभ्युदय कविता (प्रगतिवादी कविता) काल में श्री श्री अग्रगण्य है। इस के बाद नई कविता, अकविता, वास्तविकतावाद, अधि-वास्तविकतावाद, दिगम्बर कविता आदि अनेक रूपों में विकसित हुई हैं। इस प्रकार तेलुगु भाषा और साहित्य के विकास क्रम का काल लगभग डेढ़ हजार साल का माना जाता है।

भारतीय आर्य भाषाओं के विकास क्रम के अनुसार संस्कृत से प्राकृत, प्राकृत से अपभ्रंश भाषाओं से उत्तर भारत की वर्तमान भाषाओं का

जैसा विकास दृष्टिगत होता है, वैसा विकास क्रम तेलुगु भाषा में दृष्टिगत नहीं होता है। ईसवी सन की प्रथम शताब्दी से शातवाहन राजाओं की राजभाषा पर पैशाची प्राकृत का प्रभाव था। तेळु गन्नडे के नाम से इसके अलग होने पर यह प्राकृत भाषा प्रभाव कुछ और अधिक हुआ। किन्तु समुद्र तटीय आंध्र प्रदेश में वैदिक धर्म तथा संस्कृत भाषा का महत्व अधिक होने से इसमें तत्सम शब्दों का मिश्रण अधिक मात्रा में हो गया। तेलुगु के आदिकवि नन्नय्य ने इसी तत्सम प्रधान भाषा में रचना की।

कालांतर में तेलुगु प्रांत की साधारण प्रजा की सुविधा की दृष्टि से ठेठ तेलुगु कविता की रचना की ओर शैव कवियों का झुकाव रहा। इसके पश्चात् देशी कविता तथा मार्ग संस्कृत प्रधान भाषा की कविता दोनों का गंगा जमुना संगम कविता सा रहा।-) 'आन्ध्र महाभारतमु' के कवित्रय में प्रमुख तिक्कना ने ठेठ तेलुगु के शब्दों से युक्त शैली में अपनी रचना की। ऐसे ही गोन बुद्धा रेड्डी की 'रंगनाथ रामायण', मोल्ल कवयित्री की मोल्ल' रामायण' जैसी रचनाओं में भी देशी भाषा और कविता रीति को प्राधान्य दिया गया है परन्तु हिन्दी भाषा के विकास क्रम की तरह तेलुगु भाषा के रूप विकास की कोई निश्चित परम्परा नहीं मिलती। आधुनिक काल में श्री गुरजाड अप्पाराव तथा श्री गिडुगु राममूर्ति पन्तुलु के द्वारा व्यावहारिक भाषा प्रयोग का आन्दोलन चला। आन्ध्र के समुद्र तटवर्ती पूर्व एवं पश्चिम गोदावरी, कृष्णा तथा गुंटूर जिलों में व्यवहृत भाषा ने शिष्ट व्यावहारिक भाषा के नाम से आन्ध्र साहित्य, पत्र-पत्रिका आदि में विशेष सम्मान आर्जित किया। फिर भी आदिकवि ' नन्नय्य' की कविता की जो भाषा थी वहीं स्वल्प रूपान्तर से आज भी लिखी, पढ़ी और समझी जाती है। हिन्दी के वर्तमान प्रचलित खड़ी बोली रूप से पहले की भाषा में अन्तर पाया जाता है, वैसा अन्तर तेलुगु के आदि कवि की भाषा और आज की प्रचलित शिष्ट व्यावहारिक भाषा में नहीं मिलता। इसमें कोई सन्देह नहीं कि जिस प्रकार कालान्तर में राजकीय शासन के प्रभाव से हिन्दी भाषा अरबी फारसी या उर्दू शब्दों का तथा यूरोपीय अथवा अंग्रेजी शब्दों का

मिश्रण हुआ उसी प्रकार तेलुगु भाषा में भी राजकीय सम्पर्क के कारण इन शब्दों का श्रण हुआ है। तेलुगु का यही मिला जुला रूप आज कल आन्ध्र प्रान्त में प्रचलित है। अतएव आर्य भाषा संस्कृत की परम्परा से निष्पन्न हिन्दी तथा तेलुगु को सजातीय भाषाएँ कहने में कोई विसंगति प्रतीत नहीं होती।

भारतीय परिवार की केटुंम वर्गीय भाषाओं में आधुनिक भाषा है अंग्रेजी। इस पर ग्रीक, लैटिन भाषाओं का प्रभाव अधिक है। इसकी शब्द रचना एवं वाक्य निर्माण में व्यवहारिकता की प्रधानता पाई जाती है। भारोपीय परिवार की दस शाखाओं में से जर्मनिक शाखा प्रमुख है।

पश्चिम जर्मनिक की उपशाखा Anglo-Frisian के अन्तर्गत आती है अंग्रेजी भाषा । काल की दृष्टि से Anglo-Frisian शाखा को भी वर्गों में विभाजित किया जा सकता है। (1) प्राचीन अंग्रेजी, (2) मध्य अंग्रेजी और (3) आधुनिक अंग्रेजी । अंग्रेजी भाषा का विकास इस प्रकार दिखा सकते हैं :(तालिका1)

पुरानी अंग्रेजी का काल रहा सन् 450 से 1150 तक, मध्य अंग्रेजी का काल सन् 1150 से 1475 तक और आधुनिक अंग्रेजी का काल सन् 1475 से अब तक । यद्यपि संस्कृत के मातृ, पितृ, भ्राता जैसे शब्दों के परिवर्तित Mother, Father, Brother अंग्रेजी में हैं, तथापि संस्कृत शब्द ज्यों के त्यों इसमें प्रयुक्त नहीं होते। वाक्य रचना में संस्कृत या हिन्दी की तरह कर्ता, कर्म और क्रिया के क्रम के बदले इसमें कर्ता, क्रिया और कर्म का क्रम है। शब्दों में कारक चिह्न तथा अन्य प्रत्ययों को जोड़ने का तरीका भी अलग है। सभ्यता, संस्कृति एवं धर्म की दृष्टि से अंग्रेजी की आधार भूमि संस्कृत एवं हिन्दी से पूर्णतया भिन्न है। यद्यपि भारत में अंग्रेजों का शासन कायम होने के बाद यहाँ की भाषाओं से इस का सम्पर्क बना और कई भारतीय भाषाओं के शब्द इसमें मिल गये तथापि साहित्यिक दृष्टि से इसका स्वरूप भारतीय भाषाओं से भिन्न ही रहा। इसमें कोई शक नहीं है कि यहाँ की कितनी ही महान कवियों और साहित्यकारों ने अंग्रेजी में

यहाँ के धर्म, संस्कृति, साहित्य आदि से सम्बन्धित कितनी ही रचनायें लिखीं। फिर भी वे यहाँ की परम्परागत धार्मिक, दार्शनिक साहित्यिक शब्दावली को अंग्रेजी में रूपान्तरित करने में पूर्ण सफल नहीं हो पाये। यही कारण है कि भारतीय आर्य भाषाओं के लिए अंग्रेजी को विजातीय भाषा कहा गया है।

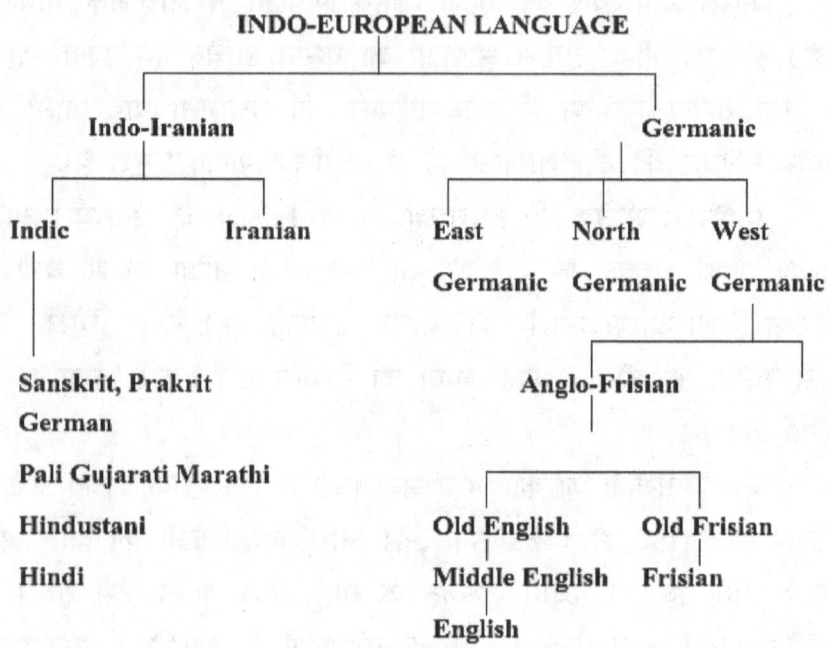

भाषा की दो स्थितियाँ होती हैं। एक व्यक्ति की मातृभाषा होती है और दूसरी वे भाषाएँ होती है जिन्हें वह अनेक कारणों से सीखता है या उन का ज्ञान प्राप्त करता है। अनुवाद के सन्दर्भ में यह सम्भव है कि उस में योगदान देनेवाली दो भाषाओं में से एक भाषा अनुवादक की मातृभाषा हो और दूसरी भाषा या तो एक विदेशी भाषा हो सकती है या द्वितीय भाषा। इस दृष्टि से ही अन्य भाषा-भाषी के सन्दर्भ में विदेशी भाषा (Foreign Language) और द्वितीय भाषा (Second Language) को पारिभाषित किया गया है और हिन्दी के सन्दर्भ में अनुवाद की दृष्टि से विश्व साहित्य और भारतीय साहित्य को अलग-अलग रखा गया है। विश्व

साहित्य के अन्तर्गत उन भाषाओं में रचे गये साहित्य का अनुवाद आता है, जो विभिन्न राष्ट्रों की भाषाएँ है और जिनका परिवेश, इतिहास और भौगोलिक परिदर्शन हिन्दी या भारतीय भाषाओं से एकदम भिन्न है। दूसरी ओर भारतीय साहित्य के अन्तर्गत वे सभी भारतीय भाषाएँ और उनमें रचित साहित्य आता है, जो परस्पर अनुवाद द्वारा एक दूसरे के निकट लाई जाती हैं। और हिन्दी के साथ मिलकर ये भारतीय साहित्य की उस भारतीयता को सिद्ध करती हैं, जो यह स्पष्ट करता है कि अपने आन्तरिक सम्वेदन में भारतीय साहित्य मूलतः एक हैं, चाहे वह विभिन्न भाषाओं में ही क्यों न लिखा गया हो ?"[5]

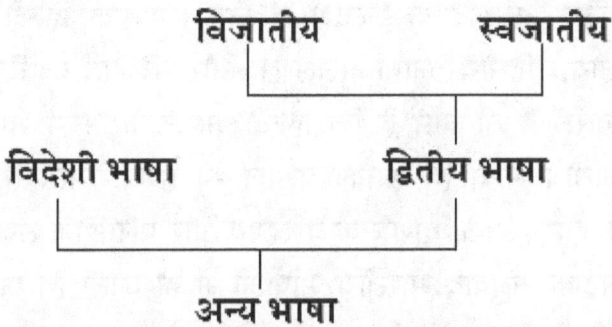

भारतीय भाषाओं के सन्दर्भ हिन्दी की दृष्टि से सभी भारतीय भाषाएँ द्वितीय भाषाएँ है। इसी प्रकार विभिन्न भारतीय भाषाओं के लिए हिन्दी भी द्वितीय भाषा है। भारत में अंग्रेजी भाषा के विस्तार और उसके लम्बे सम्पर्क के कारण अंग्रेजी को भारत में विदेशी भाषा नहीं माना जाता। उसे हिन्दी और भारतीय भाषाओं के लिए द्वितीय भाषा ही माना जाता है। यहाँ भेद यह किया गया है कि हिन्दी और भारतीय भाषाओं का जो द्वितीय भाषा के रूप में स्थान है, वह स्वजातीय है क्योंकि इनके सांस्कृतिक दृष्टिकोण, इनकी सामाजिक ऐतिहासिक परम्परा और धर्म स्वरूप समान है और इसीलिए इन सारी भाषाओं का साहित्य मिलकर साहित्य का सृजन करता है जिसके माध्यम से हम भारतीयता की पहचान कर पाते है। इसी धरातल पर हम कहते हैं कि भारतीय संस्कृति एक सामासिक संस्कृति है। अंग्रेजी विजातीय द्वितीय भाषा इसलिए है कि हम

इसका प्रयोग अपने सामाजिक सांस्कृतिक आचरणों में करते हैं और हमारे भाषा समुदायों में आधुनिक और शैक्षिक विस्तार के लिए अंग्रेजी भाषा सीखने का एक सामाजिक दबाव महसूस किया जाता है। कई स्तरों पर अंग्रेजी सर्जनात्मक और साहित्यक अभिव्यक्ति का माध्यम भी बनी है और भारत में भारतीय अंग्रेजी (Indian English) का अपना स्वरूप भी उभरा है। इसीलिए अंग्रेजी भारतीय भाषा समुदायों के लिए द्वितीय भाषा के रूप में स्थित है। क्योंकि परिवेश, संस्कृति, इतिहास आदि की दृष्टि से समानता नहीं है, इसलिए अंग्रेजी एक विजातीय भाषा है जिसमें विदेशी भाषा के सामाजिक सन्दर्भ, सांस्कृतिक मूल्य समाविष्ट मिलते हैं।

इसीलिए अनुवाद के सन्दर्भ में जब हम एक हिन्दी रचना की तुलना सजातीय, द्वितीय भाषा (तेलुगु) और विजातीय द्वितीय भाषा (अंग्रेजी) से करते हैं तो पाते हैं कि हिन्दी भारत के अन्य भाषा भाषियों के लिए स्वजातीय भाषा है। इसका प्रमाण भी हमें मिलता है कि हिन्दी के लोकजीवन, सांस्कृतिक, दार्शनिक परिदृश्य और पौराणिक तथा मिथकीय सन्दर्भो का सटीक अनुवाद भारतीय भाषाओं में हो जाता है। जबकि इसके विपरीत अंग्रेजी में ऐसा नहीं हो पाता क्योंकि अंग्रेजी भाषा की जीवन और जगत को देखने की जो दृष्टि है उसमें हमारी भाषाओं में कोई आन्तरिक साम्य नहीं है। इसीलिए ठेठ भारतीय प्रसंगों, अभिव्यक्तियों या सांस्कृतिक छवियों का अनुवाद करने में अंग्रेजी भाषा असमर्थ हो जाती है।

इस दृष्टि से ही यहाँ द्वितीय भाषा के सन्दर्भ को स्वजातीय और विजातीय दो उपवर्गों में बाँट कर यह देखने का प्रयत्न किया जा रहा है कि क्या कोई विदेशी भाषा द्वितीय भाषा के रूप में स्वीकृत होकर भी उस देश की आत्मीय स्थितियों का व्यक्त कर पाती है या उस देश के अन्य भाषा परिवारों के समानांतर चल पाता। निश्चित ही ये सम्भव नहीं है क्योंकि भाषायें समाज या राष्ट्र की संस्कृति समझने का माध्यम होती है और दसरे देश की कोई भी भाषा किसी देश की सांस्कतिक या सामाजिक अनुभूतियों को व्यक्त नहीं कर सकती। मौलिक रूप में तो नहीं रह सकती।

अनुवाद में भी ऐसा करने में उसे आंशिक सफलता ही मिल सकती है। यही कारण है कि एक स्वजातीय, द्वितीय भाषा में किया गया अनुवाद अधिक आदर्श रूप में हमारे सामने आता है। जब कि एक विजातीय द्वितीय भाषा में किये गये अनुवाद की कई सीमायें कई स्तरों पर स्पष्ट दिखाई देती है।

(क) ध्वनि के स्तर पर

ध्वनि सिद्धान्त एक युगान्तरकारी काव्य सिद्धान्त है। इसके पूर्व संस्कृत में रस, अलंकार और रीति आदि काव्य सिद्धान्तों की प्रतिष्ठा हो चुकी थी। काव्यालोचन को एक ऐसी व्यापक कसौटी की आवश्यकता थी जिसके द्वारा काव्य की बाह्य विशेषताओं के साथ उसके अन्तरिक मर्म को भी उद्घाटित किया जा सके। ध्वनि सिद्धान्त का उदय वस्तुतः इसी ऐतिहासिक पृष्ठभूमि में हुआ। ध्वनि सिद्धान्त के प्रवर्तक नवीं शती के मध्य के कश्मीरी आचार्य आनन्दवर्धन थे। व्यापक अध्ययन, गहन चिन्तन एवं मनन के पश्चात् उन्होंने 'ध्वनि' के रूप में जिस तत्व का संधान किया, उसी 'ध्वनि' को उन्होंने काव्य की आत्मा घोषित करते हुए कहा-

'काव्यस्यात्मा ध्वनिरिति बुधैर्यः समाम्नात पूर्वः'

ध्वनि सम्प्रदाय के आचार्यों में आनन्द वर्धन, अभिनव गुप्त, मम्मट के बाद जगन्नाथ को अन्तिम आचार्य माना जाता है। इनका प्रसिद्ध ग्रन्थ 'रस गंगाधर' नाम से तो रस ग्रन्थ-सा लगता है लेकिन यह ध्वनि ग्रन्थ है।"[6]

नई परम्परा के आचार्यों में रामचन्द्र शुक्ल को अभिनव गुप्त और विश्वनाथ की परम्परा में रखा जा सकता है। उन्हीं की तरह ये भी रस, ध्वनि को काव्य का आत्मतत्व स्वीकार करते हैं। श्री नन्ददुलारे वाजपेयी के अनुसार ध्वनि, रस के स्वरूप और उसके आस्वादन की प्रक्रिया को स्पष्ट करने का साधन मात्र है। ध्वनि का सम्बन्ध पाण्डित्य और चमत्कार से है।"[7]

डॉ. सी. अन्नपूर्णा

आचार्य हजारी प्रसाद द्विवेदी जी का मत है कि ध्वनि सम्प्रदाय का काव्य विवेचन समस्त जगत् के सौकुमार्य विवेचन शास्त्र में अद्वितीय महिमा का अधिकारी है। नई परम्परा के आचार्यों में द्विवेदी जी को ध्वनि सिद्धान्त का सबसे महत्त्व समर्थक एवं पोषक आचार्य माना जा सकता है।"[8] डॉ. नगेन्द्र ने ध्वनि और रस दोनों को एक दूसरे के लिए आवश्यक बताते हुए लिखा है कि 'ध्वनि रस के बिना काल नहीं बन सकता और रस ध्वनित हुए बिना केवल कथित होकर काव्य नहीं हो सकता। काव्य में ध्वनि को सरस रमणीय होना पड़ेगा और रस को व्यंग्य होना पड़ेगा।"[9]

आनन्दवर्धन ने काव्य के अन्तःतत्व प्रतीयमान व्यंग्य की दृष्टि से काव्य का वर्गीकरण प्रस्तुत किया । उन्होंने काव्य के तीन भेद किये (1) ध्वनि या उत्तम काव्य (2) गुणीभूत व्यंग्य और (3) चित्र काव्य। हिन्दी साहित्य में भक्ति युग के कवियों ने मुहावरे-लोकोक्तियों द्वारा भाषा को समृद्ध बनाया था किन्तु आधुनिक काल में अधिकतर कवि इनके प्रति उदासीन रहे हैं। इस सम्बन्ध में मुहावरों के अन्यतम प्रयोक्ता 'हरिऔध' का मत द्रष्टव्य है- 'यदि खड़ीबोली की कविता को मधुर बनाना हमें इष्ट है, यदि कर्कश शब्दावली से उसको बचाना है, यदि बोल चाल के रंग में उसे रंगना है, यदि उसको प्रसादमयी, सम्पन्न एवं हृदयहारिणी बनाने की इच्छा है, तो हमको मुहावरों का आदर करना होगा'।"[10]

'कामायनी' में मुहावरों की यथास्थान अभिव्यक्ति की गई है, जैसे:

लहरें व्योम चूमती उठती, चपलायें असंख्य नचतीं,
गरल जलद की खड़ी झड़ी में, बूंदे निज संसृति रचतीं। (मू.पृ.12)

अललेगसेनु विनुवीधुल नोरयग
लेक्कलेनि विध्युल्लत लाडेनु
विष वारिदमुलु विरिसि कुरिय निज
जगति कूर्चुकोने सलिल कणम्मुलु । (ते.पृ.21)

इन पंक्तियों द्वारा कवि ने प्रलयकालीन भीषण दृश्य प्रस्तुत किया है। इसमें 'व्योम चूमना' तथा 'खड़ी झड़ी' (मूसलाधार वर्षा) जैसे मुहावरों

के प्रयोग द्वारा लोक भाषा को ग्रहण करते हुए क्लिष्टता-दोष से बचा गया है। 'लहरों द्वारा व्योम चूमने' में अतिशयोक्ति पूर्ण कथन होने पर भी मुहावरे के कारण स्थायी प्रभाव आ गया है।

जैसे मूल पद्य में लहरों के ऊपर उठकर व्योम चूमने के अतिशयोक्ति पूर्ण का परम्परागत रूढ़ि के अनुसार प्रयोग किया गया है, वैसे ही तेलुगु के अनुवाद में भी 'अललु', 'विनुवीथुलु', 'नोरयग' (लहरें आकाश को छूने के लिए) के प्रयोग द्वारा रूढ़ा लक्षण का परम्परागत मुहावरे के रूप में प्रयोग हुआ है।

जब किसी विशेष प्रयोजन के लिए लाक्षणिक शब्द का प्रयोग किया जाता है तब प्रयोजनवती लक्षण होती है। जिसे नीचे दिए गए उदाहरण में देखा जा सकता है :

आह। कल्पना का सुन्दर यह जगत मधुर कितना होता! (मु.पृ.19)

एंत मधुर मेंतेंत मनोहर
मूहलतो रूपोंदिन भुवनमु (ते.पृ.35)

कल्पना के जगत् को 'मधुर' कहने में वाच्यार्थ अविवक्षित रहता है। 'मधुर' तो वही वस्तु होगी जो आस्वाद्य है। जगत् में आस्वाद्यता का अभाव होने के कारण माधुर्य भी नहीं हो सकता । किन्तु जिस प्रकार मधुर वस्तु प्रिय और आकर्षक लगती है, उसी प्रकार कल्पना का जगत् भी मादक एवं चित्ताकर्षक होता है। अतः कल्पना लोक को अत्यन्त आकर्षक बताना ही इस लाक्षणिक प्रयोग का मुख्य प्रयोजन है। अतः यहाँ पदगत अत्यन्त तिरस्कृत वाच्य ध्वनि है। जिस प्रकार मूल पद्य में कविवर प्रसाद ने बाधित वाच्यार्थ में 'मधुर' शब्द का प्रयोग किया है, तेलुगु अनुवादक श्री राव ने भी तेलुगु अनुवाद में उसी प्रकार इस शब्द का प्रयोग किया है। अतः यहाँ पर भी पदगत अत्यन्त तिरस्कृत वाच्य ध्वनि है। ध्वनि सिद्धान्त व्यंजना (व्यंग्यार्थ) पर आधारित है। लक्षणा का आधारभूत अपाजन व्यंजना व्यापार से ज्ञात होता है। जिस उक्ति का अभिप्राय अभिधा द्वारा लहान वाले मुख्यार्थ से या उस मुख्यार्थ में बाधा पड़ने पर लक्षणा

द्वारा अभिप्रेत प्रत्यार्थ से भी स्पष्ट नहीं होता, उसके आशय को प्रकट करने के लिए किसी शेष अर्थ का सहारा लेना पड़ता है। इस छिपे हुए अर्थ का बोध करानेवाली शक्ति को व्यंजना कहते हैं।"[11] व्यंजना से उपलब्ध अर्थ को व्यंग्यार्थ और उसे प्रकट करनेवाले शब्द को व्यंजक शब्द कहते हैं। व्यंजना को इस प्रकार वर्गीकृत किया गया है :

(1) शाब्दी व्यंजना (2) आर्थी व्यंजना।

(1) शाब्दी व्यंजना :

जब व्यंग्यार्थ किसी विशेष शब्द के प्रयोग पर आधारित हो या पर्यायवाची अन्य शब्द प्रयुक्त होने पर व्यंग्यार्थ का प्रभाव जागा रहे तो उसे शाब्दी व्यंजना कहते हैं। शाब्दी व्यंजना के दो भेद है:

(क) अभिधामूला शाब्दी व्यंजना और (ख) लक्षणामूला शाब्दी व्यंजना।

अनेकार्थी शब्दों के 'संयोग' आदि द्वारा एक अर्थ नियन्त्रित हो जाने पर जिस शक्ति द्वारा व्यंग्यार्थ की प्रतीति होती है, उसे अभिधामूला शाब्दी व्यंजना कहते हैं जैसे:

दिवा रात्रि या - मित्र वरूण की बाला का अक्षय श्रृंगार, (मू.पृ.18)

तरुगु लेक निरतमु शोभिल्लेनु
मित्र वरुण तनयुल श्रृंगारमु (ते.पृ.34)

'मित्र' शब्द के सखा, सूर्य आदि अनेक अर्थ हैं, किन्तु वरुण' शब्द का प्रसिद्ध सहकार प्राप्त होने के कारण प्रस्तुत पंक्ति में इसका अर्थ 'सूर्य' ही लेना पड़ेगा।

तेलुगु अनुवाद में मूल पद्य की तरह 'मित्र-वरुण' शब्दों के साहचर्य के कारण 'मित्र' शब्द से सूर्य का अर्थ व्यंजित होता है। अतः यहाँ भी मूल की तरह साहचर्य के आधार पर अभिधामूला शाब्दी व्यंजना प्रकट होती है।

इसी प्रकार अनेकार्थ शब्द के किसी एक ही अर्थ के साथ सम्बन्ध रखने वाले भिन्नार्थक शब्द की समीपता अन्य संनिधि है।

ललक रही थी ललित लालसा सोम-पान की प्यासी, (मू.पृ.46)
सोमपान तृषाक्त लालसा
ललितमुग चेलरेगे मनमुन (ते.पृ.86)

'सोम' शब्द चन्द्रमा, सोमरस, मद्य आदि का द्योतक है। किन्तु अपने निकटवर्ती 'पान' शब्द के सामीप्य के कारण यह केवल सोमरस अथवा मद्य का ही वाचक हो सकता है। अन्य अर्थ इसमें सम्भव नहीं। मूल पद्य की तरह तर अनुवाद में भी 'सोम पान तृषाक्त लालसा' लिखने के कारण 'सोम' शब्द के साथ "पान" शब्द का सामीप्य होने से सोम शब्द के अन्य अर्थों का निराकरण होता है और केवल 'सोमरस' का वाच्यार्थ ही ध्वनित होता है। यहाँ भी अभिधामूला शाब्दी व्यंजना प्रकट है।

(2) आर्थी व्यंजना :

अभिधा तथा लक्षणा की भाँति व्यंजना में भी इसकी स्थिति रहती है। अभिधेयार्थ की प्रतीति में संकेत ज्ञान इत्यादि होते हैं। लक्ष्यार्थ की प्रतीति में तीन हेतु है: मुख्यार्थ-बोध, मुख्यार्थ से सम्बन्ध और रूढ़ि अथवा प्रयोजन में एकीकरण। इसी प्रकार वक्ता, बोधव्य काकु आदि की विशेषताएँ व्यंग्यार्थ की प्रतीति में भी हेतु होती हैं। इन विशेषताओं द्वारा जिस व्यंग्यार्थ की प्रतीति होती है, वह आर्थी व्यंजना' कही जाती हैं जैसे:

देखो नीड़ों में विहग-युगल अपने शिशुओं को रहे चूम (मू.पृ.60)
कनुडु खग युगलमुल संतति
गूड़ि मुद्दुल नोल्लडुटा। (ते.पृ.112)

वक्ता की इन उक्तियों द्वारा कवि यह बताना चाहता है कि उसमें मातृत्व प्राप्त करने की लालसा अत्यंत तीव्र हो गई है। ये उक्तियाँ श्रद्धा द्वारा मनु से कहीं गई है। अतः सन्तान-प्राप्ति की कामना रूप द्वितीय अर्थ की प्रतीति में बान्धव्य की विशेषता भी कारण कहीं जा सकती है। उपर्युक्त उद्धरण के प्रकारणिक अर्थ पूर्णतः लोक सम्मत है। लोक में पक्षियों का कलरव इत्यादि देखा ही जाता है और उससे जन समुदाय को प्रायः संभोग

कामना आदि की प्रतीति होती है। अतः इन में स्वतः सम्भव वस्तु से वस्तु ध्वनि का सौंदर्य स्वयं व्यक्त है।

तेलुगु अनुवाद में भी मूल पद्य की तरह श्रद्धा की मनोकामना खग युगल की सन्तान के कलवरमु (कोलाहल) के वर्णन द्वारा व्यंजित है। अतः यहाँ वक्तृवैशिष्ट्योत्पन्न आर्थी व्यंजना प्रकट है।

(ख) शब्द के स्तर पर

भाषा की शक्ति मूलतः उसके शब्द सामर्थ्य, शब्दयोजना और शब्द व्यवस्था पर आधारित है। शब्द ही जीवन सम्बन्धी नए विचार, नए भाव, नए अनुभव और नए मूल्य प्रस्तुत कर भाषा को समृद्ध बनाते हैं। समाज परिवर्तनशील है। इसलिए समय-समय पर सामाजिक व्यवहार और सांस्कृतिक मूल्यों में आनेवाले परिवर्तनों के साथ नई-नई वस्तुओं का आविष्कार होता है। इन संकल्पनाओं और वस्तुओं के लिए या तो नए शब्द के अर्थ का संस्कार होता है। शब्द शक्ति है, शब्द जीवनदायक अमृत है और विश्व की समस्त भाषाओं का आधार शब्द ही है। शब्दों के प्रयोग से ही व्यक्ति के हाव-भाव, रंग-ढंग और आचार-व्यवहार का पता चल सकता है।

काव्य में कवि अपने भावों की अभिव्यक्ति करता है और भावों की अभिव्यक्ति का माध्यम भाषा होती है। अतः काव्य में शब्द का महत्वपूर्ण स्थान है। बहुत पहले ही सुप्रसिद्ध आचार्य भामह ने 'शब्दाकाव्यम्' कहकर काव्य में शब्द और अर्थ की महत्ता तथा उन के परस्पर संबंध पर प्रकाश डाला था। वास्तव में शब्द और अर्थ भिन्न नहीं है, दोनों को मिला कर ही काव्य सृष्टि होती है। इसे शब्द शक्ति कहते हैं।

एक या एक से अधिक अक्षरों के योग से बनी हुई स्वतंत्र सार्थक ध्वनि को 'शब्द' कहते हैं। शब्द की सभी दृष्टियों से पूर्ण परिभाषा दे पाना असंभव सा है। पतंजलि कहते हैं 'श्रोत्रोपलब्धि बुद्धि निर्दाह्यः प्रयोगोणाभिवलितः आकाश देशःशब्दः'। अर्थात् शब्द कान से प्राप्य बुद्धि

से ग्राह्य, प्रयोग से प्रस्फुटित होने वाली आकाश व्यापी ध्वनि है। पतंजलि ने विस्तार से शब्द पर विचार किया है। उनकी दृष्टि में 'उच्चरित, श्रव्य, बुद्धि ग्राह्य, और अर्थबोधक' ये चार विशेषण शब्द की विशिष्टता की संकेत करते हैं।

अंग्रेजी कवियों ने भी शब्द को अनेक प्रकार से पारिभाषिक किया है। प्रसिद्ध कवि कॉलरिज के अनुसार सर्वोत्तम शब्द अपने सर्वोत्तम क्रम में कविता होती है।"[12] पामर 'शब्द को ऐसी लघुतम भाषिक इकाई मानते हैं जो एक पूर्ण उच्चार के रूप में काम कर सके'।"[13] उलमैन इसे भाषा की लघुतम महत्वपूर्ण इकाई कहते हैं। ब्ल्मफील्ड के भाषा इस का तुलनात्मक रूप कहते हैं।

संस्कृत, पालि, प्राकृत, अपभ्रंश से क्रमशः हिन्दी भाषा का विकास हुआ। मध्य काल में मुस्लिम शासकों के साथ सम्पर्क होने के कारण हिन्दी के शब्द समूह में वृद्धि हुई। आधुनिक काल में यूरोपीय सम्पर्क एवं ब्रिटिश शासन के कारण अनेक नए शब्द हिन्दी में गृहीत किए गए।

इतिहास के आधार पर शब्द के चार वर्ग माने गये हैं :

(क) तत्सम (ख) तद्भव (ग) देशज और (घ) विदेशी

(क) तत्सम :

इसका शाब्दिक अर्थ है उसके (तत्) समान (सम) अर्थात् 'संस्कृत के समान'। इस तरह तत्सम शब्द वे हैं जो संस्कृत के समान हैं अथात् जिनमें परिवर्तन नहीं हुए हैं। 'कामायनी' में आए ऐसे शब्दों एवं उनके तेलुगु अनुवाद को नीचे दी गई तालिका में देखा जा सकता है, जहाँ तेलुगु अनुवाद मूल तत्सम शब्द को ही अपनी रूप-रचना प्रक्रिया के आधार पर अपना लेता है या किसी भिन्न तत्सम पर्याय को अपनाता है।

वसुधा	(मू.पृ.97)	-	भूतलमु	(ते.पृ.173)
सीमा	(मू.पृ.98)	-	पोलिमेरा	(ते.पृ.175)
अपराध	(मू.पृ.98)	-	अपराधमु	(ते.पृ.175)

मुमूर्षु	(मू.पृ.98)	-	मरणोन्मुखुडु	(ते.पृ.176)
करुणवेदना	(मू.पृ.99)	-	आर्ति	(ते.पृ.178)
अवलम्ब	(मू.पृ.99)	-	अतगोनि	(ते.पृ.178)
वेदी	(मू.पृ.100)	-	वेदिकलु	(ते.पृ.180)

इसके साथ ही यहाँ 'कामायनी' के तत्सम शब्दों को तेलु अनुवाद में लक्ष्य भाषा की प्रकृति के अनुकूल तद्भव, देशज शब्दों के चयन द्वारा भी प्रस्तुत किया गया है :

शीतल-दाह (मू.पृ.15)	-	चल्लनि पोग सेगलु(ते.पृ.28) देशज	
सुख-शीतल-सन्तोष-निदान	-	मेलुबंति, हायिकि चल्लदनमुनकु, तृसिकि	
(मू.पृ.16)		(ते.पृ.29)(देशज)	
व्यंजन (मू.पृ.31)	-	वीवना	(ते.पृ.58)(देशज)
धात्री (मू.पृ.44)	-	पुडु तल्लि	(ते.पृ.82)

(ख) तद्भव:

वे शब्द हैं, जो 'तत्' अर्थात् संस्कृत से 'भव' अर्थात् उत्पन्न' या 'विकसित' हैं। उच्चारण की सुविधानुसार परिवर्तित होकर ये हिन्दी में प्रयुक्त होते हैं। तद्भव को भरत ने 'विभ्रष्ट', वाग्भट्ट के 'तज्ज तथा चण्ड और हेमचन्द्र ने 'संस्कृत योनि' कहा है। संस्कृत भव, भ्रष्ट, अपभ्रष्ट अपभ्रंश आदि नामों से भी ये पुकारे गए हैं। आगे इसके साध्यमान संस्कृत भव तथा सिद्ध संस्कृत भव आदि भेद भी किए गए हैं।"[14]

'कामायनी' के तद्भव शब्दों का तेलुगु अनुवाद में तत्सम रूप में ही अनुवाद किया गया है। इनकी तालिका नीचे दी जा रही है:

मूल		ते.अ.	
बहरी	(8)	बधिरवु	(13)
प्रान	(41)	प्राणमु	(77)

कामायनी अनुवाद समीक्षा

मूल के तद्भव शब्दों का तेलुगु अनुवाद में तत्सम और देशज शब्दों द्वारा प्रतिस्थापित किया गया है :

मूल   **ते.अ.**

छाँह	(7)	सीमला	(11)	तत्
भीतर	(7)	अंतरंगमुना	(12)	तत्
खेत	(8)	पंटचेलु	(13)	देशज
धूल	(पृ.25)	वन धूलिकणमुलु	(पृ.46)	तत्
आज	(पृ.26)	इट	(पृ.48)	देशज
अनजान	(पृ.24)	तेलियका	(पृ.44)	देशज
नखत	(पृ.23)	नक्षत्र	(पृ.43)	तत्
गेह	(पृ.35)	इंट	(पृ.66)	देशज
पहर	(पृ.27)	क्षणमुला	(पृ.50)	तत्
बंसी	(पृ.29)	मुरली	(पृ.54)	तत्
सपने	(पृ.45)	कललु	(पृ.85)	देशज

(ग) देशज और विदेशी

अन्य भाषाओं से आगत शब्द विदेशी शब्द कहलाते हैं। हिन्दी में अरबी, फारसी, तुर्की, पुर्तगाली, अंग्रेजी आदि भाषाओं से शब्द आये हैं। इन विदेशी शब्दों के विषय में तिवारी का कथन उल्लेखनीय है: 'विदेशी वर्ग में आनेवाले शब्दों के लिए विदेशी' नाम बहुत उपयुक्त नहीं है, क्योंकि किसी भी अन्य भाषा आया शब्द इसी के अन्तर्गत आयेगा, चाहे वह देश की हो या विदेश की। इसलिए 'गृहीत', 'आगत' या 'बाह्य' नाम अपेक्षाकृत अधिक उपयुक्त ज्ञात होता है। उदाहरण के लिए हिन्दी में बंगला भाषा से आया शब्द विदेशी नहीं कहा जा सकता यद्यपि इन चारों में उसे स्थान दिया जायेगा। इन तीनों में 'गृहीत' या 'आगत' नाम अधिक स्वीकार्य हैं'।"[15]

देशज शब्द वे हैं जो तत्सम, तद्भव और विदेशी तीनों से किसी में नहीं आते और उनका श्रोत पूरी तरह स्पष्ट नहीं हो पाता। भरत ने इसे 'देशी मत', चण्ड ने 'देशी प्रसिद्ध' कुछ लोगों ने देशी जात' 'देसिका' तथा हेमचन्द, मार्कण्डेय आदि ने 'देश्य' या 'देशी' कहा है। चण्ड ने उन शब्दों को 'देशी प्रसिद्ध' कहा है जो संस्कृत एवं प्राकृत न हो।

वास्तविक देशज शब्द वे हैं जो किसी भाषा क्षेत्र में बिना किसी आधार के विकसित हो गए हों।"[16] कामायनी काव्य में विदेशी शब्दों का या गृहीत शब्दों का प्रयोग कम मिलता है। देशज शब्द इसमें प्रयुक्त मिलते हैं। कामायनी की कथावस्तु वेद और पुराणों से सम्बन्धित है इसलिए इसमें अधिकतर तत्सम और तद्भव शब्दों का ही चयन किया है। कामायनी में आए देशज शब्दों की तालिका उनके तेलुगु अनुवाद के साथ नीचे दी जा रही है :

गलना	(मू.पृ.22)	-	करिगि	(ते.पृ.42)
पीर	(मू.पृ.23)	-	बाधा	(ते.पृ.43)
चाव	(मू.पृ.41)	-	चेलिमि	(ते.पृ.77)
खर्राटे	(मू.पृ.97)	-	विह्वलमुग	(ते.पृ.177)
बटोही	(मू.पृ.99)	-	बाटसारी	(ले.पृ.178)
परे हट	(भू.पृ.102)	-	कनिपिंचकु	(ते.पृ.182)
ढालवें	(म.पृ.130)	-	दिगुड्ड	(ते.पृ.220)
बुझाता	(मू.पृ.131)	-	तीर्चेनु	(ते.पृ.221)
सिकुड़न	(मू.पृ.135)	-	मुडतपडि	(ते.पृ.229)

विदेशी शब्द

मूल			ते.अ.	
गुलाबी रंग	(पृ.21)	-	पाटल रुचि	(पृ.40) भावानुवाद
बाल	(पृ.22)	-	कुरुलु	(पृ.40)
परदा	(पृ.24)	-	पोरा	(पृ.45)

जाली	(पृ.29)	-	संदोहमु (पृ.55) भावानुवाद
गुलाली	(पृ.31)	-	अरुणोदय कांति (पृ.59)
बिजलियाँ	(पृ.33)	-	विद्युल्लतलु (पृ.62)

रचना या बनावट के आधार पर तीन प्रकार के माने गये हैं :
(i) रूढ़ (ii) यौगिक तथा (iii) योगरूढ़

(i) रूढ़ शब्द

जो शब्द सार्थक शब्दों या शब्दांशों के योग से न बना हो या जिसके सम्बद्ध अर्थ के सार्थक टुकड़े न किये जा सकें, उन्हें रूढ़ शब्द कहा जाता है। कामायनी में आए ऐसे शब्दों को उनके तेलुगु अनुवाद के साथ नीचे देखा जा सकता है :

देवदारु	(मू.पृ.7)	देवदारुवु	(ते.पृ.11)
ताण्डव	(मू.पृ.11)	भैरव	(ते.पृ.20)
कोकिल	(मू.पृ.23)	कोकिलम्म	(ते.पृ.43)
नक्षत्र	(मू.पृ.29)	तारलारा	(ते.पृ.53)
गृहपति	(मू.पृ.33)	यजमानि	(ते.पृ.62)
कदम्ब	(मू.पृ.41)	सुममु	(ते.पृ.77) भावानुवाद

(ii) यौगिक शब्द

रुढ़ शब्दों के साथ उपसर्ग या प्रत्यय या कोई और शब्द जोड़कर यौगिक शब्द बनते हैं। यौगिक का अर्थ ही है 'जोड़ा हुआ' या 'जोड़कर बनाया हुआ'; रूढ़ शब्दों की खण्डित करने पर कोई सार्थक शब्द नहीं मिलते, पर यौगिक शब्दों का खंडित करने पर सार्थक शब्द या शब्दांश मिलते हैं। 'कामायनी' में आए यौगिक शब्दों को यहाँ उनके तेलुगु अनुवाद के साथ दिया जा रहा है :

तपस्वी	(मू.पृ.7)	तपस्वि	(ते.पृ.11)
पंचभूत	(मू.पृ.11)	पंचभूतमुलु	(ते.पृ.19)

काल रात्रि	(मू.पृ.14)	कालरात्रियुनु	(ते.पृ.25)
हिमधवल	(मू.पृ.7)	पालि पोयिनटट्?	(ते.पृ.11)
ज्वालामुखी	(मू.पृ.7)	दारुण वह्नि	(ते.पृ.12)
मधुमय	(मू.पृ.27)	मधुमासमु	(ते.पृ.50)
कोमलता	(मू.पृ.44)	मृदुलंगा	(ते.पृ.83)
राजशरण	(मू.पृ.85)	राजाश्रया	(ते.पृ.155)
बाडव ज्वलन	(मू.पृ.98)	बडबानलमु	(ते.पृ.174)
ज्वाला मण्डप	(मू.पृ.100)	यज्ञ कुंडमु	(ते.पृ.179)
मधुधारा	(मू.पृ.104)	मधु धारला	(ते.पृ.185)

(ii) योग रुढ़ शब्द

यौगिक शब्द जब अर्थ की दृष्टि से संकुचित होकर केवल किसी एक वस्तु का बोध कराने लगते हैं तो उन्हें योग रुढ़ शब्द कहते हैं। ये यौगिक शब्द हैं विशिष्ट अर्थ में रुढ़ होने के कारण योगरुढ़ हैं।"[17] 'कामायनी' में आए ऐसे शब्दों को उनके तेलुगु अनुवाद के साथ नीचे दिया जा रहा है:

गन्धर्व	(मू.पृ.23)	-	गंधर्व	(ते.पृ.43)
अतिथि	(मू.पृ.33)	-	अतिथि	(ते.पृ.62)
क्षितिज	(मू.पृ.33)	-	क्षितिज	(ते.पृ.62)
नीरधर	(मू.पृ.101)	-	वारिधरमु	(ते.पृ.181)
त्रिकोण	(मू.पृ.124)	-	त्रिकोणमुलु	(ते.पृ.209)

अर्थ के आधार पर :

शब्द तीन प्रकार के माने गए है। (1) अभिः शब्द (2) लक्षणार्थक शब्द और (3) व्यंजनार्थक शब्द। वास्तव में शब्द और अर्थ मिलकर ही काव्य की सृष्टि करते हैं। दोनों में परस्पर दृढ़ सम्बन्ध होता है। इस सम्बन्ध को जिस शक्ति द्वारा जाना जा सकता है। उसे शब्द शक्ति कहते

हैं। चूँकि काव्य में प्रयुक्त शब्दों के अर्थ से ही काव्य बोधगम्य होता है। अतः शैली अर्थ को समझने लिए ही उसके उपर्युक्त तीन प्रकार माने गये हैं।

छायावादी काव्य का जन्म द्विवेदी युगीन स्थूल इतिवृत्तात्मक शैली की प्रतिक्रिया स्वरूप वर्णन में सूक्ष्मता का समावेश करने के लिए हुआ था। इन कवियों की अनुभूति अत्यधिक सूक्ष्म सौंदर्यमयी होने के कारण अभिधा द्वारा व्यक्त नहीं की जा सकती थी। अभिधा द्वारा तो शब्द के मुख्यार्थ का ही बोध हो पाता है। कामायनी के निम्नलिशित उद्धरणों में अभिधा की सहजता स्वयं व्यक्त है। इन को पढ़ते ही अर्थ प्रतीति हो जाती है।

लौटे थे मृगया से थककर दिखलाई पड़ता गुफा-द्वार,
पर और न आगे बढ़ने की इच्छा होती, करते विचार !"[18]

अलसि वच्चेनु वेटनुंडी गृ
हम्मु द्वारमु तेरचियुन्नदि
अड्डगु मुंदुकु सागदचटने
निलचि मनु तलपोय सागेनु।"[19]

प्रस्तुत विषय का स्पष्ट चित्र पाठकों के मनो नेत्रों के समक्ष उपस्थित करने के लिए कविवर प्रसाद ने यत्र-तत्र अभिधा युक्त सरल शब्दों का सुन्दर प्रयोग किया है। तेलुगु के अनुवादक ने भी वैसे ही सरल और अभिधा युक्त शब्दों में इन पंक्तियों का तेलुगु अवाद प्रस्तुत किया।

शब्द रचना के अनुसार शब्द के तीन प्रकार माने गये है :
(1) उपसर्ग (2) प्रत्यय और (3) समास ।

भाषा की लघुतम, स्वतंत्र एवं सार्थक इकाई को शब्द कहा गया है। लघुतम सार्थक इकाइयाँ तो उपसर्ग और प्रत्यय भी हैं किन्तु उपसर्ग और प्रत्यय अपने आप में स्वतंत्र नहीं होते जब कि शब्द स्वतंत्र होते हैं।

(1) उपसर्ग

शब्दों के पूर्व जोड़ा जानेवाला शब्दांश उपसर्ग कहलाता है। अनुवाद समीक्षा के सन्दर्भ में सजातीय भाषा तेलुगु के अनुवाद के साथ इनकी समीक्षा यहाँ की गई है। तेलुगु हिन्दी सजातीय भाषाएँ हैं अतः मूल में प्रयुक्त उपसर्ग का भावानुवाद और मूल शब्द का प्रयोग भी तेलुगु अनुवाद में किया गया है। उपसर्गों की सहायता से निर्मित शब्दों एवं उनके तेलुगु अनुवाद को नीचे प्रस्तुत किया जा रहा है :

स्व + अधिकार = स्वाधिकार (मू.पृ.58)- स्वाधिकारमु (मूल उपसर्ग) (ते.पृ.180)

निष्फल (मू.पृ.58) - अनुवाद में इस शब्द का प्रयोग नहीं हुआ (ते.पृ.108)

उपकरण (मू.पृ.59) - शस्त्रास्त्रमुलु (ते.पृ.110) अनुवाद में समास का प्रयोग

अनमनी (मू.पृ.59) - दिगुलुदिगुलुगा (ते.पृ.110) भावानुवाद

निर्वसन (मू.पृ.62) - निर्वसना (ते.पृ.117) मूल शब्द

विक्षुब्ध (मू.पृ.64) - क्षोभाकुला (ते.पृ.120) (समास)

विषम (मू.पृ.64) - विषमा (ते.पृ.120) (मूल शब्द)

दुर्निवार (मू.पृ.66) - दुर्निवारमुगा (ते.पृ.123) (मूल शब्द)

अविरुद्ध (मू.पृ.84) - एदुरुतिरगनि (ते.पृ.153) (भावानुवाद)

असीम (मू.पृ.84) - मासिपोनि (ते.पृ.153) (भावानुवाद)

अविनीत (मू.पृ.101) - नियममुलनु दाटु हक्कु (ते.पृ.156) (भावानुवाद)

(2) प्रत्यय

शब्दों के अन्त में जुड़ने वाला शब्दांश प्रत्यय कहलाता है। सजातीय भाषा हिन्दी और तेलुगु में इनकी स्थिति उपसर्गों के समान ही

है। 'कामायनी' में प्रयुक्त प्रत्यय युक्त शब्दों एवं उनके तेलुगु अनुवाद की सूची यहाँ दी जा रही है:

चंचलता (मू.पृ.58)- चांचल्यमुना (ते.पृ.108) (मूल शब्द का रूपान्तर)

प्रभुत्व (मू.पृ.58) -प्राभवमु (ते.पृ.108) (भावानुवाद)

आरंभिक (मू.पृ.58) - तोलुत (ते.पृ.109) (भावानुवाद, देशज शब्द)

पर्णमय (मू.पृ.61) - पर्ण विरचिता (ते.पृ.115) (समास)

सुरुचिपूर्ण (मू.पृ.62) तीरचि दिद्दिनट्टलु (ते.पृ.118) (भावानुवाद)

दानशीलता (मू.पृ.63) करुणिंचुटकु (ते.पृ.119) (भावानुवाद)

ज्वालनशील (मू.पृ.63) वेतगोनि (ते.पृ.119) काव्यानुवाद

गुंजारित (मू.पृ.78) विनवच्चुचुंदि (ते.पृ.144) (भावानुवाद)

लालिमा (मू.पृ.82) - रक्त (ते.पृ.149) (अन्य तत्सम शब्द)

आत्मजा (मू.पृ.83) - आत्मजुलु (ते.पृ.152) (मूल शब्द)

झुकाव (मू.पृ.84) - अणचु (ते.पृ.153) (भावानुवाद)

मानसिक (मू.पृ.93) - लोलोपल (ते.पृ.168) (भावानुवाद)

(3) समास

अपनी अभिव्यक्तियों को समृद्ध करने के लिए साहित्यकार या वक्ता अपने भाषा-प्रयोग में विभिन्न कोटि के शब्दों को मिलाकर नवीन एवं स्वतंत्र शब्दों का प्रयोग करता है। ये शब्द दो या दो से अधिक शब्दों के योग से बनते हैं। इसे समास या सामासिक रूप कहते हैं।

संस्कृत समास-पद्धति के अनुसार ही हिन्दी और तेलुगु में समास रचना को चार मुख्य वर्गों में बाँट गया है: (i) अव्ययीभाव समास (ii) तत्पुरुष समास (ii) द्वन्द्व समास और (iv) बहुब्रीही समास।

(i) अव्ययीभाव समास

इस समास में पहला शब्द प्रधान होता है। इस समास के बाद सामा समस्त शब्द क्रिया विशेषण अव्यय हो जाता है। जैसे :

प्रतिदिन (मू.पृ.9)	-	अनुवाद नहीं हुआ	(ते.पृ.16)
अधीर (मू.पृ.11)	-	आवेदनतो	(ते.पृ.19)
प्रबुद्ध (होने लगी) (मू.पृ.14)	-	मेलुकोना (सागिनदि)	(ते.पृ.25)
निरुपाय (मू.पृ.22)	-	दिक्कुलेनि	(ते.पृ.41)
अनजान (मू.पृ.24)	-	तेलियक	(ते.पृ.44)
अनुदिन (मू.पृ.45)	-	अनुदिन	(ते.पृ.84)
निर्विवाद (मू.पृ.71)	-	निर्विवादमुगा	(ते.पृ.132)

(ii) तत्पुरुष समास

इस समास में दूसरा शब्द प्रधान होता है। इस में पहला शब्द प्राय : संज्ञा या विशेषण होता है। इस सामासिक शब्द का विग्रह करने पर बीच में कर्म, करण, संप्रदान, अपादान सम्बन्ध और अधिकरण कारकों की विभक्तियाँ आती हैं। समास होने पर इन पर इन विभक्तियों का लोप हो जाता है। नीचे 'कामायनी' से इनके उदाहरण और तेलुगु अनुवाद दिए जा रहे है :

गुफा + द्वार - गुफाद्वार (मू.पृ.59) - गृहम्मु द्वारमु (ते.पृ.110)
तत्पुरुष

चिरमुक्त + पुरुष - चिरमुक्त पुरुष - मुक्तिकामुडु पुरुषुडु (ते.पृ.112)
कर्मधारय (मू.पृ.60) तत्पुरुष

गति + हीन - गतिहीन (मू.पृ.60) – गतिहीनमु (ते.पृ.112)
तत्पुरुष

चल + दल - चलदल (मू.पृ.61) - अश्वर्थदलमुल
(ते.पृ.114)

कर्मधारय

गृह + लक्ष्मी - गृहलक्ष्मी (मू.पृ.62)- गृहलक्ष्मी　　(ते.पृ.116)
तत्पुरुष

शरद् + इंदू - शरदेन्दू (मू.पृ.63) - शारदेंदु　　(ते.पृ.119)
तत्पुरुष

तुहिन + जलनिधि　(मू.पृ.65)　- तुहिन पाधोदि　(ते.पृ.122)
तत्पुरुष

(iii) द्वन्द्व समास

इस समास में दोनों या सभी पद प्रधान होते हैं । इन समस्त पदों का विग्रह करने पर बीच में 'और' या 'अथवा' आदि समुच्चयबोधक अव्यय आते हैं। जब समस्त शब्द बनता है तब इस अव्यय का लोप हो जाता है, जैसे:

मधुर मधुर (मू.पृ.79)　　-　　कम्मकम्मनी　　(ते.पृ.145)
लेना देना　(मू..84)　　-　　सुख दुःखमय　(ते.पृ.154)
मित्र वरुण　(मू.पृ.18)　　-　　मित्र वरुण　　(ते.पृ.34)
जगता सोता (मू.पृ.19)　　-　　निदुरिंचुचु लेचुचु (ते.पृ.35)
नभ-धारणी (मू.पृ.22)　　-　　दिवि कि भुविकि　(ते.पृ.41)

(iv) बहुव्रीही समास

इस समास में कोई शब्द प्रधान नहीं होता । समास युक्त होकर समास शब्द किसी संज्ञा का विशेषण हो जाता है, जैसे :

ज्वाला मुखी (मू.पृ.7)　　-　　दारुण वह्नि शिखा (ते.पृ.12)
मधुकर　　(मू.पृ.10)　　-　　मधुकरमुलु　　(ते.पृ.17)
अनंग　　(मू.पृ.10)　　-　　अतनु　　　　(ते.पृ.17)
जलनिधि　(मू.पृ.10)　　-　　कडलि　　　　(ते.पृ.17)
अचला　　(मू.पृ.16)　　-　　भुविकि　　　(ते.पृ.29)

क्षितिज	(मू.पृ.29)	- दिग्तटमु	(ते.पृ.54)

प्रयोग की दृष्टि से शब्दों को तीन स्तरों पर वर्गाकृत किया गया है :
(1) लिंग (2) वचन तथा (3) सह प्रयोग

व्याकरणिक लिंग सभी भाषाओं में नहीं होते। फारसी उजबेक, इस्तोनियन आदि विश्व में कई भाषाएँ है जिन में लिंग का प्रयोग नहीं होता। भाषाओं लिंग का प्राकृतिक लिंग से बहुत अधिक सम्बन्ध नहीं होता। जैसे : 'मेज', निलिंग है किन्तु हिन्दी में स्त्रीलिंग है। किन्तु प्रयोग में पहला शब्द पुल्लिंग दूसरा स्त्रीलिंग और तीसरा पुंसकलिंग।

(1) लिंग

प्रयोगी भाषाओं में शब्दों के प्रयोग में लिंग को दृष्टि से भी ध्यान रखना पडता है। अनुवाद की दृष्टि से भी इन पर ध्यान देना पड़ता है। स्रोत भाषा का शब्द ठीक उसी लिंग में अनूदित हुआ है या किसी दूसरे लिंग में, यह दोनों भाषाओं की लिंग व्यवस्था पर भी प्रकाश डालता है। 'कामायनी' में लिंग प्रयोग के तेलुगु अनुवाद को इस सन्दर्भ में देखा जा सकता है:

मूल		**ते.अ.**	
प्रलय (पु.लि.)	(पृ.7)	प्रलयमु (नपुं.)	(पृ.11)
जल (पु.लि.)	(पृ.7)	जलमु (नपुं.)	(पृ.11)
शिला (स्त्री.लिं.)	(पृ.7)	प्रस्तरा (नपुं.)	(पृ.11)
मांस पेशियाँ (स्त्री.लिं.)	(पृ.7)	माँसल मृदुगात्रमु (नपुं.)	(पृ.12)
यौवन (पु.लि.)	(पृ.7)	लेब्रायमु (नपुं.)	(पृ.12)
वेदना (स्त्री.लिं.)	(पृ.7)	वेदना (नपुं.)	(पृ.12)
प्रकृति (स्त्री.लि.)	(पृ.7)	प्रकृति (नपुं.)	(पृ.12)
व्यालि (स्त्री.लिं.)	(पृ.8)	कालाहि (नपुं.)	(पृ.12)

हिन्दी में स्त्रीलिंग, पुंलिंग में प्रयुक्त सभी अप्राणिवाचक तथा कई जन्तुवाचक शब्द भी तेलुगु में नपुंसक लिंग में ही प्रयुक्त होते हैं :

मूल		ते.अ.	
इन्द्रजाल जननी (स्त्री.लिं.)	(पृ.19)	इन्द्रजाल जनयित्री (स्त्री.लिं.)	(पृ.36)
धरणी (स्त्री.लिं.)	(पृ.22)	भुवि (स्त्री. लिं.)	(पृ.41)
आगंतुक (पु.लि.)	(पृ.23)	नवागता (स्त्री. लि.)	(पृ.43)

(2) वचन

वचन का प्रयोग विश्व की सभी भाषाओं में होता है, कुछ में दो का, कुछ में तीन का। वास्तविकता यह है कि कभी तो एक वचन के रूप द्विवचन में प्रयुक्त होते हैं और कभी कुछ शब्दों का प्रयोग प्रायः एक वचन में होता है तो दूसरों का प्रायः बहुवचन में है। प्रयोग की दृष्टि से अनुवाद के लिए इन बातों का ध्यान रखना आवश्यक है। 'कामायनी' और उसके तेलुगु अनुवाद में इस स्थिति को इन उदाहरण में देखा जा सकता है:

मूल		ते.अ.	
साध (एक.)	(पृ.22)	वांछलु (ब.व.)	(पृ.41)
पहेली (एक.)	(पृ.22)	पोडुपुकथा (एक.)	(पृ.42)
शैलमालायें (ब. व.)	(पृ.26)	गिरुलु (ब. व.)	(पृ.44)
जयगान (एक.)	(पृ.23)	मंगल वाक्यमु (एक.)	(पृ.48)
ज्वालामुखियाँ (ब.व.)	(पृ.23)	अग्नि पर्वतमुलु (ब. व.)	(पृ.48)
विद्युत्कण (ब. व.)	(पृ.26)	विद्युत् कणशक्ति (एक.)	(पृ.49)

(3) सह प्रयोग

प्रायः सभी भाषाओं में यह प्रवृत्ति दिखाई देती है कि कुछ शब्द कुछ विशेष शब्दों के साथ ही प्रयुक्त होते हैं जिसे शब्दों का सह प्रयोग कह सकते हैं। इस प्रकार के भेद भाषाओं में प्रयोग के आधार पर पहचाने जाते हैं, 'कामायनी' में इस प्रकार के प्रयोगों और उनके तेलुगु अनुवाद को नीचे दी गई तालिका में देखा जा सकता है :

बुद-बुद	(मू.पृ.12)	-	बुडगलवले	(ते.पृ.22)

चुपचाप	(मू.पृ.97)	-	मानमुगा -- (ते.पृ.174)
रिमझिम	(मू.पृ.104)	-	करिगि (ते.पृ.187)
रोकटोक	(मू.पृ.108)	-	अनुवाद नहीं हुआ
झिल मिल	(मू.पृ.105)	-	अनुवाद नहीं हुआ
झलमल	(मू.पृ.107)	-	तळ तळ (ते.पृ.191)
नोक झोंक	(मू.पृ.108)	-	अनूदित नहीं था ।
धीरे धीरे	(मू.पृ.130)	-	निदानमुगा (ते.पृ.220)
उजले-उजले	(मू.पृ.107)	-	वेलुगोंदु (ते.पृ.191)

सह प्रयोग शब्दावली भिन्न भाषाओं में अलग अलग होती है। अतः ऐसे यह प्रयोगवाले शब्दों का अनुवाद दूसरी भाषा में करना प्रायः असम्भव ही होता है हिन्दी तेलुगु भाषाओं के समभाषाएँ होने के कारण कहीं कहीं तत्सम सह प्रयोग वाले शब्दों का दोनों भाषाओं में समान रूप से प्रयोग हो सका है, जैसेः गद् गद्, दूर-दूर। कहीं-कहीं कुछ शब्दों का अनुवाद भी किया जा सकता है। जैसेः धीरे-धीरे (हिन्दी) मेल्लमेल्लगा (तेलुगु) अलग अलग (हिन्दी) वेरु वेरु (तेलुगु)। परन्तु हमेशा ऐसे सह प्रयोग वाले शब्दों का ज्यों का त्यों अनुवाद करना सम्भव नहीं होता है। अनुवादक की अपनी मर्यादा होती है। अतः कई सह प्रयोग शब्दों का साधारण भावानुवाद मात्र पाया जाता है।

रूपान्तर के आधार पर शब्दों को दो रूपों में बांट सकते हैं:
(क) विकारी (ख) अविकारी।

(क) विकारी

जिन शब्दों के रूप में विकृति (परिवर्तन) लाई जा सकती है। इन्हें विकारी शब्द कहते हैं। जैसेः लड़की (लड़कियाँ, लड़कियों) लड़का (लड़के, लड़कों आदि) इस के अन्तर्गत संज्ञा, सर्वनाम, विशेषण, क्रिया शब्द आते हैं। इन विकारी शब्दों की सूची 'कामायनी' से लेकर तेलुगु अनुवाद के साथ यहाँ दी जा रही हैः

कामायनी अनुवाद समीक्षा

संज्ञा

हृदय (मू.पृ.33)	-	हृदय (ते.पृ.62)
गृह पति (मू.पृ.33)	-	यजमानि (ते.पृ.62)
गोलक (मू.पृ.34)	-	खगोलमु (ते.पृ.63)
कोक (मू.पृ.34)	-	जक्कवल जता (ते.पृ.64)
रोम राजी (मु.पु.34)	-	रोमांचमुना (ते.पृ.65)
हृदय का राजस्व (मू.पृ.35)	-	हृदय निधि (ते.पृ.66)

(भिन्न अर्थ में प्रयोग किया गया)

सर्वनाम

एक (मू.पृ.33)	-	ओकरू (ते.पृ.62)
वह (मू.पृ.33)	-	मरियोक (ते.पृ.62)
मैं (मू.पृ.44)	-	नेनु (ते.पृ.83)
तुम को (मू.पृ.45)	-	अनूदित नहीं (ते.पृ.85)
किस को (मू.पृ.49)	-	एवरि कोरकु (ते.पृ.90)
अपनी (मू.पृ.60)	-	आत्मा (ते.पृ.133)
तुझ में (मू.पृ.65)	-	अनूदित नहीं (ते.पृ.122)

विशेषण

सुनिहित (मू.पृ.33)	-	इंपत्सितार्थमु (ते.पृ.63)

(भिन्न प्रकार से प्रयोग किया गया है)

पुलकित (मू.पृ.34)	-	अनूदित नहीं (ते.पृ.65)
क्रीड़ाशील (मू.पृ.35)	-	आडुचु पाडुकोनुचु (ते.पृ.66)

(क्रिया विशेषण के रूप में)

अतीत (मू.पृ.44)	-	विगता (ते.पृ.83)
निस्संबल (मू.पृ.145)	-	पाधेयमु (ते.पृ.84)

क्रिया

छिपा रहता	(मू.पृ.33)	-	दागियुन्नदि	(ते.पृ.63)
डूबता था	(मू.पृ.34)	-	मुनुगु चुन्नदि	(ते.पृ.63)
(भूतकाल)			(वर्तमान काल)	
पुचकारने	(मू.पृ.35)	-	तीपि वलपुलु	(ते.पृ.65)

(अन्य रीति से अनुवाद)

बहा करो	(मू.पृ.45)	-	प्रवहिंचुमु	(ते.पृ.85)
बीनती	(मू.पृ.60)	-	अनूदित नहीं	(ते.पृ.113)
वितरने	(मू.पृ.71)	-	पंचिपेट्टे	(ते.पृ.132)
(भिन्न रीति)				
सुलझें	(मू.पृ.77)	-	विडिवड्डनु	(ते.पृ.141)

(ख) अविकारी शब्द

जिन शब्दों के रूप में कोई विकार या परिवर्तन नहीं होता इन्हें अविकारी शब्द कहते हैं। इसमें क्रिया-विशेषण, सम्बन्ध-बोधक, समुच्चय-बोधक और विस्मयादि-बोधक आते हैं। इन अविकारी शब्दों को 'अव्यय' भी कहते हैं। अव्यय का अर्थ है, जिसका व्यय न हो। 'कामायनी' में आए अविकारी शब्दों की सूची उनके तेलुगु अनुवाद के साथ यहाँ दी जा रही है।

अविरत	(मू.पृ.33)	(क्रि. वि.)	-	अनूदित नहीं	(ते.पृ.62)
चमत्कृत	(मू.पृ.34)	(क्रि. वि.)	-	निव्वेरचेदे	(ते.पृ.64)
अवशिष्ट	(मू.पृ.44)	(क्रि. वि.)	-	मिगिलि युटि	(ते.पृ.83)
निरीह	(मू.पृ.60)	(क्रि. वि.)	निरीहा		(ते.पृ.113)
क्षणभर	(मू.पृ.61)	(क्रि. वि.)	-	क्षणमैना	(ते.पृ.115)
सदैव	(मू.पृ.70)	(क्रि. वि.)	-	अनूदित नहीं	(ते.पृ.131)
निर्विवाद	(मू.पृ.71)	(क्रि. वि.)	-	निर्विवादमुग -	(ते.पृ.132)

(किरणों) के ऊपर   (मू.पृ. 29)-   आ किरणम्मुलपयि (ते.पृ.54)
(सम्बन्ध बोधक)
(अतिथि) के साथ   (मू.पृ.34)-अतिथि वेबडि   (ते.पृ.64)
(सम्बन्ध बोधक)
दिन (और) रजनी   (मू.पृ. 31)-   रेयिपवल्लकु   (ते.अ.59)
(समुच्य बोधक)
स्वच्छ (और) वरणीय (मू.पृ.17)-   परिशुभ्र   (ते.पृ. 31)
(रच्य बोधक)
हाँ। ठीक   (मू.पृ. 44)-   अवुनु   (ते.पृ. 83)
(समुच्य बोधक)   (ठीक छोड़ दिया गया)

(घ) वाक्य के स्तर पर

भाषा में वाक्य का महत्वपूर्ण स्थान है। भावों एवं विचारों की अभिव्यक्ति वाक्य द्वारा ही सम्भव होती है। वास्तव में वाक्य परस्पर सम्बद्ध शब्दों के प्रयोग सम्मत अनुक्रम का ही नाम है, जिसमें पूर्ण अर्थ देने की शक्ति और प्रसंगानुकूल भाव का बोध कराने की क्षमता होती है। भारतीय परम्परा में तथा पश्चिम में वाक्य को तरह-तरह से परिभाषित किया गया है। भारतीय परम्परा के अनुसार वाक्य की परिभाषा इस प्रकार है- "वाक्यं रसात्मकं काव्यं' अर्थात् रसयुक्त वाक्य काव्य है। "शब्दार्थौ सहितौ काव्यं" अर्थात शब्द, अर्थ अथवा दोनों की रमणीयता से युक्त वाक्य को काव्य कहते हैं।

पश्चिम परम्परा के अनुसार वाक्य की परिभाषा इस प्रकार है - 'जो किसी उक्ति में अपने से बड़ी रचना अंग न हो (ब्लूम फील्ड ।) वाक्य को अपेक्षा कृत पूर्ण और स्वतन्त्र इकाई कहते हैं (येर्पसन)

सामान्यत : वाक्य में व्याकरण के अनुसार कर्ता, कर्म, क्रिया स्थित रखते हैं। लेकिन कविता में व्याकरणिक नियमों को तोड़कर चलने

की व्यवस्था है। इसलिए कविता के वाक्य व्याकरणिक वाक्य से अलग होते हैं।

वाक्य विचार की दृष्टि से वाक्य रचना के तीन प्रमुख अंग माने गए है। कर्ता, कर्म और क्रिया । इन तीनों का परस्पर सम्बन्ध जोड़ने के लिए कुछ अन्य शब्दों का सहारा लिया जाता है। कर्ता, कर्म और क्रिया के सम्बन्ध की दृष्टि से वाक्य के दो भाग किये जाते हैं - (1) उद्देश्य और (2) विधेय। वाक्य में कर्ता और उसका विस्तार उद्देश्य के अन्तर्गत माने जाते हैं। क्रिया, कर्म और उनके विस्तार विधेय के अन्तर्गत गिने जाते हैं क्योंकि ये दोनों कर्ता के विधेय या अनुवर्ती होकर भाव की अभिव्यक्ति करते हैं। जब कर्ता की प्रधानता वाक्य में पायी जाती है, तब उसे कर्तृवाच्य और जब विधेय अथवा कर्म की प्रधानता होती है तब उसे कर्मवाच्य कहा जाता है। जब उद्देश्य या विधेय के बदले भाव की प्रधानता होती है, तब उसे भाव वाच्य कहते हैं। तेलुगु भाषा में भी वाक्य रचना की यही परिपाटी है। किन्तु इसमें भाव वाच्य प्रयुक्त नहीं होता । इसी प्रकार हिन्दी में प्रयोग का भी प्रचलन हैं: कर्तरी प्रयोग कर्मणी प्रयोग और भावे प्रयोग। इनमें से तेलुगु में भावे प्रयोग का प्रचलन नहीं है। इन भेदों को उदाहरण के साथ निम्नलिखित तालिका में देखा जा सकता है:

वाच्य	**हिन्दी**	**तेलुगु**
कत्तृ वाच्य	राम रोटी खाता है।	रामुडु रोट्टे तिनुचुन्नाडु
कर्म वाच्य	राम से रोटी खायी जाती है।	रोट्टे रामुनि चेत तिनबडु चुन्नदि
भाव वाच्य	राम से मैदान में दौड़ा जाता है।	---

प्रयोग

कर्तरी	राम ने रोटी खाई।	रामुडु रोट्टे तिन्नाडु
कर्मणी	राम ने गाय को देखा।	रामुडु आवुनि चूशाडु
भावे	राम से गायों को देखा गया।	---

हिन्दी और तेलुगु में कारकों की प्रयोग में भी भिन्नता दिखाई देती है। हिन्दी में भूतकालिक सकर्मक क्रिया का प्रयोग होने पर 'ने' प्रत्यय का प्रयोग होता है। 'ने' प्रत्यय का प्रयोग तेलुगु में नहीं होता। इन कारकों के भेद को निम्नलिखित तालिका में देखा जा सकता है।

कारक	हिन्दी	तेलुगु
कर्ता	ने	डु, मु, वु, लु
कर्म	को	नि, नुल, गूर्चि, गुरिंची
करण	से	चेतन्, चेन्, तोडन् तोन्
सम्प्रदान	को	कोरकु, कै
अपादान	से	वलनन्, कंटे, पट्टि
सम्बन्ध	का, के, की	कि, कु, योक्क, लो, लोपल
अधिकरण	में, पर	अंदु, इंदु, न

हिन्दी और तेलुगु में संज्ञा अथवा सर्वनाम शब्दों के साथ इन कारक चिह्नों के लगाने पर उन शब्दों में आवश्यकतानुसार रूप परिवर्तन होता है। हिन्दी और तेलुगु की वाक्य रचना में कर्ता, कर्म, आदि विविध शब्दों के साथ जुड़कर ये कारक चिह्न भाव प्रकाशन में प्रकार की विशिष्टता लाते हैं।

रचना की दृष्टि से वाक्य के तीन भेद किए जाते हैं।

(1) सरल वाक्य या साधारण वाक्य
(2) संयुक्त वाक्य
(3) मिश्रित वाक्य या मिश्र वाक्य

(1) सरल वाक्य

जिसमें केवल एक ही उद्देश्य और एक ही विधेय (अर्थात् कम से कम एक कर्ता और एक क्रिया) होता है, उसे सरल वाक्य कहते हैं। 'कामायनी' से ही कुछ उदाहरण देखें –

1.पल भर की उस चंचलता ने खो
दिया हृदय का स्वाधिकार. (मू.पृ.58)
आ क्षणिक चांचल्यमुन को
ल्पोयिनदि येद स्वाधिकारमु (ते.पृ.108)

2.निज उद्गम का मुख बन्द किये
कब तक सोयेंगे असल प्राण, (मू.पृ.58)
एंतवरकी प्राणमुलु शय
निंचुट मुकुलित मुखम्मुन (ते.पृ.109)

3. चल कर देखो मेरा कुटीर, (मू. पृ.61)
कुटीरमुनु निर्मिचितिनि ऐतेंचि चूडुमु (ते.पृ.115)
(दो सरल वाक्य)

4. उसके अधरों से फैलेगी नव
मधुमय स्मिति-लतिका-प्रवाल। (मू.पृ.62)
चिन्न पेदवुलु चिंदु चिवुरुल
पगिदि नव मधु मंदहासमु (ते.पृ.118)

5. जीवन का कोमल तन्तु बढ़े
तेरी ही मंजुलता समान, (मू.पृ.62)
मृदुल जीवन तंतुवुलु विक
सिंचवले नी सोयगमुवले (ते.पृ.117)

(2) संयुक्त वाक्य

जिसमें दो या दो से अधिक सरल या मिश्रित वाक्य स्वतन्त्र रूप से योजक शब्दों द्वारा जुड़े होते हैं। जैसे :-

विश्व में जो सरल सुन्दर हो
विभूति महान, सभी मेरी हैं,
सभी करती रहें प्रति दान ।   (मू.पृ.35)

भुवनमुन महनीय महित, म
नोज्ञमगु ऐश्वर्यमंतयु
नादि कावले नन्नु सकलमु
वलचि कोलुवग वलयु नित्यमु   (ते.पृ.66)

(3) मिश्रित वाक्य

जिसमें एक सरल वाक्य और एक से अधिक उपवाक्य होते हैं। ये इस प्रकार से जुड़े होते हैं कि इनमें एक प्रधान होता है और शेष वाक्य उसके आश्रित होते हैं। जैसे:

1. नीचा हो उठता जो धीमेधीमेत-
   निश्वासों मे, जीवन का ज्यों
   ज्वार उठ रहा हिमकर के
   हासों में   (मू.पृ.53)

अल्लनल्लन श्वास तो दिग.
जारि मरि पै केगयु चुन्नवि
हिमकरूनि दरहासमुनकु
पोंगु चुन्न पयोधि पोलिका   (ते.पृ.98)

2. जो कुछ मनु के करतलगत था
   उस में न रहा कुछ भी नवीन,   (मू.पृ.58)
   चेति कंदिन चेलुवमुन नव

नीत रुचि क्षीणिंचि पोयेनु (सरल वाक्य)   (ते.पृ.108)

तेलुगु भाषा की वाक्य रचना में प्रायः मिश्रित वाक्य रचना कम होती है। जो जब, जैसे, ज्यों इत्यादि शब्दों के प्रयोग से हिन्दी में रचे जानेवाले उप वाक्यों को तेलुगु में वाक्यांशों के रूप में बदल कर सरल वाक्य के साथ जोड़ दिया जाता है। जैसेः 'जो आदमी कल आया, वह मेरा भाई है। इस मिश्रित वाक्य का अनुवाद 'निन्न वच्चिन वाडु ना सोदरुडु' कह कर तेलुगु में सरल वाक्य के रूप में किया जाता है।

अतएव कामायनी' में प्रत्युक्त मिश्रित वाक्यों का अनुवाद तेलुगु में एक या दो सरल वाक्यों में ही किया गया है। यह तेलुगु वाक्य रचना का अपना एक विशिष्ट लक्षण है।

वक्रोक्ति

भारतीय वाङ्मय में वक्रोक्ति शब्द का प्रयोग अत्यंत प्राचीन काल से चला आ रहा है। बाणभट्ट ने कादम्बरी' में वक्रोक्ति का प्रयोग किया है। पर काव्याशास्त्र में वक्रोक्ति का सर्वप्रथम प्रयोग भामह के समय से ही मिलता है। वक्रोक्ति का अर्थ है 'वक्र + उक्ति' अर्थात् 'टेढ़ा कथन'। साहित्य में इस का प्रयोग वाक्छल, क्रीड़ा कलाप अथवा परिहास कथन के रूप में होता है।

आचार्य कुंतक ने वक्रोक्ति के छः भेद माने हैं (1) वर्ण विन्यास वक्रता (2) पद पूर्वार्ध वक्रता (3) पद परार्ध वक्रता (4) वाक्य वक्रता (5) प्रकरण वक्रता (6) प्रबन्ध वक्रता। इन में प्रथम तीन भेदो का सम्बन्ध भाषा से है और शेष तीन भेद अर्थालंकार अथवा कथानक के वैचित्रय संयोजन से सम्बद्ध है।

(1) वर्णविन्यास वक्रता

एक, दो या अनेक वर्णों का थोड़े-थोड़े अन्तर से बारम्बार आवर्तन वर्ण विन्यास वक्रता का सूचक है। कुंतक के अनुसार वक्रोक्ति के

इस भेद को अन्य आचार्यों ने अनुप्रास के अन्तर्गत परिगणित किया है।

'कामायनी' के किसी-किसी छन्द में तो भावावेग में इस वक्रता की अत्यंत मनोमुग्ध कारी योजना हुई है।

किस दिगंत रेखा में इतनी
संचित कर सिसकी-सी साँस,
यों समीर मिस हाँफ रही-सी
चली जा रही किस के पास। (मू.पृ.20)

ऐ दिगंतमुन दाचि युंचितिवि
पोदिगि पोदिगि इंतटि निश्वासमु
पवना गमनमुना रोप्पुचु रोयुचु
एवरि चेंत केतेंचुट की वडि! (ते.पृ.37)

मूल पद्य की पहली दो पंक्तियों में 'क' अक्षर और दूसरी तीसरी पंक्तियों में 'स' अक्षर की कई बार आवृत्ति होने से यहाँ वर्ण विन्यास युक्त वक्रता प्रस्तुत है। तेलुगु अनुवाद की पहली पंक्ति में 'द' अक्षर की दो बार आवृत्ति, दूसरी पंक्ति में 'पो' की दो बार आवृत्ति, तीसरी पंक्ति में 'न' की तीन बार और 'रो' की दो बार आवृत्ति होने से उस में भी वर्ण विन्यास युक्त वक्रता उपलब्ध होती है।

(2) पद पूर्वार्ध वक्रता :

संस्कृत में शब्दों की सविभक्तिक शब्दों की परम्परा है। शब्द और विभक्ति मिल कर 'पद' की संज्ञा धारण करते हैं। काव्य में इन शब्दों तथा विभक्तियों का पृथक्-पृथक् रूप में निजी स्थान होता है। किसी स्थान पर तो शब्दों का प्रयोग अथवा उनकी विशेषताएँ नवीन अर्थ का द्योतक कराती है और कहीं विभक्तियाँ नवीन अर्थ की परिचायक हो जाती है। इनमें से शब्द तथा उस की विशेषताओं के द्वारा सौंदर्याभिव्यक्ति के लिए कुंतक ने

पदपूर्वार्ध वक्रता शब्द का प्रयोग किया है। तथा विभक्ति और उसकी विशेषताओं के लिए पद पूर्वार्ध वक्रता का।

पद पूर्वार्ध वक्रता को मख्यतः आठ भेदों में विभक्त किया जा सकता है - वाचत्र्य वक्रता, पर्याय वक्रता, उपचार वक्रता, विशेषण वक्रता, संवृत्ति वक्रता, वृत्ति वक्रता, लिंग वैचित्र्य वक्रता. क्रिया वैचित्र्य वक्रता। 'प्रसाद' जी ने अपनी प्रवृत्ति के अनुसार इन वक्रताओं का पर्याप्त मात्रा में प्रयोग किया है।

कामायनीकार ने अनेक स्थलों पर शब्दों के चुनाव में विदग्धता का परिचय दिया है। नारी के लिए रमणी, कामिनी, सुन्दरी, तत्वंगी, अबला आदि अनेक शब्द प्रचलित हैं, किन्तु निम्न सन्दर्भ में उसे सब का दुःख दूर करने वाली कहा गया है। अतः यहाँ उस के लिए 'सर्व मंगले' का सम्बोधन नवीन होने पर भी कितना सटीक है :"[20]

हे सर्वमंगले! तुम महती, सब का दुख अपने पर सहती, (मू.पृ.118)

सर्वमंगल ! सकल जन परि
देवनमु हरियिचुं महतिवि (ते.पृ.201)

मूल पद्य 'सर्व मंगले' का सम्बोधन मनु के श्रद्धा के लिए करते हैं जिससे श्रद्धा के प्रति उनकी पहले की वासनात्मक भावना के बदले पवित्र देवी भावना के उत्पन्न होने का आभास मिलता है। अतएव यहाँ पदपूर्वार्ध वक्रता (पर्याय वक्रता) दृष्टिगत होती है। तेलुगु अनुवाद में भी इसी सम्बोधन का प्रयोग हुआ है अतः मूल पंक्तियों की वक्रता की विशेषता यहाँ भी अभिव्यक्त होती है।

जब दो वस्तुओं में पर्याप्त भेद होते हुए भी लेश मात्र सम्बन्ध से अभेद मानते हुए एक पर दूसरे का आरोपण किया जाए तब उपचार वक्रता कहलाती है। इस उपचार वक्रता से काव्य में रमणीयता का समावेश होता है। इसी कारण डॉ. नगेन्द्र ने इसे 'काव्य कला का अत्यन्त मूल्यवान उपकरण' माना है। मानवीकरण की शैली इस वक्रता की अत्यन्त स्वस्थ एवं समुन्नत देन है।"[21]

(3) पद परार्ध वक्रता

उधर गरजती सिंधु लहरियाँ कुटिल काल के जालों सी,
चली आ रहीं फेन उगलती फन फैलाये व्यालों-सी। (मू.पृ.11)
गर्जिंचेनु कल्लोल मालिकलु
कुटिल काल संघटित जालमुलु
नुरुगलतो परुगिडि पै कुरिकिन
वुरग संघमुलु पडगलु विप्पुचु (ते.पृ.20)

मूल में मनु के शब्दों में कवि प्रसाद ने समुद्र की व्यालों सी फन फैलाकर आनेवाली लहरियों की भीषणता की प्रभावोत्पादक चित्र प्रस्तुत किया है। यद्यापि तब तक जल प्लावन उतर चला था और मही निकलने लगी थी, तथापि कवि ने उक्ति वैचित्र्य की सुन्दरता लाने के लिए मनु के शब्दों में भूतकाल के बदले वर्तमान काल में घटित हो रहे दृश्य का सजीव चित्रण किया। अतः यहाँ पर काल वैचित्र्य समस्त पद परार्ध वक्रता पायी जाती है। इन पंक्तियों के तेलुगु अनुवाद में इस साल वैचित्र्य युक्त वक्रता का सौन्दर्य लुप्त है। क्योंकि वर्तमान कालिक सौन्दर्य लुप्त है। क्योंकि अनुवादक ने वार्तमान कालिक क्रियाओं के द्वारा दृश्य वर्णन प्रस्तुत करने के बदले भूतकालिक क्रियाओं का प्रयोग किया है, 'गर्जिंचेनु' अर्थात् गर्जन किया। 'पैकुरिकिनवि' अर्थात् ऊपर झपट पड़ी। यहाँ अनुवादक का आशय यह है कि कुटिल काल संघटित जालों की तरह लहरियों की कल्लोल मालिकाएँ गरज उठीं, मानों फन फैलाते उरग संघ झागों सहित दौड़ कर ऊपर झपट पड़े। काल वैचित्र्य की ओर अनुवादक का ध्यान नहीं रहा होगा। अतः केवल मूल का भावार्थ प्रस्तुत करने से यहाँ मात्र पदपरार्ध वक्रता दृष्टिगत होती है।

विचलन

हर भाषा के अपने नियम होते हैं, ध्वनि, रूप-रचना, शब्द-प्रयोग, वाक्यरचना तथा अर्थाभिव्यक्ति आदि के विभिन्न स्तरों पर अपनी व्यवस्था

होती है। भाषा का व्याकरण इन्हीं नियमों और व्यवस्थाओं की व्याख्या होता है। सामान्य भाषा इन नियमों और व्यवस्थाओं में बँधी होती है, किन्तु सामान्य भाषा की यह नियम बद्धता काव्य भाषा के स्वच्छन्द और लचीले व्यक्तित्व के बहुत अनुकूल नहीं पड़ती । काव्य भाषा को विशिष्ट अनुभव की अभिव्यक्ति करनी पड़ती है। इसलिए उसे विशिष्ट भाषा बनना पड़ता है - सामान्य भाषा के नियमों और जड़ बन्धनों को तोड़कर ।"[22]

सामान्य भाषा के नियम, बन्धन, चलन अथवा पथ को छोड़कर नए का अनुसरण करना, नए पथ पर चलना ही विचलन (Deviation) था, विपथन है। पश्चिम में पोयटिक लाइसेंस' (कवि द्वारा ली गई छूट) अथवा संस्कृत का प्रसिद्ध कथन 'निरंकुशाः कवयः' (कवि निरंकुश होते हैं) इसी विचलन की ओर संकेत करत हैं । भारतीय काव्यशास्त्र के वक्रोक्ति-सम्प्रदाय की 'वक्रोक्ति' भी यही है। सामान्य भाषा की उक्ति अवक्र अथवा सामान्य होती है तथा काव्य भाषा की क्त असामान्य अथवा वक्र होती है। पश्चिमी सौन्दर्य शास्त्र तथा शैली विज्ञान बहु प्रयुक्त 'फोरग्राउंडिंग' शब्द भी इसी ओर संकेत करता है। अभिव्यक्ति की सामान्य व्यवस्था बैंक 'ग्राउंडिंग' (पुरानी व्यवस्था) है तथा विचलन द्वारा नई व्यवस्था 'फोरग्राउंडिंग' (नव्य व्यवस्था) है।"[23]

प्रत्येक भाषा का अपना मानक रूप होता है। जब उस भाषा की रचनाकार भाषा के इस रूप का अतिक्रमण करता है, तब विचलन उपस्थित होता है। विचलन की संकल्पना अव्याकरणिकता पर आधारित होती है। अव्याकरणिक विचलन ध्वनि, रूप, शब्द और वाक्य के स्तर पर क्रियाशील होता है।

The concept of deviation is an important one in stylistics.
A deviant feature, Lexical, syntactic or phonological, can simply noted as an infrequent item in the total.

आचार्य विद्या निवास मिश्र ने 'विचलन' को काव्य भाषा की उस सर्जन क्षमता का प्रमाण माना है जो क्षमता सन्दर्भ के बीच स्थिर और

सुनिश्चित सम्बन्धों को तोड़ती है, सर्जनात्मक वाक्य विन्यास को उपस्थित करती है। चालू भाषा के वाक्य विन्यास को मोड़ती है। उनके शब्दों में जिसे गद्य की दृष्टि से मानक रूप में विचलन कहा जाता है, वह काव्य भाषा के गठन की दृष्टि से भाषा की सर्जन क्षमता का प्रमाण बन जाता है। चूँकि सामान्य भाषा का उद्देश्य सीमित है इसलिए वह संकेत और सन्दर्भ के बीच स्थिर और सुनिश्चित सम्बन्धों को तोड़ने के लिए इस कारण लाचार है कि काव्यभाव पूर्व निश्चित सम्बन्धों को तोड़ने की आवश्यकता नहीं महसूस करती, किन्तु काव्य भाषा इन सम्बन्धों को एक नयी वास्तविकता से अभिभूत करके विचलित करती है।"[24] अतः विचलन मुख्यतः सर्जनात्मक कृति के निजी वाक्य विन्यास का ही एक आवश्यक उपकरण है। काव्यात्मक वाक्य विन्यास काव्यार्थ की दृष्टि से चालू भाषा के वाक्य विन्यास मोड़ने की एक प्रक्रिया है।"[25]

श्रीवास्तव के अनुसार सहेतुक विचलन को शैली विज्ञान दो निश्चित सन्दर्भो मे ग्रहण करता है -

(क) व्याकरणिकता का सन्दर्भ और

(ख) आवृत्ति (फ्रीक्वेंसी) का सन्दर्भ।"[26]

शीतांशु के शब्दों में 'विचलन' में सामान्य गद्य भाषा के मानक से अतिक्रमण होता है। यह अतिक्रमण अव्यकरणि कता और अस्वीकार्यता जैसी दो दिशाओं में होता है।"[27]

सन्दर्भ

1. भोलनाथ तिवारी: हिन्दी भाषा और नागरी लिपि (1977), (पृ.9,10,11)
2. के.के. गोस्वामी : शैक्षणिक व्याकरण और हिन्दी भाषा (1980),(पृ.1)
3. भोलानाथ तिवारी: हिन्दी भाषा और नागरी लिपि (1977), (पृ.12)
4. आन्ध्र वाङ्मय चरित्र संग्रहमु - श्री के. वेंकटराव (1959)
5. रवीन्द्रनाथ श्रीवास्तव: भाषा शिक्षण (1992)
6. डॉ. जगदीश प्रसाद कौशिक : भारतीय काव्य शास्त्र के प्रतिमान, (पृ.494)
7. डॉ. त्रिभुवन राय : ध्वनि सिद्धान्त और हिन्दी के प्रमुख आचार्य, (पृ.321)
8. – वही- (पृ.326)
9. – वही- (पृ.343)
10. रमेशचन्द्र गुप्तः कामायनी की भाषा, (पृ.14)
11. आचार्य जयेन्द्र त्रिवेदी: हिन्दी रूप रचना, (पृ.190)
12. Poetry is the best words in their best order.
13. The smallest speech unit capable of functioning as a complete utterance.
14. भोलानाथ तिवारी: शब्दों का अध्ययन (1969), (पृ.19)
15. - वही- (पृ.22)
16. - वही - (पृ.22)
17. – वही- (पृ.25)
18. कामायनी - ईर्ष्या सर्ग, (पृ.59)
19. कामायनी - तेलुगु अनुवाद, (पृ.101)

20. रमेशचन्द्र गुप्तः कामायनी की भाषा, (पृ.42)
21. - वही - (पृ.43)
22. भोलानाथ तिवारीः शैली विज्ञान (1983), (पृ.48)
23. - वही - (पृ.49)
24. विद्या निवास मिश्र - 'काव्य भाषा का गठन और साभिप्राय विचलन', रीति विज्ञान (1973), (पृ.76)
25. - वही- (पृ.80)
26. श्रीवास्तव रवीन्द्रनाथः संरचनात्मक शैली विज्ञान (1979), (पृ.49)
27. इन्दु शीतांशुः प्रोक्तिः स्वरूप, संरचना और शैलि (1989), (पृ.93)

****

अध्याय-5

विजातीय भाषा- अंग्रेजी के सन्दर्भ में कामायनी का अनुवाद

(i). ध्वनि के स्तर पर

रूढ़ालक्षणा का परम्परागत प्रयोग

लहरें व्योम चूमती उठतीं, चपलायें असंख्य नचतीं
गरल जलद की खड़ी झड़ी में बूंदे निज संसृति रचतीं ।   (मू.पृ.12)

The billows rose and kissed the firmament,
Number less lightnings danced their wayward round
In the perpetual pour of poisonous clouds
The drops created their own world unique.   (P.54)

मूल पद्य में कवि प्रसाद ने प्रलय कालीन भीषण दृश्य प्रस्तुत किया है। व्योम चूमना, खड़ी झड़ी (मूसलाधार वर्षा) जैसे मुहावरों का प्रयोग करके स्थायी भाव को प्रकट किया गया है। यहाँ परम्परागत रूढ़ि लक्षणा का प्रयोग हुआ है।

मूल पद्य में जिस तरह प्रलय के भीषण के दृश्य को प्रस्तुत किया गया है उसी तरह अंग्रेजी में उसे अनुवादक ने स्पष्ट करने का प्रयास किया है। लेकिन अनूदित पाठ में 'व्योम चूमना' का भावानुवाद 'billows rose and kissed the firmament' और 'खड़ी झड़ी का अनुवाद' 'perpetual pour' रूप मे हुआ है। अनुवाद द्वारा मूल का तीव्र भावना प्रकट नहीं हो पा रही है 'Lightnings' 'चपलाएँ' के विशेषण 'way ward round' और

'own world के विशेषण के रूप 'Unique' शब्द का प्रयोग भी मूल की निजता और रचना के भाव को एक सीमा तक ही अनुवाद में व्यक्त कर पाते हैं।

प्रयोजनवती लक्षणा

आह ! कल्पना का सुन्दर यह जगत् मधुर कितना होता! (मू.पृ.197)

How sweet this beauteous world of fantasy
Had been, alas; full many a happy dream (P.64)

मूल में कवि ने कल्पना लोक को अत्यन्त आकर्षक बताया है। यहाँ 'मधुर' शब्द का विशेष प्रयोजन के लिए प्रयोग किया गया है।

अंग्रेजी अनुवाद में 'मधुर' 'Sweet' के सामान्य अर्थ में प्रयुक्त हुआ है। अतः जिस तरह का भाव और 'मधुर' शब्द मूल में व्यक्त कर रहा हैं, वह अर्थ 'Sweet' शब्द द्वारा अनुवाद में व्यक्त नहीं हो रहा है। सामान्य रूप में मिठाई' को भी 'Sweet' कहते हैं। मूल पक्ति आह!' से प्रारम्भ होती है। और अनुवाद में प्रश्नार्थक शब्द के साथ। इसी प्रकार 'कल्पना' शब्द के लिए 'Fantasy' शब्द का प्रयोग अनुवाद को दूसरा अर्थ और भाव देने लगता है। मूल की तरह इसमें प्रयोजनवती लक्षणा को व्यक्त करने में भी अनुवादक को सफलता प्राप्त नहीं हुई है।

शुद्धा लक्षणा

बढ़ा मन और चेले थे पैर, शैल-मालाओं का श्रृंगार,
आँख की भूख मिटी यह देख, आह कितना सुन्दर सम्भार! (मू.पृ.23)

The mind grew active and the feet marched on ;
The boundless beauty of the mountain lines !
The hunger of the heart was gratified
By contemplation of this scene supreme! (P.70)

मूल पंक्तियों में कवि ने मन को 'बढ़ते हुए' तथा 'पैरों' को 'चलते हुए' दिखाया है। किन्तु मन और पैर आदि स्वयं नहीं चलते, सम्पूर्ण शरीर चलता है। अतः यहाँ मन और पैर का लाक्षणिक प्रयोग है। शरीर के साथ इनका अंगांगी भाव सम्बन्ध है।

अंग्रेजी अनुवाद में 'मन बढ़ा' के लिए 'Mind grew active' और 'चले थे पैर' के लिए 'the feet marched on' अनुवाद किया गया है। यहाँ शब्द प्रति शब्द अनुवाद ही हुआ है और सामान्य अर्थ ही व्यक्त हो रहा है। मूल का सूक्ष्म भाव और अर्थव्यक्त नहीं हो रहा है। 'चलेथे पैर' का 'feet marched' शब्दानुवाद करन से दूसरा अर्थ प्रकट हो रहा है, ये 'marched' शब्द को फैज में प्रयोग करते है। 'श्रृंगार' शब्द का अनुवाद 'boundless beauty' किया गया है। 'आँख की भूख मिटी यह देख' का अनुवाद 'The hunger of the heart was gratified'किया गया है। 'मूल की देख' शब्द के लिए 'contemplation' शब्द और 'सुन्दर सम्भार' के लिए 'Supreme scene'' शब्द का प्रयोग हुआ है। यहाँ मूल से बिल्कुल अलग अर्थ निकल रहा है और मूल की तरह लाक्षणिक प्रयोग भी नहीं मिलता ।

कवि प्रसाद मूल पद्य में जो चित्र आँख के सामने है उसका वर्णन कर रहे हैं। लेकिन अनुवादक इस प्रकार प्रकट कर रहा है कि बीते हुए काम को फिर दुहरा रहा है। माने प्रकृति के सुन्दर चित्र को पहले ही देख चुके हैं, फिर उसका चिन्तन,या अवलोकन कर रहे हैं। आश्चर्यार्थक रूप भी अनुवाद में नहीं आया है।

'विश्व की दुर्बलता बल बने' (मू.पृ.26)

May in to strength all the world's weakness turn (P.74)

मूल पंक्ति में प्रसाद ने 'विश्व' को दुर्बल बताने के लिए मुख्यार्थ में असंगति उत्पन्न की है। 'विश्व' स्वयं दुर्बल नहीं हैं। वरन् 'विश्व' में रहने वाले 'मनुष्य' दुर्बल हैं। अतः 'विश्व' और 'मनुष्यों' में आधाराधेय

रूपी सम्बन्ध हैं। मनुष्य की दुर्बलता से 'विश्व' में दुर्बलता आ जाती है। अतः इसमें अर्थान्तर संक्रमित वाच्य ध्वनि है।

अंग्रेजी अनुवाद भावानुवाद है। 'विश्व' की दुर्बलता का 'World's weakness' अनुवाद तो शब्दानुवाद के स्तर पर उचित है पर 'बल बने' बड़े ही सामान्य अर्थ 'Strength' के रूप में सामने आता है।

शाब्दी व्यंजना

दिवा रात्रि या-मित्र वरुण की बाला अक्षय श्रृंगार, (मू.पृ.18)

The charms undying of the daughters of
The Day and Night or of the sun and sea; (P.74)

मूल की पंक्तियों में 'मित्र' को 'वरुण' के साथ रखा गया है। अतः यहाँ तात्पर्य 'सूर्य' से है। मित्र शब्द के सखा, सूर्य आदि अनेक अर्थ हैं। यहाँ मूल में साहचर्य के आधार पर अभिधा मूला शाब्दी व्यंजना प्रकट हो रही है।

अंग्रेजी अनुवाद में शब्दानुवाद ने बाला को 'Daughter' तथा 'Sun', 'Sea' जैसे सामान्य प्रयोग द्वारा मूल के गहरे अर्थ को खंडित किया है।

आर्थी व्यंजना

1. वो नीड़ों में विहंग-युगल, अपने शिशुओं को रहे चूम! (मू.पू.60)

   Be hold, the parent birds are in their nests,
   Caressing now their young ones lovingly. (P.123)

2. उनके घर में कोलाहल है मेरा सूना है गुफा-द्वार! (मू.पृ.60)

   There's in their nests an uproar of delight

But lonely and deserted is my cave! (P.123)

इन पंक्तियों द्वारा कवि यह बताना चाहता है कि अब उसमें मातृत्व प्राप्त करने की लालसा तीव्र हो गई है। लोक में पक्षियों का कलरव इत्यादि देखा ही जाता है और उससे जन समुदाय को प्रायः सम्भोग कामना रूप वस्तु की प्रतीती होती है। अतः इनमें स्वतः सम्भव वस्तु में वस्तु ध्वनि का सौन्दर्य स्वयं व्यक्त है।

अंग्रेजी अनुवाद में शाब्दिक अनुवाद किया गया है। 'चूम' शब्द के लिए अंग्रेजी में 'Caressing' शब्द का प्रयोग किया गया है। इसे मजबूती देने के लिए 'lovingly' शब्द विशेषण के रूप में आया है। कोलाहल' के लिए 'Uproar of delight' शब्द रखा गया है। ये सभी भावानुवाद है। 'सूना' के लिए, 'Lonely and deserted' शब्द भी मूल के भाव और अर्थ तक नहीं पहुँचता ।

(ii) शब्द के स्तर पर

तत्सम

तत्सम शब्द के हैं जो संस्कृत के समान होते हैं अर्थात जिन में यात्मक और अर्थ के स्तर पर कोई परिवर्तन नहीं होता है। विजातीय भाषा जो में हिन्दी और संस्कृत की भाँति तत्सम, तद्भव शब्दों की परम्परा नहीं है। कामायनी' के अंग्रेजी अनुवाद में मूल तत्सम शब्दों का शब्द प्रतिशब्द अनुवाद और भावानुवाद किया गया है । ऐसे शब्दों की सूची नीचे दी जा रही है :

मूल		**अंग्रेजी अनुवाद**	
उत्तुंग	(पृ.7)	Lofty	(P.47)
शिखर	(पृ.7)	Peak	(P.47)
यौवन स्मित	(पृ.9)	Smiles	(P.50)
इंद्रनील मणि	(पृ.14)	The sapphire	(P.58)
महा चषक	(पृ.14)	Vast chalice	(P.58)

धरणी	(पृ.22)	The earth	(P.69)
जड़ता	(पृ.22)	Inert	(P.70)
नवल	(पृ.31)	New	(P.81)
पथिक	(पृ.33)	Traveler	(P.84)
व्योम	(पृ.37)	The sky	(P.90)

तद्भव

संस्कृत से उत्पन्न या विकसित हैं । ये शब्द उच्चारण की सुविधानुसार परिवर्तित होकर हिन्दी में आए हैं। मूल के तद्भव शब्दों और उनके अंग्रेजी अनुवाद की सूची नीचे दी जा रही है :

मूल		अंग्रेजी अनुवाद	
छाँह	(पृ.7)	Shade	(P.47)
भीतर	(पृ.7)	in this heart	(P.48)
खेत	(पृ.8)	Fields	(P.49)
बहरी	(पृ.8)	Deaf	(P.48)
भाप	(पृ.10)	Vapor	(P.50)

देशज

देशज शब्द वे हैं जो तत्सम, तद्भव और विदेशी तीनों में से किसी के अन्तर्गत नहीं आते और उनका स्त्रोत पूरी तरह पता नहीं है। वास्तविक देशज शब्द वे हैं जो किसी भाषा क्षेत्र में बिना किसी आधार के विकसित हो गए हो । कामायनी महाकाव्य में देशज शब्द तो मिलते हैं लेकिन कम मिलते हैं। अनुवाद समीक्षा सन्दर्भ में अंग्रेजी अनुवाद के साथ इन्हें देखा गया है और नीचे इनकी सूची दी जा रही है।

मूल		अंग्रेजी अनुवाद	
गलना	(पृ.22)	Melted	(P.69)
पीर	(पृ.23)	Pain	(P.70)

सरटि	(पृ.97)	Dissonance	(P.173)
बटोही	(पृ.99)	Way Farers	(P.177)
परे हट	(पृ.102)	Keep the away	(P.179)
ढालवें	(पृ.130)	Slope	(P.207)

विदेशी

अन्य भाषाओं से आगत शब्द विदेशी शब्द कहलाते हैं। हिन्दी, अरबी, फारसी, तुर्की, पुर्तगाली, अंग्रेजी आदि भाषाओं से शब्द आये हैं। 'कामायनी' में विदेशी शब्द बहुत कम मिलते हैं। उदा :

मूल		अंग्रेजी अनुवाद	
गुलाबी	(पृ.21)	Pink	(P.68)
बाल	(पृ.22)	Curly Hairs	(P.68)
परदा	(पृ.24)	Veil	(P.71)
जाँच	(पृ.28)	Scrutinize	(P.77)
जाली	(पृ.29)	Cobweb	(P.79)
गुलाली	(पृ.31)	Redness	(P.82)
बिजलियाँ	(पृ.33)	Lightnings	(P.85)
नोक	(पृ.41)	The pointed tapering tip of the nose	(P.95)
बेरोक	(पृ.41)	with out impediment	(P.95)
जादू	(पृ.42)	Magic	(P.97)
बाँकपन	(पृ.42)	Turning by	(P.98)
उदासी	(पृ.46)	Wretched	(P.104)
फीके	(पृ.54)	No utility	(P.116)
गुफा	(पृ.59)	Cave	(P.121)
तीर	(पृ.59)	The Arrow	(P.137)
पतंग	(पृ.69)	Moth	(p.137)
चाँदनी	(पृ.75)	Moon light	(P.145)

राह   (पृ.113)   Path   (P.189)
आह   (पृ.117)   Alas   (P.192)

शब्द रचना के अनुसार तीन प्रकार माने गये हैं।
(1) उपसर्ग (2) प्रत्यय और (3) समास

(1) उपसर्ग

शब्द के पूर्व जोड़ा जानेवाला शब्दांश उपसर्ग कहलाता है। अनुवाद समीक्षा के सन्दर्भ में विजातीय भाषा अंग्रेजी अनुवाद के साथ इनकी समीक्षा की गई। अंग्रेजी विजातीय भाषा होने के कारण हिन्दी/संस्कृत की तरह उपसर्ग की संकल्पना से युक्त नहीं है। अंग्रेजी अपनी उपसर्ग योजना है पर अनुवाद की दृष्टि से यहाँ भावानुवाद और शब्दानुवाद किया गया है :

मूल		अंग्रेजी अनुवाद	
निष्फल	(पृ.58)	Barren	(P.120)
उपकरण	(पृ.59)	Arms	(P.121)
अनमनी	(पृ.59)	Absent Mindedly	(P.122)
निर्वसन	(पृ.62)	Unclothed & Naked	(P.126)
विक्षुब्ध	(पृ.64)	Hungry	(P.130)
दुर्निवार	(पृ.66)	Irremovable	(P.132)
विषम	(पृ.46)	Poisoned	(P.130)
अविरुद्ध	(पृ.84)	Restrained	(P.157)
असीम	(पृ.84)	Unlimited	(P.158)
उन्मुक्त	(पृ.86)	Unfettered	(P.161)

(2) प्रत्यय

शब्द के अन्त में जुड़ने वाला शब्दांश प्रत्यय कहलाता है।

मूल		अंग्रेजी अनुवाद	
चंचलता	(पृ.58)	Waywardness of Mind	(P.120)
प्रभुत्व	(पृ.58)	Supreme authority	(P.120)
आरम्भिक	(पृ.58)	Primitive	(P.121)
सुरुचिपूर्ण	(पृ.62)	Delightful	(P.126)
दानशीलता	(पृ.63)	Generosity	(P.128)
गुंजारित	(पृ.78)	Resounding	(P.150)
लालिमा	(पृ.82)	Rosiness	(P.154)
आत्मजा	(पृ.83)	Offspring	(P.156)
झुकाव	(पृ.84)	Pressure strained	(P.157)
चेतनता	(पृ.87)	The conscious	(P.162)

(3) समास

अपनी अभिव्यक्तियों को समृद्ध करने के लिए साहित्यकार या वक्ता अपने भाषा परिवार में विभिन्न कोटि के शब्दों को मिलाकर नवीन एवं स्वतंत्र शब्दों का प्रयोग करता है। ये शब्द दो या दो से अधिक शब्दों के योग से बनते हैं। इसे समास या सामासिक रूप कहते हैं।

संस्कृत समास पद्धति के अनुसार ही हिन्दी और तेलुगु भाषा की समास पद्धति को चार मुख्य वर्गों में बाँटा गया है। (i) अव्ययीभाव समास (ii) तत्पुरुष समास (ii) द्वन्द्व समास और (iv) बहुब्रिही समास।

विजातीय भाषा होने के कारण अंग्रेजी की परम्परा भिन्न है। 'कामायनी' महाकाव्य के अंग्रेजी अनुवाद में विजातीय भाषा अंग्रेजी की परिपाटी के अनुसार दो का प्रयोग किया गया है। इसलिए इसमें समास शब्दों का अनुवाद असंभव सा है। अनुवाद में अनुवादक ने शाब्दिक अनुवाद के सहारे इन्हें लक्ष्य भाषा में प्रस्तुत करने का प्रयास किया है।

(i) अव्ययी भाव समास

इस समास में पहला शब्द प्रधान होता है। इसके बाद समस्त शब्द क्रिया विशेषण अव्यय हो जाता है।

मूल		अंग्रेजी अनुवाद	
प्रतिदिन	(पृ.9)	Every day	(P.50)
अधीर	(पृ.11)	Woe	(P.52)
निरुपाय (रहस्यमय)	(पृ.22)	Baffling Mystery	(P.69)
अनजान	(पृ.24)	Not ever know	(P.71)
अनुदिन	(पृ.45)	Always	(P.102)
अधीर	(पृ.63)	Restless	(P.129)
निर्विवाद	(पृ.71)	Dispute	(P.140)

(ii) तत्पुरुष समास

इसमें दूसरा शब्द प्रधान होता है। पहला शब्द प्रायः संज्ञा या विशेषण होता है। इस समास शब्द का विग्रह करने के लिए कारकों की विभक्तियाँ आती है। समास होने पर इन विभक्तियों का लोप हो जाता है।

मूल		अंग्रेजी अनुवाद	
गुफा + द्वार - गुफाद्वार	(पृ.59)	The entrance to the cave	(P.121)
चिरुमुक्त + पुरुष - चिरमुक्त पुरुष	(पृ.61)	Man, who is forever free	(P.123)
गति + हीन - गतिहीन	(पृ.60)	Deprived of Motion	(P.123)
चल + दल - चल दल	(पृ.61)	Trembling leaf	(P.125)
गृह + लक्ष्मी - गृहलक्ष्मी	(पृ.62)	Goddess of the house	(P.126)
शरद् + इंदू - शरद्-इंदू	(पृ.63)	The moon of winternight	(P.128)

तुहिन + जलनिधि - तुहिन जलनिधि (पृ.65) An ocean of tenebrous
(P .132)

(iii) द्वन्द्व समास

समास में दोनों या सभी पद प्रधान होते हैं । इस समस्त पदों का विग्रह करने पर बीच में 'और' या 'अथवा' आदि समुच्चय बोधक अव्यय आते हैं। जब समस्त शब्द बनता है, तब इस अव्यय का लोप हो जाता है।

जैसे : मधुर मधुर (म.पृ.79)   Mellifluous   (P.151)
लेना देना (मू.पृ.84)   Assets and its liabilities (P.158)

मूल		अंग्रेजी अनुवाद	
दिवारात्रि	(पृ.18)	The day (and) night	(P.64)
मित्र वरुण	(पृ.18)	Sun (and) sea	(P.64)
जगता-सोता	(पृ.19)	To bed (and) wakened	(P.64)
नभ-धरणी	(पृ.22)	The earth (and) sky	(P.69)
लता-वीरुध	(पृ.36)	Plants (and) epiphytes	(P.88)
किलात-आकुलि	(पृ.47)	Kilata-Akuli	(P.105)
देह-गेह	(पृ.59)	Thou thyself, thy home (dost all forget)	(P.123)

(iv) बहुव्रीहि समास

इस समास में कोई शब्द प्रधान नहीं होता । समासयुक्त होकर समस्त शब्द किसी संज्ञा का हो जाता है। जैसे :

मूल		अंग्रेजी अनुवाद	
ज्वालामुखी	(पृ.7)	Volcanic	(P.48)
मधुकर	(पृ.10)	Bees	(P.58)
अनंग	(पृ.10)	Erotic pain	(P.51)

जलनिधि	(पृ.10)	Flood of doom	(P.52)
अचला	(पृ.16)	Mother Earth	(P.60)
क्षितिज	(पृ.29)	Horizon	(P.78)

प्रयोग की दृष्टि से शब्दों को इस प्रकार बाँटा जा सकता है :
(क) लिंग (ख) वचन (ग) सह प्रयोग

(क) लिंग

लिंग के तीन प्रकार हैं : (i) पुल्लिंग (ii) स्त्रीलिंग (iii) नपुंसकलिंग।

लिंग प्रयोगी भाषाओं में शब्दों के प्रयोग में लिंग को दृष्टि से की अनुवाद को ध्यान रखना पड़ता है। स्त्रोत भाषा के शब्द ठीक उसी लिंग में अनूदित हुए हैं कि नहीं या लक्ष्य भाषा में दूसरे लिंग में अनूदित हुए हैं यह सभी अध्येय बिंदु हैं।

मूल		अंग्रेजी अनुवाद	
प्रलय (पु.लि.)	(पृ.7)	Flood of Doom	(P.47)
जल (पु.लि.)	(पृ.7)	Water	(P.47)
शिला (पु.लि.)	(पृ.7)	Rock	(P.47)
यौवन (पु.लि.)	(पृ.7)	Manliness	(P.48)
वेदना (स्त्री.लि.)	(पृ.7)	Anguish	(P.48)
प्रकृति (स्त्री.लिं.)	(पृ.7)	Nature	(P.48)
व्यालि (स्त्री.लि.)	(पृ.8)	Deadly viper	(P.48)
इंद्रजाल जननी (स्त्री.लिं.)	(पृ.19)	Mother of Magic Marvelous	(P.65)
धरणी (स्त्री.लिं.)	(पृ.22)	Earth	(P.69)
आगंतुक (पु.लि.)	(पृ.23)	The person who had come	(P.70)

(ख) वचन

वचन का प्रयोग विश्व की सभी भाषाओं में होता है। कुछ में दो का, कुछ में तीन का प्रयोग होता है। प्रयोग करते समय इस बात का ध्यान रखना पड़ता है कि एकवचन और बहुवचन दोनों में एक ही शब्द हो।

मूल		अंग्रेजी अनुवाद	
पहेली (ए.ब.)	(पृ.22)	Riddle (S.N.)	(P.69)
शैल मालायें (ब. व.)	(पृ.23)	Mountain lines (PLN.)	(P.70)
जयगान (ए.ब.)	(पृ.25)	Victorysong (S.N.)	(P.73)
ज्वालामुखियाँ (ब.व.)	(पृ.26)	MountsVolcanic(PI.N.)	(P.74)
विद्युत्कण (ब.व.)	(पृ.24)	Electric Particles (PI.N.)	(P.74)

(ग) सह प्रयोग शब्दावली

सह प्रयोग शब्दावली भिन्न भिन्न भाषाओं में अलग अलग होती है। ऐसे सह प्रयोगवाले शब्दों का अनुवाद दूसरी भाषा में करना प्रायः असम्भव ही होता है। कामायनी के अंग्रेजी अनुवाद में मूल के सह शब्दों का भावानुवाद और शब्दानुवाद किया गया है।

मूल		अंग्रेजी अनुवाद	
बुद-बुद	(पृ.12)	Bubbles	(P.54)
चुपचाप	(पृ.97)	Silence	(P.174)
रिमझिम	(पृ.105)	अनूदित नहीं	(P.182) वारी
झिल मिल	(पृ.105)	Tremulous	(P.184)
रोकटोक	(पृ.108)	Resistance of entanglement	(P.186)
झलमल	(पृ.107)	Sparkling	(P.183)
उजले-उजले	(पृ.107)	Pure, bright	(P.183)
शत शत	(पृ.113)	Myriad	(P.189)

कामायनी अनुवाद समीक्षा

थर थर	(पृ.116)	Quivered	(P.191)
छप छप	(पृ.116)	Splashing	(P.191)

रूढ़ शब्द

जो शब्द सार्थक शब्दों या शब्दांशों के योग से न बना हो या जिसके सम्बद्ध अर्थ में सार्थक टुकड़े न किये जा सकें, उन्हें रूढ़ कहा जाता है।

मूल		अंग्रेजी अनुवाद	
देवदारु	(पृ.7)	Deodars	(P.47)
तांडव	(पृ.11)	Macabre	(P.54)
कोकिल	(पृ.23)	Cuckoo	(P.70)
नक्षत्र	(पृ.29)	Constellation	(P.79)
गृहपति	(पृ.33)	Master of the house	(P.84)
कदंब	(पृ.41)	Kadamb	(P.95)

यौगिक

रूढ़ शब्दों के साथ उपसर्ग या प्रत्यय या कोई और शब्द जोड़कर यौगिक शब्द बनते हैं। यौगिक का अर्थ ही है 'जोड़ा हुआ' या 'जोड़कर बनाया हुआ'। यौगिक शब्दों के टुकड़े करने से शब्दांश या सार्थक शब्द मिलते हैं।

मूल		अंग्रेजी अनुवाद	
तपस्वी	(पृ.7)	Ascetic	(P.47)
हिम-धवल	(पृ.7)	White with snow	(P.47)
ज्वालामुखी	(पृ.7)	Volcanic	(P.48)
पंचभूत	(पृ.11)	Five elements	(P.53)
कालरात्रि	(पृ.14)	Sable Night of doom	(P.57)
मधुमय	(पृ.27)	Oh spring	(P.75)

कोमलता	(पृ.44)	Softness	(P.101)
बाडवज्वलन	(पृ.98)	Burning sea-fire	(P.174)
ज्वाला मंडप	(पृ.100)	The dais pavilioned glow with light	(P.177)
मधु धारा	(पृ.104)	That sweet & sacred stream	(P.181)

योग रूढ़

यौगिक शब्द यदि अर्थ की दृष्टि से संकुचित होकर केवल किसी एक वस्तु का बोध कराये तो इसे योग रूढ़ कहे जाते हैं। ये यौगिक शब्द हैं पर अपने विशिष्ट अर्थ में रूढ़ हैं।

मूल		अंग्रेजी अनुवाद	
गंधर्व	(पृ.23)	Gandharvas	(P.70)
अतिथि	(पृ.33)	Guest	(P.84)
क्षितिज	(पृ.33)	Horizon	(P.84)
नीरधर	(पृ.101)	The cloud	(P.179)
त्रिकोण	(पृ.124)	Three corned world	(P.199)

रूपान्तर के आधार पर शब्दों को दो रूपों में बांटा जा सकता हैं : (1) विकारी (2) अविकारी ।

(1) विकारी शब्द

जिन शब्दों के रूप में विकृति (परिवर्तन) लाई जा सकती है, इन्हें विकारी शब्द कहते हैं। जैसे : लड़की (लड़कियाँ, लड़कियों) लड़का, लड़के, लड़कों आदि । इस के अन्तर्गत संज्ञा, सर्वनाम, विशेषण, क्रिया आते हैं।

संज्ञा

मूल		अंग्रेजी अनुवाद	
हृदय	(पृ.33)	Heart	(P.84)
गृहपति	(पृ.33)	Master of the House	(P.84)
गोलक	(पृ.34)	Bereft, The Sun	(P.85)
कोक	(पृ.34)	The pair of ruddy geese	(P.85)
रोमराजी	(पृ.34)	Full of affection	(P.84)
हृदय राजस्व	(पृ.35)	Heart's tribute	(P.87)
शालीनता	(पृ.44)	Gentility	(P.101)

सर्वनाम

मूल		अंग्रेजी अनुवाद	
एक	(पृ.33)	One	(P.84)
वह	(पृ.33)	The other	(P.84)
मैं	(पृ.44)	I	(P.101)
तुम को	(पृ.45)	thou	(P.103)
किस को	(पृ.49)	whom	(P.107)
अपनी	(पृ.60)	thy self	(P.124)
तुझ में	(पृ.65)	In thee	(P.132)

विशेषण

मूल		अंग्रेजी अनुवाद	
अतीत	(पृ.44)	Past	(P.101)
निस्संबल	(पृ.45)	devoid of all support	(P.102)
विकल	(पृ.60)	restless	(P.123)
माँसल	(पृ.61)	In full flesh	(P.124)
संकुचित	(पृ.70)	Diminished	(P.137)
असीम	(पृ.70)	Unlimited	(P.137)

क्रिया

मूल		अंग्रेजी अनुवाद	
छिपा रहता	(पृ.33)	Continued	(P.85)
डूबता था	(पृ.34)	Was sinking	(P.85)
पुचकारने	(पृ.35)	affectionate	(P.86)
बहा करो	(पृ.45)	flow	(P.102)
हुए अग्रसर	(पृ.46)	Went a head	(P.104)
बीनती	(पृ.60)	pick	(P.124)
वितरने	(पृ.71)	wafting	(P.140)
सुलझें	(पृ.77)	untwisted	(P.148)

(2) अविकारी शब्द

जिन शब्दों के रूप में कोई विकार या परिवर्तन नहीं होता, इन्हें अविकारी शब्द कहते हैं। इसमें क्रिया-विशेषण, सम्बन्ध-बोधक, समुच्चय-बोधक और विस्मयादि-बोधक आते हैं। इन अविकारी शब्दों को अव्यय भी कहते हैं। अव्यय का अर्थ है जिसका व्यय न हो।

मूल			अंग्रेजी अनुवाद	
चमत्कृत	(पृ.34)	(क्रि.वि.)	Startled	(P.86)
अवशिष्ट	(पृ.44)	(क्रि.वि.)	Remained	(P.101)
निरीह	(पृ.60)	(क्रि.वि.)	Disinterested	(P.124)
क्षणभर	(पृ.61)	(क्रि.वि.)	for a moment	(P.26)
सदैव	(पृ.70)	(क्रि.वि.)	Ever	(P.139)
निर्विवाद	(पृ.71)	(क्रि.वि.)	discourse without dispute	(P.140)
(किरणों) के ऊपर (सम्बन्ध बोधक)		(पृ.29)	Above the rays	(P.78)
(अतिथि) के साथ (सम्बन्ध बोधक)		(पृ.34)	With the guest	(P.86)

(किस) के पास (सम्बन्ध बोधक)	(पृ.20)	Whom art thou	(P.65)
दिन (और) रजनी (समुच्चय बोधक)	(पृ.31)	day and night	(P.82)
स्वच्छ (और) वरणीय (समुच्चय बोधक)	(पृ.17)	clean and highly picturesque	(P.61)
हा! ठीक (समुच्चय बोधक)	(पृ. 44)	well right	(P.101)

अभिधा : (अर्थ के आधार पर)

लौटे थे मृगया से थक कर, दिखलाई पड़ता गुफा-द्वार,
पर और न आगे बढ़ने की इच्छा होती, करते विचार! (मू.पृ.59)

He had returned from hunting much fatigued,
he entrances to the cave was visible;
But he had no desire to go ahead,
He was in rumination all absorbed. (अं.पृ.121)

मूल पद्य में प्रसाद ने यत्र-तत्र अभिधायुक्त सरल शब्दों का सुन्दर प्रयोग किया है। यहाँ स्पष्ट चित्र पाठकों के समक्ष उपस्थित हो जाता है।

अंग्रेजी अनुवाद भी मूल पद्य की तरह शब्दानुवाद द्वारा प्रस्तुत है। चौथी पंक्ति में विचार के लिए 'rumination' शब्द के प्रयोग से भिन्न अर्थ निकल रहा है। इसके विशेषण के रूप में अनुवाद में 'All absorbed' प्रयुक्त है। फिर भी मूल का भाव व्यक्त नहीं हो पा रहा है।

(iii) वाक्य के स्तर पर

सरल वाक्य (Simple Sentence)

जिसमें केवल एक ही उद्देश्य और एक ही विधेय अर्थात् कम से कम एक कर्ता और एक क्रिया होती है उसे सरल वाक्य कहते हैं :

(क) पल भर की उस चंचलता ने

खो दिया हृदय का स्वाधिकार, (मू.पृ.58)

That momentary way-wardness of mind
Lost her the self-dominion of the heart, (अं.पृ.120)

मूल में वाक्य क्रम विचलन है। यह विचलन अंग्रेजी अनुवाद में भी सुरक्षित रखा गया है।

(ख) चलकर देखो मेरा कुटीर (मू.पृ.61)
Well, come along and at the cottage look (अ.पृ 125)

मूल के वाक्य को अंग्रेजी अनुवाद में 'and' द्वारा संयुक्त बनाया गया है। 'मेरा' का भाव अनुवाद में छोड़ दिया गया है।

(2) संयुक्त वाक्य

जिसमें दो या दो से अधिक सरल या मिश्रित वाक्य स्वतन्त्र रूप से योजक शब्दों द्वारा जुड़े होते हैं। जैसे :

(क) विश्व में जो सरल सुन्दर हो विभूति महान,
सभी मेरी हैं, सभी करती रहें प्रतिदान । (मू.पृ.35)

All that is simple, lovely, blissful, grand
In the whole universe.
All things are mine and they must make returns
Appropriate, adequate, (P.87)

मूल के दो वाक्य अनुवाद में तीन वाक्य में अनूदित हैं । 'जो' के लिए 'all that' तथा 'प्रतिदान' के लिए पूरा एक पदबन्ध भी अनुवाद को मूल वाक्य रचना से भिन्न करता है। 'करते रहें' क्रिया 'They must make' के रूप में अनूदित हैं।

(क) स्खलन चेतना के कौशल का भूल जिसे कहते हैं,
एक बिन्दु जिसमें विषाद के नद उमड़े रहते हैं।
आह वही अपराध, जगत की दुर्बलता की माया,

कामायनी अनुवाद समीक्षा

धरणी की वर्जित मादकता, संचित तम की छाया । (मू.पृ.52)

The failure of Mind's efficiency,
Which by the name of error is yelept –
'T is a mere drop, yet such as doth contain
Rivers of overflowing misery.
Alas! that self-same lapse is the occult,
cause of all the infirmity of the world ;
The Inebriety forbidden of
The earth is the dark shade of gathered glooms. (अं.पृ.111,112)

मूल का भाव स्पष्ट कर नहीं पाया । आखिरी पंक्तियों में दूसरा भाव प्रकट हो रहा है। 'gathered glooms' का मूल में आया ही नहीं ।

3. मिश्रित वाक्य

जिसमें सरल वाक्य और एक से अधिक उपवाक्य होते हैं। ये इस प्रकार से जुड़े होते हैं कि इसमें एक प्रधान होता है और शेष वाक्य उसके आश्रित होते हैं।

(क) नीचा हो उठता जो धीमे-धीमे निश्वासों में,
जीवन का ज्यों ज्वार उठ रहा हिमकर के हासों में । (मू.पृ.53)

It sinks and then it Swell by slow degrees
In the processes of mellifluous breath,
As in the sea the tide of life doth rise
At the mesmeric laughter of the moon. (अं.पृ.113)

हिन्दी में 'जो' और 'ज्यों' द्वारा वाक्य रचना पूर्ण हुई है। अंग्रेजी में 'it' और 'As' द्वारा इसे पूर्ण किया गया है। मूल का भाव अनुवाद में पूरी तरह सुरक्षित है।

(क) जो कुछ मनु के करतलगत था उसमें न रहा कुछ भी नवीन (मू.पृ.58)

What Manu had complete possession of
Was all devoid of novelty entire; (अं.पृ.120)

मूल की भाँति ही अनुवाद में भी अर्थविराम से युक्त वाक्य रचनाएँ संयोजित है। विचलन का स्तर भी अनुवाद में सुरक्षित है।

वक्रोक्ति

1. वर्ण विन्यास वक्रता

किस दिगंत रेखा में इतनी संचित कर सिसकी-सी साँस
यों समीर मिस हाँफ रही-सी चली जा रही किस के पास । (मू.पृ.20)
In which extreme dim corner of the sky
Hast thou laid up thy own susurrant breath?
And in dissimulation of the breeze
whom art thou going to thus pantingly ? (अ.पृ.65)

मूल पद्य की पहली दो पंक्तियों में 'क' अक्षर और दूसरी, तीसरी पंक्तियों में 'स' अक्षर की कई बार आवृत्ति होने से यहाँ वर्ण विन्यास युक्त वक्रता है। अंग्रेजी अनुवाद में दूसरी और चौथी पंक्तियों में 'Th' अक्षरों की आवृत्ति हुई है। परन्तु यहाँ मूल की तरह वर्णविन्यास युक्त वक्रता पूरी तरह आ नहीं पायी है। विजातीय भाषा अंग्रेजी में मूल की भाँति वर्ण-विन्यास वक्रता प्रस्तुत कर पाना असम्भव भी है।

2. पद पूर्वार्ध वक्रता

हे सर्व मंगले! तुम महती,
सबका दुख अपने पर सहती, (मू.पृ.118)
Oh Benefactress of all; thou art great,
Thou bearest on thy self the woes of all; (अं.पृ.192)

मूल पद्य में 'सर्व मंगले' कहकर मनु श्रद्धा को सम्बोधित करते हैं। इस सम्बोधन से श्रद्धा के प्रति उनकी पहले की वासनात्मक भावना के बदले पवित्र देवी भावना के उत्पन्न होने का आभास मिलता है। अतएव यहाँ पद पूर्वार्ध वक्रता पर्याय वक्रता दृष्टिगत होती है । अंग्रेजी अनुवाद में मूल के सम्बोधन 'हे सर्व मंगले' का भाव लेकर अनुवाद प्रस्तुत किया गया है, जो मूल के भाव को ग्रहण करने में सक्षम है।

3. पद परार्ध वक्रता

उधर गरजती सिन्धु लहरियाँ कुटिल काल के जालों सी,
चली आ रहीं फेन उगलती फन फैलाये व्यालों-सी । (मू.पृ.11)

The roaring surges of the Flood appeared
Like webs sinister of malignant Death,
And came like hydras with their hoods erect
And mouths profusely spouting jets of foam (अं.पृ.53)

मूल में मनु के शब्दों में कवि प्रसाद ने समुद्र की व्यालों सी फन फैला कर आनेवाली लहरियों की भीषणता का प्रभावोत्पादक चित्र प्रस्तुत किया है। यद्यपि तब तक जलप्लावन उतर चला था और मही निकलने लगी तथापि कवि ने उक्ति वैचित्र्य की सुन्दरता लाने के लिए मनु के शब्दों में भूतकाल के बदले वर्तमान काल में घटित हो रहे दृश्य का सजीव चित्रण किया है। अतः यहाँ पर काल वैचित्र्य से युक्त पद परार्ध वक्रता पायी जाती है। अंग्रेजी अनुवाद में यह काल वैचित्र्य से उक्त वक्रता लुप्त है क्योंकि इसमें मूल की तरह वर्तमान कालिक क्रियाओं के अलावा भूतकालिक क्रियाओं का प्रयोग किया गया है जिससे मूल का भाव स्पष्ट रूप से व्यक्त नहीं हो पाया है।

****

अध्याय – 6

कामायनी तेलुगु और अंग्रेजी अनुवादों की समीक्षा

(क) अनुवाद समीक्षा सिद्धान्त और स्वरूप :

अनुवाद की बढ़ती आवश्यकता तथा उसके विकसित होते क्षेत्र को देखते हुए अनुवाद की स्तरीयता को बनाए रखने की आवश्यकता भी महसूस की गई। पहले अनुवाद कार्य करना कम महत्व का एक ऐसा कार्य माना जाता था जिसे सर्जक की तुलना में क्रम प्रतिभाशाली लोग करते हैं। पर आज यह धारणा बदल चुकी है। आज अनुवादक एक गम्भीर पाठक और पुनः सर्जक के रूप में स्वीकृत है तथा उस के दायित्व को गम्भीर भी माना जा रहा है।

उस के इस दायित्व की पूर्ति किस सीमा तक हुई है, अनूदित पाठ किन लक्षणों के कारण मूल पाठ से निकट या दूर है और ऐसा किन कारणों से हुआ है आदि प्रश्नों को सामने लाने के लिए अनुवाद समीक्षा और अनुवाद मूल्यांकन जैसे दो अध्ययन क्षेत्र 'अनुवाद विज्ञान' के भीतर से ही उभर कर सामने आए हैं। जिस प्रकार अनुवाद विज्ञान, अनुप्रयुक्त भाषा विज्ञान की अनुप्रयुक्त पक्ष है, जहाँ अनुवाद विज्ञान के सिद्धांतों का अनुप्रयोग करते हुए अनुवाद के गुण-दोषों का विवेचन किया जाता है।

अतः अनुवाद समीक्षा का तात्पर्य है - 'मूल भाषा पाठ की तुलना में अनूदित पाठ के गुण-दोष का विवेचन'। यह तो अनुवाद सिद्धांत ने

स्पष्ट ही कर दिया है कि अनुवाद दो सम-मूल्य पाठों के बीच होता है, अर्थात् दो सम-मूल्य पाठों के बीच समानता के सम्बन्ध को 'अनुवाद' कहते हैं। यह अनुवाद कार्य का वैकल्पिक पक्ष है- अनुवाद कार्य एक कौशल है जिस की निष्पत्ति का अध्ययन अनुवाद समीक्षा एक ज्ञानात्मक विधा है और ये दोनों अनुवाद प्रक्रिया के दो सम-स्तरीय पहलू हैं। अपनी प्रकृति और महत्व के कारण अनुवाद समीक्षा का अपेक्षाकृत स्वतंत्र स्थान है। जिस प्रकार साहित्य समीक्षक के लिए साहित्य सर्जक होना अनिवार्य नहीं, उसी प्रकार अनुवाद समीक्षक के लिए अनुवादक होना अनिवार्य नहीं।

अनुवाद समीक्षा अनुवाद के कौशल का मूल्यांकन है। लक्ष्य भाषा के अभिव्यक्ति संसाधनों का भी उस सीमा तक मूल्यांकन है, जिस सीमा तक उन के द्वारा मुल भाषा पाठ के विभिन्न पक्षों की लक्ष्य भाषा में शुद्ध तथा उपयुक्त रीति से आवृत्ति हुई है। इस प्रकार अनुवाद समीक्षा में अनुवाद के व्यक्तिपरक और निर्वैयक्तिक (भाषा परक) पक्षों के बीच सन्तुलन रहता है। अनुवाद समीक्षा द्वारा अनुवाद के क्षेत्र में कई दिशाओं से देखते हुए अनुवाद सिद्धांत की व्यावहारिक परिणति की समीक्षा की जाती है। इस समीक्षा द्वारा अनुवादक एवं अनुवाद शास्त्री कई उद्देश्यों को प्राप्त करने में समर्थ होता है।

1. इस से अनुवाद कार्य के स्तर को ऊँचा उठाने में सहायता मिलती है। अनूदित पाठ के गुण दोष विवेचन से अनुवाद कार्य की त्रुटियों का ज्ञान होता है। जिन्हें दूर करने का प्रयत्न किया जाता है। इसके फल-स्वरूप अनुवाद कार्य के स्तर में सुधार होता है।
2. इस से अनुवादकों के सामने श्रेष्ठ अनुवाद का मानक रूप उपस्थित होता है। गुण दोष विवेचन के उपरांत सुधरे हुए अनुवाद को अनुवादक अपना आदर्श मानकर अपने कार्य में प्रवृत्त होता है।

. अनुवाद समीक्षा से विशिष्ट काल खण्ड में और विशिष्ट ज्ञान क्षेत्र में अनुवाद सम्बन्धी विचारों पर प्रकाश पड़ता है।

3. अनुवाद समीक्षा के द्वारा हमें महत्वपूर्ण लेखकों की रचनाओं तथा महत्वपूर्ण अनुवादकों के अनुवाद कार्य के विवेचन और मूल्यांकन में सहायता मिलती है।

4. अनुवाद समीक्षा के द्वारा हम मूल भाषा और लक्ष्य भाषा के शब्द कोश तथा व्याकरण का तथा भाषा शैली एवं पाठ प्रारूप सम्बन्धी असमानताओं का समीक्षात्मक विवेचन कर सकते हैं। अनुवाद समीक्षा द्वारा इन लक्ष्यों, उद्देश्यों की प्राप्ति के लिए अनुवाद समीक्षक एक निश्चित प्रविधि अपनाता है जिसकी प्रकृति वैज्ञानिक होती है।

इस प्रविधि को निर्धारित चरणों या सोपानों में बाँटा जा सकता हैं।

1. अनुवाद समीक्षा के लिए पाठ युगल-मूल भाषा पाठ तथा अनूदित पाठ का चयन।

2. मूल भाषा पाठ का विश्लेषण-मूल अभिप्राय, प्रमुखतम भाषा प्रकार्य, अर्थ-व्यंजना, प्रतिपाद्य, प्रयुक्ति या भाषा शैली, साहित्यिक गण सांस्कृतिक विशेषताएँ उद्दिष्ट पाठक वर्ग तथा सामान्य परिवेश।

3. उपर्युक्त पक्षों की दृष्टि से मूल पाठ तथा अनुवाद की विस्तृत तुलना असमान बिन्दुओं पर विशेष बल देते हुए,

4. दोनों पाठों के समग्र प्रभावों के बीच अन्तर का आकलन तथा अनुवादक द्वारा प्रयुक्त अनुवाद प्रणाली का संकेत और अनुवाद का मूल्यांकन। अन्तर का आकलन करते हुए ही अनुवाद के दोषों का विवेचन करना।

अनुवाद समीक्षा के लिए समीक्षक में प्रतिभा और कल्पना के गुण आवश्यक हैं जिससे वह अनुवाद सिद्धान्त के प्रासंगिक पक्षों का अनुवाद के लिए उचित अनुप्रयोग कर सके।

एक ही मूल पाठ के एक या एक से अधिक अनुवाद मिलते हैं। अनूदित पाठ भिन्न अनुवादकों द्वारा एक ही लक्ष्य भाषा में भी हो सकता है। अथवा लक्ष्य भाषाएँ भिन्न-भिन्न भी हो सकती है। इस वैविध्य को देखते हुए अनुवाद समीक्षा के दो आयाम निर्धारित किए गए है- वर्णनात्मक और तुलनात्मक। वर्णनात्मक आयाम में मूल पाठ के एक अनुवाद की

समीक्षा की जाती है, यह द्विपक्षीय प्रक्रिया है। तुलनात्मक आयाम में मूल पाठ के न्यूनतम दो अनुवादों की समीक्षा होती है, यह त्रिपक्षीय प्रक्रिया है- एक और मूल पाठ से तुलना और दूसरी ओर अनुवाद से तुलना।

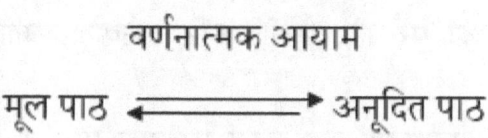

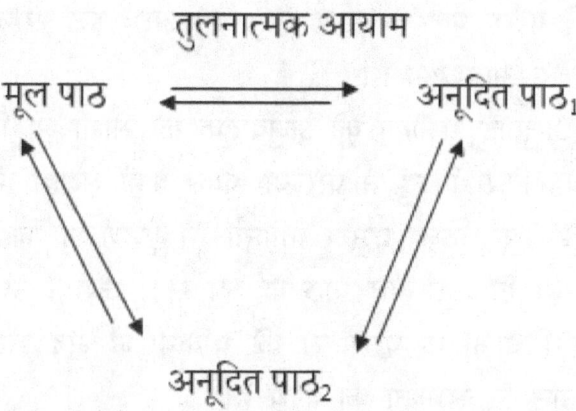

वर्णनात्मक आयाम

तुलनात्मक आयाम

अनुवाद समीक्षा के इन दोनों आयामों पर आधुनिक अनुवाद चिन्तन में जो विचार आए हैं इन्हें सूत्र रूप में इस प्रकार स्पष्ट किया जा सकता है :

1. अनुवाद के सन्दर्भ में अनुवादक की लेखक के रूप में भूमिका, अर्थ-सम्प्रेषण अर्थात् कोडीकरण की प्रक्रिया की अपेक्षा रखती है। इस प्रक्रिया में अनुवादक की सफलता या विफलता की जाँच समीक्षक करता है। अनुवाद समीक्षा में यह महत्वपूर्ण हैं कि मूल पाठ और अनुवादक द्वारा कोडीकृत पाठ के बीच की प्रकृति क्या है ?

2. मूल पाठ के रूप में किसी कविता और अन्य भाषा में उसके पुर्नविन्यस्त कई रूपों में से अनुवादक ने किसे चुना है और क्यों? यह प्रश्न भी समीक्षा

क्षेत्र का महत्वपूर्ण प्रश्न है।

3. अनुवादक ने मूल कविता का गद्यानुवाद किया है या अपनी रुचि के अनुसार उसका पद्यानुवाद, उसने मूल कविता के सम्बन्ध में एक दूसरी कविता की है या मूल कविता से प्रेरित होकर एक नई कविता को जन्म दिया है? इन प्रश्नों पर भी गम्भीर दृष्टि अनुवाद समीक्षा में दिखाई देनी चाहिए।

4. साहित्य का अनुवादक कई स्तरों पर मूल पाठ के साथ स्वतन्त्रता ले सकता है पर लक्ष्य भाषा में रचित पाठ का कुछ न कुछ सम्बन्ध स्त्रोत भाषा के कविता या पाठ के साथ रहता है। अतः इन्हें पहचानना अनुवाद समीक्षा के लिए आवश्यक है।

5. साथ ही अनुवाद समीक्षा को अनुवादक की सीमा भी निर्धारित करना चाहिए कि वह किस बिन्दु से प्रारम्भ होकर कहाँ समाप्त होती है?

6. अनुवाद में 'पुनर्गठन' प्रमुख प्रक्रिया है। पुनर्गठन का सम्बन्ध विधा से भी होता है। विधा अर्थात् पाठ के रूप से । जैसे : उपन्यास, नाटक, कविता। इन विधाओं के पुनर्गठन की प्रक्रिया में भेद होता है। इस पर दृष्टि रखना अनुवाद समीक्षा का कार्य है।

7. इन विधाओं का बाह्य रूप (छन्द विधान आदि) और अभ्यन्तर लक्षण (काव्यात्मकता आदि) की दृष्टि से भी समीक्षा करनी पड़ती है।

8. यहाँ समीक्षक को यह मानना चाहिए कि अनुवादक बाह्य रूप को तो बदल सकता है, किन्तु अभ्यन्तर लक्षण को नहीं।

9. पुनर्गठन के समय अनुवादक को अनूदित पाठ की सम्प्रेषणीयता पर ध्यान देना पड़ता है। क्योंकि इसका एक आयाम पाठकों से जुड़ा रहता है। इसलिए अर्थ सम्प्रेषण की प्रक्रिया में इस बात की ओर ध्यान दिया जाता है कि पाठ युगधर्मी, सम्प्रेषण सिद्ध और लक्ष्य भाषा की प्रकृति के अनुरूप हो।

10. काव्यानुवाद के सन्दर्भ में समीक्षक यह भी देखता है कि अनूदित पाठ युग धर्म, सम्प्रेषण सिद्ध के उपयुक्त तथा लक्ष्य भाषा की प्रकृति के

अनुसार हुआ है या नहीं।

11. इसके साथ ही मूल भाषा में लिपटी विशिष्ट साहित्यिक सम्वेदना को दूसरी- भाषा में अन्तरित करने जैसे असम्भव से कार्य को सम्भव बनाने के लिए अनुवादक को कवि धर्म के कठिन दायित्व के निर्वाह की समीक्षा भी अनुवाद समीक्षा का कार्य हैं।

12. अनुवादक पाठक है। वह सर्जक भी है। उसने स्रोत भाषा में स्थित पाठ के सन्दर्भ में तथा लक्ष्य भाषा में रचित पाठ के सन्दर्भ में इस भूमिका को किस तरह निभाया है यह भी अनुवाद समीक्षा का कार्य है।

13. अनुवादक. संश्लिष्ट पाठ के किसी एक ही पक्ष को लेकर अनुवाद करता है। इस पक्ष के आधार पर भी काव्यानुवाद का वर्गीकरण होता है।

14. समीक्षक को काव्यानुवाद की समीक्षा करते समय यह सोचना चाहिए कि सभी काव्यानुवादों के लिए क्या समान रूप से पुनःसर्जन का सिद्धान्त उपयोगी हो सकता है ?

एक ही मापदण्ड के अनुसार सभी प्रकार की कविताओं का न तो अनुवाद होता है और नही अनूदित पाठ की समीक्षा।

श्रीवास्तव ने अनुवाद प्रक्रिया को इस प्रकार समझाने का प्रयत्न किया है:

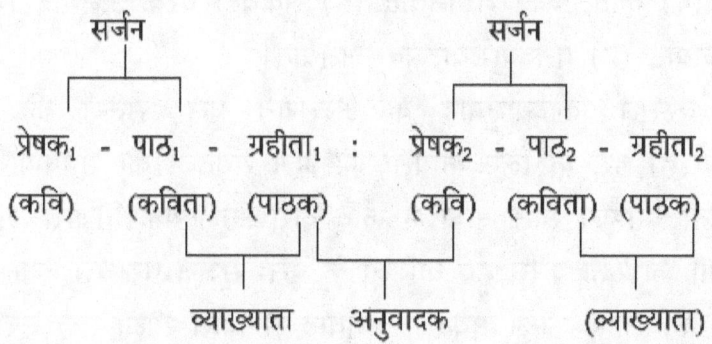

इस प्रक्रिया को देखने से यह पता चलता है कि अनुवादक दो भूमिकाओं का निर्वाह करता है- स्रोत भाषा में रचित पाठ (मूल कविता) के व्याख्याता पाठक की भूमिका और लक्ष्य भाषा में रचित पाठ (अनूदित कविता) के सर्जक की भूमिका। यह तथ्य भी ध्यान देने योग्य है कि

साहित्यिक कृति का व्याख्याता पाठक अपने व्यापार में निष्क्रिय नहीं होता। पाठ का अर्थ ग्रहण करते समय उसमें अर्थ भरता भी चलता है। पर जो बात यहाँ सर्वाधिक महत्वपूर्ण है, वह है स्त्रोत भाषा में रचित सर्जनात्मक पाठ को उसके संश्लिष्ट रूप में ग्रहण करना। साहित्यिक कृति के रूप में पाठ की अपनी विशिष्ट एवं संश्लिष्ट प्रकृति होती है। यहाँ भाषा के सभी आयाम, नाद योजना, शब्द चयन, वाक्य विन्यास, अलंकार विधान आदि उस पाठ के मूल भाव के संवर्धन की दिशा में प्रवृत्त रहते हैं। अतः व्याख्याता पाठक से अपेक्षा तो यही रहती कि वह अखण्ड रूप से पाठ को ग्रहण करे। लेकिन सामान्यतः पाठक किसी न किसी दृष्टि-विशेष के आधार पर ही पाठ ग्रहण करता है। अनुवाद समीक्षा अनुवादक की विशिष्टता, उसके चयन तथा मूल पाठ के संवर्धन में उसके योगदान को रेखांकित कर सकती है। इसके साथ ही संरचना के जिस पक्ष पर अनुवादक बल देता है उसके कारणों एवं उसकी प्रासंगिकता भी अनुवाद समीक्षा द्वारा परखी जा सकती है। बल के अनुपात के आधार पर काव्यानुवाद के निम्नलिखित प्रकार निर्धारित किए गए हैं:

(1) स्वनिमिक अनुवाद (2) शाब्दिक अनुवाद (3) छांदिक अनुवाद (4) कविता का गद्यानुवाद (5) तुकबंदी परक अनुवाद (6) मुक्त छन्द अनुवाद (7) पुर्नव्याख्यात्मक अनुवाद।

वस्तुतः काव्यानुवाद के अन्तर्गत पुनः सृजन की प्रक्रिया महत्वपूर्ण है। इस के लिए कविता की मूल संवेदना की संप्रेषणीयता पर ध्यान देना चाहिए। स्रोत भाषा में कवि द्वारा अभिव्यक्त विचारों, भावों एवं संवेदनाओं की रक्षा करने हुए कविता के पुनः सृजन पर बल देना चाहिए।

कविता की मूल संवेदना अनुवाद में किस सीमा तक सुरक्षित है, कविता के अनुवाद में पुनः सृजन के कौन-से स्तर किस प्रकार प्रयुक्त हुए हैं आदि प्रश्न भी अनुवाद समीक्षा द्वारा तार्किक ढंग से व्यक्त किए जा सकते हैं।

अनुवाद समीक्षा को अनुवाद प्रक्रिया के साथ जोड़कर देखना उचित होगा। अनुवाद प्रक्रिया में पुनर्गठन के समय अनुवादक को अनूदित पाठ की सम्प्रेषणीयता पर ध्यान देना पड़ता है। वास्तव में अनुवाद अनुप्रयुक्त भाषिक प्रक्रिया है। अतः इसका एक आयाम उन पाठकों से जुड़ा होता है जिनके लिए अनुवाद कार्य सम्पन्न किया जाता है। इसलिए अर्थ सम्प्रेषण की प्रक्रिया में इस बात की ओर ध्यान दिया जाता है कि अनूदित पाठ युगधर्मी, सम्प्रेषण सिद्ध और लक्ष्य भाषा की प्रकृति के अनुरूप हो।

अनुवाद समीक्षा द्वारा यह देखा जा सकता है कि अनूदित पाठ में यह अनुवादनीयता किस सीमा तक सिद्ध हुई है। साहित्यिक अनुवाद में अनुवाद समीक्षा का दायित्व और भी बढ़ जाता है। क्योंकि मूल भाषा में लिपटी साहित्यिक सम्वेदना' अपनी प्रकृति में इतनी विशिष्ट होती है कि उसका दूसरी भाषा में अन्तरण प्रायः असम्भव सा होता है। इस असम्भव कार्य को अधिक से अधिक सम्भव बनाने के लिए अनुवादक को कवि धर्म के कठिन दायित्व का निर्वाह करना पड़ता है। इसी तथ्य को ध्यान में रखकर प्रसिद्ध कवि एज़रा पाउंड ने अनुवाद का 'साहित्यिक पुनर्जीवन' (Literary Resurrection) कहा है।

इसीलिए आधुनिक अनुवाद चिन्तन में अनुवादनीयता के प्रश्न के साथ-साथ अनुवाद समीक्षा और मूल्यांकन के प्रश्न को भी काफी महत्वपूर्ण माना जा रहा है। इससे एक ओर अनुवाद सिद्धान्त की व्यावहारिकता की जाँच भी हो जाती है तो दूसरी और इसके माध्यम से अनुवाद सिद्धान्त का अनुप्रयोग पूरे सिद्धान्त सक्रियात्मक (Operational) आधार प्रदान करता है। इसके साथ ही मूल ओर अनूदित पाठ की तुलना द्वारा भाषा, और भाषा, के भाषिक, सामाजिक, सांस्कृतिक सम्प्रेषणपरक बोधात्मक तथा भाषेतर बिन्दुओं को देखने की दृष्टि भी मित होती है। इनके सहारे अनुवाद को एक गम्भीर कौशल के रूप में स्थापित करने तथा आदर्श अनुवाद की स्थिति की स्थापना में भी सहायता मिलती है।

(ख) शब्द के स्तर पर

शब्द भाषा की स्वतन्त्र एवं सार्थक इकाई होते हैं। स्वतन्त्र इकाई होने के कारण ही शब्दों को कोश में स्थान दिया जाता है। इसके साथ ही शब्दों का महत्व वाक्य निर्माण में तो होता ही है क्योंकि शब्दों से ही वाक्य निर्मित होता है। स्वतन्त्र शब्दों में यह क्षमता होती है कि वे किसी न किसी विचार, संकल्पना अथवा प्रकार्यों का बोध कराते हैं। इसके साथ ही एक शब्द से अनेक शब्द बनाने की क्षमता भी शब्द निर्माण या शब्द के रूप निर्माण में दिखाई देती है। जैसे: हम 'सुन्दर' से 'सुन्दरता' भी बना सकते है और 'असुन्दर' भी।

स्वतन्त्र शब्द और शब्द रचना द्वारा निर्मित शब्द भाषा को एक गतिशील स्वरूप प्रदान करते हैं। हम अनेक प्रकार की संरचनाएँ इनसे बना सकते हैं। हिन्दी में शब्दों की दृष्टि से उनके स्रोतगत स्वरूप को भी काफी विस्तार से विवेचित किया गया है। हिन्दी में अनेक स्रोतों से शब्द आये हैं, जिनमें तत्सम, तद्भव, देशज और विदेशी शब्दों के रूप में उन्हें वर्गीकृत किया गया है। इस आधार पर ही हम यह कहते हैं कि 'कामायनी' का शब्दावली स्रोत तत्सम है अर्थात् संस्कृतनिष्ठ शब्दावली को प्रसाद ने महत्व दिया है। इसीलिए वे मधुप, आनन्द, अरुण, सुरभि, वृन्द, पीत जैसे शब्दों का प्रयोग 'कामायनी' में करते हैं।

इन मूल शब्दों के साथ-साथ 'कामायनी' में संयुक्त या समास शब्दों की चैन भी बड़ी मात्रा में हमें दिखाई देती है। व्याकरण की दृष्टि से समस्त शब्दों या समास कहा जाता है। इस पद्धति का विकास संस्कृत भाषा के व्याकरण हमें मिलता है और उसी के द्वारा समास शब्दों का वर्गीकरण हम हिन्दी में भी त व्याकरण के आधार पर ही करते हैं। संस्कृत व्याकरण ने समासों के निम्नलिखित वर्ग बनाए हैं:-

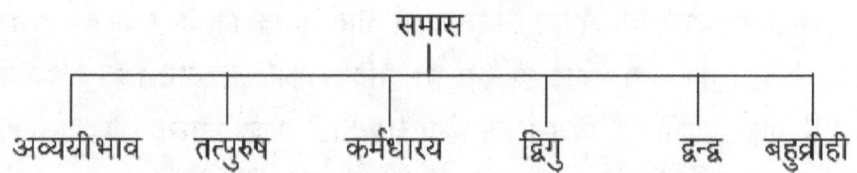

'कामायनी' में इस प्रकार की समास रचना सभी सर्गों के स्तर पर उपलब्ध है। इसके माध्यम से प्रसाद ने अनेक भावों को नये सन्दर्भ दिए हैं और अपनी अनुभूतियों को सार्थक अभिव्यंजना प्रदान की है। 'कामायनी' में शब्दावली के स्तर पर जो संस्कृत के शब्द आए हैं, उन्हें तेलुगु, अंग्रेजी अनुवादों के साथ रखकर उनकी समीक्षा यहाँ की जा रही है। इसके साथ ही समास शब्दों, देशज शब्दों, पुनरुक्त शब्दों की समीक्षा भी अनुवाद की दृष्टि से की जाएगी। शब्द स्तर पर की गई इस समीक्षा के निम्नलिखित वर्ग बनाए गए हैं:

(i) संस्कृत शब्द (ii) पुनरुक्त शब्द (iii) देशज शब्द (iv) समास शब्द (v) सम्बोधन शब्दावली (vi) अंग्रेजी अनुवाद में लिप्यन्तरण और पुरानी अंग्रेजी शब्दों का प्रयोग (vii) पर्यायवाची शब्द.

(i) संस्कृत शब्द

(i.i) भावानुवाद

महामेध (मू. पृ.14) संभृत होमम्मु (ते.पृ.14) Huge bonfire (अं. पृ.49)

समीक्षा : मूल संस्कृत शब्द का तेलुगु अनुवाद में भावानुवाद किया गया है। यह शब्द वैदिक यज्ञ से सम्बन्धित है। 'Bonfire' में मूल का भाव प्रकट नहीं हुआ क्योंकि अंग्रेजी में यह सांस्कृतिक संकल्पना नहीं है। 'Bonfire' सामान्य जीवन से सम्बद्ध शब्द है। जबकि कामायनी में महामेध हमारी वैदिक संस्कृति का प्रकट करता है।

विनम्र (मू.पृ.9) शरण मनि (ते.पृ.16) Meek (अं.पृ.50)

समीक्षा: मूल का तेलुगु अनुवाद में भावानुवाद किया गया है। अंग्रेजी शब्द में मूल का भाव प्रकट हो रहा है। लेकिन 'Meek' 'विनम्र' का पर्याय नहीं है और अंग्रेजी में 'विनम्र' के लिए 'Polite' शब्द उपलब्ध है। 'Meek' शब्द दब्बू या टोप के मूल भाव के कारण व्यक्ति के आचरण में जो सहजता आती है उसे व्यक्त करता है जबकि 'विनम्रता' का भाव हर व्यक्ति अपने अनुसार व्यक्त करता और यहाँ उस व्यक्ति का दब्बू या झेंपू होना आवश्यक नहीं है।

(i.ii) शब्दानुवाद

विहार (मू.पृ.9) विहारमु (ते.पृ.16) Enjoyment (अं.पृ.50)

समीक्षा : मूल शब्द को 'मु' विभक्ति जोड़कर तेलुगु शब्द बनाया गया है। अंग्रेजी अनुवाद में मूल का अर्थ प्रकट नहीं हो रहा है। हिन्दी में 'विहार' के एकाधिक अर्थ हैं - राजाओं के रानिवास और स्वर्ग में इन्द्र जी के विहार का अर्थ भी इसमें निहित है। नौका विहार जैसा अर्थ भी है। अतः अंग्रेजी के 'Enjoyment' से इसका अर्थ केवल आनन्द' तक सीमित हो जाता है।

विश्रान्त (मू.पृ.9) विश्रमिंचे (ते.पृ.16) Helpless (अं.पृ.50)

समीक्षा : तेलुगु अनुवाद में शब्दानुवाद किया गया है। अंग्रेजी में मूल का अर्थ प्रकट नहीं हुआ, क्योंकि 'विश्रान्त' में थकान का भाव है, यह थकान, मानसिक शारीरिक दोनों हो सकती है। अंग्रेजी अनुवाद का 'Helpless' शब्द एक-दम भिन्न अर्थ देता है। असहाय होना और 'विश्रान्त' होना दोनों बिलकुल भिन्न स्थितियाँ है।

वरुण (मू.पृ.11) वरुणुडु (ते.पृ.15) Varun (अं.पृ.53)

समीक्षा : मूल शब्द को तेलुगु अनुवाद में विभक्ति जोड़कर शब्द बनाया गया है। अंग्रेजी अनुवाद में लिप्यन्तरण किया गया है। उसकी कोई व्याख्या नहीं दी गई है। संस्कृत में 'वरुण' मिथकीय और पौराणिक शब्द है। जिसके अर्थ प्रचलित हैं।

पंचभूत (मू.पृ.11) पंचभूतमुलु (ते.पृ.19) Five elements (अं.पृ.53)

समीक्षा : मूल शब्द को विभक्ति जोड़कर तेलुगु अनुवाद में बहुवचन शब्द बनाया गया है। यह शब्द वैदिक/धार्मिक शब्द है। अंग्रेजी में इसका शाब्दिक अनुवाद किया गया है। इसपर कोई पाद टिप्पणी भी नहीं दी गई हैं।

सुषुप्ती (मू.पृ. 97) सुषुप्ती (ते.पृ.173) Mere sleep (अ.पृ. 173)

समीक्षा : मूल शब्द का ज्यों का त्यों तेलुगु अनुवाद में प्रयुक्त हुआ है। अंग्रेजी में शाब्दिक अनुवाद किया गया है। अंग्रेजी में 'सु' के लिए 'Mere' उपसर्ग प्रयुक्त है लेकिन इस का जो भावपरक सन्दर्भ संस्कृत शब्द से निकलता है, वह व्यक्त नहीं होता । इसमें नींद के साथ अच्छे सपने, अच्छे भाव' भी जुड़े हैं।

(i.iii) पर्यायवाची शब्द

हविष्य (मू.पृ.9) आहुति (ते.पृ.14) Burent Ashes (अं.पृ.49)

समीक्षा : मूल का तेलुगु अनुवाद में पर्यायवाची शब्द का प्रयोग हुआ है। यह शब्द वैदिक यज्ञ से सम्बन्धित है। अंग्रेजी में भावानुवाद किया गया है। लेकिन 'Burent Ashes' में मूल का भाव प्रकट नहीं हो रहा है।

दिगन्त (मू.पृ.9) दिक्तटमुलु (ते.पृ.16) Whole world (अं.पृ.51)

समीक्षा : मूल का तेलुगु अनुवाद में पर्यायवाची शब्द प्रयुक्त किया गया है। अंग्रेजी में भावानुवाद किया गया है। लेकिन मूल का भाव और अर्थ प्रकट नहीं हो रहा है। मूल में चारों दिशाएँ, आठों दिक्क का अर्थ समाहित

है जो केवल विश्व या दुनिया के रूप में व्यक्त नहीं किया जा सकता। 'विश्व' या 'दुनिया' दिगंत का बहुत ही छोटा हिस्सा है।

स्पन्दन (मू.पृ. 13) चलनमु (ते.पृ. 23) Movements (अं.पृ. 55)

समीक्षा : तेलुगु अनुवाद में पर्यायवाची शब्द प्रयुक्त हुआ है। अंग्रेजी में शाब्दिक अनुवाद हुआ है। लेकिन यहाँ भिन्न प्रकार का अर्थ प्रकट हो रहा है। 'Movement' एक सामान्य शब्द है, जो गति' या 'चाल' का अर्थ व्यक्त करना है और किसी जड़चेतन पदार्थ के लिए इसका प्रयोग होता है। स्पंदन गति नहीं है। बल्कि गति में जो एक निरन्तरता होती है उसका सूचक है। इसीलिए इसका प्रयोग धड़कन, साँस मस्तिष्क आदि के साथ होता है। भाववाचक रूप में भी वह संज्ञा बहुत प्रचलित है जहाँ इसे प्रकृति के स्पन्दन, प्रेम के स्पन्दन के रूप में कविता में प्रयुक्त देखा जा सकता है।

अनुराग (मू.पृ.14) ममता (ते.पृ.25) Love (अं.पृ.57)

समीक्षा : तेलुगु अनुवाद में पर्यायवाची का प्रयोग किया गया है। अंग्रेजी में शाब्दिक अनुवाद किया गया है। परन्तु जो भाव मूल में प्रकट हो रहा है, वह भाव अंग्रेजी अनुवाद में प्रकट नहीं हुआ क्योंकि प्रेम और अनुराग में भेद है। अनुराग के साथ स्नेह, लगाव का अर्थ भी जुड़ा हुआ हैं। जैसेः अनुरागीमन, अनुरागयुक्त, अनुराग दशा आदि। इन सन्दर्भों में प्रेमीचित्त नहीं हो सकता। अतः अंग्रेजी शब्दानुवाद आंशिक स्तर पर इसे ही अन्तरित कर पाता है।

(i.iv) समानार्थी शब्द

विश्रृंखल (मू.पृ.9) विच्चलविडि (ते.पृ.14) Sure dissolution (अं.पृ.50)

समीक्षा : तेलुगु अनुवाद में मूल का समानार्थी शब्द प्रयुक्त है। अंग्रेजी में शाब्दिक अनुवाद किया गया है। लेकिन यहाँ दूसरा अर्थ प्रकट हो रहा है। 'Dissolution' का अर्थ होता है टेढ़ा मेढ़ा होना' जब कि

विश्रृंखल का यह अर्थ नहीं है। इस का अर्थ है जिस की श्रृंखला या क्रम टूट गया हो। इसका प्रयोग भी हिन्दी में अनेक भावों के लिए किया जाता है। अंग्रेजी का यह शब्दानुवाद भी अनुवादनीयता के स्तर पर आंशिक ही कहा जाएगा।

जलनिधि (मू. पृ.10) कडलि (ते. पृ.18) Flood of doom (अं. पृ.52)

समीक्षा : तेलुगु में समानार्थी शब्द है। अंग्रेजी में शाब्दिक अनुवाद किया - गया है। यहाँ दुसरा अर्थ प्रकट हो रहा है। अंग्रेजी में जलनिधि का पूरा सन्दर्भ ही बदल गया है। हिन्दी में यह जल के संग्रह को व्यंजित करता है, अंग्रेजी में उसे जलप्लावन के साथ जोड़कर रखा गया है।

क्षुब्ध (मू. पृ.85) कलवर पड़े (ते.पृ.155) Sorrow stricken (अं.पृ.159)

समीक्षा : तेलुगु अनुवाद में समानार्थी शब्द प्रयुक्त है। अंग्रेजी में शाब्दिक किया गया है। क्षुब्ध 'Sorrow' नहीं है। इसका मल भाव क्रोध होता है न कि विषाद या वेदना। अतः इस कार के अनुवाद की आंशिक कहा जा सकता है।

रुष्ट (मू. पृ.85) किनुक पूनिति (ते. पृ.156) Harsh (अं. पृ. 160)

समीक्षा : तेलुगु अनुवाद में समानार्थी शब्द प्रयुक्त है। संस्कृत में रुष्ट व्यक्ति की उस मानसिकता को बताता है जिसमें वह दूसरे से नाराज होता है। 'Harsh' शब्द कठोर या निर्दय के अर्थ में प्रयुक्त होता है जो रुष्ट के भाव को भी व्यक्त नहीं करता और यदि रुष्ट व्यक्ति को कठोर या निर्मम मान लिया जाय तो इसका बहुत ही बुरा अर्थ निकलता है।

(ii) पुनरुक्त शब्द

कविता में पुनरुक्त शब्दों का महत्व है। कवि पुनरुक्त शब्दों के द्वारा कविता को लयबद्ध बनाता है और विशिष्ट अर्थ को भी व्यक्त करता है। पुनरुक्त रचना, ध्वनि, समानार्थ आदि के आधार पर होती है। एक बार

कहने से शब्द का उतना प्रभाव नहीं पड़ता है, जितना दो बार कहने से पड़ता है। प्रसाद ने कामायनी' में स्थान-स्थान पर ऐसे पुनरुक्त शब्दों का प्रयोग करके काव्य की शोभा बढ़ाई है। यहाँ 'कामायनी' में प्रयुक्त पुनरुक्त शब्द और उनके तेलुगु और अंग्रेजी अनुवाद को उनके प्रयोगों के सन्दर्भ में प्रस्तुत किया जा रहा है।

मूल   तू, जा, चल जा (पृ.8) ते. अ.: वेडलिपोम्मु बयटकु दयचेयुमु
(पृ.13)   अं. अ. : Begone   (P.49)

समीक्षा : मूल में कवि प्रसाद ने जल प्रलय की विभीषिका को देखकर व्यथित मनु के शब्दों में चिन्ता का सम्बोधन विभिन्न नामों से किया है और चिन्ता पर क्रोध भी प्रकट किया है। इस क्रोध की दिशा में मनु चिन्ता को चली जाने के लिए 'तू जा चल जा' कहकर सम्बोधित करते हैं। तेलुगु में भी इसी रूप में अनुवाद किया गया है। लेकिन तेलुगु के अनुवादक ने एक ही शब्द की पुनरुक्ति करने के बदले वेडलिपोम्मु, दयचेयुमु कहकर पर्यायवाची शब्दों का प्रयोग किया है परन्तु यहाँ मूल शब्दों में क्रोध की जितनी तीव्रता प्रकट हो रही है उतनी अनुवाद में आ नहीं पाई है। अंग्रेजी अनुवाद में 'चल जा' का 'Begone' अनुवाद किया है। और इसी से पंक्ति का प्रारम्भ हुआ है। मूल में पुनरुक्त प्रयोग से क्रोध के भाव को अभिव्यंजना होती है वह अंग्रेजी में नहीं हो पाती। यह एक सामान्य कथन लगता है।

मूल : सुख केवल सुख (पृ.9) ते.अ. : सुखमु सुखमु केवलमु सुखमु
                                                                (पृ.15)

अं. अ. : Comfort or rather the mere means of ease (P.50)

समीक्षा : मूल में कवि ने मनु के शब्दों द्वारा जलप्लावन के पहले सुख वैभव की याद करके उसके मन में व्याकुलता का वर्णन किया है। इसको विशिष्ट रूप में प्रकट करने के लिए इस पुनरुक्त शब्द का प्रयोग किया गया है। तेलुगु में मूल की तरह ज्यों का त्यों अनुवाद हुआ है। इसमें

पुनरुक्त और बल देने के लिए उसी शब्द का तीन बार प्रयोग हुआ है। अंग्रेजी में शाब्दिक अनुवाद किया गया है। लेकिन यहाँ मूल का भाव प्रकट नहीं हो रहा है। इसमें 'Or rather' के प्रयोग से मूल भाव लुप्त हो गया है, इसके बदले दूसरा ही अर्थ प्रकट हो रहा है। केवल सख'का The mere means of ease अनुवाद दूसरे प्रकार का अर्थ प्रकट कर रहा है। इसमें अनुवादक सफल नहीं हो पाया है।

मूल : शक्ति रहीं, हाँ शक्ति (पृ.9)

ते.अ. : शक्ति अनगा अदे शक्ति (पृ.16)

अं. अ. : Their might was absolute and nature lay (P.50)

समीक्षा : मूल रचना में कवि ने मनु के शब्दों में जल प्रलय के पहले के वैभव का स्मरण करते हुए उस समय की शक्ति के बारे में विचार प्रकट किया है। जिसे इन पुनरुक्त शब्दों के द्वारा अभिव्यक्त किया गया है। तेलुगु में शब्द प्रति शब्द का अनुवाद किया गया है। लेकिन मूल के भाव को तेलुगु भाषा की रीति के अनुसार थोड़ा सा परिवर्तित करके अनुवाद किया गया है। यहाँ सक्त अनगा' (शक्ति माने) अनुवाद हुआ है। इससे तेलुगु भाषा की परम्परा के अनुसार भावाभिव्यक्ति पर बल दिया गया है। अंग्रेजी अनुवाद में दूसरा अर्थ कट हो रहा है। यहाँ 'Their' शब्द के द्वारा देवताओं की शक्ति की ओर संकेत किया गया है यह प्रयोग मल की पंक्ति में नहीं है। अतः मूल के भाव का आंशिक अनुवाद ही हो पाया है। पुनरुक्त का प्रयोग न होने से अर्थ का वहन अंग्रेजी अनुवाद में प्रकट नहीं हो पाता जिसे मूल में पुनरुक्त द्वारा ही प्रकट की गया है।

मूल : स्तर-स्तर (पृ.11)

ते.अ. : दोंतरलुगा, पोरलुगा (पृ.19)

अं. अ. : Levels (P.53)

समीक्षा : मूल में कवि प्रसाद ने जलप्लावन के बाद प्रकृति की भयानकता और उस समय के वातावरण का वर्णन करते हुए अन्धकार की कालिमा की व्याप्ति को बताने के लिए पुनरुक्ति का प्रयोग किया है। तेलुगु के अनुवादक ने मूल के अनुरूप ही पुनरुक्ति का प्रयोग किया है। इसमें 'दोंतरलुगा, पोरलुगा' कहकर बहुवचन में पर्यायवाची शब्दों का प्रयोग किया गया है। दोनों का अर्थ एक होने पर भी भाव पर बल देने और नवीनता लाने के लिए इनका उचित प्रयोग किया गया है।

अंग्रेजी में इसका अनुवाद 'Levels' हुआ है और पुनरुक्त का अन्तरण नहीं किया गया है। लेकिन यहाँ बहुवचन के प्रयोग द्वारा अनुवादक ने मूल में पुनरुक्ति द्वारा व्यक्त भाव को अभिव्यक्त करने का प्रयास किया है।

(iii) देशज शब्द

'कामायनी' में देशज और प्रचलित शब्दावली का प्रयोग भी यथास्थान हुआ है। इन प्रयोगों से काव्य सृजन में उन शब्दों का महत्व स्थापित होता है जिन के भाव या निकटतम भाव को व्यक्त करने वाले शब्द हिन्दी के भाषा समूह में उपलब्ध नहीं हैं। लोक या जन भाषा में प्रचलित ये शब्द कई युगों और काल से हिन्दी साहित्य में महत्व पाते रहे हैं। 'कामायनी' जैसी तत्सम प्रधान काव्य रचना में इन शब्दों का प्रयोग इस बात को प्रमाणित करता है कि जन भाषा के शब्दों का अपना अर्थ सन्दर्भ होता है और इन के पर्याय यदि अन्य स्रोतों में नहीं मिलता तो यही शब्द अपनी सृजनात्मकता के साथ कृति में आते हैं। लोक भाषा के ये शब्द हमेशा सामान्य जीवन के अनुभवों से जुडे होते हैं इसीलिए इन का अर्थ बड़ा हो मार्मिक और सटीक होता है। अतः किसी दूसरी भाषा में इन का सम्पूर्ण पका समीक्षा मिलना कठिन होता है। इन शब्दों के आन्तरिक भाव को समझकर अनुवादक लक्ष्य-भाषा में इनकी समतुल्य इकाइयों की खोज करता है और इन्हें अन्तरित करने का प्रयास करता है।

कामायनी अनुवाद समीक्षा

तेलुगु और अंग्रेजी अनुवाद में इन शब्दों की अनुवाद प्रक्रिया और उनके प्रतिफलन को देखने का प्रयास यहाँ किया जा रहा है।

(क) देशज-देशज शब्द

'कामायनी' के तेलुगु अनुवाद में मूल के देशज शब्दों को देशज शब्दों में ही अनुवाद प्रस्तुत किया गया है। अंग्रेजी में भावानुवाद और शब्दानुवाद प्रयुक्त किया गया है। उन शब्दों की सूची नीचे दिया जा रहा है:

मूल	ते . अ.	अं. अ.
ऊभ-चूभ (पृ.11)	चलिंचेनु (पृ.20)	Undulos (P.53)
पतवार (पृ.11)	चुक्कानि (पृ.21)	Bladed poles (P.54) (भावानुवाद)
चपेटा (पृ.12)	ढ़ीकोनि (पृ.22)	Onset(P.55) आकस्मिता का अर्थ और जानबूझ कर किसी को अपने वश में कर लेने का अर्थ नहीं आया है।
गैल (पृ.16)	बाटा (पृ.28)	Lit (P.60) राह बनने के अर्थ को अंग्रेजी अनुवाद 'Lit' के रूप में यह शब्दानुवाद नहीं है। इसमें अंग्रेजी के दिये प्रयोग द्वारा मूल शब्द के अर्थ को पूरे वाक्य के माध्यम से दिया गया है।
बिलखाई (पृ.50)	कुंदुचु (पृ.92)	Agony (P.109) विषाद

वेदना बिलगाई लोक शब्द है और इसका अर्थ भी अलग है जो बिलगाई से बना है।

(ख) देशज-तद्भवीकरण

'कामायनी' महाकाव्य के तेलुगु अनुवाद में मूल के देशज शब्दों का तभवीकरण करके प्रयोग किया गया है। अंग्रेजी में भावानुवाद और शब्दानुवाद किया गया है। उनकी सूची नीचे दी जा रही है:

ऐंठी (मू.पृ.14) आक्रोशमु (ते.पृ.26) Voilated (अं.पृ.58)
आकस्मिता का अर्थ और जानबूझ कर किसी को अपने वश में करने का अर्थ नहीं आया है। अंग्रेजी में विरुद्ध का भाव प्रकट हो रहा है।

सूना (मू. पृ.100) शून्य (ते. पृ.180) The Empty (अं. पृ.178)
भावानुवाद किया गया है। किन्तु मूल की सूना में जो अर्थ और भाव प्रकट हो रहा है वह इसमें प्रकट नहीं हुआ।

बरसात (मू. पृ.110) वर्षाकृति (ते. पृ.181) Raining Season
(अं.पृ.178)- शब्दानुवाद है:

(ग) कामायनी में कुछ देशज शब्द तेलुगु अनुवाद में अनूदित नहीं थे। अंग्रेजी में भावानुवाद और शब्दानुवाद किया है।

मूल	ते. अ.	अं. अ.
डाँडे (पृ.11)	अनूदित नहीं (पृ.21)	Oarage (P.54)
खटका (पृ.14)	अनूदित नहीं (पृ.26)	All Fear (P.58) भावानुवाद
लटका (पृ.14)	अनूदित नहीं (पृ.26)	Hanging (P.58) शब्दानुवाद
टोने (पृ.20)	अनूदित नहीं (पृ.36)	Magic (P.65) शब्दानुवाद

छुईमुई (पृ.47)	अपुरूपा (पृ.88)	Touch-me-not (P.105)
भिन्न रूप में अनुवाद	शब्दानुवाद है।	किया गया है।

(iv) **समास शब्द**

शब्द का चयन काव्य को एक निश्चित अर्थ देता है। शब्द चयन सन्दर्भ के भाव में अपनी कोई सत्ता नहीं रखता। सन्दर्भ से जुड़कर ही कोई शब्द काव्य तीक के रूप में प्रयुक्त होता है। इस दृष्टि से 'कामायनी' में समास शब्द योजना का प्रयोग बहुतायत से किया गया है। यह माना जाता है कि दो भिन्न शब्द जब अपने स्वतंत्र रूप में प्रयुक्त होते हैं तो उन का अर्थ अलग होता है। लेकिन एक दसरे से संयुक्त होकर ये शब्द कुछ विशिष्ट अर्थ देने लगते हैं। भावों, स्थितियों और प्राकृतिक दृश्यों को उदघाटित करने के लिए 'कामायनी' में इस प्रकार के समास शब्द बहु प्रयुक्त हैं। मूलतःयह समास प्रक्रिया यहाँ तत्सम साधित है। क्यों कि 'कामायनी' एक सांस्कृतिक रचना है और संस्कृत में समास रचना का विधान बहुआयामी माना जाता है। संस्कृत में दो शब्दों को मिलाकर शब्द रचना के एकाधिक नियम हमें मिलते हैं। इन नियमों का प्रयोग करते हुए ही प्रसाद ने 'कामायनी' के माध्यम से हिन्दी की शब्द सम्पदा में वृद्धि की और उस की अभिव्यंजना शक्ति को भी विस्तार दिया है। अभिव्यंजना का यह सन्दर्भ जो गहरी अर्थवत्ता को प्रकट करता है वह अनुवाद में उतरना चाहिए क्योंकि इसे प्रकट करने में मूल पाठ के कवि ने अपनी सृजनात्मक शक्ति को भाषा के सृजन से भी जोड़ा है।

शब्दानुवाद

मूल : निर्बाध विलास (पृ.10)

ते.अ.: निरवरोध कामार्ति (पृ.18)

अं.अ.: Un hampered pleasure (P.52)

समीक्षा : मूल समास शब्द की तरह तेलुगु और अंग्रेजी अनुवाद दो शब्दों में अनूदित है। अंग्रेजी अनुवाद में मूल का भाव स्पष्ट नहीं हो रहा हैं।

मूल : घन माला (पृ.13)

ते.अ. : जीमूता संघमुना (पृ.23)

अं.अ. : Azure clouds (P.56)

समीक्षा : दोनों अनुवादों में मूल समास की तरह अनुवाद भी दो शब्दों में कया गया है। तेलुगु में मूल 'माला' के स्थान पर संघमुन (समूह) अनुवाद किया गया है। अंग्रेजी में 'माला' का भाव प्रकट नहीं हो रहा है। इसे दूसरे ढंग से प्रस्तत किया गया है। दोनों अनुवादों से मूल का सामान्य अर्थ स्पष्ट नहीं हो रहा है।

मूल : विश्व कल्पना (पृ.16)

ते.अ. : जगदूह (पृ.29)

अं.अ. : Immagenation cosmic (P.60)

समीक्षा : मूल समास की तरह दोनों अनुवादों में दो शब्दों का प्रयोग किया गया है। तेलुगु में 'ऊह' के स्थान पर 'कल्पना' का प्रयोग किया जा सकता था। किन्तु सहजता लाने के लिए अनुवादक ने 'ऊह' शब्द प्रयोग किया। अंग्रेजी में सौन्दर्य के लिए शब्द क्रम आगे पीछे कर दिया गया है।

भावानुवाद

निम्नलिखित समास शब्दों को तेलुगु और अंग्रेजी अनुवादों में मूल समास शब्दों के भाव और अर्थ को लेकर लक्ष्य भाषा में स्पष्ट करने का प्रयास किया गया

मूल : तरंगाघात (पृ.11)

ते.अ. : तीव्र तरंगाघातमुल (पृ.20)

अं.अ. : Strong assult of waves (P.53)

समीक्षा : मूल समास के भाव को लेकर अनुवादों को प्रस्तुत किया गया है। तेलुगु अनुवाद में तीव्र' और अंग्रेजी में 'Strong' विशेषणों द्वारा 'तरंगाघात' शब्द के ऊपर जोर दिया गया है।

मूल : भीम प्रकंपन (पृ.11)

ते.अ. : जगमु लदर (पृ.19)

अं.अ. : Tremendous tumors (P.53)

समीक्षा : दोनों अनुवादों में भावानुवाद है।

मूल : शीतल दाह (पृ.15)

ते.अ. : चल्लनि सेग (पृ.28)

अं.अ. : Pleasant pain (P.59)

समीक्षा : दोनों में भावानुवाद है लेकिन अंग्रेजी में 'दाह' शब्द का अनुवाद 'pain' करने से दूसरे तरह का भाव प्रकट हो रहा है।

मूल : प्रलय पावस (पृ.12),

ते.अ. : प्रलय जलसिंधु (पृ.22)

अं.अ. : Showers of that might of doom (P.54)

समीक्षा : दोनों अनुवादों में भावानुवाद है। लेकिन मूल में 'Showers' का संकेत नहीं हैं।

मूल : मधुमयतान (पृ.15)

ते.अ. : रस धुनि (पृ.28)

अं.अ. : A sweet Melodious tune (P.59)

समीक्षा : दोनों में भावानुवाद है। तेलुगु में तान का अनुवाद धुनि' कर दिया गया है।

कुछ समास शब्दों का अनुवाद सन्दर्भ और व्याख्या के साथ जोड़कर लक्ष्य भाषा की संरचना में अन्तरित कर दिया गया है। जब कि ऐसे शब्दों को पूरे सन्दर्भ के साथ देखकर अनूदित करना चाहिए :

मूल	ते.अ.	अं. अ.
शासन चक्र(पृ.12)	चंड दंड शासनमु (पृ.22)	Death's Regime (P.55)
रूप सुषमा (पृ.36)	मनोहर रुपमुना (पृ.67)	Shape of Loveliness(P.88)
हिमहास (पृ.37)	हिमहासमुलु (पृ.69)	The snow itself is Laughing (P.9)
प्रलय नृत्य (पृ.61)	प्रलयमु (पृ.114)	Dance of Doom (P.125)
ज्यात रेखा (पृ.101)	रेखल दीप्ति (पृ.181)	Line refulgent of the Dawn (P.8)

(v). **सम्बोधन शब्दावली**

प्रसाद ने 'कामायनी' में विभिन्न प्रकार के सम्बोधन शब्दों का प्रयोग किया है। साहित्यक भाषा, साहित्येतर भाषा से भिन्न होती है। साहित्यिक भाषा में खासकर काव्य भाषा में नवीनता लाने के लिए विभिन्न प्रकार के शब्दों का प्रयोग किया जाता है। कवि कविता को आकर्षक बनाने के लिए कभी कभी शब्दों को तोड़ मरोड़ कर उनका प्रयोग करता है और सन्दर्भ के अनुसार अपनी तरफ से कुछ नवीन शब्दों का सृजन भी करता है। इसी तरह प्रसाद ने भी कामायनी' में सम्बोधन शब्दावली का प्रयोग किया है। यहाँ 'कामायनी' में प्रयुक्त सम्बोधन शब्द और उनके अनुवाद तथा उन प्रयोगों को एकत्रित करके प्रस्तुत किया जा रहा है :

मूल	ते. अ.	अं. अ.
अरी (पृ.8)	अनूदित नहीं हुआ	Oh (P.48)
तू (पृ.8)	अनूदित नहीं हुआ	Oh (P.48)

समीक्षा : मूल रचना में कवि प्रसाद ने 'चिन्ता' शब्द के स्त्रीलिंग होने के कारण उसके लिए स्त्रीलिंग सम्बोधनों का प्रयोग किया है। 'अरी' इसी प्रकार का स्त्रीलिंग सम्बोधन है। 'तू' का कोई भी लिंग हो सकता है। लेकिन यहाँ सन्दर्भ के अनुसार यह भी स्त्रीलिंग ही है। अंग्रेजी अनुवाद में

दोनों का अनुवाद 'Oh' किया गया है। लेकिन यहाँ लिंग और वचन का बोध नहीं होता है। इसके साथ प्रयुक्त शब्दों से पाठकों को लिंग, वचन का ज्ञान होता है। तेलुगु अनुवाद में 'अरी' सम्बोधन का अनुवाद नहीं हुआ है। 'तू' का तेलुगु भाषा की परिपाटी के अनुसार सार्वनामिक क्रिया के अन्त में 'वु' लगाकर अनुवाद किया गया है। इससे एक वचन का पता चलता है। यह प्रयोग तेलुगु भाषा की संरचना के अनुसार किया गया है। फिर भी दोनों अनुवादों में मूल की सम्पूर्ण भावना प्रकट नहीं हो पाती।

मूल	ते .अ.	अं. अ.
नीरवते (पृ.8)	अनूदित नहीं हुआ	Oh stillness (P.49)

समीक्षा : मनु ने एक तरह से अपनी दीनता को प्रकट करते हुए इस सम्बोधन का प्रयोग किया है। अंग्रेजी में इसका अनुवाद 'Oh stillness' किया गया है। मूल शब्द में इस सम्बोधन द्वारा जो अर्थ और भाव प्रकट हो रहा है, वह अनूवाद में प्रकट हो नहीं पा रहा है। तेलुगु अनुवादक ने इस सम्बोधन का अनुवाद नहीं किया है।

मूल	ते .अ.	अं. अ.
अरी नीच कृतघ्नते	ऐंत नीच कृतज्ञन भावमु	Oh base ingratitude
(पृ.35)	(पृ.19)	(P.87)

समीक्षा : मूल पद्य में मनु जब श्रद्धा और मृग के परस्पर स्नेह पूर्ण व्यवहार को देखता है तो उसके मन में उनके प्रति ईर्ष्या का भाव उत्पन्न होता है। इस भाव को मनु के शब्दों में इस सम्बोधन द्वारा अभिव्यक्त किया गया है। मनु उन दोनों के इस परस्पर स्नेह को अपने प्रति कृतघ्नता समझता है क्योंकि वे दोनों उसके पालन पोषण पर निर्भर है, इसलिए वह अकेला ही अपने को उसके प्रेम का अधिकारी समझता है। अतएव मनु 'नीच कृतघ्नते' कहकर उनके स्नेह युक्त व्यवहार को सम्बोधित करता है।

अंग्रेजी अनुवादक ने इस सम्बोधन का ज्यों का त्यों अनुवाद किया है। परन्तु तेलुगु अनुवादक ने इस सम्बोधन के रूप में प्रस्तुत न करके साधारण वाक्य में उस आशय को प्रकट किया है कि यह कितना नीच कृतघ्न भाव है। (ऐंत कृतघ्न भावमु)

मूल	ते .अ.	अं. अ.
नारी (पृ.45)	कोमली (पृ.85)	Oh woman (P.102)

समीक्षा: कविवर प्रसाद ने चपल बालिका में यौवन का प्रादुर्भाव होने पर उसमें लज्जा कैसे आती है इसका मनोवैज्ञानिक चित्रण करते हुए 'लज्जा' का मानवीकरण करके श्रद्धा से उसका वार्तालाप प्रस्तुत किया है। अतः 'लज्जा' नारी धर्म का सन्देश देती हुई श्रद्धा को सम्बोधित करती है। मूल पद्य में 'लज्जा' ने 'नारी' कहकर श्रद्धा को सम्बोधित किया है। अंग्रेजी अनुवाद में 'Oh Woman' के रूप में उसका शाब्दिक अनुवाद किया गया है। इसमें 'Woman' के साथ 'O' का प्रयोग उसे प्रभावयुक्त बनाता है। तेलुगु अनुवाद में इसके लिए कोमली' शब्द का प्रयोग किया गया है। 'नारी' कोमल तन और मन वाली होती है। इसे प्रकट करने के लिए और भावुकता लाने के लिए तेलुगु अनुवादक ने कोमली शब्द का प्रयोग किया है। यहाँ भावानुवाद हुआ है।

मूल	ते .अ.	अं. अ.
परे हट श्रद्धे!	कनिपिंचकु श्रद्धा	Keep thee away
(पृ.102)	(पृ.182)	(P.179)

समीक्षा : मूल का यह सम्बोधन शब्द मनु की संघर्षपूर्ण मानसिक दशा का सूचक है। मनु एक ओर श्रद्धा के अनन्य प्रेम तथा सेवा भाव से मुग्ध होकर उसका अनुमान करना चाहता है और दूसरी ओर उसके प्रति अपने किये निष्ठुर व्यवहार और श्रद्धा के उदार क्षमाशील सेवा का स्मरण करके लज्जित और व्यथित है। इसलिए एक दम उसके मन में उस पूर्व परिस्थिति का स्मरण करके व्यथित होने पर वह परे हट श्रद्धे' सम्बोधन करता है।

अंग्रेजी अनुवादक ने इसका यथातथ अनुवाद 'Keep thee away' करने का प्रयत्न किया है। परन्तु इसमें सम्बोधन शब्द नहीं है। तेलुगु के अनुवादक ने इसका वैसा ही अनुवाद नहीं किया है। 'कनिपिंचकु' (दिखायी मत दो) में परे हट' का भाव ठीक तरह से प्रकट नहीं होता । यहाँ 'श्रद्धा' तो आया लेकिन उसका सम्बोधन रूप 'श्रद्धे' नहीं आया है।

(vi) अंग्रेजी अनुवाद में लिप्यन्तरण और पुरानी अंग्रेजी शब्दों का प्रयोग

अंग्रेजी अनुवाद में कई स्थानों पर हिन्दी के विभिन्न प्रकार के शब्दों के लिए अंग्रेजी अनुवादक Latin से प्रभावित अंग्रेजी के पुराने शब्दों को अपने अनुवाद में स्थान दिया है। ऐसा करके अनुवादक अंग्रेजी अनुवाद को उसी प्रकार प्राचीन भाषा रूप से जोड़ना चाहता है जैसे कामायनी प्राचीन भाषा संस्कृत से जुड़ी हुई है। ऐसा करने से अनुवाद में भाषा की गरिमा भी आई है और आधुनिक अंग्रेजी के साथ इस प्रकार के प्रयोग उसे परिवेश निर्माण में भी उचित बनाते हैं। लेकिन सामान्य अंग्रेजी पाठक के लिए ये अंग्रेजी शब्द बोधगम्य नहीं हो सकते। क्योंकि आधुनिक अंग्रेजी से इनका प्रयोग समाप्त हो चुका है जब कि हिन्दी के साथ ऐसा नहीं है। हिन्दी की संस्कृतनिष्ठ शैली आज भी वैचारिक और श्रेष्ठ साहित्य की रचना के लिए सब से उपयुक्त माध्यम मानी जाती है। इस का एक साहित्यिक शैली के रूप में हर साहित्यकार प्रयोग करता है। हिन्दी साहित्य का पाठक अग्रेजा की इस शैली से परिचित नहीं है। अंग्रेजी अनुवाद में और इस प्रकार के शब्दों का सूची नीचे दी जा रही है।

Thou	(P.48)	Woe	(P.55)
Dost	(P.48)	Meanest	(P.52)
Wilt	(P.49)	Aye	(P.56)
Hast	(P.49)	Beneath	(P.57)
Thy	(P.49)	Bleak	(P.57)
Meek	(P.45)	Yoke	(P.58)
Hath	(P.51)	Who'rt thou	(P.67)
Mute	(P.51)	Thee	(P.73)

Lyre	(P.51)	Thyself	(P.73)
Vie	(P.51)	Did'st	(P.75)
Doth	(P.52)		

लिप्यन्तरण

मूल पाठ के कई ऐसे शब्द है जिन का अंग्रेजी अनुवाद में लिप्यन्तरण किया गया है। ये शब्द मूल रूप से पौराणिक या मिथकीय सन्दर्भो से सम्बद्ध हैं अथवा लोक संस्कृति और भारतीय जीवन से। ऐसी स्थिति में लिप्यन्तरण द्वारा शब्दों का अन्तरण अनुवाद सिद्धांत में भी स्वीकार किया गया है। लेकिन इस प्रकार की लिप्यन्तरण की छूट उसी स्थिति में दी गई है, जब वह शब्द लक्ष्य भाषा में पर्याय के रूप में उपलब्ध न हो। ऐसी स्थिति में लिप्यन्तरण के साथ साथ ऐसे शब्दों का संक्षिप्त विवरण या व्याख्या पाद टिप्पणी के रूप में देने की अनिवार्यता भी अनुवाद सिद्धान्त निर्धारित करता है। कामायनी के अंग्रेजी अनुवाद में इस प्रकार के लप्यन्तरणों के साथ इस प्रकार की कोई पाद टिप्पणी नहीं दी गई है। इसे एक प्रकार का अनुवाद दोष माना जा सकता है। क्योंकि यदि अनुवाद का पाठक सन्तरित शब्द का आशय और मन्तव्य नहीं समझ पाता तो लिप्यन्तरण का. अर्थ ही नहीं रह जाता। जैसे अनुवाद के सन्दर्भ में ही अनुवादक से यह भी सा की जाती है कि वह यह स्पष्ट करे कि उस ने अनुवाद किस प्रकार के पाठक किया है। यदि यह अनुवाद उन पाठकों के लिए किया गया है जो भारतीय तष इस प्रकार के लिप्यन्तरण उचित माने जायेंगे। लेकिन यदि यह अनुवाद राष्ट्रीय स्तर पर अंग्रेजी भाषियों के लिए है, तब निश्चित रूप से इस प्रकार के लिप्यन्तरण को दोष पूर्ण अनुवाद की श्रेणी में रखा जाएगा। अंग्रेजी अनुवादक ने यह भी स्पष्ट नहीं किया है कि उन के इस अनुवाद का पाठक कौन है ?

अतः अनुवाद समीक्षा की दृष्टि से लिप्यन्तरण के साथ व्याख्या या विवरण देने की अनिवार्यता से यहाँ इनकार नहीं किया जा सकता। इस धरातल पर इस प्रकार का अनुवाद अस्पष्ट भी हो जाता है और पूरे

कामायनी अनुवाद समीक्षा

पाठ या अनुच्छेद को समझने में बाधक बनता है। इस प्रकार के लिप्यन्तरित अंग्रेजी प्रयोग की सूची नीचे दी जा रही है।

श्रद्धा	Shraddha
काम	Kama
इड़ा	Ira
हिमालय	Himalayas
देवदारु	Deodars
मनु	Manu
वरुण	Varun
वैदिक	Vedic
साड़ी	Sari
गांधार	Gandhar
साल	Sal
स्तूप	Stupta
गंधर्व	Gandhrvas
सोम	Soma
कदंब	Kadamb
रति	Rati
किलात-आकुलि	Kilata, Akuli
कामायनी	Kamayani
केतकी	Ketaki
कालिंदि	Yamuna
गंगा	Ganga
सरस्वती	Saraswati
शिरीष	Shirisha
पपीहा	Papiha
लोध्र	Lodhra

रुद्र	Rudra
शिव	Siva
मानव	Manava
कैलास	Kailash
गौरी	Gauri
सोमरस	Soma juice
मलय	Malay breeze
मलयानिल	Malay wind
सारस्वत	Saraswat

(vii) पर्यायवाची शब्द

पर्यायवाची शब्द किसी की अभिव्यक्ति क्षमता का द्योतक होते हैं। काव्य में पर्यायवाची शब्दों के चयनात्मक प्रयोग द्वारा कवि अभीष्ट अर्थ एवं सौंदर्य में वृद्धि करता है। पर्यायवाची शब्दों के द्वारा कवि रचना में लय और छन्द को उपयुक्त बनाने का प्रयास भी करता है। 'कामायनी' में प्रसाद ने विभिन्न प्रकार के तत्सम पर्यायवाची शब्दों का चयन विभिन्न भावों को व्यक्त करने के लिए किया है। विभिन्न पर्यायों का यह प्रयोग 'कामायनी' की भाषा को व्यंजनात्मक बनाता है। 'कामायनी' में प्रयुक्त इन पर्यायों की तुलना तेलुगु और अंग्रेजी अनुवादों के साथ करते हुए यह दिखाने का प्रयास किया गया है कि सजातीय भाषा होने के कारण तेलुगु भाषा में मूल की भाँति विभिन्न प्रकार के पर्याय मिलते हैं। जबकि जातीय भाषा होने के कारण अंग्रेजी भाषा में मूल के समतुल्य पर्याय बहुत ही म मिल पाए हैं। 'कामायनी' में आए इन पर्यायों को तेलुगु-अंग्रेजी अनुवाद के साथ नीचे देते हुए उन की समीक्षा की जा रही है।

मूल : पवमान (पृ.7) समीर (पृ.10) पवन (पृ.12,13) बयार (प.की.23) मारुत (पृ.24) मलय (पृ.28) मलयानिल (पृ.31) मलयज (62) अनल (पृ.64)

ते.अ. : पवमानमु (पृ.11) मारुत (पृ.17) वायुवु (पृ.21) अनिलमु (प.23) मलय (पृ.42) तेम्मेर (पृ.46) मलय मलय मारुतमु (पृ.53) मलय पवनमु (58) मलयानिलमु (पृ.118) अनिल (पृ.120)

अं.अ. : Wind (P.47) Wind (P.51) Air (P.54) Wind (P.56) Breeze (P.70) Airs (P.72) Malay breeze (P.78) Malay wind (P.81) Malay breeze (P.127) Air (P.130)

समीक्षा : तेलुगु और अंग्रेजी अनुवादों में भिन्न भिन्न स्तर पर पर्यायों का चयन किया गया है। तेलुगु अनुवाद में मूल के कुछ तत्सम शब्दों में प्रत्यय जोड़ कर तेलुगु भाषा की प्रकृति के अनुसार शब्द निर्माण हुआ है। जैसे: पवमानमु, मारुतमु। तेलुगु अनुवाद में कुछ पर्याय मूल के ही हैं। जैसे: पवमान, मलय, अनिल आदि। पर कुछ पर्यायों के स्थान पर भिन्न पर्याय रखे गए हैं जो तत्सम भी हैं और तेलुगु के अपने भी। जैसे: समीर-मारुत, मारुत-तेम्मेर आदि। अंग्रेजी में मूल पर्याय के रूप में मात्र तीन शब्दों का प्रयोग हुआ है- Wind, Breeze और Air इनके साथ सन्दर्भानुसार एक शब्द 'मधुर मारुत' का अनुवाद 'Odours air किया गया है, जो शब्दानुवाद है। शेष स्थानों पर 'मलय' को लिप्यांतरित करके उसके साथ Wind और Breeze शब्द का प्रयोग है। इस प्रकार पर्याय के स्तर पर तेलुगु अनुवाद मूल के तत्सम शब्दों का यथावत भी लेता है, उन्हें परिवर्तित भी करता हैं और अपनी रूप रचना के अनुसार की रचना भी करता है। अंग्रेजी अनुवाद में मूल भाषा की भाँति पर्याय अधिक मात्रा में नहीं हैं। अतः वहाँ शब्दानुवाद, लिप्यंतरण, भावानुवाद सभी पद्धतियों को अपनाते हुए अनुवाद को समतुल्य बनाने का प्रयास अनुवादक करता है, लेकिन अंग्रेजी अनुवाद सन्दाभत एवं विशिष्ट अर्थ को व्यक्त नहीं कर पाता।

मूल : देव (पृ.9,9) सुर (पृ.9) विराट् (पृ.18)

ते.अ. : अमर (पृ.15) देवतलमु (पृ.16) सुर (पृ.15) प्रभु (पृ.33)

अ.अ. : Gods (P.50) Gods, Gods (P.50) Immensity (P.62)

समीक्षा : तेलुगु में जितने पर्याय शब्द मिलते हैं, उन सभी को मूल के स्थान पर प्रयुक्त किया गया है। जैसेः अमर देवतलु, प्रभु, सुर आदि। सजातीय भाषा होने से यह सुविधा है कि मूल पर्यायवाची शब्दों को लेकर या भिन्न पर्याय लेकर तेलगु में तत्सम शब्दों में विभक्ति प्रत्यय जोड़कर शब्द बनाने की क्षमता है जैसेः देवतलु। अंग्रेजी अनुवाद में इतने पर्याय नहीं मिलते। इसलिए 'God' शब्द ही मूल के प्रत्येक शब्द के प्रयोग में किया गया है। 'विराट्' के लिए 'Immensity' अनुवाद मूल में व्यक्त व्यापकता की समतुल्यता को प्रदर्शित करने में समर्थ हैं। तेलुगु में 'विराट्' का 'प्रभु' अनुवाद अर्थ स्तर पर समतुल्य नहीं है।

मूल : मही (पृ.7) धरणी (पृ.9,11, 22) धरा (पृ.11) धरती (पृ.11)
भूतल (पृ.26) भू (पृ.26) वसुधा (पृ.64) क्षिति (64) वसुधा (पृ.64)

ते.अ. : पुडमि (पृ.12) वसुंधर (पृ.16) वसुमति (पृ.20) भुवि (पृ.41)
पुडमि (पृ.20) वसुंधर (पृ.19) भुवन (पृ.48) भुवि (49) उर्रि (पृ.20)
क्षिति (पृ.20) पुडमि (पृ.124)

अं.अ. : The earth (p 48) The earth (P.50,53,69) earth (p.54)
The earth (P.53) earth (P.74,74) earth (P.131)
earth (P.130) earth (P.133)

समीक्षा : मूल में 'पृथ्वी' के लिए विभिन्न पर्यायों का प्रयोग हुआ है। तेलुगु में भी मूल की तरह विभिन्न पर्याय प्रयुक्त हुए हैं। मूल तत्सम शब्दों का यथावत् प्रयोग तेलुगु अनुवाद में किया गया है। केवल एक स्थान पर 'पुडमि' शब्द प्रयुक्त मिलता है, जो तेलुगु भाषा का अपना शब्द है। अंग्रेजी में मूल की तरह अनेक पर्यायवाची शब्द उपलब्ध नहीं है। अतः इन सभी पर्यायवाची शब्दों के लिए 'earth' शब्द का ही सर्वत्र प्रयोग किया गया है। लेकिन इस के द्वारा मूल के वे भाव स्पष्ट नहीं हो पा रहे हैं जो मूल पाठ में शब्द चयन के करण आए हैं।

मूल : तिमिर (पृ.22) अंधकार (पृ.74) तम (पृ.19,57)

ते.अ. : तिमिर (पृ.42) अंधकारमु (पृ.84) अंधकार (पृ.63) चीकटि (पृ.106)

अं.अ. : Dark (P.69) Darkness' (P.106) dark (P.64) Tenebrity (P.119)

समीक्षा : यहाँ भी तेलुगु और अंग्रेजी अनुवादों में भिन्न स्तर पर पर्यायों का चयन किया गया है। तेलुगु अनुवाद में मूल शब्द के साथ प्रत्यय जोड़कर शब्द बनाया गया है जैसे: अन्धकारमु, कुछ मूल के ही शब्द यथावत प्रयुक्त हुए है जैसे: तिमिर, अन्धकार आदि। 'तम' के लिए एक स्थान पर 'अन्धकार' और दूसरे स्थान पर तेलुगु का अपना शब्द 'चीकटि' प्रयुक्त हुआ है। अंग्रेजी अनुवाद में पर्याय नहीं है। मूल रूप से 'Dark' और 'Darkness' को ही सर्वत्र रखा गया है। 'Tenebrity' का प्रयोग भावानुवाद है जो पूरे वाक्य के भाव को लेकर रखा गया

मूल: निशा (पृ.13) रजनी (पृ.18) यामिनी (पृ.39) निशीथ (पृ.42,66) निशा (पृ.99) रजनी (पृ.100) रात (पृ.100,127) रात्रि (पृ.123)

ते.अ. रात्रि (पृ.24) रेयि (पृ.33) यामिनी (पृ.74) नडिरेयि (पृ.78,123) निशीधि (पृ.177) रेयि (पृ.179) निशीधमु (पृ.179) यामिनी (191) रेयि (पृ.208)

अं.अ.:Night (P.56) Night (P.63) Night (P.93) Night (P.97,132) Night (P.176) Night (P.177) Night (P.177) Night (185)Night (198)

समीक्षा : तेलुगु अनुवाद में भिन्न भिन्न स्तरों पर पर्यायों का चयन किया गया है। मूल के तत्सम शब्दों को यथावत् अपनाया गया है और कुछ शब्दों में प्रत्यय जोड़कर शब्द निर्माण भी किया गया है, जैसे: निशीधमु। मूल 'निशा' के लिए एक जगह 'रात्रि' और दूसरी जगह निशीधि' अनुवाद किया गया है। मूल में 'निशीध' शब्द मध्य रात्रि' को सूचित करने के लिए प्रयुक्त हुआ है। इस भाव को निकटतम समतुल्य ढंग से प्रकट करने के लिए तेलुगु अनुवादक ने तेलुगु भाषा के शब्द नडिरेयि' का प्रयोग किया (नडि-मध्य या बीच, रेयि रात) अंग्रेजी अनुवाद में केवल एक 'Night' द्वारा ही मूल के सारे पर्यायवाची शब्दों का अनुवाद किया गया

है। 'निशीथ' शब्द का शाब्दिक अनुवाद 'midnight' होना चाहिए था। लेकिन अनुवाद में 'Night' के साथ 'lone' शब्द का प्रयोग भिन्न भाव व्यक्त कर रहा है। पर्यायों की सीमा के कारण अंग्रेजी अनुवाद मूल पाठ के भावार्थ को व्यक्त कर पाने में सफल नहीं हो पाया है। इस प्रकार के अनुवाद को शाब्दिक अनुवाद का अति सीमित रूप कहा जा सकता है। जो मूल के मात्र ऊपरी या सतही अर्थ को ही प्रकट कर पाता है, उसके गूढार्थ या व्यंग्यार्थ को नहीं। जबकि इस प्रकार के पर्याय चयन के पीछे मूल लेखक का लक्ष्य विशिष्ट शब्द चयन द्वारा विशिष्ट अर्थ की सृष्टि करना होता है।

मूलः सिन्धु (पृ.7) पारावार (पृ.9) जलधि (पृ.12) जलनिधि (पृ.10,12, 31)
पयोनिधि (पृ.55) सागर (पृ.73,15) अम्बुनिधि (पृ.132) समुद्र (पृ.133)

ते.अ. पादोधि (पृ.11) वारिधि (पृ.15) वारिधि (पृ.21) कडलि (पृ.18)
जलनिधि (पृ.21) कडलि (पृ.58) जलधि (पृ.103) जलनिधि (पृ.135)
कडलि (पृ.28) जलनिधि (पृ.224) जलनिधि (पृ.226)

अं.अ. Sea (P.47) Sea (P.50) Oceanic (P.54) Flood of doom (P.52)
Deep (P.54) Sea (P.81) Flood of doom (P.117)
Sea (P.142) Sea (P.59) Ocean (P.210) Ocean (P.211)

समीक्षा : तेलुगु अनुवाद में भी विभिन्न पर्याय शब्द प्रयुक्त हुए हैं। मूल के शब्द यथावत् तेलुगु अनुवाद में प्रयुक्त है, जैसे : जलधि, जलनिधि । मूल के 'सिन्धु' शब्द के लिए 'पादोधि' शब्द का प्रयोग, 'पारावार' के लिए 'वारिधि', 'जलधि' के लिए 'वारिधि', 'जलनिधि' के लिए कुछ जगहों पर 'कडलि' शब्द का प्रयोग भी मिलती हैं। 'कडली' शब्द तेलुगु भाषा का अपना शब्द है। अंग्रेजी में मात्र तीन शब्दों का ही प्रयोग हुआ है - 'Sea', 'Ocean', 'doom'। एक जगह 'जलनिधि' का अनुवाद 'Deep' विशेषण के रूप में हुआ है, जो भावानुवाद है। 'प्रलय' के सन्दर्भ में प्रयुक्त जलधि', 'जलनिधि' का अनुवाद 'Flood of doom' भी भावानुवाद का प्रयास है।

(ग) शैली के स्तर पर

शैली के स्तर पर छायावादी काव्य युग एक विशिष्ट युग है। इस युग में कवि के मन के संस्कार भावना के उद्वेग द्वारा व्यक्त होते हैं। इसलिए इस काव्य के शब्दों म नई भंगिमा और अनुभूतियों में सूक्ष्म व्यंजना का समावेश स्वतः हो जाता है। प्रसाद ने इसलिए छायावाद को 'आन्तरिक स्पर्श से पुलकित' कहा है। इसका अर्थ ही यह है कि छायावादी रचनाएँ केवल बाह्य जीवन का आवरण नहीं है। कवि की सूक्ष्म और आन्तरिक भावनाओं को प्रकट करती हैं। ऐसा करने के लिए निश्चित ही इस युग के कवि को नवीन शैली और नये वाक्य विन्यास की आवश्यकता थी। इस के लिए इस युग के कवि ने हिन्दी शब्दों को नई भंगिमा दी। इस सन्दर्भ में प्रसाद के दो उद्धरण देखे जा सकते हैं। 'शब्द और अर्थ' की स्वाभाविक वक्रता छाया और कांति का सृजन करती है। ऐसा सृजन सिद्ध कवि ही करता है।[4]

'कवि की वाणी में भाषा या शैली लज्जा भूषण की तरह होती है। अर्थ वैचित्र्य को प्रकट करना इसका प्रधान लक्ष्य है। इन दोनों विचारों से यह स्पष्ट होता है कि छायावाद की शैली में तरल कांति भी है और वह पारदर्शी भी है। यहाँ अर्थ एकदम प्रकट नहीं होता बल्कि प्रतिभासित या व्यंजित होता है'।[5] इसीलिए इस काव्य के अनुवादक को दुधारी तलवार पर चलना पड़ता है। क्योंकि एक ओर यहाँ अर्थ वैचित्र्य, सूक्ष्म भाव, ध्वन्यात्मक गूढता, लाक्षणिकता, वक्रता, आदि परम्परागत शैली के लक्षण विद्यमान है तो दूसरी ओर इसकी भाषा ऐसी है, जहाँ अभिधा का अभाव है। प्रत्येक अनुभूति व्यंजना और लक्षणा के सहारे संचरित होती है और ये सब मिलकर छायावाद के शैली को गूढार्थ भंगिमा के साथ सामने लाते हैं। वह अपने को रीतिकालीन शब्द क्रीड़ा से मुक्त भी करती है और सन्दर्भ को उद्घाटित करने के लिए भाषा और शिल्प को नवीन अतः सौन्दर्य से बाँध कर सामने लाती है।

इस स्तर पर छायावादी काव्य शैली में जो शैलीगत वैशिष्ट्य है, उसका प्रसाद के काव्य में सर्वोत्कृष्ट स्वरूप दिखाई देता है। प्रसाद ने कल्पना को सौंदर्यमय आकार दिया है। मानव अनुभूतियों को वे प्रतीकात्मकता और भावानुकूलता के साथ व्यक्त करते हैं। इसीलिए उनकी शैली संकेतमय है। वास्तव में यह 'छाया' ही संकेत है। 'कामायनी' इस का श्रेष्ठ उदाहरण है। अनुवाद के लिए जो छिपा हुआ है जो गोपन है उसे अनूदित करना अधिक अभीष्ट है क्योंकि सुन्दरता अस्पष्ट रहती है और 'कामायनी' की रहस्यवादिता प्रमाणित हो चुकी है। इस दृष्टि से यहाँ शैली के स्तर पर कुछ स्तरों को सामने रखकर उनके तेलुगु और अंग्रेजी अनुवादों को देखने को अथवा उनकी समीक्षा करने का प्रयास किया गया है। ये वर्ग निम्नलिखित हैं:

(i) ध्वन्यात्मक आवृत्ति (ii) मानवीकरण (iii)वाक्य विचलन
(iv) मुहावरे

(i) ध्वन्यात्मक आवृति

ध्वन्यातमक आवृत्ति छायावाद युग की विशिष्ट शैली या पद्धति है। प्रसाद इस ध्वन्यात्मकता को भाषा का सौन्दर्य मानते हैं। जब कवि किसी नवीन सौन्दर्य चेतना को पहली बार व्यक्त करना चाहता है तो वह भाषा प्रयोग की सभी स्थितियों को अपना कर उनका परीक्षण करता है क्योंकि उसे एक अमूर्त भाव को हृदय की गहनतम गहराइयों में जाकर पकड़ना पड़ता है। इस प्रकार वह भाषा को नवीन हावभाव देता है। इस नवीनता का एक धरातल ध्वन्यात्मक आवृत्ति है। ध्वन्यात्मक आवृत्ति छायावाद की ही विशेषता है। ध्वन्यात्मक आवृत्ति प्रत्येक भाषा की अपनी विशेषता होती है। इसलिए इसे यथावत अनुवाद में नहीं उतारा जा सकता है। इसका यह भी तात्पर्य है कि लक्ष्य भाषा में इस प्रकार की ध्वन्यात्मक आवृत्ति उस सूक्ष्म रूप में व्यक्त हो ही नहीं सकती जिस रूप में यह मूल रचना में होती है। अनुवादक अनुवाद के धरातल पर इनके शब्दों को ही अनूदित कर पाता है या ध्वन्यात्मक आवृत्ति वाले समूह का भावानुवाद

करके ही उसे सन्तुष्ट होना पड़ता है। उदाहरण के लिए 'झर झर झरनी' में जो ध्वन्यात्मक आवृत्ति है वह स्थूल रूप में शब्द के स्तर पर, सूक्ष्म रूप में भाव के स्तर पर अनूदित हो सकती है। 'झ' ध्वनि की आवृत्ति से जो सौन्दर्य यहाँ आया है, वह अनुवादक व्यक्त नहीं कर सकता और इसीलिए इस प्रकार के प्रयोग जिस सौन्दर्य को उद्घाटित करते हैं, वह अनुवाद में नहीं आ पाता। किसी भाषा के काव्य में सौन्दर्य के कुछ मापदण्ड स्थापित होते हैं लेकिन ये मापदण्ड लक्ष्य भाषा में नहीं होते, अतः उनका सौन्दर्य भी लक्ष्य भाषा में लक्षित नहीं होता। इसीलिए सौन्दर्य का यह मापदण्ड किसी भी विजातीय या विदेशी भाषा द्वारा व्यक्त नहीं किया जा सकता। ऐसी ही स्थिति ध्वन्यात्मक आवृत्तियों की भी है। प्रसाद इसके प्रयोग में असाधारण रूप से सम्पन्न रहे हैं। यहाँ 'कामायनी' में आई उन पक्तियों को सामने रखा गया है, जिनमें ध्वन्यात्मक आवृत्ति है और फिर उसे तेलुगु और अंग्रेजी के सन्दर्भ में अनुवाद समीक्षा की दृष्टि से देखा गया है। निश्चित ही अनुवाद में इसका अन्तरण नहीं हो सका है। अतः ध्वन्यात्मक आवृत्ति को हम किसी भाषा की विशिष्ट शैली कह सकते हैं।

मूल : धंसती धरा धधकती ज्वाला (पृ.11)

ते.अ. : अणगेनु भवि पनवमु चेलरेगगा ज्वालामुखि निप्पुलु निट्ट्रर्चेनु (पृ.20)

अं.अ. : The earth a sinking was, the fire ablaze (P.53)

समीक्षा : मूल में कवि ने कविता में लय और गति लाने के लिए 'ध' अक्षर से शुरू होनेवाले शब्दों को प्रयोग किया है। इन शब्दों के द्वारा जल प्रलय के बाद की प्रकृति की भयानक परिस्थिति का वर्णन किया गया है। तेलुगु अनुवादक ने इसका भावार्थ लेकर अनुवाद किया है। अतः उसमें मूल की तरह शब्दों का ध्वन्यात्मक प्रयोग नहीं हुआ। फिर भी दूसरी पंक्ति के अन्त में प्रयुक्त निप्पुल निट्रर्चेनु' शब्द प्रयोग में मिलती है। इसमें पवनमु चेलरेगगा' (पवन के झोंको के बढ़ने से) शब्द प्रयोग अर्थ के स्पष्टीकरण के लिए किया गया है। अंग्रेजी में भी शब्द प्रति शब्द अनुवाद

किया गया है लेकिन मूल की तरह ध्वन्यात्मक आवृत्ति इसमें नहीं आ पाई है।

मूल : दिन-दिन दीन (पृ.17)
ते.अ. : दिनमोक्क युगम्मुगा (पृ.32)
अं.अ. : Dejected day by day (P.62)

समीक्षा : मूल में कवि ने जल प्रलय के बाद प्रकृति के परिवर्तित वातावरण में मनु कैसे नवजीवन की आशा लेकर जी रहे हैं, फिर भी अकेलेपन के कारण कैसी दीनता से उसके दिन बीत रहे हैं, इसका वर्णन करते हुए इन शब्दों का प्रयोग किया है। तेलुगु में इसका भाव लेकर अनुवाद किया गया है। लेकिन मूल की तरह ध्वन्यात्मक आवृत्ति का प्रयोग तेलुगु में हआ है। 'दिन-दिन दीन' के बदल 'दिनमोक्क युगम्मुगा' (दिन का एक युग की तरह) कहकर यहाँ दिन की लंबाई की सूचना दी गई हैं। अंग्रेजी में मूल की तरह अनुवादक ने लय से युक्त 'D' से शुरू होनेवाले शब्दों का प्रयोग करके Day by Day (दिन ब दिन) के रूप में अंग्रेजी अभिव्यक्ति के साथ मूल के अर्थ एवं भाषिक प्रयोग को सुरक्षित रखा है।

मूल : अग्निहोत्र, अवशिष्ट, अन्न (पृ.17)
ते.अ. : यज्ञावशिष्टमुनु (पृ.32)
अं.अ. : The remnant food of the fire sacrifice (P.62)

समीक्षा : मनु जब थोड़ी स्वस्थता और मानसिक स्थिरता प्राप्त करते है तो में हवन करने की अपनी पुरानी परम्परागत रीति याद आती है। अतः मनु अपने लिए पकाये गये अन्न का गुफा में संचित अग्नि में हवन करता हैं उसका वर्णन करते हुए इस ध्वनि आवृत्ति का प्रयोग किया गया है। यहाँ इन शब्दों में लय के साथ अनुप्रास अलंकार की शोभा भी उपस्थित है। तेलुगु में इसका अनुवाद ज्यों का त्यों प्रयोग किया गया है। मूल में अवशिष्ट, अन्न अलग अलग शब्द हैं। तेलुगु अनुवाद में इन्हें समास युक्त बनाकर 'अवशिष्टमुनु' किया गया है। तेलुगु अनुवाद में 'अन्न' शब्द लुप्त

हो गया है। अंग्रेजी में शब्द प्रति शब्द अनुवाद किया गया है। लेकिन मूल में जिस तरह का विशेष भाव और अर्थ प्रकट हो रहा है वह इस अंग्रेजी अनुवाद में स्पष्ट नहीं हो पाया है।

मूल : सिसकी सी साँस (पृ.20)

ते.अ. : रोप्पुचु रोयुचु (पृ.37)

अं.अ. : Own susurrant breath (P.65)

समीक्षा : मूल में कवि ने जल प्रलय के उपरान्त नवजीवन की आशा में अकेले बैठे मनु कैसी निराली कल्पनाएँ करते हैं और मनोहर रजनी से बातें करते है, इसका वर्णन करते हुए इस ध्वनिपूर्ण आवृत्ति का प्रयोग किया गया है। तेलुगु के अनुवादक ने थोड़ी भिन्नता रखते हुए तेलुगु प्रयोग की परम्परा के अनुसार 'रोप्पुचु रोयुचु' (हाँफते-हाँफते) के द्वारा भावानुवाद का प्रयास किया है। इसमें भी मूल की तरह पुनरुक्त शब्द का लय सौन्दर्य उपस्थित है। अंग्रेजी अनुवाद में भी शब्द सौन्दर्य लाने की दृष्टि से अर्थ थोड़ी भिन्नता होने पर भा 'susurrant' (फुस फुस की ध्वनि) शब्द का प्रयोग और इस पर बल देने के लिए 'own' शब्द का प्रयोग करने से मूल का अर्थ स्पष्टता से प्रकट हो रहा है।

(ii) मानवीकरण

किसी भी काव्य में प्रकृति उपादान बनकर प्रयुक्त होती है। प्रकृति केवल कवि को प्रेरणा ही नहीं देती, बल्कि उसके अनेक भावों को व्यक्त भी करती है। जीवन के अतिरिक्त प्रकृति में वे सारे गुण और लक्षण कवि आरोपित कर देता है जो धीरे-धीरे अपना एक अलग काव्य संसार बना लेते हैं। जैसे : फूल के साथ कोमलता, प्रेम, प्रसन्नता, सुख, काम जैसे भाव स्वतः जुड़ जाते हैं। इसी तरह आकाश, नदी, वृक्ष, पर्वत आदि भी अनेक भावों को व्यक्त करते हैं। इस प्रकार कवि के लिए प्रकृति के ये उपादान एक जड़ वस्तु न होकर उसकी अनुभूतियों के लिए व्यापक कला सामग्री का कार्य करते हैं। इसीलिए बहुत सी स्थितियों में प्रकृति के विविध रंगों, उसके परिवर्तनों को दिखाने के लिए कवि इन के साथ उन क्रियाओं

का प्रयोग करता है, जो सामान्य रूप से मानव क्रियायें मानी जाती हैं। यह पहला धरातल है, जहाँ काव्य में हमें प्रकृति का मानवीकरण दिखाई देता है। एक धरातल और भी है, जहाँ मनुष्य के भाव को प्रकृति पुष्ट करती है। मनुष्य का रोना आकाश के रोने से जुड़ जाता है। मानव का हँसना फूल के हँसने से सम्बद्ध हो जाता है और मानव मन के भीतर उत्पन्न हाहाकार हवा की चीत्कार के साथ व्यक्त होने लगता है। इस प्रकार के सह सम्बन्ध मानव और प्रकृति को तो एक दूसरे के निकट ले ही आते हैं, काव्य में इन का प्रभाव भी बहुत गहरा होता है। इस प्रकार मानवीकरण एक ऐसी प्रक्रिया है जहाँ बड़ी सहजता से प्रकृति मानव की अनुभूतियों और उसकी भावनाओं का आलम्बन बन जाती है और हमारे पूरे जीवन के साथ या काव्य के संदर्भ के साथ एकाकार हो जाती है। हर युग के साहित्य में प्रकृति का महत्वपूर्ण स्थान रहा है और आदिकाल से लेकर आज तक प्रकृति को मानवीय गुणों, भावनाओं और अनुभूतियों से साहित्यकारों ने संपृक्त किया है। मानवीकरण के पीछ समाज की अपनी मान्यतायें होती हैं। इन्हीं मान्यताओं के अनुसार वह प्रकृति के मानवीय स्वरूप को उजागर करता है। अनुवाद की दृष्टि से यह पक्ष इसलिए महत्वपूर्ण है कि प्रकृति के मानवीकरण को व्यक्त करने वाली एक पंक्ति पूरे सन्दर्भ और अर्थ को मूल पाठक के सामने अपने आप खोल देती है। यदि अनुवाद में इस स्थिति को व्यक्त न किया जाय तो अर्थ का अधिकांश पक्ष ऐसा है जो अनुवाद का पाठक अनुभव ही नहीं कर सकता। इस दृष्टि से 'कामायनी' का कुछ पंक्तियों को उनके अंग्रेजी और तेलुगु अनुवादों के साथ यहाँ देखा जा रहा है, जहाँ जीवेतर संकल्पनाओं और वस्तुओं को मानव गुणों से संपृक्त करके 'कामायनीकार' ने कुछ विशेष अर्थ सम्प्रेषित करने का प्रयास किया है।

    मूल : निर्जनता की उखड़ी साँस   (पृ.13)
    ते.अ. : निस्तब्धता वदलिन निश्वासमु   (पृ.23)
    अं.अ. : The life of lonely silence lost its breath (P.56)

समीक्षा : प्रसाद ने 'कामायनी' के चिन्ता सर्ग में मनु के चिन्ताग्रस्त होकर हिम शिखर की शीतल छाया में बैठे रहने और विगत जीवन के विविध प्रसंगों का स्मरण करके व्याकुल होने की घटना का वर्णन करते हुए अन्त में प्रकृति के वर्णन में मानवीकरण का यह पक्ष व्यंजित किया है। इसमें निर्जनता का मानवीकरण करके उसकी साँस उखड़ने का व्यंजनार्थ निर्जनता' में तेज हवा चलने के अभिधार्थ से निकला है। तेलुगु के अनुवाद में भी अनुवादक ने 'निस्तब्धता वदलिन निश्वासमु'। (निस्तब्धता की छोड़ी हुई साँस) अनुवाद किया है और मानवीकरण की मूल प्रक्रिया को ज्यों का त्यों प्रकट किया है। अंग्रेजी अनुवाद में मानवीकरण तो हुआ है। लेकिन उखड़ी साँस' का 'Lost its bearth' अनुवादकरने से दूसरा ही अर्थ प्रकट हो रहा है।

मूल : पवन मृदु साँस ले रहा (पृ.14)

ते.अ. : समीरमु श्वास पील्चुकोनुचुन्नदि हायिगा (पृ.26)

अं.अ. : A gentle exhilerating breeze was blowing (P.58)

समीक्षा : आशा सर्ग में जल प्रलय की कल्लोलित परिस्थिति के बाद की शान्त प्रकृति का वर्णन करते हुए कवि ने मानवीकरण की सृष्टि की हैं। मनु अकेले बैठे हुए प्रकृति के मनोहर दृश्यों के बारे में सुन्दर कल्पनाएँ कर रहे हैं। उन्हें ऐसा लग रहा था कि जल प्रलय का भय खत्म हो जाने के बाद अब पवन निश्चिन्त और निभय मनुष्य की तरह मृदु साँस ले रहा है अर्थात् धीरे धीरे चल रहा है। तेलुगु अनुवादक ने इसे 'समीरमु श्वास पील्चुकोनुचुन्नदि हायिगा' (पवन सुख पूर्वक सास ले रहा है) के रूप में अनूदित करके मानवीकरण को मूल की भाँति ही प्रस्तुत किया है, परन्तु आशाय की अभिव्यक्ति में थोडा-सा अन्तर आ गया है। अंग्रेजी में शब्दानुवाद किया गया है। यहाँ मूल की भाँति मानवीकरण का पक्ष प्रस्तुत नहीं हुआ है। अंग्रेजी अनुवाद में सपाट कथन है कि मृदु पवन बह रही है। यहाँ (मृदु 'gentle' के विशेषण के रूप में 'exhilerating' का प्रयोग भी सपाट कथन को कवित्वपूर्ण नहीं बना पाता।

मूल : जगी वनस्पतियाँ अलसाई (पृ.14)

ते.अ. : बडलिक तो मेल्कोन्नवि द्रुममुलु (पृ.25)

अं.अ. : Out of their slumbering drowsiness the plants (P.57)

समीक्षा : जल प्रलय के पश्चात् प्रशान्त प्रकृति के प्रभात का वर्णन करते हुए कवि ने मानवीकरण का पक्ष प्रयुक्त किया है। कवि का आशय यह है कि अलसाई वनस्पतियाँ भी प्राणियों की तरह जाग उठी हैं। तेलुगु के अनुवादक ने भी मूल की तरह मानवीकरण से युक्त शब्दों में इनका अनुवाद प्रस्तुत किया है। अंग्रेजी में शब्दानुवाद किया गया है। इसमें मूल की तरह मानवीकरण स्पष्ट रूप से व्यक्त नहीं हो सकता है

मूल : जलधि लहरियों की अंगड़ाई (पृ.14)

ते.अ. : ओडलु विरचि मुन्नीटि केरटमुलु (पृ.25)

अं.अ. : The drowsy sea waves yawned incessantly (P.57)

समीक्षा : मूल का आशय यह है कि जैसे कोई मनुष्य जागने के पहले अंगड़ाई लेता है, नीन्द की खुमारी के कारण जागने की इच्छा न होने से फिर सोने की चेष्टा करता है, वैसा ही बर्ताव समुद्र की लहरें भी कर रही हैं। तेलुगु के अनुवादक ने मूल के अनुरूप अनुवाद किया है। यहाँ मानवीकरण भी उपस्थित है। अंग्रेजी अनुवाद में शब्द प्रति शब्द अनुवाद किया गया है। परन्तु यहाँ अंगड़ाई का अनुवाद 'yawned incessantly' करने से दूसरा अर्थ प्रकट हो रहा है। 'yawned' का अर्थ अँभाई भी हो सकता है।

मूल : धराबधू संकुचित बैठी सी (पृ.14)

ते.अ.: बिडिय पड्डुचु भू वधुवु कूर्चुन्नदि (पृ.26)

अं.अ.: The earth appeared like to bashfull bride sitting (P.50)

समीक्षा : मूल का आशय यह है कि जल प्रलय के बाद समुद्र जल के उतर जाने से जो थोड़ी सी जमीन बाहर प्रकट हुई, जो समुद्र रूपी शय्या

पर सिकुड़ कर बैठी नायिका जैसी दिखती है। तेलुगु अनुवादक ने भी इसे यथावत् रीति से प्रदर्शित किया है। मूल में 'बैठी सी' के कारण मानवीकरण के साथ साथ उपमालंकार भी मिश्रित है, लेकिन तेलुगु अनुवादक ने उपमा से इस 'सी' शब्द को हटाकर केवल मानवीकरण के द्वारा ही मूल के आशय को प्रकट किया है। अंग्रेजी अनुवाद में भी मूल की तरह मानवीकरण व्यक्त है।

मूल : कुतूहल का था राज (पृ.14)
ते.अ. : अतिशयिंचे नौत्सुक्यमतनि मदि (पृ.58)
अं.अ. : Curiosity had perfect sway (P.58)

समीक्षा : जल प्रलय होने के बाद मनु समुद्र तट पर बैठे हैं और प्रशांत प्रकृति के विविध दृश्यों को देखकर उनके सम्बन्ध में हुए कल्पनायुक्त चिन्तन करते हैं। इसे प्रकट करने के लिए इस मानवीकरण की सहायता ली गई हैं। प्रातः काल फैली सूर्य किरणों से गगनतल में दृष्टिगत होनेवाले सुनहले रंग देखकर मनु कल्पना करते हैं कि कोई विराट् शक्ति सृष्टि में नया रंग भरने के लिए आकाश रूपी पात्र में हेम घोल रही है। अचानक उनके मन में यह जानने का कुतूहल जागता है कि वह कौन है'? उनके मन में कुतूहल ने एक राजा की तरह अपना अधिकार जमाया। यहाँ कवि ने कुतूहल को मनु के मन पर राज्य करने वाला राजा कहकर उसका मानवीकरण किया है। तेलुगु अनुवादक ने अतिशयिंचेनु औत्सुक्यमुअतनि मदि' (उसके मन में औत्सुक्य अत्यधिक हुआ) अनुवाद किया है। यहाँ मूल का आशय तो प्रकट है किन्तु मानवीकरण प्रस्तुत नहीं है। अंग्रेजी अनुवाद में मूल का भाव प्रकट हो रहा है और मानवीकरण भी।

(iii) वाक्य- विचलन

मूल : जल में गले गये (पृ.10)
ते.अ. : करगि लयिंचि गतिचिरि (पृ.17)
अं.अ. : They all were swallowed by the flood (p 52)

समीक्षा : जलप्लावन की विभीषिका देखकर मनु चिन्ता ग्रस्त बैठे हैं। कवि उसके बाद की परिस्थिति और प्रकृति का वर्णन कर रहे हैं। इसे सौन्दर्य और लय रूप में दिखाने के लिए कवि ने विचलित वाक्य का प्रयोग किया हैं। यहाँ मूल में 'गले गये' में विचलन हैं, 'गल जाना' क्रिया का भूतकाल गल गये' काफी है। किन्तु भाव की तीव्रता अभिव्यक्त करने के लिए चल गये' के अनुकरण पर 'गले गये' का प्रयोग किया गया है। तेलुगु अनुवाद में अनुवादक ने इसके लिए 'लयिंचि गतिंचिरि' (लय होकर गये) का प्रयोग किया है। इससे मूल का भाव भिन्न हो गया है और क्रिया का विचलन भी यहाँ नहीं हुआ है।

अंग्रेजी अनुवाद में दूसरा ही अर्थ प्रकट हो रहा हैं। मूल का आशय और अर्थ-इस में प्रस्तुत नहीं हो सका है। 'गले गये' के लिए 'Swallowed' का प्रयोग भी भिन्न अर्थ प्रकट कर रहा है।

मूल : बिछलन न हुई थी ? सच कहना (पृ.27)
ते.अ. : जारियुंड वच्चुनु नी पदगति (पृ.50)
अं.अ. : Speak in good sooth, was there no slipping then?(P.75)

समीक्षा : जलप्रलय के पश्चात् प्रकृति सुन्दरी का सम्बोधन करके उसके आगमन के सम्बन्ध में मनु स्वागत में उससे प्रश्न करते हैं। यहाँ कवि प्रसाद मनु के शब्दों में वसन्त ऋतु की मनोहर प्राकृतिक सुषमा का वर्णन प्रस्तुत करते हैं। इस प्रकृति शोभा के वर्णन को हृदयंगम बनाने के लिए मनु के वसन्त से प्रश्न करते समय 'सच कहना' कहकर विचलन को प्रस्तुत किया है। तेलुगु अनुवाद में अनुवादक ने सीधे सादे ढंग से 'जारियुंडवच्चुन नी पद गति' (तुम्हारे चरणों की गति फिसली होगी) कहकर मूल की भाव तीव्रता को विचलन के बिना सिर्फ उसके आशय के साथ प्रकट किया है।

अंग्रेजी में भी मूल के आशय को लेकर अनुवाद किया गया है। सच कहने के लिए 'Speak in good Sooth' में 'good' विशेषण इतर शब्द के रूप में रखा गया है।

मूल : हम उनके भेजे आये (पृ.48)
ते.अ. : वारि पंपुन वच्चिनारमु (पृ.90)
अं.अ. : At the instance of him we have arrived (P.107)

समीक्षा : अपनी अतिथि श्रद्धा के स्नेह से पालित पशु की मांसलता देखकर मनु के मन में उसका माँस खाने और सुख की बीन बजाने की लालसा उत्पन्न होती है। अतः वह उसको मारकर उसका मांस खाने के लिए परम्परागत यज्ञ कर्म करने का विचार करता है। किन्तु उसके मन में प्रश्न उठता है कि यह यज्ञ कर्म चलाने के लिए कौन पुरोहित बनेगा ? तभी दो असुर मित्र आकर मनु को आश्वासन देते हैं कि जिनके लिए यज्ञ किया जायेगा उनके द्वारा भेजे गये पुरोहित वे दोनों ही हैं। इसलिए वे ही इसका बीड़ा उठाएँगे। इस सन्दर्भ में असुर पुरोहितों के शब्दों में अपने आशय को संक्षेप में औप प्रभावशाली रीति से व्यक्त करने के लिए प्रसाद ने हम उनके भेजे हुए पुरोहित हैं और यहाँ यज्ञ कर्म कराने आये हैं. इन दोनों वाक्यों को मिलाकर हम उनके भेजे आये कहकर वाक्य विचलन प्रकट किया है। तेलुगु अनुवाद में अनुवादक ने 'वारि पंपुन वच्चिनारमु' (उनके प्रेषण से आये) कहकर देशी शब्द द्वारा विचलन के बिना मूल आशय की अभिव्यक्ति की है।

अंग्रेजी में शब्दानुवाद किया गया है। लेकिन यहाँ मूल का आशय दूसरे ढंग से प्रकट हो रहा है। मूल में सिर्फ 'उनके भेजे' ही है। परन्तु अनुवाद में 'At the instance of him' का प्रयोग करने से मूल का आशय ठीक तरह से व्यक्त नहीं हो पाया ।

मूल : लिये हो, पिये हो (पृ.52)
त.अ. : निंपुकोंटिवि, संतरिंचितिवि (पृ 96)

अं.अ. : Thou drink'st (P.112)

समीक्षा : मनु असुर पुरोहितों की सहायता से पशु बलि देकर यज्ञ समाप्त करते हैं। पशु बलि के बीभत्स दृश्य के अवलोकन से श्रद्धा विकल होकर अपने चन कक्ष में लौट आती है। वहाँ लेटे लेटे वह इस घटना के सम्बन्ध में क्षोभित मन सचिन और बिलखने लगती है। इस सन्दर्भ में वह चन्द्र कपाल में नील गरल का पान किए फिर भी शान्ति से बैठे परमशिव की मूर्ति की कल्पना करते हुए स्वगत कथन के रूप में इस कथन का प्रयोग करती है। प्रसाद श्रद्धा के शब्दों में विश्व कल्याण के लिए हालाहल पीकर अनन्त शान्ति से बैठे शंकर भगवान का दर्शन कराते हैं। परमशिव के गरल पान और अनन्त शान्ति का प्रभावशाली चित्र प्रस्तुत करने के लिए 'चन्द्र कपाल लिये हो' और 'कितनी शान्ति पिये हो' का प्रयोग करके शब्द विचलन प्रस्तुत किया है। तेलुगु के अनुवादक ने निंपुकोंटिवि (भर लिये हो) संतरिंचितिवि (अलंकृत किये हो) के अनुवाद द्वारा साधारण रूप में भिन्न रीति से मूल आशय को प्रकट किया है।

हिन्दी व्याकरण में + ने के साथ किया है/लिया है क्रिया का प्रयोग होता है। यहाँ इसे विचलन करके-ये कर दिया गया है।

अंग्रेजी में यह पूरा पक्ष ही केवल एक क्रिया 'Drink' द्वारा व्यक्त कर दिया गया है। तेलुगु में विचलन इसलिए सामान्य है क्योंकि तेलुगु में- ने संरचना ही मानक तेलुगु प्रयोग की संरचना है।

मूल : केवल हम, तुम और कौन है ? (पृ.54)

ते.अ. : मन मिरुवुरमे इट (पृ.100)

अं.अ. : They self and I alone, and no one else (P.115)

समीक्षा : यज्ञ में दी गई पशु बलि को देखकर श्रद्धा दुखी मन से अपने शयन कक्ष तक पहुँचती है। अपने क्षुभित मन को समझाने के लिए वह भगवान शंकर का स्मरण करती है। उस समय मनु वहाँ पहुँचकर अनुनय तथा उपालम्भ भरे शब्दों में श्रद्धा को अपने अनुकूल बनाने का प्रयास

करने लगते हैं। अपने मन की वासना की पूर्ति के उद्देश्य से वे श्रद्धा को उत्तेजित करने के लिए तथा एकान्त में मिलने के लिए इन शब्दों में संकेत देते हैं। प्रसाद ने इन शब्दों को प्रभावोत्पादक बनाने के लिए प्रश्न के रूप में नकारात्मक वाक्य प्रस्तुत किया है। यहाँ हम दोनों के सिवा और कौन है अर्थात यहाँ कोई अन्य नहीं है। तेलुगु अनुवाद में मूल की तरह नकारात्मक प्रश्न नहीं प्रकट किया गया है। 'मन मिरुवर में इट' (हम दोनों ही है यहाँ) अनुवाद सीधे ढंग से मूल का आशय प्रकट करता है।

अंग्रेजी अनुवाद में शब्दानुवाद के माध्यम से मूल आशय प्रकट किया गया है।

(iv) मुहावरे

मुहावरा वह वाक्यांश है जिसका अर्थ संरचना में निहित अर्थ से भिन्न होता है। इसका उद्देश्य होता है दैनिक वार्तालाप, साहित्य रचना में चमत्कारपूर्ण मनोरंजन लाना। प्रत्येक भाषा के मुहावरे भिन्न-भिन्न होते हैं। एक भाषा के मुहावरे का दूसरी भाषा में अनुवाद करना कठिन होता है। मुहावरे किसी भाषा की लोक संस्कृति, जीवन अनुभवों का सार होते हैं। इनसे किसी समाज के जीवन मूल्यों और रीति रिवाजों का भी पता चलता है। इसलिए मुहावरों का अनुवाद एक विशिष्ट प्रक्रिया माना गया है। जहाँ एक ओर समतुल्य अर्थ देनेवाले मुहावरों की खोज अनुवादक लक्ष्य भाषा में करता है, जैसे : हिन्दी में 'नाच न जाने आँगन टेढ़ा' के लिए अंग्रेजी में वह समतुल्य मुहावरा खोजता है और उसे 'unskilled carpenter quarrels with his tools' जैसा समतुल्य मुहावरा प्राप्त होता है। दूसरी ओर वह मुहावरे के अर्थ को या उसमें निहित मूल भाव को इसी भिन्न अभिव्यक्ति या वाक्य के द्वारा लक्ष्य भाषा में देने का प्रयास करता है जिसे हम व्याख्यानुवाद भी कह सकते हैं। सजातीय भाषाओं में कहीं कहीं कुछ समानार्थी मुहावरे भी उपलब्ध होते हैं, या उसी आशय को प्रकट करनेवाले दूसरे मुहावरे होते हैं। विजातीय भाषा अंग्रेजी में तो समानार्थी या एक ही

आशय को भिन्न प्रकार से प्रकट करनेवाले मुहावरों का मिलना असम्भव सा है। 'कामायनी' एक संश्लिष्ट और विचारात्मक काव्य है फिर भी इसमें हिन्दी मुहावरों का प्रयोग हुआ है। यहाँ 'कामायनी' में प्रयुक्त मुहावरे तथा उनके तेलुगु एवं अंग्रेजी अनुवादों के अनुवाद समीक्षा के सन्दर्भ में देखने का प्रयास किया जा रहा है।

मूल : मच जावेगी फिर अन्धेर (पृ.20)
ते.अ. : मरल चिम्म चीकट्लु क्रम्मुकोनु (पृ.37)
अं.अ. : It will create anarchic frenzy in (P.65)

समीक्षा : यह मुहावरा 'कामायनी' के आशा सर्ग में प्रयुक्त है। जल प्रलय क उपरान्त जब प्रकृति में शान्त वातावरण छा गया, तब मनु संध्या के समय समुद्र तट पर प्रकृति के मनोहर दृश्यों को देखते हुए सुन्दर कल्पनायें करते हैं। उस समय खिल खिला कर हँसती रजनी को सम्बोधित करते हुए मनु इस मुहावरे का प्रयोग करते हैं। हिन्दी में अन्धेर मच जावेगी' (अंधेर मचना) मुहावरा काफी प्रचलित है। जिसका अर्थ है अव्यवस्था फैल जाना, विपत्ति का आ जाना, दुःखों का आ जाना आदि। तेलुगु अनुवाद में इस मुहावरे का समतुल्य नहीं आ पाया है और उसका सही आशय भी प्रकट नहीं हुआ है। अनुवादक ने अन्धेर' का अर्थ भ्रम से 'अन्धकार' समझ कर चिम्म चीकट्लु (घना अन्धकार) अनुवाद कर दिया है।

अंग्रेजी अनुवाद में मुहारेदार भाषा का प्रयोग नहीं किया गया है, किन्तु भावानुवाद के सहारे यहाँ मूल का आशय प्रकट हो रहा है।

मूल : भर रहे थे कान (पृ.34)
ते.अ. : वानि मदिनि मथिंचि मुंचेनु (पृ.64)
अं.अ. : His ears were still replete exclusively (P.86)

समीक्षा : 'काम देव' के शब्दों पर मनन करते हुए मनु सूर्यास्त देखते हुए बैठे हैं। इस प्रसंग का वर्णन करते हुए कवि ने इस मुहावरे का प्रयोग किया है। तेलुगु के अनुवादक ने इस मुहावरे के समतुल्य किसी तेलुगु

कामायनी अनुवाद समीक्षा

मुहावरे न करके इसके आशय को वानि मदिनि मथिंचि मुंचेनु (उसके मन का मंथन करके उसे उस में डुबाया) कहकर भिन्न रीति से प्रकट किया है। प्रायः हिन्दी में 'कान भरना' मुहावरे का प्रयोग किसी के विरुद्ध शिकायत करने के अर्थ में हुआ करता है। इसके अर्थ में तेलुगु में 'कोंडेमुलु चेप्पुट या चाडीलु चेप्पुट' मुहावरे का प्रयोग किया जाता है।
अंग्रेजी अनुवाद में दूसरी तरह का भाव व्यक्त हो रहा है।

मूल : मन मथनेवाली पीड़ा (पृ.51)
ते.अ. : वेदन मुदित मदिनि मथिंचुचुन्नदि (पृ.94)
अं.अ. : Violently agitates the mind (P.110)

समीक्षा : मनु असुर पुरोहितों के मार्गदर्शन में यज्ञ कर्म समाप्त करके पुरोडाश के साथ सोम पान करते बैठते हैं। पशु हिंसा युक्त यज्ञ कर्म का बीभत्स पर देखकर दयालु श्रद्धा विकल होती है। उस संध्या वह शीतल चाँदनी में अकेला बैठकर अपने मन में उत्पन्न तीव्र उन्माद और वेदना की अनुभूति से पीड़ित होती है। उसकी मनोदशा का वर्णन करते हुए कवि ने इस मुहावरे का प्रयोग किया है। तेलुगु अनुवाद में इसे 'वेदन मुदित मदिनि मथिंचुचुन्नदि' (वेदना उस के मुदित मन कर रही है) के रूप में भिन्न रीति से प्रकट किया गया है। तेलुगु अनुवाद में समतुल्य मुहावरे का नहीं, अनुप्रास युक्त शब्दों का प्रयोग हुआ है।

अंग्रेजी में शाब्दिक अनुवाद किया गया है। इसमें मूल का आशय प्रकट हो रहा है।

मूल : यो मत फूलों (पृ.92)
ते.अ. : विर्रवीग रादु सुमा (पृ.165)
अं.अ. : Proud of what little thou last gained from me ? (P.167)

समीक्षा : मनु अपनी बुद्धि कुशलता के कारण सारस्वत देश की प्रजा से प्राप्त अस्त्र और यंत्र शक्ति का उल्लेख करके, उसके बदले उसकी स्वामिनी

इड़ा पर अपना अधिकार पाने की कामना प्रकट करता है। यह सुनकर इड़ा मनु को घमण्डी न बनने और वास्तविकता को पहचानने की सलाह देती हुई जो हित वचन कहती है, उस में कवि इस मुहावरे का प्रयोग किया है। तेलुगु अनुवादक ने भी 'विर्रवीगरादु सुमा' (यों फूलना उचित नहीं) कह कर मुहावरेदार शैली का प्रयोग किया है।

अंग्रेजी में सामान्य भाषा में मूल का आशय प्रकट किया गया है। यहाँ भावानुवाद हुआ है।

मूल : हाँ में हाँ न मिलाऊँ (पृ.94)

ते.अ. : अन्न दानि कवुनन लेदु (पृ.166)

अं.अ. : If I do not say yes to everything (P.167)

समीक्षा : इड़ा मनु से हित वचन कहती है। इड़ा के शब्दों में प्रसाद ने इस मुहावरे का प्रयोग किया है। तेलुगु अनुवाद में अनुवादक ने 'अन्नदानि कवुननलेदु' (तुम्हारी कही बात के लिए मैंने हाँ नहीं कहा) कहकर उपर्युक्त मुहावरे का आशय साधारण शब्दों में प्रकट किया है।

अंग्रेजी अनुवाद में भी मूल का आशय साधारण शब्दों में प्रस्तुत किया गया है।

(घ) काव्य तत्व

(i) उपमान और उपमेय

कविता में उपमान और उपमेय का प्रमुख स्थान होता है। कवि प्रकृति या भावों को सामने लाने के लिए उपमान और उपमेय का सहारा लेता है। जो वस्त प्रस्तुत है और जिसकी तुलना की जाती है उसको उपमेय कहा जाता है तथा जो अप्रस्तुत है तथा जिससे तुलना की जाती है उसे उपमान कहा जाता है। इनके द्वारा काव्य की शोभा बढ़ती है। 'कामायनी' में उपमान और उपमेय का प्रयोग काव्यार्थ एवं काव्य सौन्दर्य में सजीवता एवं प्रभावशीलता उत्पन्न करता है। इन उपमान और उपमेंयों को तेलुगु

और अंग्रेजी अनुवादों के साथ देते हुए उनकी समीक्षा करने का प्रयास यहाँ किया गया है।

मूल : आनन्द सुमन सा विकास हो (पृ.43)
ते.अ. : विकसिंचिन आनंद सुमन मदि (पृ.81)
अं.अ. : Whose happiness hath blossomed like a bloom (P.99)

समीक्षा : लज्जा श्रद्धा को अपना परिचय देते हुए तरुणी बननेवाली बालिका पर लज्जा का असर कैसे होता है यह बताते हुए ये शब्द कहती है। मूल का आशय है कि तरुणी बननेवाली बालिका के उन नेत्रों में आनन्द सुमन-सा विकसित होता है। तेलुगु के अनुवाद में तुलन नहीं आई है लेकिन मूल का आशय प्रकट हो गया है। 'सुमन मदि' (सुमना है वह) कहकर निश्चयार्थ भाव प्रकट किया गया है।

अंग्रेजी अनुवाद में तुलना भी प्रस्तुत है और मूल का भाव भी प्रकट हो रहा है।

मूल : केतकी गर्भ सा पीला (पृ.59)
ते.अ. : मोगलि रेकुल पगिदि वदनमु पालिपोयेनु (पृ.110)
अं.अ. : Her face was like a Ketaki flower pale (P.122)

समीक्षा : यह पंक्ति 'ईर्ष्या' सर्ग से ली गई है। मृगया के लिए गये हुए मनु के पुनरागमन की प्रतीक्षा में सन्ध्या समय हाथ में तकली ले बैठी श्रद्धा के लिए प्रसाद ने यह तुलना प्रस्तुत की। श्रद्धा के नतिकाल में माता बनने की सूचना देनेवाली यह उपमा प्रसाद की अनन्य प्रतिभा का निदर्शन है। गर्भवती होने के कारण उसके मुँह के पीले पड़ने की सूचना देना इसका उद्देश्य है। तेलुगु अनुवाद में अनवादक ने तुलना तो नहीं की लेकिन मूल के आशय को सुन्दर और विशिष्ट कों में 'मोगलि रेकुल पगिदि वदनमु पालि पोयेनु' (केतकी पुष्पक दलों की उसका बदन पीला पड़ गया प्रस्तुत किया है।

अंग्रेजी अनुवाद में तुलना प्रयुक्त है। किन्तु मूल का आशय स्पष्ट रूप से व्यक्त नहीं हो रहा है।

मूल : लू-सा झुलसाता (पृ.65)

ते.अ. : परुगु लिडिति वडि वडि वडगालिगा (पृ.121)

अं.अ. : Like the hot wind I have been running bleak (P.131)

समीक्षा : कामायनी के 'इड़ा' सर्ग से यह पंक्ति उद्धृत है। मनु श्रद्धा से असन्तुष्ट तथा रुष्ट होकर चल पड़े और गम्य रहित होकर बीहड़ प्रदेशों में भटकते रहे । अपने जीवन की घटनाओं तथा मनोभावों का निरीक्षण करते हुए वे इन शब्दों को स्वगत भाषण के रूप में कहते हैं। ये शब्द मनु के पश्चाताप एवं मानसिक संघर्ष के द्योतक है। तेलुगु अनुवाद में 'वडि वडि वडगालिगा' (जोर जोर से लू की तरह बनकर) तेलुगु ठेठ अनुप्रास पूर्ण शब्दों का प्रयोग किया गया है। इस में झुलसाता' शब्द का अनुवाद नहीं हुआ।

अंग्रेजी अनुवाद में तुलना प्रस्तुत है।

मूल : समाधि सा रहा खड़ा (पु.97)

ते. अ. : राज गृहमु रूपोदे समाधिगा (पु.174)

अ. अ. : Stood like a monumental sepulcher, (P.174)

समीक्षा : कामायनी के 'निर्वेद' सर्ग से यह पक्ति ली गई है। मनु द्वारा सारस्वत नगर के योद्धाओं के साथ संघर्ष के पश्चात् उस नगर की परिस्थिति का करते हुए प्रसाद ने राजभवन की दशा को इन शब्दों में प्रकट किया है। राज की चहल पहल के अभाव में वह भवन समाधि सा खड़ा दृष्टिगत हो रहा 'गु अनुवादक ने 'राजगृहमु रूपोंदें समाधिगा' (राजगृह ने समाधि का रूप किया है) कहकर मूल रूप के आशय को स्वतंत्र रूप में व्यक्त किया है।

अंग्रेजी अनुवाद में तुलना तो आ गई है, परन्तु समाधि के लिए A monumental sepulcher अनुवाद मूलभाव के निकट नहीं है।

मूल : अग्नि शिखा सी धधक रही है। (पृ.97)

ते.अ. : वेलुगु चुन्न देट्टे दुट वह्नि शिखा (पृ.174)

अं.अ.: Bright blazing was a flaming head of fire (P.174)

समीक्षा : 'निर्वेद' से यह पंक्ति ली गई है। मनु इड़ा पर बलात्कार करने की चेष्टा के उपरांत सारस्वत नगर वासियों के क्रोध का शिकार होकर घायल दशा में पड़ा है। उस समय वहाँ बैठी इड़ा का वर्णन करते हुए कवि ने तुलना प्रस्तुत की है। इड़ा शून्य राजभवन के मंडप की सीढ़ियों पर अकेली बैठी है। यह पंक्ति मंडप के बाह्य वातावरण एवं इड़ा की मनोदशा की द्योतक है। तेलुगु अनुवाद में वेलुगु चुन्न देट्टे दुट वह्नि शिखा (जल रही है सामने वह्नि शिखा) कहकर तुलना के बदले इड़ा को वह्नि शिखा से एकरूप बना दिया गया है।

अंग्रेजी अनुवाद में भावानुवाद किया गया है और तुलना नहीं की गई है।

(ii) श्लेष परक शैली

मूल : कीर्ति,दीप्ति शोभा (पृ.9)

ते. अ. : कीर्ति, दीप्ति, शोभा (पृ.15)

अं.अ. : Heroic, Genius brilliant, grace (P.50)

समीक्षा : कामायनी की 'चिन्ता' सर्ग से यह प्रयोग उद्धृत है। देवताओं के वैभव एवं विलासपूर्ण जीवन के बारे में स्मरण करते हुए मनु ने स्वगत कथन के रुप में इन शब्दों का प्रयोग किया है। कविवर प्रसाद ने अरुण (सूर्य) किरणों से इनकी तुलना की। अरुण किरणों में भी ये गुण विद्यामान होते हैं। अमरलोक में देवताओं का जीवन इन गुणों से सम्पन्न था। इनमें

प्रथम दो शब्दों में अनुप्रास की छटा है। तेलुगु अनुवाद में भी अनुवादक ने ज्यों का त्यों प्रयोग किया है।

अंग्रेजी अनुवाद में मूल की तरह तीनों शब्दों का प्रयोग करके भावानुवाद किया गया है। परन्तु मूल शब्दों की जैसी स्पष्टता प्रकट करने में यह सफल नहीं हो पाया । अंग्रेजी में केवल मूल के समतुल्य शब्द है और इनमें भी कुछ शब्दों का अंत मूल से भिन्न है। जैसे : 'Heroic' 'कीर्ति' के लिए उचित शब्द नहीं है। इसी तरह दीप्ति के लिए 'Genius' शब्द भी उपयुक्त नहीं है। क्योंकि 'Heroic' का अर्थ वीरतापूर्ण होता है और 'Genius' का 'मेधावी'। जबकि 'कीर्ति और दीप्ति' का अर्थ यहाँ भिन्न है। अतः अनुवाद केवल इन शब्दों के किसी एक सतही अर्थ को ही पकड पाता है। 'कीर्ति' का कारण केवल 'वीरता नहीं होती और न ही 'दीप्ति' केवल 'मेधा' नहीं होती है। इनके कई कारण हो सकते हैं। इसीलिए मूल में ये शब्द रखे गये हैं। 'शोभा' का अनुवाद भी 'brilliant grace' के रूप में किया गया है जो अन्य दोनों शब्दों की तुलना में अधिक सार्थक है। लेकिन ये तीनों शब्द मिलकर जो एक संश्लिष्ट अर्थ मूल पाठ को देते हैं वह अनुवाद में स्पष्ट नहीं हो पाता। मूल में एक से अधिक लगभग समान भावों विचारों को व्यक्त करने वाले शब्दों के प्रयोग इसे वे श्लेष परक बनाते हैं और मिल कर अर्थ देते हैं। जबकि अनुवाद केवल अलग अलग शब्दों तक ही सीमित रह जाता है और शब्द के स्तर पर भी केवल समतुल्य शब्दों को ही रख पाता है।

मूल : मणि रचित मनोहर (पृ.10)
ते. अ. : मणि निर्मित रमणीय (पृ.18)
अं.अ. : Bedecked with gems of purest serene (P.52)

समीक्षा : कामायनी के 'चिन्ता' सर्ग से ये शब्द उत्धृत हैं। मनु ने देवलोक में देव तथा देव कामिनियों के संयोग श्रृंगार के दृश्यों का स्मरण करते हुए स्वगत कथन के रूप में इन शब्दों का प्रयोग किया है। श्रृंगार प्रसाधन

के रूप में उपयुक्त मणि मालाएँ जल प्रलय की श्रृंखलाओं के रूप में कैसे परिणत हुई इसका वर्णन प्रसाद ने यहाँ प्रस्तुत किया है। तेलुगु अनुवादक में भी अनुवाद ने तीन तत्सम शब्दों की माला बनाकर मूल के आशय को अभिव्यक्त किया है।

अंग्रेजी अनुवाद में भी तीन शब्दों के लिए तीन शब्दों का ही प्रयोग हुआ है। परन्तु यहाँ मूल का आशय भिन्न रीति से प्रकट हो रहा है। अंग्रेजी में मणि' 'Gems' के रूप मे अनूदित है जो 'मणि' निर्मित समास को प्रिय के साथ 'with' जोड़कर प्रकट करता है। मूल में रमणीय शब्द भी स्वतः उस समास रचना के बिना किसी सम्बन्ध वाचक से जुड़ा हुआ है। इस 'रमणीय' का कोई अनुवाद भी अंग्रेजी में नहीं हो पाया है। और इन तीनों शब्दों का प्रयोजन भी सिद्ध नहीं हो पाया है, क्यों कि मूल का अर्थ निकलता है- जो 'मणि' द्वारा निर्मित और रमणीय है। जबकि अंग्रेजी अनुवाद यह अर्थ देता है कि 'मणि के साथ शुद्ध रूप में स्थित'। इन दोनों अर्थों में भेद दिखाई देता है। क्योंकि ऐसी स्थितियों में जो शब्द श्लेष परक ढंग से संयोजित किये जाते हैं उनकी व्याकरणिकता उनके भीतर छिपी रहती है। अतः विश्लेषण के धरातल पर इस प्रकार के संयोजन को पहले यदि अर्थगत स्तर पर न समझा जाय तो अनूदित पाठ में अस्पष्टता भी आ जाती है और मूल का जो अर्थ लेखक देना चाहता है, वह या तो विपरीत हो जाता है या मूल से परिवर्तित हो जाता है। ऐसी स्थिति में मूल का सौन्दर्य तो उद्घाटित हो ही नहीं सकता। इस प्रकार की संरचना की हर भाषा की अपनी विशिष्टता होती है, जिन्हें उसी संगठन और सौन्दर्य के साथ दूसरी भाषा में नहीं लाया जा सकता। अनुवादनीयता की दृष्टि से भी अनुवादक के लिए इस प्रकार की संरचना ऐच्छिक चुनौती होती है। क्योंकि यहाँ उसे प्रयुक्त शब्दों के संयोजन, उनके भीतर निहित व्याकरणिक तत्वों और उनसे उद्घाटित विशिष्ट अर्थ को समझना पड़ता और ये तत्व ही उसके लिए यहाँ अनुवादनीय बनने चाहिए न कि उन शब्दों का शाब्दिक अनुवाद जिनके संयोजन से यह संश्लिष्ट रचना निर्मित हुई है।

मूल : स्पर्श, रूप, रस गन्ध (पृ.29)
ते. अ. : स्पर्श, रूप, रस गंध सहति (पृ.55)
अं.अ. : Touch, form, taste perfume (P.79)

समीक्षा : ये शब्द कामायनी के 'काम' सर्ग से उद्धृत हैं। श्रद्धा के अतिथ के रूप में रहते हुए मनु के मन में देव लोक के पिछले मधुमय जीवन की अनुभूतियाँ पुनः जागृत होने लगती हैं। इनके फलस्वरूप उत्पन्न अपनी मनोदशा के सम्बन्ध में चिन्तन करते हुए मनु ने स्वगत कथन के रूप में इन शब्दों का प्रयोग किया है। मनुष्य की पाँच ज्ञानेंद्रियों के पाँच विषय होते हैं-शब्द, स्पर्श, रूप, रस, गन्ध। इनमें चार विषयों को सूचित करनेवाले चार शब्द मनु की मधुर अनुभूति के वर्णन में प्रयुक्त हैं। तेलुगु अनुवाद में अनुवादक ने इन चार तत्सम शब्दों का ज्यों का त्यो प्रयोग किया है।

अंग्रेजी अनुवाद में शाब्दिक अनुवाद किया गया है, जो मूल शब्दों का शाब्दिक अनुवाद है। लेकिन इनके चयन में मूल का अर्थ भिन्न है। जैसे : रूप - form, रस - taste, गन्ध -perfume. अतः इस प्रकार के अनुवाद शाब्दिक स्तर पर भी ठीक नहीं है और स्पर्श, रूप, रस, गन्ध का जो ऐंद्रिक सन्दर्भ मूल में है उसे भी ये व्यक्त नहीं कर पाते और अनुवाद को काफी कमजोर बना देते हैं। ऐसी स्थितियों में ऐंद्रिक सम्वेदना के साथ सम्बद्ध इन प्रयोगों पर पाद टिप्पणी अनुवादक को देनी चाहिए। अन्यथा 'taste' के सामान्य स्वाद' के अर्थ में, रूप को 'संरचना के घटक' के रूप में और गन्ध को 'एक सुगन्धित पदार्थ' के रूप में ही वह ग्रहण कर पायेगा और इस प्रकार का ग्रहण केवल उसे मूल के सन्दर्भ से ही दूर नहीं करेगा बल्कि उसे ऐसे अर्थ प्रदान करेगा जिसकी कोई सार्थकता नहीं है।

(iii) बिंबात्मकता

साहित्य में बिंब द्वारा कवि अपने विचारों, सौन्दर्य बोध, चिन्तन एवं अनुभूति को व्यक्त करता है। बिंब कवि की सौन्दर्यानुभूति और उसकी काव्य परक भाषा संबंधी क्षमता का परिचायक होते हैं। काव्य बिंब से

तात्पर्य है किसी वस्तु या पदार्थ का काव्य प्रत्यक्षीकरण या उसके समान चित्रण।

हिन्दी साहित्य में 'बिंब' शब्द का प्रयोग अंग्रेजी के 'इमेज' के पर्यायवाची शब्द के रूप में हुआ है। डॉ. नगेन्द्र के अनुसार बिंब का अर्थ स्पष्ट करने के लिए वास्तव में इमेज के ही शब्दार्थ की व्याख्या अपेक्षित है, क्योंकि प्रस्तुत सन्दर्भ में 'बिंब' स्वतन्त्र या मौलिक शब्द न होकर 'इमेज' का ही हिन्दी रूपान्तर है। संस्कृत साहित्य में इसका शब्दार्थ सूर्य-चन्द्र मण्डल, प्रतिध्वनि, प्रतिछाया, प्रारबिंब अथवा प्रत्यंकन रूप चित्र के रूप में मिलता है। अंग्रेजी ग्रन्थों के अनुसार 'किसी पदार्थ का मानस चित्र या मानसी प्रतिकृति, बिंब है। अंग्रेजी शब्द कोश से बिंब को किसी वस्तु की छाया, अनुकृति, सादृश्यता एवं समानता माना गया है।[6]

बिंब द्वारा कविता बोधगम्य, सरल एवं सुगम बन जाती है। बिंबात्मक प्रयोग द्वारा कवि अपने काव्य को तीन गुण प्रदान करता है। संक्षिप्तता कम से कम शब्दों में बहुत कुछ कहने की शक्ति तथा एक कथन से अनेकार्थ की सृष्टि।

डॉ. नगेंद्र के अनुसार दर्शन में बिंब से अभिप्राय, उस गोचर रूप से है. जिसके माध्यम से अगोचर तत्व अपने को अभिव्यक्त करता है। बिंब के रूप इन दोनों का सम्बन्ध प्रतिबिंब की तरह होता है अर्थात् दोनों मूलतः अभिन्न होते हुए भी भिन्न प्रतीत होते हैं। बिंब में आध्यात्मिक विचारों को सहज ग्राह्य बना देने की एक बहुत बड़ी शक्ति होती है। जिस प्रकार भाषा परस्पर समान विचारों के आदान प्रदान का साधन है, उसी प्रकार बिंब आध्यात्मिक विचारों के विनिमय का एक साधन है।

भारतीय दर्शन में ईश्वर को बिंब व जगत को उसका प्रतिबिंब माना गया है। शैवाद्वैत के अनुसार 'चेतना' ही 'स्वात्म दर्पणे भावानु प्रतिबिंब वत् आभासयति'।[7]

पाश्चात्य विचारों में कवि ब्लेक के अनुसार 'वह प्रत्येक वस्तु जिस पर विश्वास किया जाता है सत्य का 'बिंब' है'। ड्राइडन ने 'बिंब' को

कविता का प्राण तत्व स्वीकार करते हुए कहा कि 'बिंब विधान कविता की उत्कृष्टता ही नहीं उसका प्राण तत्व है'। वाड्र्सवर्थ के विचार में समस्त काव्य मानव अथवा प्रकृति का बिंब है'।

हिन्दी के आधुनिक काल में भारतेन्दु, रत्नाकार, हरिऔध एवं मैथिलीशरण गुप्त का काव्य चित्रमयता की दृष्टि से एक विशेष स्थान रखता हैं। बिंब योजना की दृष्टि से छायावादी काव्य श्रेष्ठ एवं नवीन बिंब योजनाओं से संयुक्त माना गया है। -

प्रसाद की 'कामायनी' भावों का आगार है। भावों की सुदृढ़ नींव पर ही 'कामायनी' महाकाव्य का प्रसाद खड़ा है। चिन्ता, आशा, श्रद्धा, लज्जा, काम, वासना आदि मनोभावों का कवि द्वारा सफल मूर्तीकरण हुआ है।

जैसे : व्रीडा यह चंचल कितनी, विभ्रम से घूंघट खींच रही
छिपने पर स्वयं मृदुल कर से क्यों देरी आँखें मींच रही
(काम सर्ग, पृ.28)

'कामायनी' में चित्रित बिंब को यहाँ अनुवाद समीक्षा के सन्दर्भ में सजातीय भाषा तेलुगु और विजातीय भाषा अंग्रेजी अनुवादों के साथ समीक्षा करने का प्रयास किया गया है। स्रोत भाषा में जो बिंब संघटन है उसे लक्ष्य भाषा में अनूदित नहीं किया जा सकता। इसलिए अनुवादक बिम्बों का अनुवाद करते समय शब्दानुवाद का ही सहारा लेता है। बिंब की भाषा संश्लिष्ट है। उसमें चित्रित सौंदार्यानुभूति चिन्तन व काव्य भाषा की क्षमता को अनूदित पाठ में प्रस्तुत करना कठिन है चाहे वह सजातीय भाषा तेलुगु हो या विजातीय भाषा अंग्रेजी।

मूल हिमगिरि के उत्तुंग शिखर पर, बैठ शिला की शीतल छाँह,
एक पुरूष, भीगे नयनों से देख रहा था प्रलय प्रवाह। (पृ.7)
ते. अ. :उत्तरमुन उत्तुंग हिमाचल शिखर शिलातल शीतल सीमल
कनुलु चेम्मगिल कांचुचुंडे नोक पुरुष डेवडो प्रलयांबु पूरमुनु(पु.11)

कामायनी अनुवाद समीक्षा

अं.अ. : Upon the Himalaya's lofty peak
In the cool shade of an overhanging cliff
A person sat who with wet eyes surveyed
The flowing current of the Flood of Doom   (P.47)

समीक्षा : कवि प्रसाद ने हिमगिरि शिखर पर चिन्ता ग्रस्त बैठे मनु के पात्र का बिंब अपने काव्य रूपी रंगमंच पर प्रस्तुत करते हुए 'कामायनी' का आरंभ किया है। भीगे नयनों से प्रलय प्रवाह का अवलोकन करते हुए मनु का सजीव बिंब चित्रण करने में कवि अत्यन्त सफल हुए हैं। तेलुगु अनुवाद में अनुवादक ने इस बिंब का यथातथा चित्रण प्रस्तुत किया है। यह बिंब पाठकों में कुतूहल की सृष्टि भी करता है।

अंग्रेजी अनुवाद में मूल की तरह बिंब का चित्रण प्रस्तुत किया गया है जहाँ शब्दानुवाद द्वारा मूल बिंबात्मकता अंग्रेजी में लाई गई है।

मूल : आह वह मुख! पश्चिम के व्योम बीच जब घिरते हों घनश्याम,
अरूण रवि-मंडल उन को भेद दिखाई देता हो छविधाम (पृ.21)

ते. अ. : पश्चिमाद्रि पयि नील जलदमुलु गुमिकूडग भेदीं वानिनि।
वेडलु अरुण रवि मंडलमुन शोभिल्ल चुन्नदा मुखमंडल रुचि।
(पृ.40)

अं.अ. : Ah, that visage ! when in the western sky,
Dark, Sable clouds do congregate in crowds,
The Golden radiance of setting sun
Empierces them and the whole scene revels
The House magnificent of Beauty bright;   (P.68)

समीक्षा : जल प्रलय के शान्त होने के पश्चात् समुद्र तट पर तरुण जैसे बैठे मनु के सम्मुख श्रद्धा के उपस्थित होने पर उसके अलौकिक सौन्दर्य के अवलोकन से आश्चर्य चकित मनु की अनुभूति के वर्णन के रूप में प्रसाद ने श्रद्धा के मुख का यह बिंब चित्रित किया है। पश्चिम व्योम में श्यामघनों से परिवन अस्तादिगाप्पी अरुण रवि मण्डल के साथ श्रद्धा के

मुख मंडल का बिंब प्रस्तुत करने में प्रसाद की कला अपूर्व है। तेलुगु के अनुवाद में यद्यपि मूल में चित्रित आश्चर्यान्वित दिग्भ्रांति का भाव उपस्थित नहीं किया गया तदापि उत्प्रेक्षा के रूप में इसका प्रभावात्मक चित्र प्रस्तुत किया गया है। अंग्रेजी अनुवाद में मूल की तरह ज्यों का त्यो बिंब सामने आता है।

मूल : मनु बैठे ध्यान-निरत थे उस निर्मल मानस-तट में,
सुमनों को अंजलि भर कर श्रद्धा थी खड़ी निकट में
(पृ.132)

ते. अ.: स्वच्छ मानस तीरमुन मनु वुंडे ध्यान परायणुंडयि
चेतने कुसुमांजलिनि समकूर्चु कोनि सति श्रद्धा निलचेनु ।
(पृ.224)

अं.अ.: Manu in concentration sat immersed
Upon the margin of that Limpid lake;
And Shradha stood in the Vicinity,
Her hands were joined and full of votive flowers. (P.210)

समीक्षा : मानस सरोवर तट पर ध्यान निरत बैठे मनु एवं उनकी सेवा में निमग्न श्रद्धा का वर्णन करते हुए कवि प्रसाद ने इन पंक्तियों में उनका मनोहर बिंब उपस्थित किया है। कैलासनाथ परमशिव एवं पार्वती का स्मरण दिलानेवाला यह बिंब पाठकों के चित्त पर गहरा असर डालता है। तेलुगु अनुवाद में इस बिंब का यथावत् सुन्दर चित्रण किया गया है। अंग्रेजी अनुवाद में भी मूल की तरह ही बिंब शब्दानुवाद के माध्यम से प्रस्तुत होता है।

(iv) प्रतीक योजना

प्रतीक से हमारा तात्पर्य उस शब्द विशेष से है जो किसी भाव अथवा विशेषता का द्योतन कराने के लिए जन समाज में परम्परा तथा रूढि के कारण प्रचलित हो गया है। प्रतीक योजना की महत्ता के बारे में

डॉ. रामकुमार वर्मा का यह मत नितांत उपयुक्त है कि 'जब लेखक अपनी भावना और भाषा को सामानांतर नहीं पाता है, तो वह ऐसी कलात्मक युक्ति की खोज करता है, जो उस की अनुभूति को सफलतापूर्वक व्यक्त कर चिरस्थायी बना सके। प्रतीकों की भाषा एक ऐसी ही शक्ति है, जिसे कुशल लेखक अपनी अनुभूतियों की अभिव्यक्ति को व्यापक एवं पूर्ण बनाने के लिए प्रयुक्त करता है।[8] इसका तात्पर्य यह है कि भावों की सफल अभिव्यक्ति के लिए प्रतीक अत्यन्त काव्योपयोगी उपकरण है। आधुनिक साहित्य में फ्रांस के मेलार्मे आदि कवियों के समर्थन से प्रतीकवादी आंदोलन का विकास हआ है। जिसके अनुसार प्रतीक को काव्य जगत् की एक मात्र सत्यवस्तु माना गया है।[9]

प्रतीक सिद्धान्त की मूलभूत इकाई प्रतीक' है। प्रसिद्ध प्रतीक शास्त्री पीयर्स के अनुसार प्रतीक वह वस्तु है जो किसी के लिए किसी अन्य वस्तु के स्थान पर प्रयुक्त होता है। प्रतीक संरचना की दृष्टि से स्थिति तथा मनोभावों को और प्रखर बनाते हैं। ये मूर्त और अमूर्त को भी प्रखर बनाते हैं। इसके द्वारा मंतव्य आसानी से व्यक्त हो जाता है। कवि अपने मनोभावों को व्यंग्य और चमत्कार पूर्ण रीति से अभिव्यक्त करने के लिए कविता में प्रतीकों का सहारा लेता है।

हिन्दी की आधुनिक काव्य दारा छायावादी एवं रहस्यवादी कविता में पाश्चात्य कवि शेली, कीट्स के 'Symbolism' के अनुकरण पर प्रतीकात्मकता स्वीकृत की गई है। अनुवाद में प्रतीक सिद्धान्त का महत्वपूर्ण स्थान है।

प्रतीक सिद्धान्त के सन्दर्भ में यह भी कहा जा सकता है कि मूल भाषा का पाठ अपनी प्रकृति में प्रतीकबद्ध होता है। प्रतीकबद्ध होने के कारण उसमें काथ्य और अभिव्यक्ति का अंतरंग समन्वयन होता है। प्रतीक पद्धति द्वारा भावों की पूर्ण अभिव्यक्ति तो हो जाती है, किन्तु इन की गूढता के कारण भाषा के जटिल होने से अनुवाद करते समय अनुवादक को कठिनाई होती है। अपने शाब्दिक अर्थ को छोड़ कर सर्वथा नवीन अर्थ की

प्रतीति कराने के कारण इन के द्वारा अर्थ ग्रहण करते समय अनुवादक को गम्भीरता की भूमि पर उतरना पड़ता है। किन्तु कुशल कवि इन के जटिल प्रयोगों को प्रामाणिकता देने के स्थान पर सरल रूपों का व्यवहार करके काव्यगत प्रेषणीयता में वृद्धि करते हैं। इसके बारे में डॉ. नगेन्द्र का विचार इस प्रकार है: "प्रतीकात्मकता वैसे तो अतिवस्तुवाद आदि के आश्रित होने के कारण अत्यन्त जटिल और सूक्ष्म वृत्ति है, परन्तु अमूर्त भावनाओं को मूर्त रूप देने के लिए इसका सरल रूप में भी समर्थ कवि प्रयोग करते हैं।"[10] अतः छायावादी युग प्रवर्तक महाकवि प्रसाद ने इस तथ्य को रक्षा का पूर्ण प्रयास किया है। 'कामायनी' के परम्परागत प्रतीक निश्चय ही सरल रूप में प्रस्तुत किये गये हैं।

कामायनी में मानव सृष्टि के विकास का स्थूल इतिवृत्त प्रस्तुत करने के अतिरिक्त मनस्तत्व का विवेचन भी किया गया है। एक ही काव्य के माध्यम से द्विविध अर्थों की यह प्रस्तुति उसी दशा में सम्भव हो सकती थी जब उसके पात्रों तथा घटनाओं का व्यक्तित्व भी दो प्रकार का होता है एक तो सामान्य व्यक्तित्व तथा दूसरा प्रतीकात्मक। कामायनी के चरित्रों एवं घटनाओं में ये दोनों विशेषताएँ हैं। उदाहरण के लिए श्रद्धा, इड़ा, मनु तथा आकुलि किलात नामक पात्र अपने लौकिक व्यक्तित्व के साथ-साथ क्रमशः हृदय, बुद्धि, मन एवं आसुरी वृत्तियों के प्रतीकार्थों की व्यंजना भी कर रहे हैं। इसके अलावा कामायनी में घटनाएँ भी प्रतीकात्मक है। उदाहरण के लिए मनु द्वारा इड़ा के साथ बलात्कार का प्रयत्न और इस प्रयत्न के परिणाम स्वरूप मनु और सारस्वत नगरवासियों के मध्य होने वाले युद्ध का प्रतीकार्थ यह है कि यदि मानव-मन (मनु) विश्वासमयी रागात्मिकता वृत्ती (श्रद्धा) की सर्वथा उपेक्षा करके बलपूर्वक बौद्धिकता (इड़ा) को अंगीकार करने का प्रयास करेगा तो उसके मन में निश्चय ही अंतर्द्वंद्व का समावेश हो जाएगा। 'कामायनी' के पात्रों और घटनाओं में इस प्रकार के प्रतीकार्थों की उपलब्धि को देखते हुए डॉ. ब्रजकिशोर का कहना है कि 'कामायनी' तो पूरा काव्य ही प्रतीक शैली में लिखा गया है। सारे पात्र

प्रतीक है। कितने ही दृश्य प्रतीक हैं और घटनाएँ भी प्रतीक रूप में चित्रित हुई हैं।[11]

यहाँ हम 'कामायनी' में प्रयुक्त प्रतीकों को दो वर्गों में रख कर देखने जा रहे हैं। एक तो रुढ़ प्रतीक और दूसरे कवि निर्मित अथवा स्वच्छन्द प्रतीक। प्रस्तुत अध्ययन में अनुवाद समीक्षा के आधार पर सजातीय भाषा तेलुगु और विजातीय भाषा अंग्रेजी दोनों भाषाओं के अनुवादों की समीक्षा करने का प्रयास किया गया हैं।

रूढ़ प्रतीक : इसके अन्तर्गत बहुप्रचलित अथवा परंपरागत प्रतीकों की गिनती की जाती है। जैसे:

मूल : मुझ को काँटे ही मिले धन्य हो सफल तुम्हें ही कुसुम-कुंज (पृ.63)

ते. अ. : कंटकमुलनु कांचि बेदरनु नीवु विरुलकु मुरियुचुंडुमु (पृ.119)

अं.अ. : Let thorns alone me meet, I shall be blust
I wish thee in thy bower of blooms success (P.129)

समीक्षा : श्रद्धा के प्रति ईर्ष्या का भाव अभिव्यक्त करते हुए मनु श्रद्धा से ये शब्द कहता है। इनमें 'कांटे' शब्द काष्टों का, 'कुसुम कुंज' शब्द सुख समुदाय का प्रतीक है। तेलुगु अनुवादक ने 'कांटे' के लिए कंटकमुलनु' (कांटों को) 'कुसुम कुंज' के लिए 'विरुलकु' (फूलों को) कहकर मूल के प्रतीकों का ज्यों का त्यों अनुवाद प्रस्तुत किया है। अंग्रेजी में प्रतीकों का शब्दानुवाद तो किया गया है लेकिन मूल भाव और अर्थ स्पष्ट नहीं हो रहा है।

मूल : बुझ न जाय वह सांझ-किरन सी दीप-शिखा कुटिया की,
शलभ समीप नहीं तो अच्छा, सुखी अकेले जले यहाँ। (पृ.76)

ते. अ. : सांध्य किरणमु वले लयिंचक वेलुगवले पूरिट दीपमु
शलभ मिट करुदेंचकुन्ननु एचट नो सुखमुन्न चालुनु। (पृ.140)

अं.अ. : So that taper's flame with in this cot

> May not extinguished be like evening rays,
> This all right if there are no moths anigh
> It will in lonely bliss burn undisturbed.   (P.147)

समीक्षा : मनु के वियोग में जलने वाली श्रद्धा इन पंक्तियों के द्वारा स्वगत कथन के रूप में अपनी आकांक्षा अभिव्यक्त करती है। इनमें 'दीपशिखा' शब्द 'श्रद्धा' के लिए तथा शलभ' शब्द 'मनु' के लिए प्रतीकात्मक रूप में प्रयुक्त हुए है। तेलुगु अनुवाद में 'दीप और शलभ' कहकर तत्सम शब्दों में अनुवाद करके प्रतीकात्मकता को प्रदर्शित किया गया है। अंग्रेजी में 'दीपशिखा' का 'taper's flame' अनुवाद किया गया है। और 'शलभ' का 'moths' मूल में जिस तरह की भावना प्रकट हो रही है वह अनुवाद में नहीं आ पाई।

कामायनी शैव दर्शन की प्रतीक काव्य है। इस कारण इसमें शैव मत के प्रतीकों का आना स्वाभाविक है। प्रसाद भी स्वयं-शिव उपासक थे। इस सम्बन्ध में आचार्य नन्द दुलारे वाजपेयी का कहना है कि उन्हें शिव सम्बन्धी भारतीय दर्शन की निष्पत्तियाँ बड़ी प्रिय थीं। शंकर से सम्बन्ध रखने वाले पौराणिक प्रतीकों को प्रसाद बड़ी रुचि और मनोयोग से समझने और समझाने की चेष्टा करते थे'।[12] निम्नलिखित प्रतीकात्मक शब्दावली शैव दर्शन से ही सम्बद्ध है। कोष्टक में उनका अर्थ दिया गया है।

मूल	ते. अ.	अं.अ.
गोलक (पृ.125) (ज्योतिषपिंड दार्शनिक अर्थ)	वलयमु (पृ.212)	Globe (P.201)
अणु (पृ.126) (तुच्छ जीव) (दा.अ.)	अणु (पृ.212)	Atoms (P.201)

समीक्षा : मूल प्रतीक के दोनों अनुवादों में शाब्दिक अनुवाद किया गया हैं।

मूल : भूमा (पृ.24) (सामरस्य की स्थिति) (दा. अ.)

ते.अ. : भवुनि (पृ.45)
अं.अ. : God (P.72)

समीक्षा : मूल प्रतीक शब्द के पर्यायवाची शब्द को तेलुगु अनुवाद में प्रयुक्त किया गया है। अंग्रेजी में 'God' शब्द रखा गया है यहाँ भावानुवाद किया गया है। दोनों अनुवादों में दार्शनिक अर्थ स्पष्ट नहीं हो रहा है। भारतीय संस्कृति में देवताओं के विभिन्न नाम है। अंग्रेजी में 'God' कोई भी हो सकता है। मूल की तरह शैव दर्शन का प्रतीक यहाँ समझ में नहीं आ रहा है।

मूल : अधिकार (पृ.24)
ते.अ. : अनूदित नहीं हुआ (पृ.45)
अं.अ. : Claim (P.72)

समीक्षा : मूल के प्रतीक शब्द का तेलुगु में अनुवाद नहीं हुआ । अंग्रेजी अनुवाद में भावानुवाद किया गया है।

मूल : कारण जलधि (पृ.24) (अहं) (दा.अ.)
ते. अ. : वाराशि (पृ.45)
अं.अ. : Sea Commotion's cause (P.72)

समीक्षा : मूल प्रतीक शब्दों में तेलुगु अनुवाद में 'कारण' का अनुवाद नहीं किया गया है, 'जलधि' का 'वाराशि' (समुद्र) अनुवाद किया गया है। यह भावानुवाद है। अंग्रेजी में जलधि का Sea Commotion और 'कारण' का 'cause' अनुवाद किया गया है। यह भी भावानुवाद है।

(V) अलंकार

'अलंकारोति इति अलंकारः' 'काव्य शोभाकरान् धर्मान् अलंकारान्प्चक्षते' कहकर हमारे प्राचीन काव्यशास्त्रियों ने काव्य शोभाकारी तत्वों को 'अलंकार' कहा। अलंकारों के प्रयोग के कारण कवियों की

भावाभिव्यक्ति में स्पष्टता, चमत्कार एवं मनोज्ञता का समावेश होता है। मम्मट जैसे साहित्याचार्यों ने अलंकार को काव्य की आत्मा भी कहा। ये अलंकार शब्द चमत्कार तथा अर्थ सौन्दर्य की प्रधानता की दृष्टि से शब्दालंकार और अर्थालंकार नामक दो विभागों में बाँटे जाते हैं। कुशल कवि अपनी रचना में, यथा रीति, से प्रसंगानुकूल अलंकारों का प्रयोग किया करते हैं। महाकवि प्रसाद ने कामायनी काव्य में अत्यन्त चतुरता एवं कल्पना कुशलता के साथ इन अलंकारों का प्रसंगानुकूल प्रयोग किया है। अनुवाद समीक्षा के सन्दर्भ में तेलुगु और अंग्रेजी अनुवादों की समीक्षा करने का प्रयास किया गया है। कुछ प्रमुख अलंकारों के उदाहरण यहाँ प्रस्तुत किये जा रहे हैं।

शब्दालंकार

अनुप्रास

मूल : कोकिल की काकली वृथा ही अब कलियों पर मँडराती (मू.पृ.75)

ते. अ. :व्यर्थमुगा विनिपिंचनदि मुकुलमुल पयि पिक मंजुल द्वनि (पृ.138)

अं.अ.: The cuckoo's notes melodious were in vain
Hovering impassioned over the budded blooms (P.145)

समीक्षा : 'कामायनी' के 'स्वप्न' सर्ग से ये पंक्तियाँ ली गई हैं। इसमें 'क' अक्षर की कई बार आवृत्ति होने से वृत्यानुप्रास अलंकार है। तेलुगु अनुवाद में अलंकार युक्त शैली में इसका सुन्दर प्रयोग किया गया है।

अंग्रेजी अनुवाद में भावानुवाद प्रयुक्त है।

यमक

मूल : विश्व खेल है खेल चलो (पृ.104)

ते. अ. : ई भुवनमु लीला निलयम्मनि (पृ.187)

अं.अ. : Taught me that the big universe is play (P.182)

समीक्षा : यह पंक्ति 'निर्वेद' सर्ग में आई है। इसमें 'खेल' शब्द का दो बार दो अर्थों में प्रयोग होने से यहाँ यमक अलंकार है। तेलुगु अनुवाद में इसका छेक अनुप्रास युक्त शैली में अनुवाद हुआ है यमक का नहीं। अंग्रेजी अनुवाद में भिन्न रूप में अनुवाद किया गया है। मूल के अर्थ और भाव में भी भिन्नता आ गई है।

श्लेष

मूल : इन्द्रनील मणि महा चषक था सोम रहित उलटा लटका (पृ.14)

ते. अ.: इंद्रनील मणि खचित पात्र बोलिचि रेवरो सोम रिक्त मनिताको (पृ.26)

अं.अ. : The sapphire sky was a vast chalice void
of some juice and hanging upside down (P.58)

समीक्षा : यह पंक्ति 'आशा' सर्ग से ली गई है। इसमें 'सोम' शब्द का सोम रस' और 'चन्द्र इन दो अर्थों में प्रयोग होने से यहाँ श्लेष अलंकार है। तेलुगु अनुवाद में भी मूल की तरह प्रयुक्त होने से श्लेष अलंकार सुरक्षित है। अंग्रेजी अनुवाद में शाब्दिक अनुवाद किया गया है।

विशेषण विपर्यय

मूल : छूटती चिनगारियाँ उत्तेजना उद्भ्रान्त
धधकती ज्वाला मधुर, था वक्ष विकल अशान्त (पृ.39)

ते. अ.: निप्पुरव्वलु लेचिनवि उत्तेजनमु लुभ्रांति देनु
ज्वाल चल्लग रगुल्कोन्नदि, ताळलेक चलिंचे वक्षमु (पृ.74)

अं.अ. : The sparks of passion darted forth abroad Erratic
with excess,
A sweetening fire rose flaming and the heart
Uneasy, restless throbbed (P.93)

समीक्षा : यह पंक्ति वासना' समग्र से ली गई है। प्राचीन काव्यशास्त्र के अलंकारों में यह विद्यामान नहीं है। पाश्चात्य साहित्य के ट्रान्सफर्ड एफिथेट

(Transford Epithet) के अनुकरण पर छायावादी कविता में इसका प्रयोग प्रचलित हुआ । विशेषण शब्द का जहाँ प्रयोग होना चाहिए वहाँ न करके विशेष आकर्षण की दृष्टि से अन्यत्र उसका प्रयोग किया जाय तो वह विशेषण विपर्यय अलंकार कहलाता है। इस उदाहरण में विकल विशेषण वक्ष संज्ञा के साथ किया गया है। विकलता का अनुभव केवल वक्ष नहीं करता, मनुष्य करता है। इसलिए यहाँ मनुष्य के बदले वक्ष के साथ विकल विशेषण का प्रयोग होने से विशेषण विपर्यय अलंकार है। तेलुगु अनुवाद में भी 'चलिंचे वक्षमु' कहकर 'विकल' विशेषण के बदले 'चलिंचे' क्रिया का प्रयोग होने से विशेषण विपर्यय अलंकार दृष्टिगत नहीं होता ।

अंग्रेजी अनुवाद में 'वक्ष' के भावानुवाद को 'heart' के रूप में प्रस्तुत करके अलंकार पक्ष की उपेक्षा की गई है।

अर्थ-ध्वनन

मूल : हाहा कर दुग्ना क्रंदनमय कठिन कुलिश होते थे चूर (पृ.11)

ते. अ. : हाहारव माक्रंदन मय्येनु कठिन कुलिशमुलु पोडि पोडि यय्येनु (पृ.19)

अं.अ. : A wild uproar of lamentation swelled,
Hard bolts of thunder from the blue were hurled (P.53)

समीक्षा : ये पंक्ति 'चिन्ता' सर्ग से ली गई है। यह अलंकार पाश्चात्य काव्य शास्त्र द्वारा मान्य एक प्रसिद्ध अलंकार है। इसमें ध्वन्यानुकरण शब्दों के द्वारा अर्थ की अभिव्यक्ति की जाती है। प्रस्तुत उदाहरण में 'हा-हाकर' ऐसा ही शब्द है। अतः यहाँ अर्थ ध्वनन अलंकार है। तेलुगु अनुवाद में भी हा-हारव शब्द प्रयोग द्वारा इस अलंकार का समावेश हुआ है।
अंग्रेजी अनुवादक इसका 'A wild uproar' के रूप में भावानुवाद करता है जिसस काव्य सौन्दर्य का अलंकारिक पक्ष अनुवाद में नहीं आ पाता।

अर्थालंकार

उपमा

मूल : तरुण तपस्वी-सा वह बैठा (पृ.7)

ते. अ. : तरुण तापसुनि करणि वानि छवि (पृ.11)

अं.अ. : He sat envisaging the death of gods (P.47)

समीक्षा : यह पंक्ति 'चिन्ता' सर्ग से ली गई है। हिमगिरि शिखर पर बैठे मनु का इसमें वर्णन है। यहाँ 'वह' (मनु) उपमेय है। 'तरुण तपस्वी' उपमान है। 'सा' वाचक शब्द है। तेलुगु अनुवाद में मूल की तरह उपमालंकार प्रयुक्त है।

अंग्रेजी में भावानुवाद किया गया ।

रूपक

मूल : आह ! घिरेगी हृदय लहलहे खेतों पर करका घन-सी ।(पृ.8)

ते. अ.: आवरिंचि हृदयालवालमुनु पंट चेलपयि प्रलय जलद मट्टु (पृ.13)

अं.अ. : Oh, like a thunder cloud thou wilt hang o'er
The teeming smiling fields of human bliss (P.49)

समीक्षा : यह पंक्ति 'चिंता' सर्ग से ली गई । इसमें कवि प्रसाद ने चिंता के वर्णन में रूपकालंकार का समावेश किया है। हृदय उपमेय की लहलहे खेत उपमान के साथ एक रूप करके हृदय रूपी लहलहे खेत के अर्थ में यह प्रयुक्त है। तेलुगु अनुवाद में हृदय आलवालमु पंट चेल पै' हृदय आलवाल रूपी फसल वाले खेतों पर कहकर इस रूपक का प्रयोग किया गया है।

अंग्रेजी अनुवाद में भावानुवाद किया गया है।

उत्प्रेक्षा

मूल : दे रहा हो कोकिल सानंद सुमन को ज्यों मधुमय संदेश (पृ.23),

ते. अ.: कोकिलम्म सुमनमुनकु तिय्यनि संदेशमु विनिपिंचुचुन्नदन (पृ.43)

अं.अ. : As though a cuckoo were delightingly
Giving to buds sweet message of the sprin (P.70)

समीक्षा : यह पंक्ति 'श्रद्धा' सर्ग से ली गई है। जलप्लावन होने के बाद नवागत श्रद्धा द्वारा चिंता ग्रस्त बैठे मनु को सन्देश देने की घटना का वर्णन करते हुए कविवर प्रसाद ने इस उत्प्रेक्षा अलंकार को उपस्थित किया है। श्रद्धा पर, कोकिल का, मनु पर सुमन का आरोप करके उसे मधुमय सन्देश देने की सुन्दर उत्प्रेक्षा यहाँ की गई है। तेलुगु अनुवाद में मानो कोकिला सुमन को मधुमय सन्देश सुना रही हो कहकर उपर्युक्त उत्प्रेक्षा का अनुवाद किया गया है।

अंग्रेजी में मूल के इस भाव को 'As though' से पंक्ति का प्रारम्भ करके इसे सुरक्षित रखने का प्रयास अनुवादक ने किया है।

(च) प्रोक्ति

वाक्य को भाषा की आधारभूत और सबसे बड़ी इकाई माना जाता रहा है। वास्तव में भाषा का मूल व्यापार सम्प्रेषणीयता है। सम्प्रेषणीयता का अभिप्राय है- वक्ता का मंतव्य। इस मंतव्य को भाषिक अभिव्यक्त देना श्रोता द्वारा वक्ता के इस मंतव्य को समझाना सम्प्रेषणीयता का साध्य है। इस प्रकार का सम्प्रेषण केवल वाक्य द्वारा सम्भव नहीं हो सकता। इसीलिए आधुनिक भाषा विज्ञान वाक्य को भाषा की महत्तम इकाई नहीं मानता। वह सम्प्रेषणीयता के लिए एक ऐसी इकाई की आवश्यकता की बात करता है जो वाक्य से ऊपर के स्तर का हो। वक्ता के सन्देश तथा श्रोता तक उस सन्देश को सम्प्रेषित करनेवाले भाषिक-व्यापार को भाषा विज्ञान वाक्योपरि स्तर का मानता है तथा इस वाक्योपरि स्तर की सार्थक इकाई को 'प्रोक्ति' या 'पाठ' की संज्ञा प्रदान करता है।

वाक्योपरि स्तर की इस इकाई की मान्यता से व्याकरण की एक नई संकल्पना सामने आई जिस का अध्ययन आज दो रूपों में किया जा रहा है- एक 'प्रोक्तिविश्लेषण' और दूसरा 'पाठ विश्लेषण'।

सामाजिक अर्थों, कार्य व्यापारों और वाक्यों के बीच के सम्बन्धों को प्रोक्ति और इन के अध्ययन को प्रोक्ति विश्लेषण कहा गया है।

व्याकरणिक संरचना की दृष्टि से वाक्य भाषा की महत्तम इकाई है। इस प्रकार प्रोक्ति वाक्यों पर स्तर की एक एसी इकाई हैं जिस के कथ्य में आंतरिक संसक्ति तथा वाक्यों में सन्दर्भपरक और तर्कपूर्ण अनुक्रम रहता है।

प्रोक्ति की संरचना में सर्वाधिक महत्वपूर्ण कार्य है पाठ-निर्माण। इस का कारण यह है कि पाठ निर्माण ही किसी भाषिक इकाई-चाहे वह वाक्य हो, अनुच्छेद हो अथवा सम्पूर्ण कृति, प्रोक्ति का रूप प्रदान करता है। जब कोई कृति प्रोक्ति का रूप नहीं ले पाती तब वह अपना सन्देश सम्प्रेषित नहीं कर पाती। पाठ निर्माण संसक्ति के आधार पर किया जाता है। संसक्ति का अर्थ है परस्पर संसक्ति होना अर्थात् जुड़ा रहना। यदि पाठ में संसक्ति न हो तो वह प्रोक्ति की संज्ञा ग्रहण नहीं कर सकती। इस सन्दर्भ में निम्न लिखित विचार देखे जा सकते हैं :

A Unit of linguistic performance which stands complete in itself is commonly called a discourse. (P.100, Linguistics & Literature, R. Chapman)

प्रोक्ति-विश्लेषण के सन्दर्भ में हैरिस का कथन भी महत्वपूर्ण है :

Discourse analysis is a method of seeking in any connected discrete linear material, whether language or languages.... like which contains more than one elementary sentence. Some global structure characterizing the whole discourse (the linear material) or large section of it.
(P.101,Linguistics and Literature-Raymond Champ-man)

साहित्यिक प्रोक्ति समाज की पारस्परिक क्रिया की सामान्य प्रक्रिया से स्थगन में उपस्थित होती है, जबकि सामान्य प्रोक्ति में प्रेषक गृहीता को प्रत्यक्ष सन्देश भेजता है। सामान्य सन्देश की तरह साहित्यिक सन्देश सामाजिक सक्रियता के सामान्य रूप में उत्पन्न नहीं होता। साहित्यिक प्रोक्ति बिना पूर्व स्थिति के उत्पन्न होती है और किसी भी

अनुक्रिया की अपेक्षा नहीं रखती। वह सामान्य सामाजिक जीवन के व्यापार को प्रोत्साहन देनेवाले माध्यम के रूप में प्रस्तुत नहीं होती। साहित्यिक प्रोक्ति सन्निहित कोटि की होती है। एक साहित्यिक प्रोक्ति में कई कई प्रकार की प्रोक्तियाँ अंतर्निहित होती हैं। यहाँ प्रच्छन्न रचनाकार प्रच्छन्न पाठक को सन्देश प्रेषित करता है।[13]

A discourse may be defined from the end of expression system as well as content system. In Linguistic structural sense (relating to expression system), discourse is a constitute which is not a constituent. It is an opened system with a paragraph or a stanza as its individual unit which is marked by a certain pattern of pause. Usually longer pause (in phonic medium) and correspondingly of spacing (in graphic medium) as showing correlation with its logical rhythmical unity. In literary structural sense (relating to content-system) a discourse is an autonomous semiotic sign, a whole of self-regulating transformations with internal unity of and harmony among dimensions of content system.[14]

श्रीवास्तव के अनुसार प्रोक्ति या पाठ वाक्यों का मात्र जमघट न होकर उनकी संरचनात्मक या दूसरे अर्थ में कहे तो सर्जनात्मक रूपान्तरण होता है। गोस्वामी के अनुसार प्रोक्ति वाक्योपरि स्तर की एक ऐसी इकाई है जिसके कथ्य में आन्तरिक संसक्ति या संयोजन तथा वाक्यों में सन्दर्भपरक और तर्कपूर्ण अनुक्रम रहता है। कैलाशचन्द्र भाटिया के अनुसार अनेक वाक्य मिलकर सर्वागं रूप से जब इकाई रूप बन जाते हैं तब यह इकाई ही वाक्य बन्ध या प्रोक्ति कहलाती है।

पाण्डेय शशिभूषण शीतांशु के अनुसार भाषा का मूल प्रकार्य सम्प्रेषणीयता है, यह उसका सम्पादन प्राय : वाक्य द्वारा सम्भव नहीं है। अतः वाक्य को भाषा की इकाई निश्चित करने या स्वीकार करने में सहज कठिनाई आती है। सम्प्रेषणीयता की इस दृष्टि से वस्तुतः जो भाषिक व्यापार सम्पादित होता है, उसका स्तर वाक्यातीत हुआ करता है और

प्रोक्ति इसी वाक्यातीत स्तर की सार्थक इकाई का नाम है। ओमप्रकाश शर्मा के अनुसार प्रोक्ति वह वाक्योपरि संरचना है, जिसमें वाक्य से आगे फैली तार्किक इकाई समाहित होती है।[16]

विदेशी विद्वानों में लीच' के अनुसार –

'The study of meaning in relation to speech situation's Facault says that in every society the production of discourse is at once controlled selected, organized and redistributed by a certain number of procedures whose role is to wards its powers and dangers, to gain mastery over its chance events, to evade its ponderous formidable materiality'.

An utterance can be at best reveal only an incomplete picture of the scene, more so because of the inherent fluidity and dynamicity of the event in discourse. The variable physical environment of the interaction during discourse is capable enough to give rise to variable meaning in the actualization of event.

गोल्ड स्टीन (1985) के अनुसार - 'The process of inferring a word's meaning from hearing (or reading) remarks in which the word appears'.

टोलर (1985) ने कहा है कि 'Sentences are systematically correlated with other entities besides proposition, may be and events are best regarded as sentential correlates of one of these further sorts'.

दस प्रकार सम्प्रेषणीयता की दृष्टि से प्रोक्ति भाषा की महत्तम इकाई है। इसके द्वारा वक्ता का सन्देश और श्रोता तक उस सन्देश को सम्प्रेषित कर सकता है। प्रोक्ति के विभिन्न प्रकार हैं - एकालाप, वार्तालाप एवं विवरण। यह प्रत्यक्ष रूप से और परोक्ष रूप से भी प्रस्तुत की जा सकती है। प्रोक्ति को तेलुगु और अंग्रेजी अनुवादों में किस हद तक लाने में अनुवादक सफल हुए और कहाँ तक उसका सन्देश प्रस्तुत कर सकें

इसके बारे में यहाँ कामायनी' के कुछ प्रोक्तियों का उदाहरण देकर उनकी समीक्षा की गई :

मूल : देव न थे हम और न ये हैं, सब परिवर्तन के पुतले,
हाँ कि गर्व रथ में तुरंग सा जितना जो चाहे जुत ले । (पृ.15)

'कामायनी' के द्वितीय सर्ग 'अशा' से ये पंक्तियां उद्धृत हैं। जल प्रलय की विभीषिका के पश्चात मनु प्रकृति पट परिवर्तन के मनोरम दृश्य देखकर विगत जीवन की घटनाओं की स्मृति के साथ इन पंक्तियों का प्रयोग करता है, जो स्वगत कथन है। कवि ने परोक्ष रूप में अपने सन्देश को मनु के शब्दों में प्रकट किया है। अकेले बैठकर प्रकृति दर्शन तथा आत्मचिन्तन करते रहने से मनु के मन में इस समस्त चराचर सृष्टि का संचालन करतेवाले अनन्त शक्ति सम्पन्न उस विराट् का आभास होता है। उस विराट् के सम्बन्ध में जानने का कुतूहल उसके मन में जागता है। इन चारों पंक्तियों का आशय यह है कि इस संसार में रहनेवाले मनुष्य ही हैं जो परिवर्तनशील हैं अपने ऊपर गर्व करता है। वह महसूस करता है कि समस्त प्रकृति शक्तियाँ उस विराट् के समक्ष विवश एवं नतमस्तक होकर उसकी आज्ञा का पालन कर रही है। इसके फलस्वरूप वह आत्मावलोकन करने लगता है और अपने भूतपूर्व वैभव तथा शक्ति के कारण उत्पन्न गर्व का स्मरण करके उस विराट् की महाशक्ति की तुलना में अपनी शक्ति की तुच्छता का अनुभव करता है। मनु अपने वर्ग के प्रति भर्त्सना और पश्चात्ताप के भाव को इन पक्तियों में अभिव्यक्त करता है। कविवर प्रसाद इस आशय को अत्यन्त आकर्षक एवं आलंकारिक रूप में प्रभावोत्पादक शैली में प्रस्तुत करते है। 'परिवर्तन के पुतले' प्रयोग में अनुप्रास की छटा है। 'गर्वरथ में तुरंग सा' कहने में रूपक और उपमा अलंकारों की मिश्रित शोभा है। जितना जो चाहें जुत ले' में एक प्रकार की दार्शनिक भावना की झलक है।

ते. अ. : मनमु कामु देवतलमु, वीरुनु
कारंदरमुनु कीलु बोम्मलमु

गर्व रथम्मुनु लागुचु हयमुल
वले वडिवडि परुगिड्डुदुमु तडबडि (पृ.27)

मूल की तरह चार पंक्तियों में परोक्ष कथन के रूप में ही अनूदित की गई। मूल का भाव-सौन्दर्य तेलुगु अनुवाद में अभिव्यक्त नहीं हो पाया है। हिन्दी के 'हम' के समानार्थी शब्द तेलुगु में 'मेमु' (केवल वक्ता) और 'मनमु' (वक्ता और श्रोता के मिलकर बोलने से हिन्दी के 'अपन' की तरह) दो शब्द हैं। मूल पंक्ति में हम' देव न थे' का अनुवाद तेलुगु में 'मनमु देवतलमु कामु' के रूप में किया गया है। यहाँ मनु अपने साथ किसी श्रोता को मिलाकर नहीं बोलता, इसलिए मनमु' का प्रयोग उचित मालूम नहीं होता। परिवर्तन के पुतले' का अनुवाद तेलुगु में कीलु बोम्मलमु' (कठपुतलियाँ) किया गया है। इसमें परिवर्तन' शब्द का अर्थ लुप्त हो गया है। 'जितना जो चाहे जुट ले' का अर्थ और उसमें अभिव्यक्त दार्शनिक भाव की झलक तेलुगु अनुवाद में प्रकट नहीं होती। अनुवाद केवल इतना ही कहता है कि हम गर्व रथ में घोड़ों की तरह रथ को खींचते हुए तेज दौड़ते हैं। मूल का रूपक और उपमा अलंकार की शोभा इस अनुवाद में भी है। 'वडि-वडि', 'तडबडि' शब्दों के प्रयोग में अनुप्रास की छटा भी दर्शित है।

अंग्रेजी अनुवाद

We were not deities nor are these too
All are but puppets in the hands of change
Though to the chariot of hauteur like study
We yoke ourselves as much as we may list (P.58)

मूल की तरह अंग्रेजी अनुवाद में भी कवि के परोक्ष सन्देश को प्रकट किया गया है। मूल के अनुसार अंग्रेजी अनुवाद में भी चार पंक्तियों में यह सन्देश प्रस्तुत किया गया है। मल के 'परिवर्तन' के पुतले' का 'Puppets in the hands of change' अनुवाद किया गया है। 'हाँ' का 'Though' और गर्व-रथ Chariot of hauteur' अनुवाद किया गया है। इन शब्दों का मूल का भाव तो आ गया है लेकिन मूल की तरह विशेष

अर्थ प्रकट नहीं हो पाया है। चौथी पंक्ति 'जितना जो चाहे जुट ले' का 'we yoke ourselves as much as we may list' अनुवाद मूल से भिन्न अर्थ प्रकट कर रहा है। मूल की पहली दो पंक्तियों का अर्थ तो इस अनुवाद में प्रकट हो रहा है लेकिन तीसरी और चौथी पंक्तियों में मूल जैसा अर्थ प्रकट नहीं हो पाया है।

मूल : और सोच कर अपने मन में "जैसे हम हैं बचे हुए
क्या आश्चर्य और कोई हो जीवन-लीला रचे हुए।"
अग्निहोत्र-अवशिष्ट अन्न कुछ कहीं दूर रख आते थे;   (पृ.17)

ये पंक्तियाँ कामायनी के 'आशा' सर्ग में आई हैं। इनमें प्रथम चार पंक्तियाँ मनु के एकालाप के रूप में और आखरी दो पंक्तियाँ कवि के विवरण के रूप में प्रस्तुत की गई हैं। प्रथम चार पंक्तियों में कवि का परोक्ष कथन है तो आखिरी दो पंक्तियों में प्रत्यक्ष कथन है। इन पंक्तियों में कवि ने आर्य धर्म या देव संस्कृति की यज्ञ परिपाटी और उसके द्वारा व्यक्त होनेवाली उनकी सर्वभूतहित भावना का चित्रण किया है। थोड़ी सी स्वस्थता और मानसिक स्थिरता प्राप्त करते ही मनु को हवन करने की अपनी पुरानी परम्परागत रीति याद आती है। अतः मन अपने लिए पकाये गये अन्न का गुफा में संचित अग्नि में हवन करता है। जल प्रलय से अपार दुःख के अनुभव से उसके मन में ऐसी ही दुःखी लोगों के प्रति सहानुभूति जागृत होती है। अतएव अपने अनुभव के आधार पर उसने यह सोचा कि मेरे जैसी कोई दुःखी प्राणी बचा हो तो उसके लिए यह यज्ञ उपयोगी हो सकता है। वह यज्ञ में बचे अन्न को थोड़ी दूर पर रखा आता है। 'अग्निहोत्र-अवशिष्ट अन्न' शब्दों में अनुप्रास अलंकार की शोभा है। 'जीवन-लीला रचे हुए' के प्रयोग से मनु के मन में जीवन को एक खेल या नाटक समझने की जो विरक्ति जागृत हुई, उसका पता लगता है। कुल मिलाकर मन्तव्य की दृष्टि से यहाँ यह भाव प्रकट किया जा रहा है कि स्वयं दुःख का अनुभव करने के कारण मनुष्य में दूसरों के प्रति प्रेम और कल्याणकारी भावना किस तरह जागृत होती है।

तेलुगु अनुवाद

इचट नेनु जीविंचि युन्नटुले
ब्रतिकि युंड वच्चुनु मरियोकरु
वित लेदु नावले वेरोक्करू
जीवन लील रचिंचु चुंडनगु
अनि तलपोसि योकिंत दूरमुगा
उंचे नतड्डु यज्ञाव शिष्टमुनु (पृ.32)

मूल में छः पंक्तियाँ हैं । तेलुगु अनुवाद में भी छः पंक्तियाँ हैं। इनमें पहली चार पंक्तियाँ मनु के एकालाप के रूप में और पाँचवी तथा छठी पंक्तियाँ कवि द्वारा दिए गए विवरण को प्रस्तुत करती हैं। मूल की पंक्तियाँ 'सोचकर' शब्द से प्रारम्भ हुई हैं, लेकिन तेलुगु अनुवाद में 'अनि तलपोसि' (सोचकर) शब्द पाँचवीं पंक्ति के प्रारम्भ में रखा गया है। यहाँ तेलुगु भाषा की परम्परा के अनुसार प्रोक्ति रचना की गई है।

अंग्रेजी अनुवाद

May be, there is no wonder still alive
The dooms day hath survived, some other soul
May, little wonder, be enacting still
Playing the solitary sport of life,
The remnant food of the fire sacrifice
Somewhere at a far distant place he put; (P.62)

अंग्रेजी में मूल की छः पंक्तियों में ही किया गया है। पहली चार पंक्तियाँ मनु के शब्दों में एकालाप है और पाँचवीं, छठी पंक्ति कवि का प्रत्यक्ष विवरण है। मूल का मन्तव्य दुःख के कारण दूसरों के प्रति प्रेम और कल्याणकारी भावना का जगत है। अंग्रेजी अनुवाद में इसी मन्तव्य को सुरक्षित रखने का प्रयास किया गया है। यहाँ प्रोक्ति संरचना अंग्रेजी भाषा की संरचना के अनुसार है।

(क) तो, ही

हिन्दी में 'तो' संयोजक के अर्थ में तो शर्त सूचित करने के लिए प्रयुक्त होता है। कहीं कहीं अवधारणा के लिए या जोर देने के लिए भी इसका प्रयोग होता है। तेलुगु में विशेष रूप से शर्त के अर्थ में 'अयिते' प्रयुक्त होता है।

जैसे : अगर तुम बाजार जाओगे तो मेरे लिए फल लाओ

नीवु बाजारु वेल्लि नट्लयिते नाकु पंड्लु तेम्मु

प्राय : अवधारणा के लिए तेलुगु में इसका प्रयोग नहीं होता।

हिन्दी में 'ही' किसी व्यक्ति या वस्तु की प्रधानता सूचित करने के लिए प्रयुक्त होता है। अवधारणा के लिए भी इसका प्रयोग होता है। किन्तु तेलुगु में प्रधानता को सूचित करने के लिए 'ए' अक्षर उस शब्द में जोड़ा जाता है।

जैसे : राम ही जाएगा - रामुडे वेल्लुनु ।

वह दूध ही पीती है - वाड्डु पाले तागुनु ।

तो, ही

मूल : देखा! तो सुन्दर प्राची में अरूणोदय का रस रंग हुआ (पृ.32)

ते.अ. : अरय नचट प्राची निलयम्मुन आडुचुन्नवरुणोदय कांतुलु (पृ.61)

अं.अ. : Looking around, he saw the rosy dawn
Breaking refulgent in the radiant east. (P.83)

समीक्षा : मूल पंक्ति में 'तो' का प्रयोग अवधारण के लिए प्रयुक्त हुआ है। तेलुगु में इसका अनुवाद नहीं किया गया है। केवल 'अचट' (वहाँ) शब्द उसमें अवधारण के लिए प्रयुक्त हुआ है। अंग्रेजी अनुवाद में अर्धविराम का प्रयोग 'तो' के प्रयोग के समतुल्य प्रयुक्त है पर मूल में 'तो' के प्रयोग से जो कार्यकारण सम्बन्ध जुडता है वह अनुवाद में नहीं जुड़ पाता ।

मूल : यहीं तो मैं ज्वलित बाडव वह्नि नित्य अशान्त (पृ.35)

कामायनी अनुवाद समीक्षा

ते.अ. : अवुनु मरि, बडवानलमुवले नेनु सल सल कागु चुंदुनु (पृ.66)

अं.अ.: Yea, that is it, I am the submarine
Fire always unappeased (P.87)

समीक्षा : मूल पंक्ति में 'तो' का अनुवाद तेलुगु में नहीं हुआ। अवधारणा के लिए अवुनु मरि' (हाँ, फिर) का प्रयोग इसमें किया गया है।

अंग्रेजी अनुवाद में इस 'तो' द्वारा व्यक्त भाव को स्पष्ट करने के लिए अंग्रेजी की एक पूरी अभिव्यक्ति 'Yea, that is it' का प्रयोग हुआ है।

मूल : नारी सा ही वह लघु विचार (पृ.118)

ते.अ. : कांत वले क्षुद्रानुरागमु (पु.120)

अं.अ. : That little thought was like a woman light (P.192)

समीक्षा : मूल के 'नारी सा ही' का अनुवाद तेलुगु में 'कांतवले' (कान्ता की तरह) कहकर प्रस्तुत किया गया है। 'ही' का अनुवाद नहीं हुआ। अंग्रेजी अनुवाद में 'नारी सा ही' का अनुवाद 'Like a woman Light' किया गया है। लेकिन यहाँ 'ही' का अनुवाद नहीं हुआ और उसका भाव भी प्रकट नहीं हो रहा है।

(ख) संयोजक शब्द-'भी'

'भी' का प्रयोग हिन्दी में अन्य व्यक्ति या वस्तुओं के साथ, किसी अन्य के भी साथ होने के अर्थ में होता है। तेलुगु में इस अर्थ में 'कूडा' या 'कूड़', 'नु' अथवा 'त्रु' का प्रयोग किया जाता है।

जैसे : सीता भी जाती है - सीता कूडा या कूड वेल्लुचुनदि
सीतयुनु (सीतयुन्नु) वेल्लुचुन्नदि।

मूल : उधर पराजित काल रात्रि भी जल में अन्तर्निहित हुई (पृ.14)

ते.अ. :इपुडे पराजित कालरात्रियुनु नीट मुनिगि अन्तर्निहित मय्येनु(पृ.25)

अं.अ. : And in defeat the sable Night of Doom
Beneath the waters sank and disappeared (P.57)

समीक्षा : मूल के संयोजक शब्द 'भी' तेलुगु अनुवाद दूसरे ढंग से प्रयुक्त किया गया है। यहाँ मूल के 'काल रात्रि भी' का अनुवाद काल रात्रियुनु किया गया है। तेलुगु के 'भी' के अर्थ में 'कूड', 'कूडा'. 'य', 'नु' और 'युनु' प्रत्ययों को किसी एक को शब्द के साथ जोड़ा जाता है। अतः यहाँ काल रात्रि के साथ 'कालरात्रियुनु' जोड़ा गया हैं। अंग्रेजी अनुवाद में 'And' संयोजक शब्द पंक्ति की शुरुआत में अयुक्त किया गया है। लेकिन इससे मूल का भाव स्पष्ट नहीं होता ।

मूल : मैं भी भूल गया हूँ कुछ है स्मरण नहीं होता क्या था (पृ.20)

ते.अ. : नेनु कूडा मरचिति नेदो मरि गुर्तुलेदु ना मदि कदि यदि यनि (पृ.38)

अं.अ. : I too something forgotten have although
I cannot recollect, oh what was it! (P.66)

समीक्षा : मूल संयोजक शब्द 'मैं भी' के लिए तेलुगु अनुवाद में 'नेनु कूड़ा' अनुवाद किया गया है। अंग्रेजी में हिन्दी रचना की भाँति ही पहली पंक्ति में 'too' शब्द प्रयुक्त किया गया है।

मूल : देख तुझे भी दूंगा तेरा भाग न उसे भुला देना! (पृ.20)

ते.अ. : विनुमु नीकु नी भाग मोसगेदनु - तप्पु दारि पट्टिंचकु दानिनि। (पृ.38)

अं.अ. : Thy portion adequate, I will award
Thou shouldst not let this slip out of thy mind (P.66)

समीक्षा : मूल का संयोजक शब्द 'भी' तेलुगु अनुवाद में प्रयुक्त नहीं किया गया है। अंग्रेजी अनुवाद में भी यह अनूदित नहीं है, अतः अनुदित अंश मूल के अर्थ को व्यक्त नहीं कर पाता।

संयोजक शब्द : ज्यों, फिर भी, फिर, इसीलिए, किन्तु, और

मूल : ज्यों विराट बाडब ज्वालाएँ खंड-खंड हो रोती थी (पृ.72)

ते.अ. : कड़लि नेगयु बड़बानलं कणमुलु
तेगलु तेगलुगा वगयुचुन्न वन (पृ.21)

अं.अ. : The fires tremendous terrible submarine
Burst into myriad fragments, myriad tears. (P.54)

समीक्षा : मूल के 'ज्यों' संयोजक शब्द का तेलुगु में अनुवाद पंक्ति के अन्त में 'अन' (मानो) कहकर किया गया है। अंग्रेजी अनुवाद में किसी संयोजक शब्द का प्रयोग नहीं किया गया है।

मूल : मनु निखरने लगे ज्यों-ज्यों यामिनी का रूप (पृ.39)
ते.अ. : मनुवु गांचे तदेक दृष्टिग यामिनी रमणीय रूपमु (पृ.74)
अं.अ. : As Manu began to gaze upon the mould,
The beautious shape of night (P.93)

समीक्षा : मूल में ज्यों-ज्यों सयोंजक शब्द का प्रयोग किया गया है। तेलुगु अनुवाद में संयोजक शब्द का अनुवाद प्रयुक्त न करके साधारण रूप में 'मनु ने गौर से यामिनी का रूप देखा' के रूप में अनुवाद को प्रस्तुत किया गया है। इसमें मूल का आशय प्रकट हो रहा है। अंग्रेजी अनुवाद में 'As' शब्द का प्रयोग किया गया है।

मूल : फिर भी धड़कन कभी हृदय में होती चिंता कभी नवीन (पृ.17)
ते.अ. : अप्पुडप्पुडु क्रोंग्रोत्त चिंतलकु अतनि हृदय मांदोलन चेंदेनु (पृ.32)
अं.अ. : Inspite of this he felt at times a new
Perplexity and throbbing in his heart, (P.62)

समीक्षा : मूल के संयोजक शब्द 'फिर भी' का तेलुगु अनुवाद में 'अप्पुडप्पुडु' (कभी कभी) कहकर किया गया है। अंग्रेजी अनुवाद में 'Inspite of' के रूप में अनुवाद हुआ है। दोनों अनुवादों में अर्थ भिन्न रूप में प्रकट हो रहा है।

मूल : फिर इस निर्जन में खोज अब किस को मेरी आशा (पृ.48)
ते.अ. : ना मनो-भीप्सितमु नेव्वरु तीर्चगलरी काननम्मुन ? (पृ.89)

अं.अ. : What forms specific have to be observed ?
What modes particular to be maintained? (P.107)

समीक्षा : मूल संयोजक शब्द 'फिर' का तेलुगु अनुवाद नहीं हुआ है। अंग्रेजी में भी इसे छोड़ दिया गया है।

मूल : इसीलिए तू हम सबके बल यहाँ दिया है ? (पृ.94)
ते.अ.: मा पंचनु चेरि दूलमुलनु लेक्कपेट्टि तुदकु (पृ.169)
अं.अ.: Wa it for this that thou hast lived along
Here like a parasite upon as all? (P.170)

समीक्षा : मूल के संयोजक शब्द 'इसीलिए' का तेलुगु अनुवाद प्रस्तुत हुआ। तेलुगु अनुवाद में मुहावरेदार शैली में इसे भिन्न रीति से प्रस्तुत किया न गया है।

अंग्रेजी अनुवाद में 'was it for that' के रूप में इस संयोजक शब्द के भाव को समाहित किया गया है।

मूल : किन्तु इतने तो न थे तुम दबे छवि के भार! (पृ.38)
ते.अ. : कानि येन्नडु नन्नु नी छवि दोचुकोन ले दितगा चेलि ! (पृ.71)
अं.अ. : But never hast thou been with beauty fraught
Such as thou art to-day! (P.91)

समीक्षा : मूल के संयोजक शब्द 'किन्तु' का तेलुगु अनुवाद 'कानि' (किन्तु) किया गया है। अंग्रेजी में यह 'But' के रूप में अनूदित है। दोनों अनुवादों में मूल के समतुल्य संयोजक शब्द का प्रयोग किया गया है।

मूल : किन्तु बोली 'क्या समर्पण आज का हे देव ! (पृ.41)
ते.अ. : पलिके वनित ! मनोहरा ! मन मिप्पुड्ड चेयु समर्पणमु (पृ.77)
अं.अ. : But she said, will the dedication of
this day, my lord, become (P.96)

समीक्षा : मूल के संयोजक शब्द किन्तु' का अनुवाद तेलुगु में नहीं हुआ और भिन्न रीति से अनुवाद को प्रस्तुत किया गया है। अंग्रेजी अनुवाद में 'किन्तु' के लिए 'But' संयोजक शब्द प्रयुक्त हुआ है जो उचित है।

मूल : और, पड़ती हो उस पर शुभ्र नवल मधु राका मन की साध! (पृ.22)
ते.अ. : प्रसरिंचिन वापयि नव निर्मल
मधु राकलु मुरिपिंचिन वांछलु (पृ.41)
अं.अ. : On which the white, fresh spring full moonlight full
And the ethereal juice of laughter played (P.69)

समीक्षा : मूल के 'और' संयोजक शब्द का तेलुगु अनुवाद नहीं हुआ है। अंग्रेजी अनुवाद में दूसरी पंक्ति के प्रारम्भ में 'And' संयोजक शब्द प्रयुक्त किया गया है।

मूल : छूते थे मनु और कंटकित होती थी वह बेली, (पृ.53)
ते.अ. : मनु कर स्पर्शकु तोचिनदि कंटकित लत वले (पृ.99)
अं.अ. : Manu would touch her she would turn and twist (P.114)

समीक्षा : मूल के संयोजक शब्द 'और' तेलुगु में अनूदित नहीं है । अंग्रेजी अनुवाद में 'And' के रूप में यह अनूदित है जो उचित है।

(घ) न, नहीं, मत : (अंग्रेजी के सन्दर्भ में)

हिन्दी में ये तीनों प्रयोग विशिष्ट हैं। 'न','नहीं नकारात्मक (Negative) शब्द है और 'मत' निषेधवाची (Prohibitive) शब्द है। 'नहीं' किसी वाक्य में कथन को नकारता है। जैसे : गोपाल नहीं जायेगा। अंग्रेजी में इसके लिए 'Not' शब्द का प्रयोग होता है। हिन्दी में दो प्रकार की क्रियायें होती हैं। एक प्रकार की क्रिया है - आता है, आ रहा है, आयेगा। इन सब के साथ नहीं' का प्रयोग होता है। इसी प्रकार 'चाहिए, सक, पा' के साथ भी 'नहीं' का प्रयोग होता है। अंग्रेजी में इन सभी सन्दर्भो में 'not' आता है। क्रिया रूप के सन्दर्भ में do not, did not, should not

का रूप होता है। हिन्दी रचनाओं के अधूरे वाक्य में भी 'नहीं' का प्रयोग किया जाता है।

जैसे : वह कल आया था परसों नहीं अथवा

वह परसों नहीं कल आया था।

'मत' निषेधवाचक है। तू मत जा, तुम मत जाओ, आप मत जाइए। वाक्य में 'मत' का स्थान बदलने से भी अर्थ में अन्तर आता है। जैसे: मत जा तू तू मत जा इत्यादि।

अंग्रेजी में इसके लिए सन्दर्भ के अनुसार 'do not' का प्रयोग होता है। या क्रिया को ही निषेधवाचक बनाया जाता है।

जैसे : यहाँ सिगरेट मत पीजिए - Smoking is prohibited

कुछ क्रियाओं के साथ 'न' का प्रयोग होता है संभाव्यवाक्य रचना हिन्दी में 'न' के साथ ही होती है। जैसे: आप न आते तो, कहीं बारिष न हो जाय। भगवान न करें। इन सन्दर्भों में नहीं का प्रयोग नहीं किया जा सकता। इसी प्रकार न देखकर, न आने पर, न जाना के स्थान पर भी नहीं का प्रयोग वर्जित है। 'न' का एक सन्दर्भ संयोजक का कार्य भी करता है। जैसे: न काम न धन्धा, न चाय न काफी, न आप जायेंगे न कोई दूसरा। न तुम से बात कर रहा हूँ न कि उस से। इस प्रकार का योजक का कार्य 'नहीं' भी करता है। लेकिन दोनों में भेद है। 'न' वाक्य के अन्त में कभी नहीं आता है। जैसे: तुम जाओगे या नहीं। वे लोग आ गये या नहीं। पुनरुक्ति युक्त प्रयोगों में हमेशा 'न' का प्रयोग होता है। जैसे : कहीं न कहीं. कभी न कभी, कोई न कोई। 'न' का एक प्रयोग तुम जाओगे न या तुम जाओगी न। लेकिन यहाँ वह निषेध के रूप में नहीं, बल्कि वाक्य को बल प्रदान करने के लिए आता है।

इस प्रकार हिन्दी में 'न, नहीं, मत' के प्रयोग के निश्चित नियम हैं और भिन्न सन्दर्भों में एक के स्थान पर दूसरे का प्रयोग नहीं किया जा सकता। अंग्रेजी में नकारात्मकता या निषेध के लिए ऐसा भेद नहीं है।

वहाँ केवल दो हैं - 'Not' और 'No'| 'No' का सन्दर्भ अंग्रेजी में व्यापक है। हिन्दी के 'कोई' के लिए भी अंग्रेजी में 'No' आ सकता है।

जैसे : कोई यह काम नहीं कर सकता - No one can do this work. कई सन्दर्भो में 'No, Not' का कोई भेद दिखाई नहीं देता है। हिन्दी के 'नहीं' के लिए भी इन दोनों का प्रयोग होता है और 'न' के लिए भी। 'मत' के लिए भी 'Not' का प्रयोग किया जाता है। इस स्तर पर दोनों भाषाओं की संरचनात्मक स्थिति भिन्न है। हिन्दी में तो इन के प्रयोग और सन्दर्भ भी भिन्न हैं।

कामायनी में इन तीनों का प्रयोग हुआ है और इन के अनुवाद को इसी दृष्टि से देखा जा रहा है कि यदि कोई महत्वपूर्ण। संरचना किसी भाषा में उपलब्ध ही न हो तो उसके अन्तरण की कौन सी पद्धति अनुवादक अपनाता है और उस संरचना द्वारा व्यक्त अर्थ को वह लक्ष्यभाषा की समतुल्य संरचना द्वारा किस सीमा तक व्यक्त करने में सफल हो पाता है।

न, नहीं, मत (तेलुगु के सन्दर्भ में)

हिन्दी में मत' विध्यर्थ में निषेध केलिए प्रयुक्त होता है।

जैसे : 'वहाँ' मत जाओ'। तेलगु में इस अर्थ में 'वलदु' या 'वद्दु' का प्रयोग किया जाता है।

कभी कभी विध्यर्थ की क्रिया के रूप में ही परिवर्तन करके यह निषेध सूचित किया जाता है।

जैसे : 'अक्कडकु वेल्ल वलदु' या 'वेल्लवद्दु

'अक्कडकु वेल्लुमु' (विधि) या 'अक्कडकु वेल्लकुमु

या 'वेल्लकु (निषेध)

न, नहीं का प्रयोग हिंदी में प्रायः व्यतिरेकार्थ में होता है। तेलुगु में इन के लिए 'लेदु'. 'कादु'. 'लेडु', 'काडु' (एक वचन में) लेरू, कारू (बहुवचन में) प्रयुक्त होता है।

जैसे : राम घर नहीं गया - रामुडु इंटिकि वेल्ललेदु

राम अच्छा लड़का नहीं है - रामुडु मंचि पिल्लवाडु कादु (या) काडु.

डॉ. सी. अन्नपूर्णा

राम घर में नहीं है - रामुडु इंटिलो लेडु।

वे लड़के स्कूल में नहीं हैं- आ बालुरू स्कूल लो लेरू ।

निश्चयार्थ या प्रश्नार्थ में हिंदी में 'न' का प्रयोग होता है। इस के लिए तेलुगु में 'कादा, कदा' का प्रयोग किया जाता है। जैसे : तुम घर जाते हो न- नीवु इंटिकि वेल्लतुन्नावु कदा। (या) कादा।

इस तरह काव्य में संयोजक शब्द किस तरह मंतव्य को प्रकट करने में उपयुक्त है? इसकी समीक्षा कामायानी महाकाव्य के तेलुगु और अंग्रेजी अनुवादों की समीक्षा द्वारा दिखाने का प्रयास किया गया है। इसका उदाहारण नीचे दिया जा रहा है।

मूल : देव न थे हम और न ये हैं (पृ.15)

ते.अ. : मनमु कामु देवतलमु, वीरूनु (पृ.27)

अं.अ. : We were not deities nor are these too (p.58)

समीक्षा : इस उदाहरण में मूल की पंक्तियों में 'न', 'न' संयोजक के रूप में प्रयुक्त हुए है इन के लिए तेलुगु के अनुवाद में 'मनमु' कर्ता के साथ कामु (बहुवचन) (मध्यम पुरुष सर्वनाम रूप) 'वीरुनु' कर्ता के साथ 'कारू' (बहुवचन)(अन्य पुरुष सर्वनाम) रूप प्रयुक्त हुए। तेलुगु में संदर्भ की आवश्यकता के अनुसार 'न' या 'नहीं' के अर्थ में ऐसे कई रूप प्रयुक्त होते हैं। अंग्रेज़ी अनुवाद में देव, देवता शब्दों का प्रयोग हुआ है।

मूल : किसे सुनाऊँ कथाकहो मत, अपनी निधि न व्यर्थ खोलो(पृ.19)

ते.अ. : एवरिकि ने विनिपिंतु ना कथनु पलुककुन्न पोनी ले पलुककु (पृ.35)

अं.अ. : Whom shall I tell the tale? Oh, quiet be,
Un lock not thou thy treasure-house in vain! (p.64)

समीक्षा : इस उदाहरण का मूल पंक्तियों में 'मत' और 'न' विध्यर्थ में निषेध के लिए प्रयुक्त है। तेलुगु अनुवाद में 'कहो मत' के अर्थ में पलुककु (विधि क्रिया में ही रूपांतर करके) प्रयोग किया गया है। 'मत' अनुवाद

अलग रूप से नहीं किया गया है। 'न' बोलो के अर्थ में पलुककुन्न (बोले बिना रहा तो) शब्द का प्रयोग हुआ। इसमें भी 'न' का अलग रूप से प्रयोग नहीं हुआ अंग्रेज़ी अनुवाद में 'not' का प्रयोग हुआ है।

मूल : डरो मत, अरे अमृत संतान (पृ.25)

ते.अ. : भयमु वलदु नी वमरुल बिड्डवु (पृ.73)

अं.अ. : Oh scion of immortals, fear thou not, (p.73)

समीक्षा : मूल रचना की पंक्ति में 'मत' का प्रयोग हुआ है। तेलुगु अनुवाद में इसके बदले उसका अर्थ देने वाले 'वलदु' शब्द का प्रयोग हुआ अंग्रेज़ी में scion शब्द का प्रयोग किया गया है।

संदर्भ

1.श्रीवास्तव और गोस्वामी : अनुवाद सिद्धांत और समस्याएँ (पृ.54)

2. पोरलुगा-स्तर-स्तर ।

दोंतरुलुगा -एक स्तर के ऊपर एक स्तर रखना।

3. तेलुगु में सार्वनामिक शब्दों के अंतिम अक्षर का क्रिया शब्द के अंत में प्रयोग करने की परिपाटी है- जैसे: नीवु वच्चिनावु (तुम आये) नीवु वच्चेदवु (तुम आओगे) इसलिए तेलुगु अनुवादक ने मूल के 'तू' संबोधन शब्द का प्रयोग न करने पर क्रिया के द्वारा इसे सूचित कर दिया है।

जैसे : 'ओनगूर्तुवु' (ते.पृ.13) (ओनगूर्चुदुवु) शब्द के

प्रयोग में 'नीवु' (तू) का अंश जुड़ा है।

एंत तीव्र चिंतनलोनगूर्तुवु (पृ.13)

4. प्रसाद : काव्य और कला तथा अन्य निबंध (पृ.124)

5. -वही- पृ.125,126)

6. डॉ. सरोज अग्रवाल : जयशंकर प्रसाद के काव्य में बिंब विधान (पृ.49)

7. - वही- (पृ.51)

8. रमेशचंद्र गुप्त : कामायनी की भाषा (पृ.59)

9. – वही- (पृ.60)

10. - वही- (पृ.62)

11. - वही- (पृ.66)

12. - वही-

13. इंदु शीतांशु-प्रोक्ति : स्वरूप, संरचना और शैली (पृ.12)

14. Suresh Kumar : Stylistics And language teaching (P.70)

15. रवींद्रनाथ श्रीवास्तव : संरचनात्मक शैली विज्ञान (पृ.96)

16. इंदु शीतांशु-प्रोक्ति : स्वरूप, संरचना और शैली (पृ.14)

17. Language and Text- R. N. Srivastava etal (Editors) (P.244,245,246)

उपसंहार

अनुवाद चिंतन में पिछले कुछ ही वर्षों में वैचारिक क्रांति-सी आ गई है। इसका कारण यह है कि भाषा विज्ञान का क्षेत्र बहुत तेजी से विकसित हुआ है। समाज भाषा विज्ञान, शैली विज्ञान. पाठ विश्लेषण विज्ञान, प्रेगमेटिक्स, सिमियाटिक्स जैसे कई उपशास्त्र भाषा विज्ञान में विकसित हुए है, जिन्होंने अनुवाद चिंतन और उस की प्रक्रिया को भी दूर तक प्रभावित किया है।

अनुवाद विज्ञान अनुप्रयुक्त भाषा विज्ञान की एक शाखा है। भाषा वैज्ञानिक सिद्धांतों का अनुप्रयोग (Application) करते हुए एक भाषा से दूसरी भाषा में अनुवाद किया जाता है। पहले भाषा को एक अमूर्त संकल्पना माना जाता था और उस के मानक या व्याकरणिक रूप को ही भाषा विज्ञान अध्ययन सामग्री के रूप में स्वीकार करता था। लेकिन अनुप्रयुक्त भाषा विज्ञान की अनेक शाखाओं, जैसे-समाज भाषा विज्ञान, शैली विज्ञान, भाषा शिक्षण, अनुवाद आदि के आगमन से भाषा को देखने की दृष्टि बदल गई। अब हम भाषा को विविध रूपी और शैली भेदों से युक्त तथा सामाजिक और सांस्कृतिक तत्वों से नियंत्रित मानते हैं। इस दृष्टि का प्रभाव अनुवाद चिंतन पर भी अनिवार्य रूप से पड़ा। क्योंकि अब अनुवाद वैज्ञानिक भाषा को देखने की एक विस्तृत दृष्टि मिल गई। साहित्यिक अनुवाद में भाषा के ये सभी विविध रूप महत्वपूर्ण होते हैं। समाज में भाषा कैसे व्यवहृत होती है? समाज उस के प्रयोग के कौन से नियम बनाता है। संस्कृतियाँ भाषा को कैसे प्रभावित करती है तथा एक ही भाषा के भीतर एक ही कथन (Utterance) के लिए कितनी अभिव्यक्तियाँ प्रयोग में लायी जाती हैं? ये सभी पक्ष साहित्य की भाषा में उभर कर दिखाई देते हैं।

इसके साथ ही भाषा वैज्ञानिक चिंतन में काव्य या रचना के भीतर छिपे हुए सौंदर्य को भी भाषा में ही आबद्ध माना गया है। एक ओर

कविता की रचना की बाह्य संरचना (Surface structure) होती है और दूसरी ओर उसकी आंतरिक संरचना (Deep Structure) होती है जिसके भीतर कहीं अर्थ छिपा होता है।

ऐसे ही भाषा के धरातल पर गद्य साहित्य की भी है। गद्य की अनेक विधाएँ प्रचलित है और यहाँ भी कब, कौन, किससे किस विषय पर और कहाँ चर्चा कर रहा है, यह पक्ष महत्वपूर्ण हो जाता है और इसी के अनुरूप भाषा अपना रूप ग्रहण करती है। रचनाएँ निश्चित भाषा का प्रयोग करती है। इसे शैली (क्षेत्रीय शैली) कही जाती है। जो अनुवादक के लिए एक चुनौती होती है। क्योंकि बोली मिश्रित भाषा की अर्थीय परिकल्पना सामान्य भाषा से भिन्न होती है।

दार्शनिक, आध्यात्मिक मिथकीय और पौराणिक संदर्भो से बंधी रचनाओं की स्थिति अलग होती है। हर समाज और संस्कृति के अपने सामाजिक, सांस्कृतिक मूल्य होते हैं। ये मूल्य जीवन और लोक के सामान्य व्यवहारों तक विस्तृत होते हैं। अर्थात् इसकी जड़ बहुत गहरी होती है। इसीलिए समाज के ये पक्ष हर युग में साहित्यकार को प्रभावित करते हैं और अपनी ओर खींचते हैं। आधुनिक से आधुनिक रचनाकार भी इस सांस्कृतिक, पौराणिक, मिथकीय संदर्भो की एक नया मोड़ देकर या एक नवीन दृष्टिकोण से बांधकर प्रस्तुत करने का प्रयास करता है। हिंदी की आधुनिक कविताओं में धर्मवीर भारती, नरेश मेहता, मुक्तिबोध, नागार्जुन, अज्ञेय, जगदीश गुप्त आदि कई ऐसे कवि है, जिन्होंने हमारे मूल्यगत विश्वासों का प्रयोग करते हुए अपनी रचनाएं की है। यदि इन विचारों से, इनकी पृष्ट भूमि से और इनके पूरे संदर्भ से अनुवादक परिचित नहीं है तो उसके अनुवाद में निश्चित ही शिथिलता आ जाएगी।

जयशंकर प्रसाद की 'कामायनी' इसी प्रकार की एक विशिष्ट रचना है। यह रचना भारत के प्राचीन गौरव की पूरी आस्था के साथ प्रस्तुत करती है। भारतीय दर्शन के प्रमुख पक्ष शैव दर्शन से जुड़े हुए समस्त चिंतनों को निचोड़ कर, यह भारतीय जीवन मूल्यों की स्थापना करती है।

परंपरागत पक्षों से जुड़े होने के कारण 'कामायनी' का शिल्प, उसकी भाषा और उस के अभिव्यक्ति प्रकार विशिष्ट हैं। हर स्तर पर 'कामायनी' की पंक्तियां अर्थ की अनेक छटाएं प्रस्तत करती हैं और भारतीय चिंतन के सभी शास्त्रों से इस में दृष्टांत बिंब और प्रतीक लिए गए है जो रचना का प्रामाणिक बनाते हैं।

इस प्रकार अध्ययन के मूल में ये विचारधाराएं ही कार्य कर रही थीं कि साहित्यिक अनुवाद की प्रक्रिया के पीछे कृति की प्रकृति और उसके स्वरूप का क्या महत्व होता है? यदि यह अनुवाद ही भिन्न परिस्थितियों में परंतु भिन्न भाषाओं में किया जाए तो ऐसी कौन सी समस्याएँ है ? जो अनुवादक के सामने भाषिक, गैर भाषिक, सामाजिक या सांस्कृतिक स्तर पर उठती हैं। इन समस्याओं से वह कैसे अपने को बचाता है या कहाँ पर ये समस्याएं उसके अनुवाद को प्रभावित करती है।

इस अध्ययन की विषय-वस्तु प्रतीकात्मक अनुवाद की पूरी सैद्धांतिकी को क्रमिक ढंग से सामने रखती हैं। और फिर मूल पाठ तथा अनूदित पाठों की समीक्षा इन्हीं विचारों और सिद्धांतों के परिप्रेक्ष्य में करते हैं।

इस आकलन में प्रारंभिक अनुवादों से लेकर बीसवीं शताब्दी के अनुवादों तक की चर्चा है। इस चर्चा से यह स्पष्ट होता है कि अनुवाद की प्रारंभिक स्थिति वैदिक, धार्मिक और पौराणिक सामग्री पर ही अधिक केंद्रित थी । वह चाहें, भारत में हो या भारत के बाहर के देशों में । इस के साथ ही क्रमशः अनुवाद की परंपरा, साहित्यिक विकास के साथ निरंतर बनी रही और विभिन्न प्रकार के साहित्य अलग-अलग भाषाओं में अनूदित होते हैं।

अनुवाद को परिभाषित करते हुए उसे भाषिक प्रतिस्थापन के रूप में स्थापित किया गया है। इस स्थापना के कारणों और इस पर दिए गए प्रमुख विचारों का विवेचन किया गया है। अनुवाद का सामग्री में सृजनात्मक साहित्य की प्रमुखता देने वाले विद्वान इसे 'कला' की संज्ञा

देते हैं तथा इसकी सामग्री की साहित्येतर विषयों के रूप में देखनेवाले इसे 'कौशल' मानते है। अनुवाद के स्वरूप का 'विज्ञान' मानने के पीछे भाषा विज्ञान से इसकी संबद्धता न से इसकी संबद्धता और इसकी वैज्ञानिक प्रक्रिया प्रमुख है। इस दृष्टि से साहित्यिक अनुवाद की विधागत प्रक्रियाओं के भेदों की भी चर्चा की गई है तथा साहित्येतर धरातल पर प्रयोजनमूलक हिंदी के वर्गों के साथ अनुवाद के स्वरूप को देखा गया है।

साहित्यिक अनुवाद के क्षेत्र में अनुवाद अनुवादक और अनूदित पाठ के विषय में जो विचार दिए हैं, उनका विवेचन भी किया गया है। इसके अंतर्गत मूल रूप से प्रतीक विज्ञान के सिद्धांत की प्रमुख आगें साहित्यिक अनुवाद से लेकर मशीनी अनुवाद तक से संबंधित विचारों को समेटते हुए अनुवाद के क्षेत्र की संप्रेषण व्यवस्था से जोड़ा गया है और इसे ही अनुवाद चिंतन का मूल माना गया है। मातृभाषा और अन्य भाषा के संदर्भ में प्राकृतिक अनुवाद और द्विभाषिक अनुवाद के क्षेत्र पर भी प्रकाश डाला गया है। साहित्यिक अनुवाद की व्यापकता को देखते हुए और भारतीय संदर्भ में साहित्यिक दृष्टि से विकसित एकाधिक भाषाओं के बीच अनुवाद की परंपरा को देखते हुए तुलनात्मक साहित्य के अध्ययन में अनुवाद की जो अनिवार्य भूमिका बनी है उसे विस्तार से विवेचित करने का प्रयास भी किया गया है। अनुवाद की प्रक्रिया में भी भिन्नता की मांग अनुवादक से करती है। अनुवाद चिंतन में अनुवादक की भूमिका के साथ ही अनुवाद की प्रक्रिया पर भी चर्चा होती है, क्योंकि अनुवादक मूल पाठ का पाठक, विश्लेषक और रूपांतरकार तीनों होता है। इसीलिए अनुवादक को एक गंभीर पाठक भी कहा गया है। दोनों भाषाओं के संदर्भ में उसे सूक्ष्म दृष्टिवाला विश्लेषक भी कहा गया है। एक भाषा के पाठ को दूसरी भाषा में अंतरित करने की क्षमता के कारण उसे प्रभावशाली प्रस्तुतकर्ता भी माना गया है। संभवतः इसीलिए अनूदित पाठ की मूल पाठ का 'पुन : प्रस्तुतीकरण' भी कहा जाता है। इसी धरातल पर अनेक विद्वानों ने अनुवाद प्रक्रिया के चरण या सोपान निर्धारित किए है जिन्हें एक क्रम में

अनुवाद को पार करना पड़ता है। जब अनुवादक अपने कार्य में कुशल ही जाता है तो वह किसी प्रक्रिया को छोड़कर स्वतः भी आगे बढ़ सकता है। लेकिन इसके लिए उसे मस्तिष्क में वह प्रक्रिया स्वतः तेजी से घटती है। वह सायास उस प्रक्रिया का उपयोग नहीं करता । लेकिन उसका ग्रहणशील मस्तिष्क अपने आप उस प्रक्रिया को पूरा कर देता है। अतः अनुवाद प्रक्रिया अनुवाद कार्य में अनुवादक के साथ अनिवार्य रूप से रहती है। "नाइडा" और 'न्यूमार्क' के प्रारूपों के महत्व को देखते हुए अनुवादक के लिए इन प्रक्रियाओं की अनिवार्यता पर बल दिया गया है। यह बल इस बात को भी व्यक्त करता है कि अनुवाद प्रक्रिया से गुजरनेवाले अनुवादक के लिए कौन सी ऐसी कुशलताएँ है जो आवश्यक और ज्ञान के विभिन्न स्तरों तथा क्षमताएँ का परिचय भी यह अध्ययन विस्तार से देता है जिस के लिए मूल रूप से 'रोजर बेल' की अद्यतन पुस्तक को आधार बनाया गया है।

अनुवाद प्रक्रिया की स्थिति इस बात को स्पष्ट करती है कि विश्लेषण के स्तर पर भाषा में कई संप्रेषणपरक (Communicative) भाषिक बिंदु अंर्तमुक्त रहते हैं। अनुवाद प्रक्रिया में इन्हें विश्लेषित या आंतरिक करते समय अनुवादक के सामने केवल संरचनागत ही नहीं, बल्कि अनेक प्रयोगगत, शैलीगत समस्याएं आती हैं। इन समस्याओं का सही आकलन करके ही अनुवादक यह जान पाता है कि मूल पाठ का कितना और कौन सा अंश अनुवादनीय है? कितना और कौन सा अंश अनुवादनीय नहीं है?

अनुवादनीयता की इस स्थिति और समस्या को समझाने के लिए 'अनुवादनीयता की समस्याएँ' शीर्षक से प्रस्तुत किया गया है। आधुनिक अनुवाद चिंतन में अनुवाद प्रक्रिया के संदर्भ में अनुवादनीयता और उसको कई समस्याओं पर बल दिया जा रहा है। इस बल के कारण समतुल्यता के सिद्धांत को अब केवल संरचनात्मक स्तर पर ही नहीं, बल्कि उन स्तरों पर भी देखा जा रहा है जो भाषा के सामाजिक, सांस्कृतिक और दार्शनिक मूल्यों से बहुत गहरे स्तर पर संबद्ध होते हैं। ये मूल्य ही भाषा के

प्राकार्यात्मक (Functional) और संप्रेषण परक (Communicative) भेदों को व्यक्त करते हैं। ये भेद ही भाषा$_1$ भाषा$_2$ के बीच अनुवादनीयता की अनेक समस्याएं पैदा करते हैं। जो मात्र भाषिक नहीं होती भाषेतर भी होती है। स्रोत भाषा और लक्ष्य भाषा की भिन्नता के साथ जोड़कर उस व्यापक आधार पर देखा गया है। जिसे आज "भाषाई कोड' और 'संप्रेषण परक मूल्य' कहा जा रहा है। साथ में खण्ड में अनुवादनीयता के धरातल पर अनुवादक की तीन प्रमुख भूमिकाओं की भी चर्चा की गई है। ये भूमिकाएँ अनुवाद की विभिन्न प्रक्रियाओं को इन्हीं भूमिकाओं के द्वारा सिद्ध करता है। अनुवादक की ये भूमिकाएँ अनूदित पाठ की प्रकृति और अनुवादक की दृष्टि तथा पद्धति पर भी प्रकाश डालती है। जहाँ कोडीकरण की प्रक्रिया की अनुवाद की मूल पद्धति मानते हुए भाषिक स्तर से लेकर प्रोक्ति स्तर तक अनुवादनीयता की बहुआयामी सीमाओं और अनुवाद की इस दिशा में प्रस्तुत की गई क्षमताओं की चर्चा होती है। इस चर्चा में भाषा के उन प्रकार्यों को भी केंद्र में रखकर देखा गया है जो किसी भी साहित्यिक पाठ के अनुवाद की प्रक्रिया और उसकी अनुवादनीयता की दृष्टि से अति महत्वपूर्ण हैं। ये प्रकार्य आधुनिक भाषा वैज्ञानिक चिंतन की एक ऐसी धुरी है जो भाषावैज्ञानिक विचारों की परिधि को पूरी तरह हमारे सामने लाते हैं। इनमें संप्रेषण परक प्रकार्य, समाज-सांस्कृतिक प्रकार्य और भाषा संदर्भ प्रमुख हैं इन प्रकार्यों को अनुवादनीयता के धरातल पर साधने के लिए जिन घटकों के ज्ञान की आवश्यकता अनुवादक को है उसकी चर्चा भी की गई है। साहित्यिक पाठ के भीतर निहित अर्थ, भाव और शैली के साथ-साथ भाषा समाज की जीवन पद्धतियों में समाहित सांस्कृतिक और आदर्शगत, उनके उपादानों का संकेत भी किया गया जो किसी भी साहित्य में केवल प्रस्तुत ही नहीं होते, बल्कि बिंबों, प्रतीकों अलंकारों के रूप में अंतरित होकर भी हमारे सामने आते हैं। इस आधार पर ही साहित्य अनुवाद की सामग्री तथ्यपरक भी होती है और भावपरक भी होती हैं। साहित्यिक अनुवाद भी शब्दानुवाद तथा भावानुवाद दोनों रूपों में हमारे

सामने आता है। भावानुवाद और पुनःसृजन के संदर्भ को भाषाओं के भेद के साथ देखा जाता है भाषा सदर्भ में भारतीय भाषाओं में रचित साहित्य के परस्पर अनुवादों की समस्या और विश्व भाषा में रचित साहित्य के भारतीय भाषाओं में अनुवाद की समस्याओं को भिन्न मानते हुए उनके कारणों की चर्चा की गई है। यहीं पर 'सजातीय' और 'विजातीय' भाषा की संकल्पनाएँ भी स्पष्ट होती हैं जो भाषाओं की सांस्कृतिक, संस्कारगत भिन्नताओं के संदर्भ में साहित्यिक अनुवाद की समस्याएँ बनती हैं।

इस प्रकार यहाँ अनुवाद और उसके प्रमुख भेदों को गहराई से देखा गया है। उसके स्वरूप और क्षेत्र की हर स्तर और आयाम पर परख करता है तथा उसकी समस्याओं को प्रक्रिया और अनुवादनीयता के व्यापक धरातल पर आधुनिक भाषा वैज्ञानिक चिंतन के संदर्भ में देखते हुए साहित्यिक अनुवाद की एक ऐसी पृष्ठभूमि निर्मित करता है। जो साहित्यिक अनुवादक की भूमिका और किसी भी सृजनात्मक कृति के अनूदित पाठ की सीमाओं को या उसकी विशिष्टताओं को परखने में सहायक हो सकता है। अतः अनुवाद चिंतन की पृष्ठभूमि और अनुवाद समीक्षा के लिए एक ऐसा आधार भी मिलता है, जिसका उपयोग करके साहित्यिक कृति के अनूदित पाठ का सार्थक मूल्यांकन किया जा सके।

किसी भी रचना या रचनाकार का महत्व साहित्य-अध्ययन और उसके वैशिष्ट्रय में निहित रहता है। जीवन और जगत की हर रचनाकार देखता, अनुभूत करता है और उसे अभिव्यक्ति देता है। लेकिन अनुभूति और अभिव्यक्ति का ढंग हर रचनाकार का अलग और विशिष्ट होता है। प्रसाद की प्रवृत्ति भारत के अतीत गौरव के माध्यम से साहित्यिक और सामाजिक चेतना का उद्घाटन करना है। अतः उनकी दृष्टि भारत के उन ऐतिहासिक पौराणिक पात्रों और कथानकों पर गई जो भारत के गौरवमय अतीत को और भारतीय विचार धारा की पुष्ट करते हैं। यहाँ कारण है कि प्रसाद की भाव भूमि अपने समकालीन रचनाकारों से अलग रही है और अपने समकालीनों की तरह उन्होंने अपने रचना संसार को केवल काव्य

तक सीमित न करके साहित्य की विविध विधाओं के माध्यम से अपनी इस भाव भूमि को प्रकट करने का प्रयास किया । भाषा के धरातल पर भी इसीलिए प्रसाद विशिष्ट हैं कि उनकी भाव भूमि और उनके चिंतन ने, उनकी भाषा को एक सुसंगठित और सुसंस्कृत स्वरूप प्रदान किया है। उनकी भाषा का यह स्वरूप भी प्रसाद की रचना शैली को उनके समकालीनों से अलग करता है। आज भी हम छायावादी काव्य रचना के संदर्भ में प्रसाद की भाषा को विशिष्ट मानते हैं और जब भी संस्कृत निष्ठ तत्सम शब्दावली प्रधान शैली के विवेचन की बात आती है तो प्रसाद को एक आदर्श उदाहरण के रूप में याद किया जाता है। भाषा और शैली का यह संदर्भ अनुवाद की दृष्टि से भी महत्वपूर्ण होता है। अनुवाद की अनेक परिभाषाओं में यह स्पष्ट रूप में कहा गया है कि साहित्यिक अनुवाद के केंद्र में 'अर्थ' और 'शैली' रहते हैं। अर्थात् अर्थ और शैली की समतुल्यता ही लक्ष्य भाषा में अनूदित पाठ का आधार होती है। इस स्तर पर जयशंकर प्रसाद के अनुवादों की दृष्टि से इनकी व्यापक भावनाओं और इन भावनाओं को व्यक्त करने के लिए उनके द्वारा चुनी गई शैली का अनुवाद के संदर्भ में महत्वपूर्ण स्थान माना जा सकता है।

   इस महत्व को देखते हुए प्रस्तुत अध्ययन में प्रसाद के रचना संसार और कामायनी के रचना संदर्भ पर चर्चा अनिवार्य हो जाती है। 'कामायनी' की मूल पाठ के रूप में देखते हुए उसके अनुवाद की जो समीक्षा प्रस्तुत अध्ययन में की गई है उसके लिए भी यह समझना आवश्यक है कि प्रसाद की रचनाओं का वैशिष्ट्य क्या था और कामायनी जैसी रचना के सृजन के साथ वे कौन से तत्व सन्निहित हैं, जो उसे भारतीय संस्कृति और दर्शन का एक सौष्ठवपूर्ण ग्रंथ के रूप में प्रभावित करते हैं। प्रसाद की बहुमुखी प्रतिभा और उनके विधाओं में उनकी समर्थ रचना धर्मिता को उद्घाटित किया गया है। यह प्रसाद की रचनाओं की उन पृष्ठभूमियों पर भी प्रकाश डालता है, जो उनकी रचना को वैचारिक आधार देते हैं अथवा जिन से प्रसाद प्रभाव ग्रहण करते हैं। प्रसाद की यह प्रतिभा

उन्हें भारतीय चिंतन की उन विभूतियों से संबद्ध करती है, जिन्होंने भारतीय आध्यात्मिक आर दार्शनिक विचारधारा को एक दिशा दी । जैसे- रामकृष्ण परमहंस । प्रसाद का रचना संसार राष्ट्र के अतीत और वर्तमान का अदभुत संयोजन है। उनकी अनेक रचनाएँ उनकी उस प्रतिमा को व्यक्त करती है जहाँ वे किसी वाद या बंधी- बँधाई रचना दृष्टि को तोड़कर भारतीय अतीत को पुर्नजीवित करते हैं। छायावादी युग में ये बड़ा कठिन कार्य था । क्योंकि पाश्चात्य प्रभावों का ऐसा प्रवाह उस यग में था कि उससे बचकर भारतीय दर्शन, आध्यात्म और संस्कृति को अपनी रचनाओं का माध्यम बनाना अपने आप पर बड़े साहस का कार्य था । प्रसाद के वैशिष्टय को प्रस्तुत विवेचन उनकी रचनाओं के संदर्भ में व्याख्यायित करता है और उनकी रचनाओं का एक विकास क्रम निष्टरित करता है। जिसे प्रसाद की रचनाओं का ऐतिहासिक विवेचन भी कहा जा सकता है। इस अध्ययन द्वारा यह प्रमाणित होता है कि अपनी कविताओं के प्रथम संग्रह ‘कानन कुसुम’ से ही प्रसाद परंपराओं से अपने आप को जोड़ लेते हैं। भावों की गहनता और कलात्मक सौंदर्य को अपनी रचना में प्रमुखता देते हैं। इस प्रमुखता ने प्रसाद को खड़ी बोली के एक ऐसे रचनाकार के रूप में स्थापित किया, जो लाक्षणिक और प्रतीकात्मक शैली के माध्यम से भाव और भाषा का अद्भुत समन्वय करता है। उनकी यह विशिष्टता, उनकी आगे की रचनाओं में भी बची रहती है और उनकी रचना यह प्रमाणित करती चलती है कि काव्यात्मकता और दार्शनिकता ही उनकी विशिष्टता है। अतः निश्चित ही यदि हम प्रसाद की रचनाओं के अनुवाद की ओर प्रवृत्त होते हैं तो उनके अनुवाद की प्रक्रिया अन्य छायावादी रचनाकारों की रचनाओं की अनुवाद प्रक्रिया से भिन्न होगी ।

यहाँ प्रसाद के रचना संसार को उनकी शैली के संदर्भ में भी देखने का प्रयास किया गया है। उनकी रचनाओं की रहस्यात्मकता, उक्ति चमत्कार का उनका ढंग, वस्तु और बिंब योजना का चित्रण इतना सजीव है कि

कवि की गहरी से गहरी अनुभूतियाँ भी पाठक को एक अलौकिक आनंद देती हैं।

प्रसाद के रचना प्रक्रिया के संदर्भ में भी यह इस तथ्य को प्रमाणित करता है कि प्रसाद प्रेम के पक्ष को उदात्त धरातल पर प्रस्तुत करते हैं। 'झरना', 'आँसू' जैसे काव्य संग्रह उनकी इस रचना प्रक्रिया के प्रमाण है। 'कामायनी' प्रसाद का एक ऐसा ग्रंथ है जिसने हिंदी साहित्य की प्रतिष्ठा को स्थापित किया और यह प्रमाणित किया कि कविता काल्पनिक और भावना प्रधान होते हुए भी विचार और चिंतन के आयामों को खोल सकती है। भाषा को एक ऐसा स्वरूप प्रदान कर सकती है जिसके माध्यम से केवल लौकिक जगत ही नहीं अलौकिकता भी व्यक्त हो सकें ।

साहित्य की अन्य विधाओं में प्रसाद की प्रिय विधा नाटक है। इन नाटकों में भी प्रसाद का अतीत प्रेम और उनका भाषाई संस्कार अप्रभावित रूप में अपनी पूरी गरिमा के साथ प्रस्तुत होता है। यहीं कारण है कि प्रसाद के नाटकों में हमें अनेक ऐसे गीत और कविताएँ भी मिलती हैं जो उनकी कवि प्रतिभा को प्रमाणित करती हैं। कहानी और उपन्यास में भी प्रसाद की इसी रचनात्मक प्रतिभा को प्रकार होती है।

यह प्रसाद के रचना संसार का आकलन उनकी युगीन परिस्थितियों में भी करता है जिससे यह स्पष्ट होता है कि प्रसाद ने अपनी रचनाओं में जिस अंतर द्वंद्व या संघर्ष को व्यक्त किया है, वे उनकी अपनी मनोवृत्ति से बंधकर ही सृजित हुए है। इस प्रकार प्रसाद का रचना संसार वैविध्यपूर्ण तो है लेकिन उसकी आंतरिक आत्मा एक है जहाँ राष्ट्र, राष्ट्रीय चिंतन और भावात्मक आवेग प्रमुख है। ऐसा रचनाकार अपने साहित्यिक दायित्व को एक नए धरातल पर रखता है। प्रसाद ने भी ऐसा ही किया। उन्होंने न तो विद्रोह, विरोध और आक्रोश की शैली अपनाई और न ही कल्पना के सागर में अपने को डुबोया। इसके विपरीत उन्होंने भारतीय इतिहास और संस्कृति के उन सुनहरे पृष्ठों को अपनी रचनाओं का केंद्र बिंदु बनाया, जिनके भीतर मानवीय भावनाओं के कोमल तंतु छिपे हुए थे।

अतः यह कहा जा सकता है कि प्रसाद स्वयं भी और उनका रचना संसार भी हिंदी साहित्य में अलग से एक ऐसी जमीन पर खड़ा है, जहाँ से हम अतीत और वर्तमान के मिलन स्थल को भी देख सकते हैं। अतीत को वर्तमान का जो देय है उसे भी परख सकते हैं। क्योंकि इसमें तो कोई संदेह ही नहीं कि हमारी परंपराएँ और हमारा अतीत ही हमारे वर्तमान को रूपाकार प्रदान करता है। परंपराओं से कटी हुई रचना का न तो स्थाई प्रभाव पड़ता है और न ही वे आनेवाले युगों में कालजयी बन कर जीवित रह पाती है।

'कामायनी' ऐसी रचना का सर्वोत्कृष्ट उदाहरण है जिस की अभिव्यंजना शैली और कथानक का सूत्र आज भी हमें उतना ही प्रभावित करता है। इस पृष्ठ भूमि में 'कामायनी' के वैशिष्ट्य को देखने का प्रयास किया गया है।

विषय वस्तु और शिल्प विज्ञान के आधार पर रचना का स्वरुप निर्मित होता है। भाषिक धरातल पर भी आज के शैली वैज्ञानिक चिंतन में यह स्वीकार किया गया है कि विषयवस्तु अथवा कथ्य अभिव्यंजना को प्रभावित करते हैं। अर्थात् कथ्य context अभिव्यक्ति । expression को प्रभावित करता है। इस प्रकार कथ्य के अनुरूप ही रचना की भाषा का स्वरूप निर्मित होता है। इसके साथ ही यह भी स्वीकार किया गया है कि रचना का शिल्प उसके भाषिक सौंदर्य और प्रस्तुतीकरण से जुड़ा होता है। जिसमें मूल रूप से रचना की बुनावट texture और उसके गठन ; destructure को महत्व दिया गया है। अर्थात कथ्य और शिल्प का संदर्भ निश्चित रूप से उस पक्ष से जुड़ा है जिसे हम भाषाई;। linguistic पक्ष कहते हैं। रचनाकार इसी के अनुसार अपनी रचना को कलात्मक प्रतीक; Art symbol के रूप में प्रस्तुत करता है क्योंकि साहित्य एक शाब्दिक कला ; verbal Art है। किसी भी साहित्यिक कृति का अनुवाद सफल ढंग से तभी किया जा सकता है, जब उसे एक कला प्रतीक या शाब्दिक कला के रूप में देखा जाए ।

डॉ. सी. अन्नपूर्णा

इस प्रकार प्रसाद की रचनाएँ वैदिक अथवा पौराणिक संदर्भों से जोड़ते हैं। अपनी विषय वस्तु को इस रूप में सामने रखते है कि वह हमारे विगत इतिहास को भी सामने रखे और मानवता के विकास को भी उद्घाटित करे । इस दृष्टि से 'कामायनी' उनकी श्रेष्टतम रचना है। 'कामायनी' की रचना के पीछे और उसकी विषयवस्तु के चयन के पीछे प्रमुख विद्वानों के जो प्रमुख मत है, उनके द्वारा यह स्पष्ट किया गया है कि प्रसाद के कवि व्यक्तित्व और उनकी प्रतिमा का स्वरूप कैसा था? क्योंकि इस प्रकार की विषयवस्तु का चयन और काव्य के प्रतिफलन में उसका सार्थक निर्वाह वहीं रचनाकार कर सकता है जिसकी क्षमता भी उत्कृष्ट हो और जो बौद्धिक तथा आध्यात्मिक स्तर पर परिपक्व हों। प्रसाद की इस क्षमता का प्रमाण 'कामायनी' है। भारतीय दर्शन में उनकी आस्था, भारतीय संस्कृति के व्यापक धरातल की उनकी समझ और इसी के अनुरूप उनकी उदात्त शैली इस बात का प्रमाण है कि केवल विषयवस्तु का चयन ही नहीं, बल्कि उसका निर्वाह भी प्रसाद ने पूरे सामर्थ्य के साथ किया है और अपनी भाषा को प्रतीकात्मक बनाया है। उनकी यह प्रतीकात्मकता बहुआयामी है, क्योंकि शिल्प, शैली और काव्यात्मक तत्वों का जैसा उत्कृष्ट संयोजन 'कामायनी' में मिलता है। वह आधुनिक युग की किसी भी कृति में अंश मात्र भी दिखाई नहीं देता। इसलिए 'कामायनी' जैसी विषयवस्तुवाली रचना का अनुवाद अनुवादक से इस बात की अपेक्षा करता है कि वह दो भाषाओं के ज्ञान के साथ-साथ अन्य कई विषयों के साथ भी अपने को जोड़े, जैसेः आध्यात्मिक संदर्भ, मिथकीय संदर्भ, सांस्कृतिक संदर्भ, चित्रमयता और बिंब तथा प्रतीकों का ऐसा निर्माण जो पूरे परिदृश्य को एक प्रकार की प्राचीन गरिमा और विचारधारा में डबो देता है। इसलिए यह कहा जा सकता है कि 'कामायनी' की विषय वस्तु ने उस की भाषा को भी एक विशिष्ट प्रकार के कला प्रतीक के रूप में विकसित किया है। इस तथ्य को शिल्प का संदर्भ से विवेचित करता है। इस विवेचन से यह तथ्य प्रमाणित होता है कि 'कामायनी' का कथानक और उस का भाषा प्रयोग दोनों

मिलकर मानव मन की गहनतम भावनाओं को व्यक्त करते हैं। कहीं-कहीं तो कामायनी में कथावस्तु और पात्र गौण हो जाते हैं और चिंतन का यह स्तर प्रमुख हो जाता है जिसे प्रसाद किसी पात्र या कथानक के किसी बिंदु द्वारा प्रक्षेपित करना चाहते हैं। अतः कामायनी के अनुवादक को उस अर्थ को पहचानना होगा, जो प्रक्षेपित हुआ है।

'कामायनी' के शिल्प को उस व्यापक स्तर से भी जोड़ा गया है जहाँ मुक्तिबोध जैसे आलोचक और कवि 'जीवन की पनर्रचना' कहते हैं। जीवन और वह भी एक विशिष्ट पौराणिक संदर्भ का जीवन व्यक्त करते समय भाषा और शिल्प के स्तर पर वैदिक कालीन कलात्मक प्रभावों का दिखाई देना स्वाभाविक है। इस दृष्टि से कामायनी की रूप रचना प्रतीकात्मक भी है और मिथकीय भी । इस तथ्य को अंग्रेज़ी अनुवाद की तुलना में तेलुगु अनुवाद अधिक गहराई से पकड़ पाता है, क्योंकि आध्यात्मिक, पौराणिक और मिथकीय भाषा संवेदना का जो स्तर और संवेग कामायनी में व्यक्त हुआ है उसे व्यक्त कर पाना किसी समान संस्कार और संस्कृतिवाली भाषा के लिए ही सहज हो सकता था।

'कामायनी' के शिल्पगत स्तर के वैशिष्ट्य को तीन रूपों में देखा गया है कामायनी 1. कथ्य 2. दार्शनिक चेतना और 3. दार्शनिक शब्दावली। कामायनी के कथ्य की उस विशिष्टता को प्रदर्शित करता है, जहाँ परंपरागत आध्यात्मिक सामग्री दर्शन प्रधान बनाकर भारतीय चिंतन के 'आनंदवाद' को स्थापित करती है। 'कामायनी' के कथानक का संक्षिप्त विवरण भी प्रस्तुत करता है जो भारतीय दर्शन की विराट परंपरा से जुड़ा हुआ है और उस दार्शनिक चेतना की चर्चा की गई है जो कामायनी का मूल विषय भी है। कामायनी के उन प्रमुख पक्षों को सोदाहरण विवेचना भी की गई है जो भारतीय दर्शन के किसी-न-किसी पक्ष को उद्घाटित करते हैं। इस दार्शनिक पृष्ठभूमि में प्रत्यभिज्ञादर्शन की प्रमुखता पर प्रकाश डालते हुए कामायनी की अनेक पंक्तियों के विवेचन द्वारा प्रसाद की दार्शनिक चेतना प्रमाणित की गई है। निश्चित ही एक विशेष प्रकार की चेतना से आबद्ध होने के

कारण 'कामायनी' का भाषिक स्वरूप विशिष्ट बन गया है। इस विशिष्टता और दार्शनिकता को अनुवाद के संदर्भ में प्रमाणित करने के लिए यहाँ विवेचन किया गया है। जिसमें 'कामायनी' में प्रयुक्त दार्शनिक शब्दावली का चयन करके उनके तेलुगु अंग्रेज़ी अनुवादों के साथ प्रस्तुत किया गया है। आध्यात्मिकता का पक्ष सामान्य स्तर पर तो अनूदित हो जाता है, लेकिन उसका गहरा संदर्भ अनुवादक किसी भी स्थिति में नहीं पकड़ पाता। इस बात को भी दिखाने का प्रयास करता है कि भारतीय दर्शन की शब्दावली अतिशय रूप में भारतीय चिंतन और विचारधारा का प्रतिनिधित्व करते हुए "पारिभाषिक" है। जिसका अपना पारिभाषिक अर्थ है अतः उचित संदर्भों और इनके भीतर सन्निहित अर्थवत्ता को समझे बिना इनका अनुवाद नहीं किया जा सकता है। अंग्रेज़ी भाषा का दार्शनिक धरातल भारतीय दर्शन की पारिभाषिक शब्दावली की तुलना में बहुत ही सही स्तर का है। और यह भी कि हिंदी और तेलुगु के अनेक दार्शनिक शब्द समान रूप और अर्थ में ही प्रयुक्त होते हैं जिनके साथ तेलुगु की रूप रचना प्रक्रिया के अनुसार उपसर्गों या प्रत्ययों का प्रयोग करके अनुवादक सामने लाता है।

यह कामायनी की दार्शनिकता को प्रमाणित करता है और अनुवाद प्रक्रिया में सैद्धांतिक विवेचन के समय अनुवादनीयता की समस्याओं के जो धरातल सामने आए थे उनका उदाहरण भी बनता है कि केवल संरचनात्मक समतुल्य इकाइयाँ लक्ष्य भाषा में मूल के अर्थ और संदर्भ को तब तक रूपांतरित नहीं कर सकती जब तक कि उन संरचनाओं का सामाजिक सांस्कृतिक संदर्भ अनुवादक विश्लेषण के स्तर पर स्पष्ट नहीं कर लेता। इसी प्रकार अनुवादनीयता का वह विचार भी यहाँ व्यावहारिक रूप में सामने आता है कि शैलीय स्तर पर जो तत्समता कामायनी के मूल पाठ में है उसे अनूदित पाठ और विशेषकर के अंग्रेज़ी का अनूदित पाठ व्यक्त नहीं कर पाता ।

विवेच्य अध्ययन 'कामायनी' को एक विशिष्ट रचना मानते हुए उसके विषयगत, शिल्पगत वैशिष्ट्य को उदघाटित करता है और एक

रचनाकार के रूप में प्रसाद का जो कवि व्यक्तित्व है उसकी विशिष्टता को भी सामने लाता है। ये दोनों विशिष्टताएँ कथ्य और भाषा के द्वंद्व को भी स्पष्ट करती है और उन रचनाओं से इन्हें अलग भी करती है जिन के पीछे इस प्रकार का कोई परंपरागत आधार नहीं होता। ऐसी रचनाएँ शैली अर्थ और अभिव्यंजना के स्तर पर भी विशिष्ट होती हैं। अतः इनके अनुवादक के सामने जो समस्याएँ आती है, वे भी विशिष्ट होती हैं। इस समस्यागत स्थिति का सामान्य आकलन 'कामायनी' में प्रयुक्त शब्दावली के आधार पर इस अध्ययन में हमें मिलता है। जो अनुवाद समीक्षा के उस व्यापक विवेचन के लिए एक आधार है।

'कामायनी' के तेलुगु और अंग्रेज़ी अनुवादों की विशिष्टताओं को, उसकी सीमा और संभवना दोनों ही स्तरों पर स्पष्टता से दिखाने के लिए प्रस्तुत अध्ययन किया गया है। अंग्रेज़ी और तेलुगु अनुवादों की सामान्य विशेषताओं पर भी प्रकाश डालता है।

सामान्य स्तर पर चाहे वह एक ही समाज या संस्कृति की भाषा हो अथवा किसी भिन्न समाज या संस्कृति की भाषा, संरचना के स्तर पर उसमें भेद होता है। यह भेद संरचनात्मक स्तर पर अनुवादक को मूल संरचना के समरूप इकाई स्थापित करने में कठिनाई उत्पन्न करता है। अतः अनुवादक समतुल्य संरचनात्मक इकाइयों की खोज लक्ष्य भाषा में करता है और मूल भाषा के निकटतम एक ऐसी संरचना लक्ष्य भाषा में रखता है जो मूल के अर्थ को अधिक से अधिक आयामों पर व्यक्त करने में समर्थ हो। संरचना का यह स्तर शब्द से लेकर वाक्य तक फैला होता है। अर्थात् संरचना का संबंध भाषा के व्याकरण से होता है। यह हम तभी जानते हैं कि हर भाषा की व्याकरणिक संरचना दूसरी भाषा से भिन्न होती है। वर्ण व्यवस्था का भेद हम भारतीय भाषाओं में भी देख सकते हैं। कुछ ध्वनियाँ किसी भारतीय भाषा में उपलब्ध हैं, कुछ नहीं। शब्द रचना के नियम भी भिन्नता लिए हुए दिखाई देते हैं। इसलिए हिंदी और तेलुगु अनुवादों में हम उपसर्गों और प्रत्ययों के भिन्न प्रयोग पाते हैं। इसी प्रकार

वाक्य का स्तर भी है। जहाँ कर्ता, कर्म और क्रिया का संयोजन और उनकी अन्विती के नियम भिन्न भाषाओं में बदल जाते हैं। अनुवाद की दृष्टि से यह पक्ष इसलिए महत्वपूर्ण होता है, क्योंकि अनुवादक को एक निश्चित संरचना में बंधी हुई मूल पाठ की भावना को लक्ष्यभाषा का संरचना में बाँधकर प्रस्तुत करना होता है। इस धरातल पर वह भाषा के व्यतिरेकी विश्लेषण (Contrastive Analysis) की मदद लेता है। और अनूदित संरचनाओं को मूल भाषा की संरचना के अधिकाधिक निकट रखने का प्रयास करता है। अनुवाद प्रक्रिया की दृष्टि से यह कार्य अनुवादक "विश्लेषण' और 'पुनर्गठन' के दोनों चरणों पर करता है। इसे वह किस तरह सिद्ध कर सका है? यह तभी पता चलता है जब हम अनूदित पाठ को संरचनात्मक स्तर पर शब्दों के अनुवाद से लेकर वाक्यों के अनुवाद तक के स्तरों पर देखते हैं।

सामान्य विशेषताओं के संदर्भ में मूल पाठ के भाव का भी महत्व होता है। कोई भी संरचना किसी भाव को व्यक्त करने के लिए ही चुनी जाती है। काव्य जैसे संश्लिष्ट साहित्यिक रूप में कवि संरचना में अथवा उसके प्रतिमान या नियमों में विचलन भी ले आता है। ऐसा करते हुए वह किसी विशिष्ट भाव या मंतव्य को व्यक्त करना चाहता है। ऐसी स्थिति में संरचना के स्तर पर अनवाद असंभव हो जाता है। जब अनुवादक भावानुवाद का सहारा लेता है अर्थात् मूल संरचना में निहित भावों को समझ कर वह उस भाव को व्यक्त करने के लिए लक्ष्य भाषा की किसी भी ऐसी संरचना को चुनता है जो संरचना के स्तर पर मूल से नितांत भिन्न होते हुए भी भाव के प्रेषण में मूल के भाव को पूरी सफलता से अंतरित करने का प्रयास करता है। यहीं अनुवादक पुनःसर्जक बन जाता है। साहित्यिक कृतियों में भाव का यह पक्ष बड़ी तीव्रता से उपस्थित रहता है। किसी भी कृति में शब्दों का चयन, रूपों की रचना या वाक्यों का संयोजन कवि किसी विशिष्ट भाव को व्यक्त करने के लिए करता है। अनुवादक को इस भाव को समझना होता है। यही कारण है कि अनुवाद में अर्थ को महत्व

दिया गया है और अनुवाद के प्रमुख प्रकार के रूप में भावानुवाद को स्वीकृति प्रदान की गई है।

अनुवाद की सामान्य विशेषताओं में अनुवादनीयता का स्तर भी महत्वपूर्ण है। अर्थात् मूल का वह अंश जो अनुवाद पाठक के लिए महत्वपूर्ण नहीं है उसे परखते हुए अनुवाद में छोड़ने की ओर वह प्रवृत्त हो। इसके साथ ही मूल पाठ का वह अंश जिसे सारी कठिनाइयों के बावजूद लक्ष्य भाषा में ले आना अनिवार्य है, क्योंकि वह मूल पाठ के किसी ऐसे भाव मंतव्य या कथ्य को दर्शाता है, जिस से पूरी रचना का संदर्भ निर्मित होता है। ऐसे पक्षों को किसी भी रूप में लक्ष्य भाषा में ले आना भी अनुवादनीयता की दृष्टि से महत्वपूर्ण है।

सामान्य विशेषताओं के इन तीनों महत्वपूर्ण स्तरों को देखते हुए साहित्यिक अनुवाद के इस विवेचन के स्तर समान रखे गए 1-संरचना, 2-भाव, 3-अनुवादनीयता ।

यहाँ यह भी स्पष्ट किया गया है कि दोनों भाषाएँ तेलुग और हिंदी भिन्न परिवार को होते हुए भी संस्कृत शब्दावली के स्तर पर एक दूसरे के बहुत निकट है। इसी प्रकार उन भाषाओं की संरचनात्मक समानता और विषमताओं को भी स्पष्ट किया गया है। तेलुगु भाषा और साहित्य की प्रकृति और उसके महत्व को भी रेखांकित करता है। कामायनी के तेलुगु अनुवाद को अनेक वर्गों में विभाजित करके क्रमशः उनकी विशेषताओं को उन तीनों स्तरों पर देखता है। मूल पाठ में सर्गों के शीर्षक निर्धारण के पीछे जो कारण निहित हैं और मूल पाठ का प्रत्येक शीर्षक 'कामायनी' के उस सर्ग में निहित भावों और विचारों को कितनी गहराई से प्रस्तुत कर पाता है। तेलुगु में किए गए सर्गों के अनुवाद की विशेषताओं पर प्रकाश डाला गया है। इसके बाद संरचना, भाव और अनुवादनीयता के स्तर पर तेलुगु अनुवाद को देखते हुए कामायनी के मूल छंदों के साथ उन्हें रेखांकित किया गया है। इनसे यह प्रमाणित होता है कि तेलुगु अनुवाद में अनुवाद की अनेक रीतियाँ अपनाई गई हैं और जैसा कि स्वाभाविक है, भावानुवाद

या पुनःसृजन को इसमें अधिक से अधिक महत्व दिया गया है। इसके साथ ही कुछ स्थलों पर शब्दानुवाद की पद्धति भी अपनाई गई है। इस दृष्टि से अनुवादनीयता की सीमा में तेलुगु अनुवाद जब मूल से अलग होता है या मूल के सौंदर्य या गति को भंग करता है तो उन स्थलों को भी इस विश्लेषण में दिखाने का प्रयास किया गया है। यहाँ मूल पंक्तियों के साथ तेलुगु की अनूदित पंक्तियाँ दी गई है और फिर इन पंक्तियों के प्रत्येक अंश पर केंद्रित अनूदित पाठ का विवेचन किया गया है। इस विवेचन में शब्दावली संरचना, शैली, भाव-मुहावरे, क्रिया रूपों का संयोजन आदि सभी पक्षों को ले लिया गया है। इस प्रकार हिंदी से तेलुगु में किए गए 'कामायनी' के अनुवाद की सामान्य विशेषताओं और उसकी सीमाओं पर दृष्टिपात होता है और यह प्रमाणित करता है कि तेलुगु अनुवाद अनुवादक की विशिष्ट प्रतिभा का परिणाम है जो अनुवाद प्रक्रिया को विश्लेषण की प्रत्येक अपेक्षाओं के साथ पूरा करता है। अनूदित पाठ मौलिक रचना की तरह भी सामने आता है और कई स्थलों पर मूल की कई सीमाओं की अनूदित पाठ अधिक स्पष्टता और पारदर्शिता के साथ व्यक्त करता है।

यह प्रक्रिया कामायनी के अंग्रेज़ी अनुवाद की विशेषताओं के विवेचन करने के लिए भी अपनाई गई है। इसमें हिंदी और अंग्रेज़ी भाषा के उस सांस्कृतिक और संस्कारगत भेदों की भी चर्चा की गई है जो किसी भी साहित्यिक अनुवादक के लिए कठिनाई उत्पन्न कर सकते हैं। इस अनुवाद विशेषता को भी सर्गों के मूल नामकरण और उनके अनुवाद के संदर्भ में देखा गया है, जिससे कई बातें स्पष्ट होती हैं। एक तो यह कि अंग्रेज़ी अनुवादक ने अधिकांश सर्गों का मात्र लिप्यांतरण किया है, कुछ सर्गों का अंग्रेजी अनुवाद मूल की दार्शनिक भावना को या उसकी आध्यात्मिक गहराई को व्यक्त नहीं कर पाता और कुछ सर्गों के अनुवाद मूल सर्गों की सार्थकता को व्यक्त करने में समर्थ भी दिखाई देते हैं।

इसके बाद कामायनी की मूल पंक्तियों के अंग्रेजी अनुवाद को प्रस्तुत करते हुए शब्द संरचना और वाक्य संरचना के स्तर पर देखा गया

है। यह स्तर हिंदी वाक्य संरचना में व्यक्त अनेक भावों को नहीं पकड़ पाता, इसका कारण यह है कि मूल के भाव को व्यक्त करने के लिए अंग्रेजी भाषा के पास वे भाषिक उपकरण उपलब्ध नहीं है। इसीलिए ऐसी संरचनाओं का भावानुवाद भी आंशिक स्तर पर ही मूल के भाव को व्यक्त कर पाता है। इसी विशेषता में अंग्रेज़ी अनुवाद को अनुवादनीयता के विभिन्न स्तरों पर भी देखा गया है। कहीं कहीं अंग्रेज़ी अनुवादक के मूल की महत्वपूर्ण पंक्तियों को छोड़ दिया है और कहीं-कहीं उसने पूरे संदेश को ही अलग ढंग से व्यक्त कर दिया है अथवा कहीं-कहीं इस प्रकार का शाब्दिक अनुवाद करने का प्रयास किया है, जो लक्ष्य भाषा की प्रकृति के अनुरूप ही नहीं है। अतः इनसे एक ऐसा अर्थ मिलने लगता है। जो मूल पाठ को सामने रखकर देखने वाले को ग्राह्य नहीं हो सकता।

फिर भी अंग्रेज़ी अनुवाद यह प्रयत्न करता है कि मूल का भाव अधिक से अधिक स्पष्ट हो । अनुवादक भारतीय है। इसलिए आंशिक रूप से वह मूल के पौराणिक, दार्शनिक संदर्भो को भी अनूदित करने में कहीं-कहीं सफल हुआ है। इस दार्शनिकता या पौराणिकता को सुरक्षित रखने के लिए उसने पुरानी अंग्रेज़ी की भी कुछ संरचनाओं का प्रयोग किया है। लेकिन संरचना के अधिकांश स्थलों पर अंग्रेज़ी अनुवाद मूल के संदर्भो को एक सीमा तक अथवा आंशिक रूप में ही पकड़ पाता है। अंग्रेजी अनुवाद की जो सफलता है। वह अनुवादक की सफलता है।

प्रस्तुत अध्ययन तेलुगु और अंग्रेज़ी अनुवादों की यह विशेषता साहित्यिक अनुवाद में 'समतुल्यता के सिद्धांत' के महत्व को प्रमाणित करती है। इससे यह भी पता चलता है कि तेलुगु और अंग्रेज़ी में अनुवादनीयता की समस्याएं समान नहीं है, क्योंकि दोनों भाषाओं का संरचनात्मक और ऐतिहासिक संदर्भ भिन्न-भिन्न है। इन विशेषताओं को देखने से यह स्पष्ट होता है कि साहित्य का अनुवादक सर्जक होता है। अनुवादक की भावना, उसका व्यक्तित्व और काव्य संबंधी उसकी समझ ही किसी साहित्यिक कृति के अनुवाद की सफल या असफल बनाते हैं। भाषा

की सीमाएं अनुवादक को कई स्तरों पर प्रभावित करती हैं और यहीं पर अनुवाद की प्रक्रिया, उसके लिए महत्वपूर्ण बनती है। इन दोनों अनुवादों में अनुवादक न जहाँ कहीं भी अनुवाद की प्रक्रिया के सोपानों को गंभीरता से महत्व दिया है, वहाँ अनुवाद मूल के निकट आया है और जहाँ कहीं वह ऐसा नहीं कर सका है। वहाँ उसे या तो आंशिक सफलता मिली है अथवा वह असफल हो गया है।

इस विवेचन से यह स्पष्ट होता है कि भाषाओं का स्वजातीय या विजातीय होना अनुवाद में बहुत महत्व रखता है। इसके साथ ही कामायनी के अनुवाद में तत्सम शब्दावली तथा दार्शनिक और पौराणिक शब्दावली के अनुवाद की स्थिति अनुवादनीयता के एक भिन्न संदर्भ को हमारे सामने ले आती है। तुलनात्मक समीक्षा में और अनुवाद समीक्षा में भी इस प्रकार का विवेचन हमें यह दिखा सकता है कि अनूदित होने के बाद अनूदित पाठ अनुवादक की पूरी क्षमता, सामर्थ और गंभीरता के बावजूद किस सीमा तक भारतीय भाषाओं में अंतरित हो सकता है और क्यों? इन प्रश्नों के उत्तर सैद्धांतिक रूप में अनुवाद शास्त्र में मिल जाते हैं, लेकिन व्यावहारिक स्तर पर उनकी परख तभी हो सकती है जब हम मूल और अनूदित पाठों को साथ रखकर इस सिद्धांतों की विविध महत्वपूर्ण पद्धतियों के संदर्भ में इन्हें देखें। यह इसी दृष्टि से किया गया अध्ययन है। जो साहित्यिक अनुवाद और अनुवाद की उन सीमाओं और समस्याओं का विवेचन करता है। जो अनुवाद करते समय उनके सामने उपस्थित होती है। इस तरह भिन्न स्तरों पर स्वजातीय भाषा तेलुगु और विजातीय भाषा अंग्रेज़ी में किए गए 'कामायनी' के अनुवाद का विवेचन करते हैं। यह विवेचन पूरी तरह संरचना पर आधारित है। संरचना के साथ अर्थ भाव और शैली स्वतः संयुक्त हो जाते हैं। साहित्यिक कृति में भाषा संरचना अपने आप इनसे बंध जाती है या यह भी कहा जा सकता है कि रचनाकार सामान्य भाषा संरचना को ही विशिष्ट बनाता है अथवा सामान्य संरचना में विशिष्ट अर्थ भरता है। इस स्तर पर निम्नलिखित बिंदुओं पर अध्ययन

प्रस्तुत है। यह स्तर स्वजातीय और विजातीय दोनों भाषाओं तेलुगु और अंग्रेज़ी के लिए समान है:

क) ध्वनि ख) शब्द ग) वाक्य

'कामायनी' के तेलुगु अनुवाद की समीक्षा करते हुए भाषा परिवारों का संक्षिप्त परिचय के साथ हिंदी और तेलुगु भाषा के ऐतिहासिक विकास क्रमशः प्रारंभ में प्रकाश डाला गया है। इस अद्ययन से दोनों भाषाओं की सजातीयता का प्रमाण भी मिलता है तथा दोनों भाषाओं पर संस्कृत के प्रभाव का परिचय भी प्राप्त होता है। इसी संदर्भ में अनुवाद की दृष्टि से सजातीय और विजातीय भाषा की संकल्पना को भी स्पष्ट किया गया है। विश्लेषण करने के लिए पहले स्तर पर ध्वनि तत्व को रखा गया है। विषय स्पष्ट करने के लिए भारतीय काव्य शास्त्र में ध्वनि सिद्धांत का जो महत्व है तथा साहित्य सृजन में अभिव्यक्त की दृष्टि से ध्वनि का जो महत्व है। इसका प्रतिपादन शब्द और अर्थ के संबंधों पर विवेचित भारतीय काव्य शास्त्रियों की विचारधारा के संदर्भ में यहाँ किया गया है। इस विवेचन से यह स्पष्ट होता है किं रचना की शैली रचना के गठन तथा उसके अर्थ संप्रेषण में ध्वनि का अपना महत्व है। जिसे आचार्यों ने अभिधा, लक्षणा और व्यंजना के रूप में पारिभाषित किया है। शब्दार्थ के इस चिंतन को सैद्धांतिक धरातल पर भी और 'कामायनी' की प्रक्रियाओं के उदाहरणों द्वारा भी व्यावहारिक स्तर पर स्पष्ट करने का प्रयास यहाँ किया गया है। ध्वनि सिद्धांत की जो विश्लेषण परक पद्धति आचार्यों ने निर्धारित की है उनका परिचय भी यहाँ स्पष्ट रूप से मिलता है।

इसी प्रकार विश्लेषण के दूसरे आधार को शब्द के स्तर से संबंधित किया गया है। यहाँ भी शब्द की परिभाषा, शब्दों के वर्गीकरण आदि की सैद्धांतिक चर्चा करते हुए 'कामायनी' की शब्दावली को तेलुगु अनुवाद के संदर्भ में तत्सम, तद्भव, देशज और विदेशी के अंतर्गत वर्गीकृत करते हुए देखने का प्रयास किया गया है। इस अध्ययन में रूढ़, यौगिक, योग रूढ़ शब्दावली को भी तथा अर्थ के आधार पर वर्गीकृत शब्दावली को भी स्थान

दिया गया है। रचना के आधार पर उपसर्ग, प्रत्यय, समास आदि के संदर्भ में भी 'कामायनी' के शब्द प्रयोग और उनके तेलुगु अनुवाद की समीक्षा भी की गई है। शब्दावली के साथ सह प्रयोग और शब्द वर्गों का अपना महत्व होता है। कवि सह प्रयोग द्वारा दो भिन्न या समान शब्दों को संयोजित करके अर्थ और अभिव्यक्ति का एक नया संदर्भ पाठक क सामने खोलता है। इसी प्रकार संज्ञा, सर्वनाम, विशेषण, क्रिया आदि शब्द वर्गों को भी किसी भाषा में विशेष स्थान होता है और उनके सार्थक अनुवाद की अपनी स्थिति होती है जिन्हें इस अध्ययन में तेलुगु अनुवाद के साथ रखकर देखने का प्रयास किया गया है।

समीक्षा और विश्लेषण का तीसरा स्तर वाक्य का है। यहाँ भी सैद्धांतिक स्तर पर भाषा में वाक्य के महत्व, उसके घटकों तथा हिंदी और तेलुगु वाक्य रचना की प्रमुख समानता और विषमताओं का परिचय देते हुए मूल रूप से सरल, मिश्रित और संयुक्त वाक्य के संदर्भ में तेलुगु अनुवादों की समीक्षा की गई है। वाक्य के स्तर पर यहाँ वक्रोक्ति को भी प्रमुखता प्रदान की गई है, क्योंकि काव्य सृजन में वाक्य की वक्रता को अनेक स्तरों पर रखकर कवि अभीष्ट अर्थ की सृष्टि करता है। अनुवादक के लिए मूल काव्य में उत्पन्न यह वक्रता एक चुनौती के रूप में सामने आती है।

इसी पृष्ठभूमि में इसका विस्तार किया गया है, जिसमें विश्लेषण के धरातल समान है अर्थात् ध्वनि, शब्द और वाक्य। लेकिन यहाँ यह विश्लेषण विजातीय भाषा अंग्रेज़ी के अनूदित पाठ से संबंधित है। यहाँ भी क्रमशः मूल पाठ के साथ ध्वनि, शब्द और वाक्य स्तर पर अंग्रेज़ी अनुवाद की उन्हीं स्तरों पर समीक्षा की गई है जिन स्तरों पर तेलुगु अनुवाद की समीक्षा की गई। अंग्रेज़ी अनुवाद के स्तर पर भी वक्रता को महत्वपूर्ण स्थान दिया गया है।

प्रस्तुत अध्ययन पूरी तरह अनुवाद समीक्षा के सैद्धांतिक और व्यावहारिक पक्ष से संबंधित है। इस समीक्षा के लिए तेलुगु और अंग्रेज़ी

के अनूदित पाठ को एक साथ मूल पाठ के साथ रखकर स्वतंत्र रूप से भी और तुलनात्मक दृष्टि से भी मूल्यांकन करने का प्रयास किया गया है। इसके प्रारंभ में अनुवाद समीक्षा के सैद्धांतिक विचारों तथा अनुवाद शास्त्र में उससे संबंधित चिंतनों को संक्षेप में रखकर आधुनिक अनुवाद चिंतन में अनुवाद की समीक्षा की उपादेयता, उसके स्वरूप और उसकी प्रक्रिया पर प्रकाश डाला गया है। तेलुगु और अंग्रेज़ी अनुवादों की यह समीक्षा तुलनात्मक आधार पर पहले शब्द स्तर पर की गई है, जिसमें शब्द के महत्व को रेखांकित करते हुए 'कामायनी' के सामान्य शब्दों को शब्दानुवाद और भावानुवाद आदि की दृष्टि से देखा गया है। यहाँ मूल रूप से उन शब्दों को रखा गया है, जिनका कोई दार्शनिक, पौराणिक आधार है।

इसी प्रकार शब्दों के दूसरे धरातल पर इनके पुनरूक्ति प्रयोगों और इनके अनुवादों की समीक्षा की गई है। पुनरूक्ति द्वारा कवि अर्थ पर बल देने, अर्थ को व्यापक बनाने तथा अर्थ के साथ अपेक्षित भावों को समाहित करने का कार्य करता है। अनुवाद में उसका यह प्रयत्न किस सीमा तक अनूदित हो पाता है यह देखना ही इन शब्दों की अनुवाद समीक्षा का मूल उद्देश्य है। इसी प्रकार आगे चलकर 'कामायनी' में आए देशज, समास संबोधन तथा पर्यायवाची शब्दों के तेलुगु और अंग्रेज़ी अनुवाद की भी समीक्षा है तथा अंग्रेज़ी अनुवाद में शब्दों के लिप्यंतरण या पुराने अंग्रेजी शब्दों को प्रयोग की जो प्रवृत्ति है, उसे भी स्थान दिया गया है।

शब्द स्तर के व्यापक विश्लेषण के बाद तेलुगु और अंग्रेज़ी अनुवाद को शैली के स्तर पर देखा गया है। इस खंड के प्रारंभ में भाषा और शैली के संबंध तथा साहित्य में शैली के महत्व की चर्चा करते हुए अनुवाद की दृष्टि से भी शैली के महत्व को सैद्धांतिक आधार पर विश्लेषण किया गया है। शैली के इस पक्ष को ध्वन्यात्मक आवृत्ति, मानवीकरण, वाक्य विचलन मुहावरे के स्तर पर देखते हुए इनके तेलुगु और अंग्रेज़ी अनुवादों को मूल्यांकित किया गया है। इसी के साथ श्लेष परक शैली, उपमान और उपमेय, बिंब, प्रतीक, अलंकार आदि के स्तर पर भी दोनों अनुवाद देखे

गए हैं, क्योंकि सामान्य स्तर पर काव्य के जो परंपरागत घटक हैं, वे शैली को एक नया रंग हिंदी में देते हैं। इस दृष्टि से छायावादी काव्य विशिष्ट भी है क्योंकि वहाँ अलंकार, बिंब और प्रतीक आदि का संयोजन कवि कल्पना और काव्य सौंदर्य दोनों को सार्थक और प्रभावशाली बनाने में सहयोगी रहा है।

इस तुलनात्मक विश्लेषण का अंतिम स्तर प्रोक्ति का रखा गया है। भाषा अध्ययन में आज वाक्य की नहीं 'प्रोक्ति' को भाषा की सबसे बड़ी और सार्थक इकाई माना जाता है। प्रोक्ति के स्तर पर 'कामायनी' की कुछ प्रमुख पंक्तियों की समीक्षा किया गया है। प्रोक्ति की रचना में कई भाषिक तत्व सहयोगी होते हैं। इन तत्वों के समन्वय से ही पाठ अपना विशेष रूप या आकार ग्रहण करता है। इस दृष्टि से कुछ प्रमुख भाषिक तत्वों, जैसे- 'तो, मी, ही, फिर, भी, इसलिए किंतु, न नहीं, मत' आदि को लेते हुए तेलुगु और अंग्रेज़ी में इनकी अनुवादनीयता या इनके स्थानापन्न अनुवाद या भावानुवाद की चर्चा की गई है।

प्रस्तुत अध्ययन का मूल बल इस बात पर है कि साहित्यिक कृति के अनुवाद में मूल का यथावत अनुवाद संभव नहीं है। भाषा के साथ-साथ शैली शिल्प और काव्य तत्वों का संयोजन मूल पाठ में होता है। इस संयोजन से काव्यार्थ को जो व्यापक स्वरूप मूल के पाठ के समक्ष उपस्थित होता है। उसे अनूदित पाठ में उसी रूप में और उतने ही प्रभावशाली ढंग से ला पाना संभव नहीं होता । इस अध्ययन से यह भी स्पष्ट होता है कि स्वजातीय भाषा, भाषा शिल्प और काव्य तत्व के अधिकांश संदर्भो को अधिक साँचता और सोचता के साथ पकड़ पाती है, जबकि विजातीय भाषा ऐसा नहीं कर पाता ।

इस अध्ययन में 'कामायनी' के समस्त अभिव्यक्त रूपों को इन के अनूदित अंशों और पाठों के संदर्भ में देखने का प्रयास किया गया है। इस प्रकार का अध्ययन निश्चित ही अनुवाद समीक्षा की व्यावहारिक बनाने के साथ-साथ उन समस्याओं और कठिनाइयों की ओर भी संकेत करता

है। जो अनुवादक के समक्ष उपस्थित होती है तथा उन मार्गों की भी पहचान करता है, जिन्हें खोजते हुए अनुवादक अनुवाद प्रक्रिया को साधता है और एक सीमा तक मूल के भाव को समतुल्य रूप में लक्ष्य भाषा में ले जाने का प्रयास करता है।

****

आधार ग्रंथ

प्रसाद, जयशंकर 1987. कामायानी : वाराणसीः प्रसाद प्रकाशन ।

पाण्डुरंगाराव, आई. 1974 कामायानी (तेलुगु अनुवाद), मछलीपट्टण्मः शेषाचलम एण्ड कं. ।

साहनी, बी. एल. 1971 कामायनी (अंग्रेज़ी अनुवाद), दिल्ली : युगबोध प्रकाशन ।

संदर्भ ग्रंथ

अय्यर, विश्वनाथ 1985. अनुवाद भाषाएँ समस्याएँ, तिरुवनंतपुरम : स्वाति।

1987. अनुवाद कला, दिल्ली : प्रभात।

1992 अनुवाद : भाषाएँ-समस्याएँ दिल्ली : ज्ञान गंगा।

अग्रवाल, धर्मप्रकाश. प्रसाद काव्य में भाव-व्यंजना, मेरठ : अनुराधा।

किरण बाला 1978. तुलसी की भाषा की शैली वैज्ञानिक अध्ययन, नई दिल्ली : अलंकार।

कुमार, सुरेश 1989. अनुवाद सिद्धांत की रूप रेखा.

नई दिल्ली : वाणी।

खेमाणी, आनंद प्रकाश 1964. अनुवाद कला कुछ विचार,

दिल्ली : एस. चाँद एण्ड कंपनी।

गुप्त, गार्गी और ओमप्रकाश सिंहल (स)1991. अनुवाद चिंतन के सैद्धांतिक आयाम, दिल्ली : भारतीय अनुवाद परिषद।

गुप्त, रमेश चंद्र कामायनी की भाषा।

गोपीनाथन जी. 1990. अनुवादः सिद्धांत एवं प्रयोग, इलाहाबादः लोक भारती।

गोस्वामी, कृष्ण कुमार 1980. शैक्षिक व्याकरण और हिंदी भाषा दिल्ली : अलेख।

(सं.) 1990. जयशंकर प्रसादः मूल्यांकन और मूल्यांकन, हैदराबादः दक्षिण भारत प्रेस।

चतुर्वेदी, रामस्वरूप 1966. भाषा और संवेदना, कलकत्ता : ज्ञानपीठ।

चौधरी, सत्यदेव 1973. शब्द शक्ति और ध्वनि सिद्धांत, नई दिल्लीः राजकमल

चौहान, शिवदान सिंह 1960. आलोचना के सिद्धांत, नई दिल्लीः राजकमल।

जयप्रकाश 1979. ध्वनि और रचना संदर्भ, दिल्ली : राष्ट्रभाषा प्रकाशन।

जगदीश प्रसाद 1988. भारतीय काव्यशास्त्र के प्रतिमान, जयपुर : साहित्य सागर।

तिवारी। भोलनाथ 1969. शब्दों का अध्ययन, दिल्ली शब्दाकार।

1972. अनुवाद विज्ञान, दिल्ली : शब्दकार।

1977 हिंदी भाषा और नागरी लिपि. लोकभारती: इलाहाबाद।

1983. शैली विज्ञान, दिल्ली : शब्दकार ।

1986. हिंदी भाषा की वाक्य रचना, दिल्ली : साहित्य सहकार ।

और महेंद्र चतुर्वेदी 1980. काव्यानुवाद की समस्याएँ, दिल्ली : शब्दाकार।

1985. हिंदी भाषा और नागरी लिपि, लोकभारती : इलाहाबाद ।

त्रिवेदी, जयेंद्र 1990. हिंदी रूप रचना । लोकभारती : इलाहाबाद।

दीक्षित, रविशंकर 1983. अनुवाद का भाषिक सिद्धांत, भोपाल: मध्यप्रदेश मध्यप्रदेश हिंदी ग्रंथ अकादमी।

देशपांडे, गणेश त्रयंबक 1959. भारतीय साहित्य शास्त्र, दिल्ली : राजपाल एण्ड सन्स

नगेंद्र 1970. कामायनी के अध्ययन की समस्याएँ, दिल्ली : नेशनल पब्लिशिंग हाउस

1975. भारतीय काव्य शास्त्र की परंपरा-1.

1976. भारतीय काव्य शास्त्र की परंपरा-2 दिल्ली: नेशनल पब्लिशिंग हाउस

1993 अनुवाद विज्ञान : सिद्धांत एवं अनुप्रयोग, दिल्ली : दिल्ली विश्वविद्यालय।

ठाकुर, खगेंद्र 1978. छायावादी काव्य भाषा का विवेचनात्मक

अनुशीलन, इलाहाबाद : परिमल पालीवाल, रीतानी 1991. अनुवाद प्रक्रिया, दिल्ली : साहत्यिक निधि।

1991. अनुवाद की सामाजिक भूमिका, दिल्ली : सचिन प्रकाशन।
पाण्डेय, लक्ष्मीकांत हिंदी का इतिहास ।

टिया, कैलाश चंद्र 1984. शब्द श्री, दिल्ली : प्रभात ।

(सं.) 1992. भारतीय भाषाएँ और हिंदी

अनुवाद-समस्या-समाधान, नई दिल्ली : वाणी ।

मिश्र, दुर्गा शंकर 1969. प्रसाद की काव्य प्रतिमा, लखनऊ : नवयुग ग्रंथागार।

मिश्र, विद्यानिवास 1973. रीति विज्ञान, दिल्ली : राधाकृष्ण ।

मिश्र, रामप्रसाद 1990. प्रसाद निराला, पंत, आधुनिक आकलन ।

मुक्तिबोध, गजानन माधव 1961. कामायनी : एक पुनर्विचार, नई दिल्ली : राजकमल।

रावत, चंद्रभान और दिलीप सिंह 1987. अनुवाद : अवधारणा और अनुप्रयोग, हैदराबाद : दक्षिण भारत प्रेस ।

(सं.) 1988. शैली तत्व : सिद्धांत और व्यवहार, हैदराबाद : दक्षिण भारत प्रेस।

राय, गिरिजा (श्रीमती) 1983 कामायनी की आलोचना प्रक्रिया, इलाहाबाद : लोक भारती ।

राय, त्रिभुवन 1983. ध्वनि सिद्धांत और हिंदी के प्रमुख आचार्य, मुंबई : अरविंद प्रकाशन।

राय, गुलाब 1975. सिद्धांत और अध्ययन, दिल्ली : आत्माराम एण्ड सन्स।

रेड्डी, विजय राघव 1989. हिंदी शिक्षण, दिल्ली : आलेख।

रस्तोगी, आलोक कुमार 1984. हिंदी में व्यावहारिक अनुवाद, दिल्ली : जीवन ज्योति।

वर्मा, धीरेंद्र कुमार 1973. हिंदी भाषा का इतिहास, इलाहाबाद : हिन्दुस्तानी अकादमी ।

शर्मा, सौमित्र 1990. अनुवाद चिंतन, नई दिल्ली विद्या प्रकाशन मंदिर। शीतांशु, इंदु 1979. प्रोक्ति : स्वरूप, संरचना और शैली, होशियारपुर : प्रतिभा प्रकाशन ।

शर्मा, हरिमोहन 1986. उत्तर छायावादी काव्य भाषा, दिल्ली : वाणी।

शर्मा,, देवेंद्रनाथ 1978. भाषा विज्ञान की भूमिका नई दिल्लीः राधा कृष्ण ।

समदिया नारायण दास भाषाविज्ञान और हिंदी भाषा, लखनऊ : परिचय ऊर्जा प्रकाशन ।

सक्सेना, द्वारिका प्रसाद 1969. प्रसाद दर्शन, आगरा : विनोद पुस्तक मंदिर ।

1978. कामायनी में काव्य, संस्कृति और दर्शन, आगरा : विनोद पुस्तक मंदिर ।

सिंह, केदारनाथ 1971. आधुनिक कविता में बिंब विधान, दिल्लीः भारतीय ज्ञानपीठ।

श्रीवास्तव, रवींद्रनाथ 1979. संरचनात्मक शैली विज्ञान, दिल्लीः अलेख प्रकाशन।

1981 शैली विज्ञान, और आलोचना की नई भूमिका, आगराः केंद्रीय हिंदी संस्थान।

1992. भाषा शिक्षण नई दिल्लीः वाणी

तुलनात्मक साहित्य और अनुवाद (मीमियो): 'अनुप्रयुक्त भाषा विज्ञान' पुस्तक में शीघ्र प्रकाश्य।

और कृष्ण कुमार गोस्वामी (सं.) 1985. अनुवाद सिद्धांत और समस्याएँ, दिल्लीः आलेख।

1992 सैद्धांतिक और अनुप्रयुक्त भाषा विज्ञान (भोलानाथ तिवारी जी के स्मृति ग्रंथ), नई दिल्ली : लोकभारती ।

श्रीमती, अग्रवाल सरोज 1987. जयशंकर प्रसाद के काव्य में बिंब विधान, नई दिल्ली : ऋषभचरण जैन एवं सन्तित।

अंग्रेजी

Arrow Smith. Wand Shattuck (eds.) 1961. The Craft and context of Translation. Auction: University of Texas Press.

Brislin, Ritchard, 1976. Translation: Application and Research. Newyork: Gardiner press.

Bell. R.T. 1976. Socioligunistics : Goal, Applied and Problems, Batsford: London.

1981. An Introduction to Applied Linguistics, Batsford: London.

1991 Translation and Translating : Theory and Practice. Longman: London.

Cary E. and R. W. Ljumpelt (eds.) 1963. Quality in Translation. Newyork: Macmillan

Chatman, S. (ed.) 1971. literacy Styel : A symposium. Oxford University : Oxford

Chapman, Ray Mond. 1973. Linguistics and Literature. E. Arnold Pvt. Ltd., London.

Congrat, Butlar (ed) 1979. Translation and Translators. Borker: Ltd., London

Coatford, J. C.1974. A Linguistic theory of Translation. Oxford: Oxford University Press.

Crystal D. 1981. Directions in Applied Linguistics. Academic Press.

Cashdan. A. and Jordin. M. (eds.) 1987. Studies in Communication: Black Well : Oxford.

Davey. D. (ed.) 1975 Poetry in Translation. Oxford University: Oxford

De Beaugrande, R. and Dressler. W. V. 1981. Introduction to text Linguistics Longman : Harlow.

Greene. J. 1975. Thinking and Language. Methuen: London.

Homes, J.J. Lambert and A. Lefevere (eds) 1978. Literature and Translation. Louvaien : ACCO.

Kumar, Suresh. 1988 Stylistic and Languane teaching, delhi : Kalinga Publications

Leech, G. N. 1981. Somantics (lled) Penguin: Harmondswrth.
Lefevere, A. 1975. Translation Poetry : Seven Stratigies and blue print. Vangorcum. Assen.

Mukherjee, S. 1981 Translation as Discovery and other Essays. Delhi : Macmillan

Newmark, P.P. 1982. Approaches to translation pergamon: Oxford.

1988. A text book of translation. Prentia Hall : London
& Peter. 1976. A tentative preface to translation.

Pergramon: Oxford

Nida, E.A. 1964. Toward a Science of Translation. Leiden: EJ Bril

1975. Language Ssructure and Translation. Stanford University Press: California.

& Charts. R. 1969. On Translation. New York: Oxford University Press.

Prower, R.S.(ed.) 1966 On Translation. New York: Oxford University Press.

Savary, T. 1957. The Art of Translation. (Makers of Indian Ligerature) New Delhi: Sahitya Akadami.

Srivastava. R. N. 1994. Stylistics. New Delhi: Kalinga.

& R.N. Gupta (eds.) 1990 Dimensions of Applied

Linguistics. Mysore: Central Institute of Indian Lianguages

Srivastava, R. N. (ed.) 1992 Language and Text. New Delhi Kalinga

Trivedi, H. C. 1971. Problems in Linguistic and Cultural translation, ahemadabad: New Order Book depot.

तेलुगु

वेंकटराव के. 1959 आंध्र वाड्मय चरित्र संग्राहमु मद्रास : वी रामस्वामी शास्त्रुलु एण्ड सन्स् ।

अय्यंगार, श्रीनिवास और अन्य संपादकगण 1963 रजतजयंती संस्करण गूथ, हैदराबाद : दक्षिण भारत हिंदी प्रचार सभा ।

पाण्ड्रंगाराव आई. 1983. तेलुगु साहित्य (भारतीय साहित्य भाग – 1) मद्रास : दक्षिण भारत प्रेस।

शार्मा, आन्जनेय, और अन्य संपादकगण 1979. दक्षिण दर्शन (हीरक जयंती स्मारिका ग्रंथ) मद्रास : दक्षिण भारत प्रेस ।

(सं.) 1988 आंध्र दर्सन (स्वर्ण जयंती स्मारीका) हैदराबाद : दक्षिण भारत हिंदी प्रचार सभा । रेड्डी, सुंदर 1961 हिंदी और तेलुगु तुलनात्मक अध्ययन, वाल्टेर : चंदिका ।

1994 दक्षिण की भाषाएँ और उनका साहित्य : लखनऊ : हिंदी साहित्य भंडार ।

रेड्डी, विजयराव 1986, व्यतिरेकी भाषा विज्ञान आगराः विनोद पुस्तक मन्दिर ।

पेरुमाल्लय्य टी. (सं.) श्रीमदांध महाभागवतमु - 11 (बम्मेर पोतन्नामात्य), एलूरुः रामा एण्ड कम्पनी ।

पत्र-पत्रिकाएँ

Agnihotri, R. K. (ed.) International Journal of Translation. Vol. 1, No. 2 (July-Dec. Issue) New Delhi, Bahri Publications.
.... 1990 International Journal of Translation
Vol. 1 No.2 (Jan-June Issue) New Delhi : Bahri Publications.

गुप्त, गार्गी (सं.) 1992.अनुवाद (भारत-बुल्गेरिया अनुवाद विशेषांक) (59-60) नई दिल्ली : भारतीय अनुवाद परिषद ।

हिंदी संरचना पाठ्य सामग्री (भाग 3, 4,5) 1992. इंदिरा गांधी राष्ट्रीय मुक्त विश्वविद्यालय: नई दिल्ली ।

'भाषा' (तृतीय विश्व हिंदी सम्मेलन विशेषांक) 1983. नई दिल्ली : केंद्रीय हिंदी निदेशालय ।

***************END***************

KASTURI VIJAYAM

📞 00-91 95150 54998
KASTURIVIJAYAM@GMAIL.COM

SUPPORTS

- PUBLISH YOUR BOOK AS YOUR OWN PUBLISHER.

- PAPERBACK & E-BOOK SELF-PUBLISHING

- SUPPORT PRINT ON-DEMAND.

- YOUR PRINTED BOOKS AVAILABLE AROUND THE WORLD.

- EASY TO MANAGE YOUR BOOK'S LOGISTICS AND TRACK YOUR REPORTING.

www.ingramcontent.com/pod-product-compliance
Lightning Source LLC
LaVergne TN
LVHW030317070526
838199LV00069B/6479
* 9 7 8 9 2 5 3 5 8 4 7 9 6 *